MEIJIE PIPING

媒介批评

第十六辑

张柠 柳珊 主编

王鑫 魏宝涛 副主编

GUANGXI NORMAL UNIVERSITY PRESS

广西师范大学出版社

·桂林·

图书在版编目（CIP）数据

媒介批评. 第十六辑 / 张柠，柳珊主编. -- 桂林：
广西师范大学出版社，2023.12
ISBN 978-7-5598-6571-7

Ⅰ . ①媒… Ⅱ . ①张… ②柳… Ⅲ . ①传播媒介—
研究 Ⅳ . ①G206.2

中国国家版本馆 CIP 数据核字（2023）第 225468 号

广西师范大学出版社出版发行

（广西桂林市五里店路 9 号　邮政编码：541004）
（网址：http://www.bbtpress.com）

出版人：黄轩庄

全国新华书店经销

广西广大印务有限责任公司印刷

（桂林市临桂区秧塘工业园西城大道北侧广西师范大学出版社
集团有限公司创意产业园内　邮政编码：541199）

开本：720 mm × 970 mm　1/16

印张：27　字数：424 千

2023 年 12 月第 1 版　　2023 年 12 月第 1 次印刷

定价：69.00 元

如发现印装质量问题，影响阅读，请与出版社发行部门联系调换。

目　录

从"可见"到"可参与"：
普惠数字社区的"生活故事"①

曾一果　陈爽

摘要：作为数字社会的重要组成部分，以快手和抖音为代表的短视频平台在个人自我呈现、社会和国家经济发展中发挥着重要作用。在"可见""可参与"的平台机制下，今天的短视频平台通过建立普惠数字社区以回应个人和群体诉求，平衡商业性与公共性之间的冲突。一方面，短视频平台关注个体价值的实现，以技术普惠和流量普惠吸引用户参与其中，让每个人都得到被看见的机会；另一方面，注重群体价值的实现，通过连接、共享的技术支持，进一步促进个人、媒介与社会的深度融合。

关键词：短视频平台；数字社区；普惠原则；被看见；可参与

---

① 本文系国家社会科学基金重大招标项目"数字媒介时代的文艺批评研究"（项目编号：19ZDA269）的阶段性成果。

一、引言：数字平台与社会生活

近年来，数字平台技术不断渗透到社会生活的各个领域中，人们通过各种各样的数字平台进行人际交往、日常消费、文化表达、社会及政治参与，并获取物质、情感和精神性的回报，平台已经成为当代人日常生活中最基础的数字化设施。范·迪克（José van Dijck）认为平台意义中最重要的层面是政治及经济的（political-economic）和社会计算的（social-computational）。[①] 从经济层面来讲，平台经济是我国数字经济的重要组成部分，活跃在平台上的用户和管理者们通过以信息数据为中心的资源整合方式，将平台化趋势渗透到各行各业中。杰奥夫雷·G. 帕克（Geoffrey G. Parker）等人也是从经济角度理解平台社会的价值。他们将平台定义为一种基于外部供应商和顾客之间的价值创造互动的商业模式。平台为这些互动赋予了开放性的、参与式的架构，并为它们设定了治理规则。平台的首要目标是：匹配用户，通过商品、服务或社会货币的交换为所有参与者创造价值。[②] 可以说，数字平台的商业逻辑建立在供应商和用户之间无限准确、迅速、便捷的连接上，传统的商品生产–销售的线性关系模式向开放的、复杂的网状关系模式转变。

平台中的信息不断流动、扩散、聚集，进一步规模化的基础是平台能够独占、提取、分析和使用记录下来的日益增加的数据量，[③]这些数据来自用户在平台之上的各种实践活动，包括政治的、经济的和文化的。在平台的内容生产中，决定平台价值的不是某一位超级博主（主播）、一条爆款内容或一次病毒式传播，而是由大量普通用户生产的优质内容能否在平台中持续流通，这些内容满足了数字化时代用户的情感、物质和消费需求。因而，平台绝不仅仅是技术的代名词，它是数字时代社会关系再生产的基础性设施，今天的社会和经济流

[①] ［荷兰］何塞·范·迪克、孙少晶、陶禹舟：《平台化逻辑与平台社会——对话前荷兰皇家艺术和科学院主席何塞·范·迪克》，《国际新闻界》2021 年第 9 期。

[②] ［美］杰奥夫雷 G. 帕克、［美］马歇尔 W. 范·埃尔斯泰恩、［美］桑基特·保罗·邱达利：《平台革命：改变世界的商业模式》，志鹏译，机械工业出版社 2017 年，第 6 页。

[③] ［加］尼克·斯尔尼塞克：《平台资本主义》，程水英译，广东人民出版社 2018 年，第 49 页。

通越来越多地由全球在线平台生态系统引导,该生态系统由算法驱动,并由数据推动。① 范·迪克等人用"平台社会"(platform society)一词,旨在强调平台和社会结构之间不可分割的关系。② 而且他还从公共价值的角度认识平台的作用,这种公共价值是人们通过在平台上的创意性劳动和互动交流来实现的:

> 一个重大变化是,通过社交媒体,这些随意的言语行为已经变成了形式化的文字,这些文字一旦被嵌入更大的公众经济领域,就会产生不同的价值。以前随意表达的话语现在被放到公共领域,在那里,他们可以产生深远而持久的影响。社交媒体平台毫无疑问地改变了私人交流和公共交流的性质。③

当然,作为数字时代的基础性设施,平台要发挥更大的社会价值和公共价值还必须依靠用户自主、持续的参与,像范·迪克所说的那样:"技术、用户和内容是平台为创建社交结构而编织在一起的三种'纤维'。"④而用户和平台之间的关系当然也是复杂的,用户怎样使用平台,直接影响着平台的社会价值。范·迪克甚至提出了这样的一些问题:"社交媒体平台是促进了公民参与的积极性,还是已经集体成为自动连接的同义词?用户在多大程度上得到平台的授权或受其约束,以及塑造其独特的身份并将自我呈现风格化?在这里我不是要解决这些意识形态上的争论,而是要探索用户自主性在塑造在线社交规范方面的影响力,与平台的编码策略类似,用户自主性是一个经过协商但陷入困境的概念,用户在多大程度上拥有控制自己行为的权力是关键所在。"⑤

---

① José van Dijck, Thomas Poell, Martijn de Waal. *The Platform Society : Public Values in a Connective World*. Oxford : Oxford University Press, 2018, p. 4.

② José van Dijck, Thomas Poell, Martijn de Waal. *The Platform Society : Public Values in a Connective World*. Oxford : Oxford University Press, 2018, p. 2.

③ [荷兰]何塞·范·迪克:《连接:社交媒体批评史》,晏青、陈光凤译,中国人民大学出版社2021年,第6页。

④ [荷兰]何塞·范·迪克:《连接:社交媒体批评史》,晏青、陈光凤译,中国人民大学出版社2021年,第39页。

⑤ [荷兰]何塞·范·迪克:《连接:社交媒体批评史》,晏青、陈光凤译,中国人民大学出版社2021年,第36页。

　　下面,本文试图以我国的快手、抖音等短视频平台为主要研究对象,探讨短视频等数字平台如何在"普惠原则"的基础上,为更多用户的参与提供机会,创造新的社会价值,并思考在这一过程中,"用户的自主性"与"平台的社会性"之间的复杂关系。

　　以快手、抖音为代表的短视频平台是伴随着我国互联信息技术的发展应运而生的。快手成立于 2011 年 3 月,是我国最早的短视频数字平台之一。抖音成立于 2016 年 9 月,比快手晚几年,但发展迅猛。无论是快手还是抖音,在它们的早期发展中都能够看到鲜明的商业化色彩,平台的技术逻辑和编码架构更多地服务于"填补市场空白""拥有稳定的、专属的用户群""建立核心壁垒"等单纯的盈利策略。快手将它的目光聚焦在三到五线城市的用户群,抖音则对准一、二线 95 后市场,试图以 15 秒的短视频满足快节奏的都市人的娱乐需求。这种定位后来也不断发生变化。为了吸引用户,早期的快手平台上经常出现被受众诟病的低俗化短视频,抖音平台上也有大量饱受批评的搞笑娱乐短视频。为了赢得更多用户,以及为了更长远的发展,快手和抖音都开始了价值转向:快手确立了"普惠原则"——为每个普通人打造可见的短视频平台。快手科技副总裁何华峰就说:"快手让每一种生活都可以自我表达,被看见,被欣赏。每一个存在都是独特的,生活再无高低之分,这是更加真实的世界的镜像,是一花一世界的境界。"①抖音则确立"记录美好生活"的宗旨,"抖音,记录美好生活"成了一个响亮的口号。以快手和抖音为代表的短视频平台从单纯的商业平台到商业性与公共性并重的数字平台的价值转向,意味着我国的数字平台开始意识到用户、平台和社会三者之间协调发展的重要意义,并且这些数字平台像范·迪克所说的那样嵌入了"更大的社会文化和政治环境"之中。②

---

　　① 何华峰:《让每一个生活都可以被看见》,载快手研究院:《被看见的力量》,中信出版集团 2020 年,第 18 页。
　　② [荷兰]何塞·范·迪克:《连接:社交媒体批评史》,晏青、陈光凤译,中国人民大学出版社 2021 年,第 10 页。

二、被看见：普惠原则下的"短视频生活"

汤普森(John B. Thompson)通过对政治公共领域中媒介可见性的研究,发现电子媒介创造了一种与共享公共场所分离的可见性,他将其称为"去空间化的同时性",并以电视为例指出,电视所提供的视觉的丰富性,展示了一种亲密的自我,进而促成了"自我揭露社会"的兴起。[①] 而在视频时代,短视频平台所提供的可见性不仅是"去空间化"的,还可现实空间的仿真形式,是用户进行中介化"自我叙述的时空延伸"[②]。在这里,每一位普通用户在其中都拥有"被看见的权利",他们通过自我呈现获得某种可见性价值,这种自我呈现有时甚至是以自我揭露的方式展开的——通过媒介将自我包装、自我编排的"数字替身"放在了更复杂的社会关系中,并以一种充满意图的愿望参与到媒介化社会的构型中。可以说,短视频平台的"可见性"机制为人们提供了全新的存在方式。某种程度上,在视频时代,"可见"比"存在"还重要。快手科技创始人宿华便认为:"2011 年,快手开启了短视频时代。我国通过十年的不懈努力,让视频的表达方式被更多的人接受和喜爱。这打破了文字表达的门槛,也打破了文化的界限,让更多的人有机会表达、有机会被看见。那些原来沉默的大多数,可以不沉默;那些原来普通的人,可以不普通;那些原来平凡的事物,就不再平凡。"[③]而不少学者都意识到,包括电视在内的传统媒体都不具备这样的功能,因为在电视等传统媒体上被看见的是社会"精英人物":

> ……视频直播也带来了话语权的转移,不再是由上而下、由精英及中心主导的模式,而是由下而上、普通民众直接参与的一种颠覆性的意义改变。在传统时代,社会大部分能够"被看见"的都由精英人物把控。报纸、

---

① John B. Thompson. "The New Visibility." *Theory, Culture & Society*, June, 2005.

② ［英］尼克·库尔德利、［德］安德烈亚斯·赫普:《现实的中介化建构》,刘泱育译,复旦大学出版社 2023 年,第 193 页。

③ 宿华:《让每一个人发现所需,发挥所长》,载快手研究院:《快手是什么 II·直播时代》,中信出版集团 2021 年,序言。

杂志、广播以及电视等造就"被看见"效果的传统媒体,必然由精英人物完成审查、把控和传播。至于"中部"和"尾部"的那些人,没有什么人去真正关注其生活和生存方式,成为一群不容易被看见的、活在角落里和边缘上的人。①

以快手和抖音为代表的短视频平台为普通人的"被看见"提供了新的舞台,越来越多的用户也正在利用这些数字平台进行娱乐表演、开展文化实践和创造经济价值等,以实现个人的文化、社会、经济和政治愿望。当然,汤普森也提到,"可见性"对于善于利用媒体塑造自己形象或达到目的的人来说是一份礼物,但是媒介的使用不是他们的专利,并且媒介所创造的图像和信息流是难以控制的,可能会导致各种新的"媒介事件"。② 特别是在人人都可以使用快手、抖音等数字平台参与短视频的内容生产和信息传播的当下,用户的使用和传播行为如果不受任何约束,就很容易造成对"可见性"的滥用,如生产、传播内容低俗或充满暴力、色情的视频影像等。

短视频平台的"可见性"机制映射出其在公共性和商业性之间需要维持平衡的复杂局面,如何解决平台所面临的商业性与公共性之间的冲突,使平台成为一种"跨边界的价值共创载体"③是平台需要考虑的重要问题。一方面,短视频平台是市场逻辑的产物,天然具有鲜明的商业属性,平台从自身发展出发,寄希望于通过数据垄断、资源垄断实现具有独占性的市场价值,包括邀请MCN(Multi-Channel Network,多频道网络)机构入驻平台,为平台生产具有职业属性的博主(主播),从而带动平台流量;另一方面,平台的核心价值是激发普通用户的生产性、连接性和共享性,利用技术和编码装置建构更快速的传播、互联方式,提供更精准的产品分发与服务渠道,以及吸引更多元的线上线下行动者参与,因为只有适应线上线下多边市场,提供用户与开发者、管理者

---

① 赵旭东:《视频直播时代的民族志书写》,载真实故事计划编:《快手人类学》,台海出版社2021年,序言第Ⅳ页。

② John B. Thompson. "The New Visibility." *Theory*, *Culture & Society*, June, 2005.

③ 刘汕、张凡、惠康欣、毛弘毅:《数字平台商业模式创新:综述与展望》,《系统管理学报》2022年第6期。

之间的价值共创，拓展并共享更多的外部资源，才能体现出平台商业性与公共性共存的事实，使其免于陷入"伪中立性"的僵局。基于此，以快手、抖音为代表的短视频平台在其发展过程中提出普惠、共享的价值观，以平衡商业性和公共性之间的价值冲突。数字平台的这种"普惠原则"可以从技术普惠和算法普惠两个方面去看。

（一）技术普惠：人与技术的深度融合

技术普惠主要是指平台降低数字技术门槛，使不同年龄、不同层次的人都能够利用数字技术适应数字化生活，进而缩小技术带来的收入差距、城乡差距等。数字技术不是孤立的技术，是关于人的生活方式的技术，它必须能够快速且大规模地与社会生产生活相结合，才能进一步推动数字经济和数字文化的发展。

实现技术普惠对短视频平台来说是提升用户参与度的必要手段，同时也为社会发展带来动力。例如，以快手、抖音为主的短视频平台，以短视频制作技术为抓手，实现技术普惠。回溯抖音的发展史，不难发现，自2016年该APP问世以来，其重要的转折点发生在2019年前后。从抖音发布的《2019年抖音数据报告》来看，截至2020年1月，抖音日活跃用户已经达到了4亿，吸引46万个家庭用抖音拍摄全家福，相关视频播放27.9亿次，被点赞1亿次。[①] 2019年抖音用户日活跃数之所以会较2018年增长近一倍，很大程度上得益于2019年抖音推出剪映软件，该软件面向平台创作者提供极易操作的视频制作工具，使得拍摄、制作视频这种先前专业的技术性工作真正地走进寻常百姓中，成为娱乐和社会生活的一种形态。这种技术普惠的方式还体现在短视频平台将直播技术向所有用户开放，快手最早开放了直播PK业务，以吸引更多的用户参与直播和围观。数字技术普惠使得技术鸿沟被打破，技术创新走进大众生活，服务于普通民众，并满足人们的日常需求，它使所有人都能够享受到无差异的数字服务。

雷蒙德·威廉斯（Raymond Williams）在对电视进行研究时就曾指出，不应

---

① 《抖音发布〈2019年抖音数据报告〉，日活跃用户已达4亿》，环球网，2020年1月7日，https://baijiahao.baidu.com/s?　id=1655032472517950155&wfr=spider&for=pc。

孤立地看待技术,他主张将媒体(电视)同时视为技术与文化的形式,将技术视为在未来考虑到某些目的和实践的情况下须寻找和开发的内容,进而恢复技术在研究和开发过程中的意向性,并以此强调技术的核心位置。① 无论是电视还是如今的短视频平台,人类社会对技术进步的需求与社会发展的需求始终是相互调试、协同发展,且永无止境的。短视频技术不仅是一种新的生产力体现,而且催生了新的社会关系。对于用户来说,技术普惠不仅仅意味着能够轻而易举地拍摄一段短视频,还包括在学习、适应、广泛使用新技术时形成新的思维、习惯,开展一种以视频化存在的生活方式和交往关系,它是用户进行"社会参与的过程:分享共同的意义,进而分享共同的活动和目标;提供、接受和比较各种新的意义,发展和变化的张力以及成就"②。也就是说,技术创新体现了社会发展的需求,技术普惠则顺应了个体发展的需求,当数字技术创新真正服务于用户时,用户、平台、技术才能共同搭建起更丰富的视频化、数字化的生活世界。

(二)算法普惠:人人都能"被关注"

从市场角度来说,数字平台始终渴望对流量的分配拥有绝对话语权,甚至是对数据的垄断权,然而事实却是平台通过算法进行流量分发时必须考虑到算法与用户之间复杂的共生关系。就短视频平台而言,用户的短视频生产既是平台的数据资源,也是属于用户自身的数字文化产品。采用去中心化的、普惠的流量分配方式不仅能够满足平台对广泛的信息聚合、信息交流的需求,也能够从情感上不断激励用户,以被看见的社会价值促进用户自我认同的形成。在快手平台,"每个人都有平等分享和被关注的权利……每个人生产的视频都有机会被分发出去……都有通过一个视频立即变火的可能性"③。

不仅如此,短视频平台作为一个流动的数字社区,其线上的算法运行还与线下异质行动者有着密切的联系。在算法持续生产和不断扩张的过程中,这

---

① Raymond Williams. *Television：Technology and Cultural Form*. NY：Routledge，2003，pp. 6-7.
② [英]雷蒙德·威廉斯:《漫长的革命》,倪伟译,上海人民出版社 2022 年,第56 页。
③ 快手研究院:《被看见的力量》,中信出版社 2020 年,第 8 页。

些线下异质行动者的行动范围越来越内嵌于平台总体的算法生产网络之中，①这种内嵌是一种互相牵引，每一个异质行动者的出现都意味着相对应的产品和服务的需求，而平台作为中介，通过数据、算法将异质行动者依照需求组合在一起，进而在虚拟与现实杂糅的同时空中完成产品、服务与被识别的异质行动者之间的精准对接。捕捉到线下异质行动者的关键就在于让他们使用平台，留下元数据并用作算法分析和识别。当然，这些异质行动者与平台用户之间产生连接，并随时可以由线下异质行动者转化为平台上的内容创造者，这自然也得益于平台"算法普惠"所产生的"被看见的力量"。例如，目前在快手APP 的首页中可以看到五栏内容，其中第三栏是"同城"，"同城"这个窗口给了所有人一个平等的入口，有人发了内容，用户就可以立即看到，如果觉得有意思便可以模仿着玩。一方面，技术推动了这些普通人的创作欲望，形成了一个内容生产的正向循环，②同城流量以普惠的形式提取并压缩了线下地理环境，它一方面以直播、短视频展演的方式提取线下地理环境中的异质行动者，这些行动者与线上用户共同编织新的地理地图，形成现实与虚拟混合的数字社区；另一方面，同城算法的普惠性重新演绎了线下地理环境，建构出一个富有情感的剧场式的数字空间，加速了线下异质行动者与平台用户之间关于产品和服务的联结，一些与产品、服务紧密相关的地理场景在平台中得到了更广泛的传播，而缺乏场景性的地理空间则由平台重新编写。

当然，即便不是在"同城"板块，在快手、抖音短视频平台上，像有些学者所说的那样，"基于平台相对平等的资源配置体系和自治的影像生产与展示机制，数以万计的用户在其中自发地用影像记录自己的生活状态，这也使得短视频平台成为普通人的数字生活世界，人们在其中共享生活经验和社会资源，进而形成了地理位置松散、情感状态亲密的互帮互助的数字社区"③。

---

① 孙萍：《从"惯习培养"到"粘性使用"：数字平台的算法生产——基于行动者网络的视角》，《西南民族大学学报（人文社会科学版）》2022 年第 1 期。

② 张斐：《还原被神秘化的快手》，载快手研究院：《被看见的力量》，中信出版社 2020 年，序二。

③ 朱靖江：《影像中的"生活视界"》，载真实故事计划编：《快手人类学》，台海出版社 2021 年，第4—5 页。

三、数字社区:个人与群体的共同世界

短视频平台通过技术普惠和算法普惠打造人人都能拍摄短视频、人人都能被看到的平台环境。从提倡"拥抱每一种生活"的快手,到致力于让人"记录美好生活"的抖音,数字平台无不体现着对个体的关注与尊重。用户在短视频平台上分享着自己的生活,他们渴望得到正面的支持,也会给予他人支持,这成为数字化生存的一种动力。在短视频平台上,用户以自我展演或观摩他人展演的方式参与到短视频平台的社会建构中,这些参与是短视频平台得以保持生命力、创造社会公共价值的关键。

亨利·詹金斯(Henry Jenkins)等在著作 *Spreadable Media:Creating Value and Meaning in a Networked Culture* 中提到,在"延展型媒体"(spreadable media)中存在一种混合循环(circulation)模式,在这种模式下,由用户决定是否与他人共享数字内容,他认为这种从分发(distribution)向循环(circulation)的转变标志着一种更具参与性的文化模式正在发生,这种模式将公众不仅仅视为预先构建的信息的消费者,而且视为以通常可能无法想象的方式塑造、分享、重构媒体内容的人。詹金斯用"延展型"(spreadability)表示那些更易传播的内容,包括技术资源、支持或限制传播的经济结构、可能吸引社区分享的内容文本,以及促进用户连接的社交网络等。[①] 在詹金斯所构建的"延展型的文化"中,受众对内容的再制作、再传播成为关键,也就是说当大量的内容进入不同的数字社区时,用户之间通过改写内容形成互动和对话,这些对话使得内容始终处在生产、流通和消费的循环中,普通用户成了持续建构的内容的一部分。就短视频平台而言,这种"延展型"体现在将内容的生产和传播的权利下放至用户,激发用户以个性化的内容生产实践开展数字交往互动,大量的来自不同社群的用户受到吸引参与其中,个体的创作实践逐渐演变为群体性的文化生产,平台的公共性价值也由此产生。

---

① Henry Jenkins,Sam Ford,Joshua Green. *Spreadable Media:Creating Value and Meaning in a Networked Culture*. New York and London:New York University Press,2013,pp. 1-4.

(一)创意劳动:个人生活的精彩展示

短视频平台展现的是人们的一种数字化生存的状态,用户需要在平台的使用中感受到作为"数字居民"的生存感和获得感。用户与平台之间其实是一种动态的、持续的互构关系:用户对数据的合理使用为平台带来稳定的信息流;平台通过提供可见性资源使得用户在使用过程中获得劳动的机会,他们通过直播带货、短视频展演等方式生产新的数字文化产品,这些数字文化产品既包括有形商品,也包括无形的参与式数据,通过这些数字文化产品,短视频平台进一步促进数字经济与实体经济的融合;与此同时,作为劳动者的用户在这个过程中也获得了物质、情感和精神价值。可以说,短视频平台通过创新劳动类型,助力了劳动者个体的劳动价值与整体的社会价值的双重实现。

传播政治经济学者认为用户是平台的"数字劳工",他们在平台上的数字劳动受到了平台企业的剥削,但从文化研究的角度来说,"数字劳动"作为一种数字化的劳动形式,与传统劳动相比同样存在一定的积极意义。正如雷蒙德·威廉斯所言,"人们需要体力来进行休闲娱乐以及创造艺术"[①]。约翰·哈特利(John Hartley)从文化创意产业的角度肯定了社会普通人群在数字时代的劳动价值,他们通过积极参与数字时代的多媒体读写实践推动了数字创意产业的发展,在新的数字时代中,这些普通人群其实是"创意劳动力"或者说"创意劳动者"。"社会学家理查德·佛罗里达(Richard Florida)发现了一个新的经济阶层——'创意阶级',虽然在规模上创意阶级比服务阶级小,但却是整个经济的增长和变革动力所在。附带地,创意阶级也是时代气质变化的动力,一种文化的力量,同时也是一股经济和社会的力量。可以说'阶级'已经发生了迁移,从蓝领和白领的环境,来到了'无领'工作场所(no-collar workplace)。"[②]詹金斯也将对互联网的研究从批判的视野转移到了文化协商的视角,并提出了"参与性文化"这一重要概念,他深入粉丝社群,发现参与文本盗猎的粉丝们情绪激昂地预测、改写、创作影视剧情节,不仅满足了他们对于剧情和角色的幻想,还促使粉丝之间发展出一种特殊的社群关系。用户在

---

① Raymond Williams. *Marxism and Literature*. Oxford:Oxford University Press,1977,p. 111.

② [澳]约翰·哈特利:《数字时代的文化》,李士林、黄晓波译,浙江大学出版社 2014 年,第 26—27 页。

互联网上分享信息,从经济层面上来看,这是一种经济行为,但是从社会文化层面来说,粉丝们通过与媒介产品协商式互动,构建了自己的文化身份,体现了草根社群的集体主动性。① 何威、曹书乐、丁妮、冯应谦在《工作、福祉与获得感:短视频平台上的创意劳动者研究》一文中对抖音平台上 121 234 名拥有万名以上粉丝的创作者进行研究并发现,短视频创意劳动可以为劳动者带来切实的收入。劳动者选择从事短视频创作、传播与运营,不仅是为了赚钱;劳动者的工作喜好度、工作满意度、对工作平台的满意度、对自己生活质量的评价都相当高,其心理状态也显著地变得更好。因此短视频创意劳动增进了劳动者的福祉与获得感。②

首先,用户可以在短视频平台上获得关注和支持,并以创意劳动者的身份展开经济活动。短视频平台利用"可见性"机制,将用户天然分割为表演者和观看者,表演者通过短视频进行生活或事件的展演,观看者不仅通过观看获得视觉快感,还可以通过关注、评论等互动形式与表演者对话,并且每个观众都有机会成为舞台上的主角,以获得肯定性的关注和支持,感受到自身的价值。通过被关注,用户获得的是一种资源的聚集,这些资源有些可以直接为用户带来经济利益,诸如直接的消费交易,而有些则是"为价值和利润的创造提供的生产手段"③,例如,用户通过积累粉丝而获得影响力,为之后的经济活动做铺垫。正如范·迪克从平台的商品化机制角度指出,平台通过允许用户在线行销他们的个人资产或体验,来帮助用户活动商品化,使用户能够凭借自己的力量成为企业家。以此来看平台可能会将经济权利从酒店、出租车公司、报纸和大学等传统机构转移到个人用户身上。④ 即便是没有寄希望于通过短视频平台获得生存性劳动酬劳的用户,也会因为作品被关注而感到自身的数字生存

① [美]亨利·詹金斯、张琳:《〈文本盗猎者〉在中国:亨利·詹金斯采访》,载[美]亨利·詹金斯:《文本盗猎者:电视粉丝与参与式文化》,郑熙青译,北京大学出版社 2016 年。

② 何威、曹书乐、丁妮、冯应谦:《工作、福祉与获得感:短视频平台上的创意劳动者研究》,《新闻与传播研究》2020 年第 6 期。

③ [英]克里斯蒂安·福克斯:《数字劳动与卡尔·马克思》,周延云译,人民出版社 2020 年,第 122 页。

④ José van Dijck, Thomas Poell, Martijn de Waal. *The Platform Society: Public Values in a Connective World*. Oxford University Press, 2018, p. 37.

感增强。用户在数字平台上建构了以自我为中心的社交圈层，这种"数字自我"的个体价值感在整个网络社会中得到了充分的延伸。对于数字经济而言，它正是需要这种持续性的、创造性的、创新性的劳动作为市场价值的基础，以劳动的量来增强商品活力。

其次，用户可以在情感连接中获得一种参与的快感。短视频平台通过数据、算法匹配用户可能感兴趣的优质的短视频内容，使用户迅速产生情感共鸣。比起情感共鸣，更为重要的是由用户参与产生的情感连接。一方面，仅就"连接"而言，用户产生哪种情感并不重要，重要的是由流动的情感共鸣所产生的"关注""点赞""收藏""模仿拍摄"等一系列"鼠标行为"，这些行为是用户建立个人数字档案、搭建数字关系、展现"数字自我"的重要途径，在这个过程中，信息是稍纵即逝的，而情感的流动、关系的连接是永恒的。另一方面，伴随着用户在短视频平台上的浏览、观看、驻足和评论，用户与他人也同时进行社会交往。在这个交往过程中，用户通过主动参与建构了一种现实与虚拟交叉的情景，为当下现实情景中的自我找到了一处"栖身之地"。这个"栖身之地"体现了人们对于数字化生存的共识，即某个处于现实社会中的用户，当无法融入或不愿意融入现实社会的某些环境中时，通过"刷短视频"可以随时逃离现实，沉浸于自己所喜欢的数字空间中，并在那个空间与其他人开展自由的互动交流。

再次，平台将知识作为价值增长的介质，鼓励专业化、细分化的内容生产。短视频平台运行的基础是利用用户在闲暇时生产的信息作为传播介质，通过算法等技术不断促发以用户为核心的信息生态链。信息的质量不仅体现在能为用户带来情感价值，也体现在能为用户带来"获得""成长""进步"等更高层次的知识价值。一方面，作为信息技术的短视频平台践行技术普惠的理念，这使得用户能够以较低的门槛获得一项数字化生存的知识技能，在拍摄、制作、发布短视频的过程中感受到对信息技术的掌握。短视频平台也会通过这种形式弥合社会发展过程中存在的"数字鸿沟"，使人人都能使用短视频开展创作和记录的文化实践。另一方面，在技术普惠的红利下，短视频平台鼓励不同领域的专家用闲暇时间将专业知识以短视频或直播的形式与其他用户分享，使知识不再是权威人士的特权，对相关领域感兴趣的普通用户也能够在此进行知识的学习和积累，从而提升自我。不仅如此，短视频平台还会通过算法调控使得知识性、文化性、专业性的信息被用户"看到"，这在无形中促进了相关产业数字化的进程，提升了从业者的社会地位。例如，非遗传承人就在数字经济平台找到了他们的舞台，生活中的非遗传承人可以通过抖音平台让更多人看见"非遗文化"。在日常生活中，非遗传承人的技艺展示空间有限，但通过数字平台，非遗作品有了更广阔的"可见性"。

（二）数字社区建构：群体故事的多维呈现

短视频平台的用户以个体的形式进入短视频平台，这种个体其实是一种"人设"，作为数字身体的"人设"是人的主体性与技术可供性的结合，此时的"人设"是用户出于某种目的想要去呈现的某种类型的自我，即便用户自我意识是模糊的，并没有为自己设定某种角色，平台也会依照用户的特点，对其角色进行分类并为其贴上标签。① 所以，短视频平台的内容创作是一种带有标签属性的数字化交往，它具有强烈的"社会感染性"②，极易引发具有相同价值观、社会经验的用户参与其中。在这样的参与机制下，群体性的特征就会被体现出来。拥有 3000 万粉丝的卡车司机部落通过平台展演他们的出行故事，作为有经验的司机为有需要的司机解答出行、运输等相关问题；流浪的卖唱歌手在这里集结，通过点赞、分享互相支持；"赛鸽人"通过短视频平台发布鸽子丢失的信息，引得 16.4 万人关注，最终在网友的帮助下找到了自己的鸽子，他在这里感受到了群体的价值。③ 在快手、抖音平台上，人们用各种各样的方式集结成部落，形成有共同诉求的互帮互助的社群。

正如斐迪南·滕尼斯（Ferdinand Tönnies）1887 年在《共同体与社会》（*Gemeinschaft and Gesellschaft*）一书中，以"共同体"来表示人际关系本身的结合一样，它是一种饱含情感的、亲密的"持久的和真正的共同生活"④。数字社区延

---

① 曾一果、陈爽：《数字化生存与人设展示：平台化社会的自我形象塑造研究》，《未来传播》2023年第 1 期。

② 郭新茹、康璐玮：《认知盈余视角下短视频平台内容创新生产研究》，《现代传播（中国传媒大学学报）》2022 第 1 期。

③ 杨祎铭：《流动的原子找到同类》，真实故事计划编：《快手人类学》，台海出版社 2021 年，第168—179 页。

④ ［德］斐迪南·滕尼斯：《共同体与社会》，林荣远译，商务印书馆 1999 年，第 52—57 页。

续传统实体社区的内涵。首先，强调一种共同体的价值，人们通过平台分享自己的生活经验和个人情感，这些内容通过数字数据在用户之间不断交换，经过算法筛选后的信息对于此时刷短视频的用户来说是有趣且有价值的，他们在使用中感受彼此的存在，形成了一种以交换经验、情感价值为前提的虚拟情景交织的环境意识，这种环境意识促使他们之间形成了互帮互助的社区，例如，一些博主（主播）帮助偏远乡村卖农产品，或助力山区女性走出大山。其次，数字社区是一种通过信息技术手段建构的虚拟社区，它突破了地理位置的限制，承载了更广泛的数字生活，并与线下的现实世界紧密连接。再次，数字社区以促进用户的主动参与为目标，将原来松散的线上个体关系变为用户与用户、用户与社会之间主动的、富有情感的、互助的亲密关系。而这种关系需要建立在信任基础上，也就是说，在数字平台上，通过信任机制的完善，人与人、人与物、人与世界可以建立一种休戚与共的命运共同体。例如快手平台就希望将自身打造为"最有温度、最值得信任的在线社区"。快手科技创始人程一笑就从社区文化的角度反思快手的发展，他说："快手创立有 10 年了，最初它是 GIF 工具，然后逐渐变成一个国民性的短视频和直播平台。这 10 年里，我们一直在思考和坚持的是，我们为用户、为社会创造了什么价值，未来如何创造更多社会价值。因为只有创造社会价值，我们才有价值。"[①]抖音也提出一系列以美好生活为理念的社区发展计划，这些计划包括"Dou"计划、"美好挑战计划"和"社会责任计划"等，力图将自身打造为富有社会责任感和公共服务意识的数字社区。

从技术层面来看，短视频平台通过连接、互动与共享的技术支持，回应社区的群体诉求。连接性是数字媒体的根本属性，短视频平台中的连接性有其特殊性，它不是简单地通过搜集用户行为产生元数据，进而匹配相关信息的对接，而是让连接性发生在用户生活故事的共享中，与其说这是一种连接，不如说这是带有情感理解、情感认同的连通。用户通过短视频在平台交换自己的生活故事，共享针对某一事件的经验与认识，通过这种方式，个体用户之间形

---

① 程一笑：《打造最有温度、最值得信任的在线社区》，载快手研究院编：《快手是什么 II·直播时代》，中信出版集团 2021 年，序言第 XIV 页。

成具有共同话题、共同经历的群体，他们重视彼此之间真诚的沟通与交流，以此形成情感的共同体，产生较为强烈的集体感知，用户也由此找到了群体的归属感和价值感。平台则以更丰富、多元的生活故事回应群体的情感需求。单亲妈妈实现策马草原的梦想，高大魁梧的女博主不回避自己的身材，72岁的女模特在T型台上展示身材……快手上讲述了一群女性突破传统性别规范，敢于真实做自己的故事，激发了众多女性用户的群体认同，她们通过在数字社区中围绕此开展激烈的互动与讨论，达成某种价值共识。

以快手和抖音为代表的短视频平台还积极参与国家和社会发展，通过建立互助社区等方式帮助偏远乡村和弱势群体改变命运，从而实现平台的社会价值。例如在抖音上，73岁的杨维云通过开设"喜洋洋拼音课堂"的抖音直播间，帮助无数来自全国各地不识字的人读书识字，而她的学生中多数是中年女性，这样的在线教育帮助无数人找到了自信，融入了社会。在快手上，先富裕起来的四川凉山人悦姐，不仅通过做电商直播让个人和家庭摆脱了贫困，也通过和同样在数字平台上创业的闫博合作，组建了"创业之家"，培训和帮助更多的人利用短视频、直播平台等致富。

建构一个有很高信任感的在线社区，满足更多人的生活需要，是快手、抖音等很多短视频平台都在努力的更高目标，尽管这样的目标在实施过程中并非那么顺利。

四、结语：作为社会连接的短视频平台

如前文所述，短视频平台存在商业性与公共性并存的情况。平台通过建立数字普惠原则：一方面为用户提供可见性，让每个人都被看见，并为用户提供创意劳动的空间，从而帮助用户获得劳动价值；另一方面，平台自然也会受到商业和经济利益驱动，通过算法和数据形成具有操纵性的力量，甚至为了私利放任一些低俗化、过分娱乐化的信息出现。基于此，我们认为，用户、平台和社会之间应该在协商中共同建构有公共意识和社会责任感的数字平台。

一方面，平台需要从公共性立场出发对用户的使用行为进行约束。对于任何数字平台来说，用户都拥有一键卸载软件的权利，短视频平台本身不能作

为带来生存性报酬的生产工具，用户对其的选择更是凭借自身的喜好。正因如此，短视频平台一直坚持用户为王的原则，用户的活跃度和满意度决定短视频平台的市场价值。但是，这并不意味着用户可以完全依靠其自主性决定短视频平台的内容呈现，平台的社会属性要求平台必须以一定的机制规范用户的使用行为，避免用户对权力的滥用，尤其是杜绝用户为了获取流量，通过短视频曝光他人隐私、发布失实信息等。这是国家、平台、用户三者之间协商的结果，只有有效地保证平台信息质量，促进内容流通的良性循环，才能够吸引更多用户参与其中，进一步促进我国数字媒体的发展，这也是平台提升可持续的市场价值的必要措施。另外，短视频平台是由亿万个普通用户搭建的，用户作为内容的"产销者"，也需要肩负"媒体人"的社会责任，在分享生活故事的同时，也应该传递正能量，维护社会的公平与公正，推动社会共同进步。平台鼓励用户积极参与，并为用户提供了展现自我的多样化空间。用户不能无视国家和平台所制定的规则，做一些违背公共性的直播或表演活动。

总之，从整体来看，短视频平台不仅是一种媒介形式、一种技术应用、一种商业模式，其本身也是一种参与社会发展的文化形式。用户自主性与平台社会性之间的协商不仅为短视频平台带来了持续发展的动力，也重构了人、媒介与社会之间的深层关系。"参与式媒介"不能完全等同于让用户书写，它要使普通用户能够将自己生产的内容借由媒介平台连通到群体乃至整个社会。如果将用户生产的内容看作传播介质的话，那么这些介质之间应以共同的情感、诉求、价值观相连接。

（曾一果，暨南大学新闻与传播学院副院长，教授、博士生导师，暨南大学新媒体文化研究中心主任；陈爽，暨南大学新闻与传播学院博士研究生）

From "Visible" to "Participative":
The "Life Story" of the Inclusive Digital Community

Zeng Yiguo　Chen Shuang

Abstract: As an important part of the digital society, short video platforms represented by Kuaishou and Douyin play an important role in personal self-presentation, social and national economic development. Under the platform mechanism of "visibility" and "participation", today's short video platforms respond to individual and group demands by establishing inclusive digital communities, balancing the conflict between commerciality and publicity. On the one hand, short video platforms pay attention to the realization of individual value, attract users to participate in technology and traffic inclusive, so that everyone can get the opportunity to be seen. On the other hand, they pay attention to the realization of group value, and further promote the deep integration of individuals, media and society through connected and shared technical support.

Keywords: Short Video Platform; Digital Communities; Principle of Inclusivity; Visible; Participative

《媒介批评》第十六辑
MEDIA CRITICISM

核心话题:探索数字社区

流量鸿沟:平台中介的"新农人"与数字公平

马中红　吴映秋

摘要:随着互联网超级平台的崛起和日渐深嵌于我们的日常生活中,数据、算法、流量正在以看不见的方式主宰现实社会,也带来了数字鸿沟的新变种——流量鸿沟。在"新农人"短视频创作和直播比较活跃的平台快手,流量鸿沟是平台对流量分配机制不平等造成的,包括数字内容生产者的可见性、不同创作主体对流量分配规则的可知性、不同利益主体在流量转益中的可得性三方面的数字不平等。流量鸿沟反映了数字公平要求"去中心化"与平台资本必然"中心化"之间不可调和的矛盾。流量分配规则不透明和集权导致的流量鸿沟使平台中介过程成为逐渐失控的数字化干扰力,在加深"新农人"和乡村流量迷思的同时,有碍于数字公平,也是我国建设普惠数字社区、数字中国必须面对的新问题。

关键词:流量鸿沟;数字鸿沟;数字公平;平台;快手;"新农人"

数字乡村建设是乡村振兴总体目标的战略要求,也是奠定数字中国建设基础的关键举措。2015 年以来，国家层面推出宽带中国、宽带乡村、网络扶贫、通信提速降费等一系列宏观规划和政策措施，促使农村宽带通信网、移动互联网、数字电视网在 10 年不到的时间内快速发展。我国已实现贫困村通光纤比例达到 98%，贫困县农村电商全覆盖，[①]"县县通 5G""村村通宽带"。[②] 数据显示，截至 2023 年 6 月，我国农村地区互联网普及率为 60.5%，农村网络基础设施基本实现全覆盖。[③] 与此同时，以快手和抖音为主的短视频平台借助国家建设的优质数字基础设施的硬件条件，积极开拓软件基础设施，两者形成一股强大的合力，促进乡村数字经济新业态、新模式不断涌现，近年来大家熟悉的淘宝村、网红村、直播电商、社区电商、快递进村等农村电商模式在乡村振兴中发挥了巨大作用。《数字乡村发展行动计划（2022—2025 年）》进一步强调"深化农产品电商发展"，通过社交电商、直播电商打造农产品网络品牌；在"加快培育农村新业态"方面，要敦促旅游、电商、社交媒体等平台企业将产品和服务下沉到乡村，助力农村平台经济。[④]

如果说，国家致力发展的数字基础设施使绝大多数农村用户"数字接入"脱贫，能够同城市用户一样，使用智能手机，接入互联网，享有平等接入权，那么，互联网平台，尤其是短视频平台凭借技术低门槛的优势，进一步解决了农村年轻人接入和使用 APP 的问题，在推动数字公平方面的确功不可没。但是，当下借助互联网平台快速推进的农村新经济模式和平台企业不断下沉农村市场推出的各种"新农人"扶持计划，能否解决数字鸿沟的其他问题？比如，学术界已经发现的数字使用鸿沟、数字知识生产鸿沟，或者"平台+新农人"模式已经浮现出来的更深层次的一些新的数字不公平。这里的"新农人"并没有

---

① 《网信办：贫困地区网络覆盖目标提前超额完成》，人民网，2020 年 11 月 6 日，http://it.people.com.cn/n1/2020/1106/c1009-31921927.html。

② 《中国数字乡村发展报告（2022 年）》，中央网信办信息化发展局等，2023 年 2 月，https://www.gov.cn/xinwen/2023-03/01/5743969/files/5807a90751b1448ba977f02e7a80b14c.pdf。

③ 《第 52 次中国互联网络发展状况统计报告》，中国互联网信息中心，2023 年 8 月，https://www.cnnic.net.cn/NMediaFile/2023/0908/MAIN1694151810549M3LV0UWOAV.pdf。

④ 《数字乡村发展行动计划（2022—2025 年）》，中央网络安全和信息化委员会办公室，2022 年 1 月 6 日，http://www.cac.gov.cn/2022-01/25/c_1644713315749608.htm。

统一的定义，泛指以互联网为工具从事农业生产、流通和服务的人，[①]具体的分类标准非常多样化，本文将讨论范围限定在短视频平台的语境下，因此"新农人"特指那些借助智能手机、互联网平台技术、短视频和直播展示方式，以"三农"为主题进行内容创作的群体。当前，我们的新闻媒体和学术研究仅仅关注到了数字农村、数字农村经济、数字农民这个"新三农"现象中呈现出来的农村数字化发展速度、数字农村经济模式创新，以及数字获益的少数群体，而对上述问题还鲜见思考。本文尝试沿着数字鸿沟的理论脉络，进一步探讨经由平台中介之后的"新农人"短视频创作和传播过程，考察其中的数字公平情况。

一、数字鸿沟与数字公平

对数字公平的讨论基于数字鸿沟的日益扩大，两者一体两面，互为因果。数字鸿沟的存在直接影响数字公平的实现，而数字公平追求的就是最大可能地消除不同群体之间存在的数字鸿沟和数字不平等。

数字鸿沟被广泛关注，通常被认为起始于美国国家电信和信息管理局1995 年发布的一份报告。[②] 该报告揭露了美国电话及互联网接入中经济情况、城乡、年龄、受教育程度等方面的不平等问题。[③] 21 世纪初以来，中外学者不断开展对数字鸿沟的研究，除了在宏观视角下对"全球鸿沟""社会鸿沟""民主鸿沟"[④]的成因及现象进行探讨，也有从中观层面围绕"区域数字鸿沟""企业数字鸿沟"和"群体数字鸿沟"[⑤]展开讨论的，另有一些研究聚焦性别数

---

① 李国英：《"互联网+"背景下我国现代农业产业链及商业模式解构》，《农村经济》2015 年第 9 期，第 29—33 页。

② 彭波、严峰：《我国消弭数字鸿沟的新机遇与新路径探析》，《现代传播（中国传媒大学学报）》2020 年第 2 期，第 142—147 页。

③ U. S. Department of Commerce, National Telecommunications and Information Administration（NT-IA）. *Falling through the Net：A Survey of the "Have Nots" in Rural and Urban America*. 1995, retrieved from http://www.ntia.doc.gov/ntiahome/fallingthru.html.

④ Pippa Norris. *Digital Divide：Civic Engagement, Information Poverty, and the Internet Worldwide*. New York：Cambridge University Press, 2001.

⑤ 王春英、李金培、黄亦炫：《数字鸿沟的分类、影响及应对》，《财政科学》2022 年第 4 期，第 75—81 页。

字鸿沟。在不同层次的"数字鸿沟"研究中,"何为数字鸿沟"的本体论问题得到持续而深入的阐释。保罗·阿特韦尔(Paul Attewell)将硬件技术的接入视为"第一道数字鸿沟",互联网技能与使用视为"第二道数字鸿沟"。① 随着卫星制造与发射成本的降低,通信基础设施的日渐扩展正在以可见的速度解决"接入"方面的数字鸿沟问题。数据显示,截至 2023 年 6 月,我国非网民规模较 2022 年 12 月减少 1109 万人。② 尽管中国互联网络信息中心(China Internet Network Information Center,简称 CNNIC)的这份报告指出非网民在中国仍然以农村居民为主,但主要是 60 岁以上的老年群体,他们因为设备不足、没有文化、不懂拼音、不懂电脑和网络,以及年龄太大等因素难以跨越"接入"的数字鸿沟。中国农村与城市的年轻群体在数字接入方面已基本平等。

"第二道数字鸿沟"是指使用过程中产生的"能力沟"或"使用沟"问题,集中反映在不同地区和群体在互联网使用技能上的差异,即从"接入鸿沟"转向"能力鸿沟",③"能力鸿沟"是指用户虽然能接入互联网,但由于知识、技能方面的欠缺,仍然无法正常使用数字化的应用和服务。CNNIC 2023 上半年报告显示,中国农村网民群体短视频使用率位居所有应用软件之首,甚至超过城镇网民 0.3 个百分点。④ 短视频是互联网技术不断降维的产物,只要拥有一部智能手机,能接入互联网,"刷视频"基本就没有使用方面的门槛了。而进一步的使用,比如拍摄、制作、发布短视频的技能,利用技术进行有效直播带货等方面的"使用沟"依然明显存在。

"使用沟"之后,学术界提出了"第三道数字鸿沟",即互联网知识获得差

---

① Paul Attewell. "The First and Second Digital Divides." *Sociology of Education*,2001,74(3): 252-259.

② 《第 52 次中国互联网络发展状况统计报告》,中国互联网信息中心,2023 年 8 月,https://www.cnnic.net.cn/NMediaFile/2023/0908/MAIN1694151810549M3LV0UWOAV.pdf。

③ 中央网络安全和信息化委员会办公室:《数字中国发展报告(2022 年)》,2023 年 4 月,http://www.cac.gov.cn/2023-05/22/c_1686402318492248.htm。

④ 《第 51 次中国互联网络发展状况统计报告》,中国互联网络信息中心,2023 年 3 月,https://www.cnnic.net.cn/NMediaFile/2023/0807/MAIN169137187130308PEDV637M.pdf。

异方面的"知识沟"①,或知识再生产时用户在媒介资源整合和跨平台使用方面表现出来的数字鸿沟,②以及用户在使用互联网后所产生的有形成果(tangible outcomes)的不平等。③ 近年来,后者在海外学术研究中成为热议话题。技术的接入和使用被认为容易影响个人产出和利益④,互联网技术转化为收益大小的差异⑤成为新的"数字产出鸿沟(digital outcome divide)"⑥。"知识沟"或"知识产出的鸿沟"从横向扩大了数字鸿沟的认知宽度,另外一些学者则从纵向探究数字鸿沟的认知深度。凡迪克(Jan A. G. M. van Dijk)在数字鸿沟的物质性、技能性、应用性三个维度之外,提出第四维度——动机性⑦,将用户接入互联网、移动设备、应用软件的动机要素纳入数字鸿沟的分析框架。以色列学者阿尔卡莱(Yoram Eshet Alkali)将数字素养纳入数字鸿沟范畴,提出素养分析框架的五个要素,即图片图像识别与理解素养、再创造素养、分支素养、信息素养和社会情感素养⑧,这些要素超越了简单的软硬件接入和使用,强调数字使用的综合能力。人们如果缺乏数字素养,很容易在政治、社会和经济上被边缘化,从而进一步加深低收入群体、老年人、边缘乡村地区的数字不平等,加深社会群体的分化,引发不同价值观的冲击,数字鸿沟将愈发难以消弭。

与数字鸿沟对应的数字公平,也超越对硬件与连接问题的关注,聚焦于复

① 韦路、张明新:《第三道数字鸿沟:互联网上的知识沟》,《新闻与传播研究》2006 年第 4 期,第 43—53 页;韦路、秦璇:《主客观知识沟:知识沟研究的新方向》,《新闻与传播研究》2023 年第 2 期,第 53—67 页,第 127 页。

② 马中红、孙黎:《在线喂养:基于知识再生产的数字鸿沟视角》,《学术研究》2023 年第 4 期,第 59—66 页。

③ Massimo Ragnedda. *The Third Digital Divide : A Weberian Approach to Digital Inequalities*. Oxford : Routledge,2017,p. 50.

④ Alexander J. A. M. van Deursen and Ellen J. Helsper. "The Third-Level Digital Divide : Who Benefits Most from Being Online?" *Communication and Information Technologies Annual*,2015(10):29−52.

⑤ Kwok-Kee Wei,Hock-Hai Teo,Hock Chuan Chan and Bernard C. Y. Tan. "Conceptualizing and Testing a Social Cognitive Model of the Digital Divide." *Information Systems Research*,2011,22(1):170−187.

⑥ Frederick J. Riggins and Sanjeev Dewan. "The Digital Divide : Current and Future Research Directions." *Journal of the Association for Information System*,2005,6(12):298−337.

⑦ Jan A. G. M. van Dijk. *The Deepening Divide. Inequality in the Information Society*. London : Sage Publications,2005,pp. 20−26.

⑧ Yoram Eshet Alkali and Yair Amichai-Hamburger. "Experiments in Digital Literacy." *Cyberpsychology & Behavior : the Impact of the Internet,Multimedia and Virtual Reality on Behavior and Society*,2004,7(4):421−429.

杂成因及多维要素的分析。保罗·雷斯塔（Paul Resta）等人认为数字公平表现在获得"硬件、软件与互联网连接""当地语言所呈现的有意义、高质量、文化相关的内容""有创意、可共享、可互换的数字内容""了解如何使用数字工具与资源的教育者""增强学习的数字技术应用的高质量研究"五个方面。① 数字公平被视为一项严峻的挑战，②不仅需正视由贫富差距、计算机软硬件和连接带来的数字鸿沟，③更应理解数字公平不只包括根据需求进行公平的资源分配，还包括支持无偏见和无删减的内容。④ 对数字公平中内容的关注，超越了旧有数字鸿沟框架下对计算机和电信技术"数字解决方案"的关注。⑤ 数字内容一方面是文本、符号的创造，比如文字、照片、视频等视觉信息；另一方面，内容即数据，数字内容的公平直接指向内容的"可见性"，以及如何"被可见"的问题。马里特·马基宁（Maarit Mäkinen）指出，仅仅消除物理连接技术的沟壑并非有效解决复杂问题的途径，⑥尤其是当我们无法解决"机会上的鸿沟（gaps in opportunity）"，无法保证人们以更充分、更公平地参与的方式使用技术⑦之时。更进一步，"机会上的鸿沟"不仅包含接入、使用这些可通过政策、教育普及等调节、掌控的机会，而且还源于以数据、流量、算法为支配力

① Paul Resta, Thérèse Laferrière, Robert McLaughlin and Assetou Kouraogo. "Issues and Challenges Related to Digital Equity：An Overview." In Joke Voogt, Gerald Knezek, Rhonda Christensen and Kwok-Wing Lai（Eds.）, *Second Handbook of Information Technology in Primary and Secondary Education*. Cham, Switzerland：Springer, 2018, pp. 1-18.

② Samantha Adams Becker, Malcolm Brown, Eden Dahlstrom, Annie Davis, Kristi DePaul, Veronica Diaz and Jeffrey Pomerantz. *Horizon Report 2018 Higher Education Edition*. Louisville, CO：EDUCAUSE, 2018, retrieved from https://library.educause.edu/~/media/files/library/2018/8/2018horizonreport.pdf.

③ Julie Willems. "Digital Equity Considering the Needs of Staff as A Social Justice Issue." *Australasian Journal of Educational Technology*, 2019, 35（6）：150-160.

④ Bryan Alexander, Kevin Ashford-Rowe, Noreen Barajas-Murphy, Gregory Dobbin, Jessica Knott, Mark McCormack, Jeffery Pomerantz, Ryan Seilhamer, and Nicole Weber. *EDUCAUSE Horizon Report：2019 Higher Education Edition*. Louisville, CO：EDUCAUSE, 2019, Retrieved from https://library.educause.edu/~/media/files/library/2019/4/2019horizonreport.pdf.

⑤ 胡泳：《社会包容视角下的数字鸿沟问题》，《新闻与写作》2020 年第 10 期，第 1 页。

⑥ Maarit Mäkinen. "Digital Empowerment as A Process for Enhancing Citizens' Participation." *E-Learning and Digital Media*, 2006, 3（3）：381-395.

⑦ Paul C. Gorski. "Insisting on Digital Equity：Reframing the Dominant Discourse on Multicultural Education and Technology." *Urban Education*, 2008, 44（3）：348-364.

量的"不可掌控机会"所形成的"智能鸿沟"。①

在数字鸿沟逐步细化和深化的过程中,公共数字硬件基础设施的建设、互联网技术的发展、个体数字素养等构成数字公平的要素被充分意识到并有了较多讨论,但是,数字内容生产结果及利益分配的不公平、不可见,数字技术支配规则的不公平,以及由互联网巨型企业拥有并管理的平台却暂未成为数字鸿沟成因中重要的关注对象,相反,平台和技术以中立的立场,甚至是数字公平的积极推动者的形象进入媒体和用户视野,但公众对它们有可能带来的新的数字鸿沟和数字不平等还没有足够清醒的认识。

二、流量鸿沟:平台中介的"第四道数字鸿沟"

数据、流量、算法高度嵌入我们的日常生活领域,这种情况集中体现在我们对互联网平台的深度依赖上。"平台(platform)"最初是计算机领域使用的概念,比如微软公司将 PC 桌面上的 windows 系统称为"平台"。塔尔顿·吉莱斯皮(Tarleton Gillespie)通过词源学考据,从四个层面定义的"平台"得到广泛使用:一是建筑学意义上的,指可承载人或物的、凸起的物理平面;二是计算科学领域的,指由一系列硬件和软件组成的,为特定应用程序设计和使用提供进一步支持的基础设施;三是象征性意蕴,指平台可以为他者未来的发展提供机会;四是政治学意义上的,指以公共利益为导向,向所有人开放的、中立的交互机制或政治组织。② 第三、第四种定义在物质的、软硬件的基础上指向文化和政治。

基于文化和政治的视角,理解平台形成了两个主要框架。第一,日常生活/基础设施的平台。平台秉持提供免费服务、无偿收集数据并将数据变现的"技术—商业"逻辑,开疆拓土,从最初的信息交互、社交网络,进入饮食、购买、交通和支付几乎所有领域,成为社会运营和日常生活的基础设施。由此,平台不仅介入了人们的日常生活,而且塑造了新的社会、文化和政治关系。在这个

---

① 钟祥铭、方兴东:《智能鸿沟:数字鸿沟范式转变》,《现代传播(中国传媒大学学报)》2022 年第 4 期,第 133—142 页。

② Tarleton Gillespie. "The Politics of 'Platforms'." *New Media & Society*, 2010, 12(3):347-364.

框架下,可以进一步追问的是,日常生活的平台化在多大程度上,以何种方式促进了社会的数字公平,或者反过来,加剧了数字不平等? 第二,平台是数字化基础设施。尼克·斯尔尼塞克(Nick Srnicek)在《平台资本主义》一书中指出对此的理解,平台"使两个或两个以上的群体能够进行互动"①。在此,我们可以将平台理解成将不同用户聚集在一起的中介物。"中介(mediation)"指的是"间接的衔接"②,现代社会的人类传播与交往形态是"中介化"的,即社会交往与互动已从直接的、面对面的,转化为经由手机等技术设备构成的传媒中介来进行。③ 与此同时,"中介"也并不表明中立的态度,而是一种"刻意举动"。④ 平台作为中介,连接了政府、第三方服务提供商、生产商、供应商、广告商和个体用户,甚至连接物体,比如物联网平台。依据中文语境中平台概念的实际使用情况,平台最重要的中介对象是政府、技术/内容生产者、消费者、广告商,它们一起构建了"数字公平"中政府、市场、用户、平台多方利益关系的博弈和互补关系。在这个框架下,目前比较少被讨论的是多边利益关系中权力的对等问题。

平台研究的这两种框架并不割裂,但充满了难以厘清的矛盾关系。在前者的框架下,平台虽然是中介,甚至捆绑了人们的日常社会生活,但遵循共享、开放的逻辑,个体用户和第三方机构可以利用平台创建自己的页面,或者开发新的应用程序。平台既是"作为技术文化建构的平台",也是"作为社会经济结构的平台"⑤,对数字接入、数字使用等数字公平问题产生深刻影响。在后者多方利益关系博弈和互补的框架中,毫无疑问,平台占据了不容忽视的主导地位,它借助技术装置,包括界面设计、技术架构、数据分析、算法推荐,以及定价策略和规制标准,对用户(包括第三方服务提供商、内容生产者、广告商等)加

---

① ［加］尼克·斯尔尼塞克:《平台资本主义》,程水英译,广东人民出版社 2018 年,第 50 页。

② ［英］雷蒙·威廉斯:《关键词:文化与社会的词汇》,刘建基译,生活·读书·新知三联书店 2005 年,第 303 页。

③ 潘忠党:《"玩转我的 iPhone,搞掂我的世界!"——探讨新传媒技术应用中的"中介化"和"驯化"》,《苏州大学学报(哲学社会科学版)》2014 年第 4 期,第 153—162 页。

④ 唐士哲:《重构媒介?"中介"与"媒介化"概念爬梳》,《新闻学研究》2014 年第 121 期,第 1—39 页。

⑤ ［荷兰］何塞·范·迪克:《连接:社交媒体批评史》,晏青、陈光凤译,中国人民大学出版社 2021 年,第 32—44 页。

以调节和控制，平台技术的"隐蔽可供性"①操纵了数字内容生产和数字红利的公平分配。

以快手平台为例，接入与使用的数字公平充分体现在其所倡导的价值观之中。快手在九周年品牌形象广告《看见》中，传递出平等对待所有用户，包括小城镇、乡村群体等社会底层世界小人物的价值观。创始人程一笑早期接受媒体采访时认为"普通人的生活有人在意，这件事非常重要"②。快手甚至创造性地提出了"社会平均人"③的概念，明确将其用户定义成三、四线小城市、乡镇低收入的普通大众。2022 年，快手提出"普惠数字社区"新愿景，表示平台正通过乡村振兴、就业创业、数实融合等各种方式着力打造普惠数字社区。④ 其实，快手关于"普惠"的设想，早在 2018 年就体现在程一笑所提到的"普惠最根本的逻辑是，我们觉得每个人都值得被记录"⑤的平台价值观中。由此可见，从平台理念、价值观和服务对象看，快手鼓励并支持普通人接入平台，并持续为"数字普惠"做出努力。快手确实也在惠及"三农"方面做出了引人瞩目的成绩，《2021 快手三农生态报告》的数据显示，快手三农兴趣用户已超过 2.4 亿，新增三农原创短视频突破 2 亿条，三农创作者生产的短视频日均播放量超过 10 亿。⑥ 平台在吸引农人投身数字实践、提高农人数字技术能力、增加农人实际收益，以及带动农村发展等方面发挥了作用，形成了平台与"新农人"互相依存的关系。主流媒体的大量报道烘托出"平台+新农人"努力就能赚钱、坚持就能成就自我的人人平等的美好景象。

然而，平台与用户的亲密协作只是一种表象或者理想状态，实际情况则非

① 马中红、胡良益：《数据基础设施：作为纵深维度的隐蔽可供性研究》，《国际新闻界》2022 年第 8 期，第 6—27 页。

② 《快手创始人程一笑：普通人的生活有人在意，这件事非常重要》，投资界，2018 年 12 月 2 日，https://news.pedaily.cn/201812/438383.shtml。

③ 《快手 CEO 宿华：快手的用户定位是"社会平均人"》，21 世纪经济报道，2017 年 4 月 16 日，http://m.21jingji.com/article/20170416/herald/306242f55989a7d9bdb37d5884b8334f.html。

④ 《从内容平台到普惠的数字社区，快手加速推进数实融合》，新京报，2022 年 11 月 7 日，https://www.bjnews.com.cn/detail/166778814214894.html。

⑤ 《快手创始人程一笑：我们为什么要创立快手?》，环球网，2018 年 12 月 2 日，https://tech.huanqiu.com/article/9CaKrnKfthO。

⑥ 《〈2021 快手三农生态报告〉出炉：未来一年快手计划孵化 1000 个农业技术主播》，杭州日报，2021 年 12 月 24 日，https://baijiahao.baidu.com/s?id=1720018293347655752。

常复杂。当平台作为中介介入内容生产和传播后,平台的"网络效应"开始发挥作用。斯尔尼塞克认为"网络效应"是指接入平台的用户越多,平台就越有价值。① 一方面,用户越多,平台留存的数据就越多,越有能力控制和管理"游戏"规则;另一方面,用户活动生成的流量和数据被作为原材料,由平台用各种方式进行提炼和使用,比如卖给广告客户等。数据提取正在成为平台构建垄断并从广告商处获得收入的关键方法。这便埋下了平台拥有者与内容生产和传播者之间有关数字接入、数据使用和数字红利等的数字不公平问题。

这种数字不平等是平台借助技术装置、规则制度和政策倾斜造成的,具有较大的隐蔽性。快手用户接入平台非常容易,只要有一台连网的电脑,或者一部智能手机、一块智能平板,就可通过微信、QQ、新浪微博等社交媒体账号和电子邮件注册或登录。上手使用也不复杂,甚至拍摄、剪辑、上传、发布的技术在平台支持下已经降维至"一键触发",这为懂得数字技术的乡村青年、返乡青年、新农人群体的表达和展演提供了前所未有的舞台。用户上传的视频将得到算法系统的分析,最后以流量的方式体现出来。流量越高,视频越成功,因此,获得最大流量成为内容生产者、粉丝、广告商等利益相关者共同追求的唯一目标。但是,哪个视频能获得流量加持成为爆品? 哪个视频触犯了规则和禁忌被下架? 这些都是"谜"。

什么是"流量"? 这个词虽然在当下已经人尽皆知,但要解释清楚并不容易。"流量"英文词源为"traffic",指交通流量,也用于物理学中。《剑桥英语词典》将"流量"释义为"通过在线通信系统传递的数据和信息的活动或访问特定网站的次数"②。简单来讲,"流量"与"客流量"的概念类似,只不过是以计算机信息技术计算存储容量的单位——字节(byte)为单位的流量量级,比以人头为单位的客流量量级大得多。在互联网社交媒体中,"流量"被用来表明某人或某事得到的关注度和影响力,广泛使用于明星、热点、热搜等范畴。在短视频、直播语境下,"流量"概念再次产生新的意蕴,平台将视频内容的完播率、点赞率、留言率、转发率、转粉率等指标要素加上不同权重,自动得出流量

---

① [加]尼克·斯尔尼塞克:《平台资本主义》,程水英译,广东人民出版社 2018 年,第 51 页。

② "Traffic." *Cambridge Dictionary*. Retrieved from https://dictionary.cambridge.org/dictionary/english-chinese-simplified/traffic.

大小。流量"好看"决定了内容的"可见",流量指标完成得好才有可能被推入一个比一个巨大的流量池当中。也就是说,流量即影响力,拥有更多的流量就意味着拥有更多机会,流量分层中居于塔顶的人或物享有财富、权力和声望的利益集合。①

对普通用户而言这似乎是一件好事,只要拥有流量,就有收益的可能。但值得注意的是,流量分配的规则与机制非但不是由普通用户说了算,而且对于大多数用户来说还是一个巨大的"黑箱"。人们或许意识到自己在平台上的行动轨迹都被算法抽象为了流量,被平台企业转化成了可进行价值衡量和交换的商品,但流量如何生成,数据如何转换,建立在数据和算法基础上的分配和交换规则是什么,这些用户都不得而知。

"流量"成为平台独家拥有的资源,且平台拥有分配它们的权力。近年来,快手加入流量扶贫、振兴乡村的国家队,陆续对"新农人"给予流量激励和流量倾斜。"幸福乡村'5亿流量'计划"获得上亿级的流量支持;"三农快成长计划"开放百亿流量;"秋实计划"通过评选优秀短视频作品给予流量奖励;最广为人知的"幸福乡村带头人"计划及其相关活动,平台连续多年投放亿级流量;"快手农技人计划""村播计划"分别获得了30亿流量。(详见表1)除此之外,2020年快手推出"百城县长·直播助农"系列活动,"我的乡村我的家""天南地北庆丰收"等视频主题征集活动,以上活动均被给予巨大的流量支持。

表1　快手近年来三农扶持计划内容

名称	时间范围	扶持内容
幸福乡村"5亿流量"计划	2018年至2021年	投入价值5亿元的流量资源,助力以永胜县为代表的500多个国家级贫困县优质特产推广和销售,帮助当地农户脱贫致富
三农快成长计划	2019年	开放百亿流量,助力乡村振兴
秋实计划	2021年	每日评选"秋实奖",流量、周边奖励多

① 刘威、王碧晨:《流量社会:一种新的社会结构形态》,《浙江社会科学》2021年第8期,第71—83页、第158—159页。

续表

名称	时间范围	扶持内容
幸福乡村带头人计划	2022 年至 2024 年	预计未来三年投入超 1 亿流量资源
"幸福乡村带头人"系列活动之"乡村好物代言人激励计划"	2023 年 4 月起	投入亿级流量和万元现金打造短视频打榜活动，综合评选 TOP50 创作者，给予 10 万—100 万不等的流量激励
快手农技人计划	2022 年 5 月 30 日至 12 月 31 日	围绕九大行业，投入 30 亿流量资源，重点扶持由农科专家、职业农技人和种植养殖能手组成的 1000 位农技人标杆
村播计划	2023 年	提供 30 亿流量扶持乡村发展与人才培养

　　这些巨大流量的分配原则是什么？我们如何感知流量的量与价值？3 亿流量与 30 亿流量的价值差异如何体现并被感知？同等流量的投入，是否可以换来等值的经济收益？平台流量是有限还是无限的？流量除了由平台分配，还有其他方式获取吗？流量的最终得益者是谁？要回答这些问题显然没有那么容易。由快手推出来的流量扶持计划推测，平台不仅能够决定流量的总量，还能够决定流量的流向，甚至在流量的调控中决定流量的价值。在此情境下，无论是平台自己主张的数字普惠还是媒体报道的数字普惠，还真实存在吗？平台型企业以流量分配为解决方案来消弭数字鸿沟的逻辑，是否仍然是商业化的、利益最大化的逻辑？它是否充分考虑了公共性、社会包容等真正关乎人类福祉的问题？平台的流量扶持计划和倾斜策略，更有利于数字普惠、数字公平，还是适得其反？不懂流量规则、不关心流量、不追逐流量的用户群体，是否会被边缘化，成为普惠数字社区中新的弱势群体？平台对流量的定义与控制、分配与操纵，是否成为数字生产和生活中的另一道鸿沟——流量鸿沟？流量鸿沟破坏人类社会的公平，其责任方主要为资本驱动的互联网企业，[1]尤其是超级平台。[2] 诚然，我们不是完全否定平台在实现数字公平道路上的付出与给

---

　　①　钟祥铭、方兴东：《智能鸿沟：数字鸿沟范式转变》，《现代传播（中国传媒大学学报）》2022 年第 4 期，第 133—142 页。

　　②　方兴东、钟祥铭：《互联网平台反垄断的本质与对策》，《现代出版》2021 年第 2 期，第 37—45 页。

予,上述这些发问,意在警惕巨无霸互联网平台通过种种有意识设置的"围墙花园(walled garden)"①,制造新的数字鸿沟,妨碍数字公平。

三、"新农人"平台数字实践中的流量鸿沟

作为第四道数字鸿沟的"流量鸿沟"在本文中特指平台中介下的流量分配机制所造成的数字内容生产者可见性上的差异,以及不同主体在流量可知性与可得性上存在的差异。流量鸿沟最终还将指向数字公平所倡导的"去中心化"与平台利益驱动导致的"中心化"之间的矛盾,是平台化和平台社会中数字鸿沟升级的表现。流量鸿沟虽然隐蔽性极强,但不是无迹可寻。下文将以短视频平台快手上的"新农人"账号和内容为考察对象探讨平台成为中介后所带来的流量鸿沟。

"流量为王"是参与平台内容生产和传播的所有主体达成的共识,流量不只成为众人信奉与追逐的"神",而且支配了人们的情绪、观念及对世界的认知。流量代表了名声、影响力、利益和成功,令人痴迷。在"围观拉面哥"事件中,某报道描述"这名博主处于点击量飞速上涨的兴奋中……声音有些颤抖"②,即视感极强地展现了巨大流量降临时的狂喜;"疆小鱼新疆特产"在一年三个月的时间内共计发布 2000 余条作品,其中以同样的衣着、场景、台词,重复拍摄与发布的内容多达 400 余条,终有一条得到"流量"青睐,获赞 11.5万,她将此展示在主页"置顶"位置来炫耀(截至 2023 年 8 月 9 日)。与此相反,"山东祥哥612"在 2023 年 2 月 21 日发布的短视频中说道:"我拍段子五年了,拍了有 4000 多个段子,那个老天爷跟看不见似的,从来不让我上热门……"比他更惨的是上过报纸的"农村土鸡蛋妹"③,不知违反了哪条规则、触犯了怎样的流量大忌,粉丝量110.1 万的账号突然遭到封禁……为厘清这些在平台介入后"新农人"所面临的"流量迷思",本文分三条路径确定观察对象和

---

① William J. Drake, Vinton G. Cerf, Wolfgang Kleinwächter. *Internet Fragmentation: An Overview*. Retrieved from https://www3.weforum.org/docs/WEF_FII_Internet_Fragmentation_An_Overview_2016.pdf.

② 耿学清:《拉面热了,拉面凉了》,《中国青年报》2021 年 08 月 25 日,第 5 版。

③ 《95 后"鸡蛋妹"让土鸡蛋走出家乡》,《兰江导报》2020 年 08 月 31 日,第 7 版。

收集材料。其一,整理快手平台及第三方机构发布的账号名单,包括平台公布的"幸福乡村带头人"计划第三期、第四期入选的 71 个账号,"2022 快手十大农技人"10 个账号,以及第三方数据监测机构"TopKlout 克劳锐"发布的"快手红人影响力榜"①中三农门类上榜的 31 个账号(2023 年 1—6 月),去重后得到共计 110 个上榜账号,并用新注册的快手账号进行搜索、记录。其二,在平台直接搜索"三农""新农人""乡村振兴"等关键词,对展示页上的账号进行随机抽样观察。其三,在上述新注册账号发生搜索行为后所生成的"三农"视频算法推荐环境中通过过程观察的方法考察展示页上出现的账号。

上榜账号是该垂直领域中的佼佼者,随机抽样观察和过程观察的账号则分别是主动搜索和平台推荐的普通博主。研究发现,流量鸿沟在可见与不可见、可知与不可知、可得与不可得三方面有比较明显的表现。

(一)可见与不可见

数字接入不等于可见,这是流量鸿沟的第一个特征。在所有的内容生产平台,可见性都是由粉丝数、视频点赞数、评论数、收藏数等数据加权处理后得出的,区别只是算法不同而已。在快手平台,用户视频发布后,先经平台自动分发系统推送给少部分用户,包括附近的用户、订阅用户及人工智能系统预测的"感兴趣"的用户;24 小时后系统将根据用户反馈的互动数据对内容进行评估,并决定是否值得进行第二轮或第三轮推榜,以获得更大流量加持。在此过程中,基于平台智能技术装置的自然流量分配,一定程度上体现出用户使用和获取的数字公平,但流量规则是由平台单方面设定的,且处于不断的调整之中。不同的算法规则将流量导向哪些创作者、哪些内容,不得而知,而流量决定了视频内容和博主的"可见性"。事实上,快手两亿多的内容生产者能被我们看见的极其有限,成千上万的"新农人"视频能出圈传播的少之又少,而媒体大量讲述的成功"新农人"也屈指可数。快手平台庞大的账号和内容分母上,能被看见的分子仅寥寥数十人。可见与不可见之间构成了最直接明了的数字不公平。

① "价值榜单""红人榜单""快手红人影响力榜",TopKlout 克劳锐,2023 年 1 月—6 月,https://www.topklout.com/#/home。

退一步讲，那些得到流量支持，被推上精选页，或被用户刷到的账号和内容，即使获得了一定的可见度，也不一定表示接入平台后在流量方面就不存在数字鸿沟。对"幸福乡村带头人"计划第三期、第四期上榜账号的数据进行分析后发现，真正进入顶流的账号仅有三个，它们的粉丝量分别在 701 万—800 万、801 万—900 万及 1000 万以上三个区间；粉丝量在 401 万—500 万、501 万—600 万的各有两个账号；而 12.68% 的账号粉丝量处在 201 万—300 万间，16.90% 的账号粉丝量处在 101 万—200 万间，超过 60% 的账号的粉丝量在 1 万—100 万间（60.56%），头部—腰部—膝部的粉丝量级跳跃式下降，更遑论上不了榜的"脚部"账号与上榜账号之间的天殊地异了。在获赞量方面，这些上榜账号中最高的达亿级，最低的不超过 10 万，甚至还有一些入选了"幸福乡村带头人"的账号已经不明原因地停止更新了。在"新农人"上榜的圈子内，不同账号的关注度与影响力差距尚且如此悬殊，如果以整个平台为参照，即使是头部"新农人"的粉丝量也远不及其他门类的创作者，比如快手顶流"辛有志辛巴818"的粉丝量级接近 1 亿。

粉丝量是视频内容可见度的一个重要指标，通常被认为跟账号注册时长、视频内容多寡、视频质量高低相关，但又不全关乎于此，不然，就不会有所谓"爆款"的说法。以"张志佳（佳宏牧业）牛佬伯"为例，他发布了 3222 个视频内容，位列"幸福乡村带头人"71 位上榜者的首位，但仅仅获得了 9.6 万个粉丝，位居倒数第 12 位，获赞量排在榜尾。这里潜藏的逻辑表明，并不是为平台贡献的内容越多，就能获得越多流量，使自己被更多用户看见。

可见性是个体在"社会–技术系统"中数字化生存的问题，既关涉到数字素养的差异，更取决于平台主导和控制的流量分配规则的流量鸿沟。并且平台用户作为使用者，绝大多数对此不明就里，很难通过自身努力去把握流量机会，只能以持续性的数字劳动和内容输出去获取"破圈"机会，摆脱不可见，获得可见。进一步而言，平台的流量规则是"一场可见性游戏"[1]，平台一方面通过引流，决定谁和什么内容可见，另一方面还可通过限流、屏蔽、封禁、删除、下

---

[1]　刘战伟、刘洁：《"平台/platform"：一个概念史的溯源性研究》，《新闻与写作》2023 年第 8 期，第 70—82 页。

架等决定什么"不可见"。这里涉及流量分配的公平性和正义性,比如恶意引流、流量造假、流量劫持、流量买卖等,也涉及平台流量分配中仅将可量化的数据作为可见性的衡量标准而忽略内容生产背后不可量化的情感劳动、情绪价值等要素。

(二) 可知与不可知

对平台流量分配规则的可知或不可知的差异,构成了流量鸿沟的第二个特征。像快手这样的短视频平台,拥有庞大的数据量,在自然流量分配机制下,内容被看见的可能性微乎其微。而算法和人工干预的非自然流量,其机制更为复杂,既有创作者自身引入的私域流量、来自其他用户的搜索流量,也有参与平台话题带来的流量、付费购买的流量、平台给予头部主播的流量等等,但毫无疑问,无论是自然流量还是非自然流量,流量分配规则的制定者都是平台,而且大多数平台使用者对流量分配的规则无从知晓。

打开快手 APP,其主界面有"首页""精选"两大入口和"搜索"图标。"首页"包含"关注""发现""同城""直播""放映厅"五个细分标签,这些入口、图标、标签代表着不同的流量池。根据观察,我们初步判断不同流量池的进入与推送逻辑:能进入"精选"流量池的必然是数据表现极好的视频,需要满足平台制定的播放量、点赞数、评论及转发量等数据指标;而"关注"标签下展示的内容则是用户点了"关注"按钮后由平台推送的相关视频;"发现"则是平台算法识别出用户感兴趣的账号及内容而加以推荐的;"同城"则是位于用户附近、与用户在同一个城市的创作者发布的内容。以上是通过界面布局得出的对流量规则模糊的知晓。但是,究竟要达到多少播放量、粉丝数、点赞量等,才能进入下一个更大的流量池?视频内容上传后,平台的算法系统开始运转,包括内容分析、用户分析、评估和安全审查等步骤,视频进入通常所说的"算法黑箱",平台不会透露算法的任何技术细节。在此,数据、算法最终导向的流量鸿沟最为典型,因为普遍用户无法知晓这一切是如何运作的,更不清楚怎样才能获得更多流量。

当然,在普遍意义上考量了流量分配规则的可知与不可知之后,还可指向对"谁可以知道/谁不可以知道""哪些可以知道/哪些不可以知道""在哪里能知道/在哪里不能知道"的追问,以探寻流量鸿沟的生成和数字公平。

一般而言,"新农人"账号的运营有三种模式:个人自主拍摄、自组团队拍摄、MCN 专业机构全面运营。在上文所观察的快手账号中,自组团队拍摄模式占据绝大多数,签约 MCN 机构(在账号首页会显示机构名称)的则较少。"新农人"个人和自组团队,很难感知和通晓平台流量分配机制,他们能获得的互动数据只有后台可见的粉丝数、点赞数、转发量、浏览/播放量和评论情况。MCN 机构与平台协商的权力较个体更强,但他们同样很难完全掌握平台数据与流量规则,只能利用数据挖掘、大数据分析等技术从外围进行分析,研判平台的流量走向。不过,话又说回来,MCN 机构与个人之间存在信息差,前者比后者更熟谙平台为特推"话题"投放流量、举办打榜活动奖励流量等流量倾斜的信息和规则。

"新农人"流量扶持中同样反映出信息可知与不可知的问题。"新农人""幸福乡村带头人"的遴选规则是什么,得到流量扶持的乡村需要什么样的基础,诸如此类影响流量走向的前置条件是什么,如何获得,会有怎样的结果?在"幸福乡村带头人"的扶持榜单中还出现了人大代表,但其粉丝量、点赞量排名比较靠后,他们入选的缘由是否与现实生活中独特的政治身份相关,而与内容创作的数量和质量无关?这些问题对于绝大多数当事人——"新农人"内容创作者、传播者和消费者来说,无法得知。

(三) 可得与不可得

流量鸿沟的第三个特征在于能否得到流量并将其合理公平地转化为经济利益,不仅体现为入驻短视频平台的"新农人"数字获益的是否公平,也体现为"新农人"内容生产和传播相关利益者的数字获益是否公平。

首先,平台为流量可得性设置了门槛。"新农人"申请流量扶持计划,最重要的是达到一定的粉丝量。即使有些"新农人"计划选拔不将粉丝量作为条件,但要被平台打标认证,还必须在平台设置的其他游戏规则,比如"打榜"活动、直播数据、电商数据等方面有突出表现。流量扶持常常被质疑的症结在于平台是否真正拿出了流量,合理公平地分配给了"新农人"创作者,抑或这只是平台宣传和引流的噱头?再比如,快手"新农人"流量变现,很大程度依赖内嵌于快手的"磁力聚星"营销平台。点击账号主页"找我合作上聚星"便可以看到账号的数据表现、商业价值、广告合作作品等,但是,"磁力聚星"开通的要求是粉丝量大于等于 1 万,而签约 MCN 机构的达人则是零门槛入驻。由此可见,是否有资格进入平台流量计划的第一步就已经存在个人与机构的不平等。

其次,流量带来的收益分配不均衡。"小马云"曾经是流量密码,如今在快手三农视频中有不少用与其相关的名称注册的账号,其中粉丝量较多的为"山鸡哥和小师妹"(粉丝量 592.9 万)、"小马云表哥"(粉丝量 39 万)、"小马云"(粉丝量 41.6 万)。前两个账号中有"小马云"本人出演剧情,最后一个账号则是对"小马云"视频的搬运,有不少早期视频内容,主打对其苦难生活的展示。"小马云"没有自有账号,因此这三个运营得不错的账号获得的流量和收益属于谁,"小马云"在流量转化的收益中又获得多少,很难得知。四川大凉山有着独特的乡野特质,吸引不少网红前往拍摄视频,姑且不论他们是否为真正的农人,是否展示真实的农村生活,推销的是否真为当地特产,至少他们对大凉山的经济发展做出了一定贡献。然而,我们从媒体报道中可见,大凉山给予创作者的流量红利并未换来对等的收益,有报道提到网红赵灵儿与曲布的直播带货,称他们每次直播,销售额都有几百万元,但他们带给村里的收益只体现在"租了三栋房子,每栋月租金 1000 元"①,主播、MCN 机构在流量变现中的收益远大于他们给予本地村民的回报。从个人、机构、乡村回到平台,流量收益的不公平更加明显。当下,"短视频+直播"成为创作者引流、圈粉、变现的基本模式。短视频变现依靠广告,直播变现依靠带货和打赏/礼物经济。无论哪类收益,广告、打赏、线上营销、电商销售等等,平台都可通过分成获利。快手发布的 2023 年上半年盈利预告显示,公司预计获得的净利润不低于 5.6 亿元,这说明第二季度快手的期内盈利将不低于 14.36 亿元。② 平台是最大的获益者,当数据进入平台变为流量之后,数字资本主义就能从中获得前所未有的高额利润。③ 平台流量为上的商业模式决定了平台创作者和 MCN 公司获益越多,平台获益就越多。创作者与平台在可得性方面的数字不公平仍然非常明显,

① 刘向南:《大凉山网红背后的灰色地带》,中国新闻周刊,2023 年 5 月 17 日,http://www.inews-week.cn/survey/2023-05-17/18535.shtml。

② 刘昕茹:《快手高开逾 6%,预期 2023 年 Q2 期内盈利将不低于人民币 14.36 亿元》,财经网,2023 年 8 月 1 日,http://m.caijing.com.cn/api/show?contentid=4950095。

③ 蓝江:《数据—流量、平台与数字生态——当代平台资本主义的政治经济学批判》,《国外理论动态》2022 年第 1 期,第 106—115 页。

并且很少被质疑。

结语

《数字社区研究报告（2022）》将数字公平的目标设定为"数字普惠"，既包括技术普惠，也涵盖流量普惠，前者指用技术赋能普通参与者进行数字内容的创造，后者指利用"去中心化"的流量分配机制给普通人平等的展示机会。[①] 但通过对快手上榜账号和平台随机推荐的普通内容创作者的在线考察，本文认为，"新农人"在解决接入、使用、知识产出等数字鸿沟的同时，在平台中介下遭遇了新的数字鸿沟——流量鸿沟。平台流量由企业价值观、人工智能技术、数据和算法构成，既有自然流量，也有被操纵和干预的流量，"新农人"在平台的可见与不可见是一个黑箱，控制权在平台。部分"新农人"即使加入了平台重点助推的主题内容的创作，依然无法公开透明、公平地获得平台流量。除了可见性的差异，"新农人"对平台流量分配规则基本处于不可知、不了解状态，与 MCN 机构、平台之间形成可知性鸿沟。而与平台流量转益相关的"新农人"，从事三农内容生产的 MCN 机构，平台及被拍摄的乡村和农人，在流量转益的可得性方面有着更大的鸿沟和不平等。"数字普惠"或"数字公平"所设定的"去中心化"流量分发和利益均等目标，在实际应用中却依然被平台以"中心化"分配规则给予极少部分的特定群体或机构所阻隔，在此意义上，平台是流量资源的拥有者、流量分配规则的制定者，也是流量变现最大的获得者。

当乡村和"新农人"成为流量密码时，农人、乡村的数字化接入过程，是各大平台对"新农人"群体的争夺；数字技能的使用，则是平台规训下"新农人"对流量规则的适应。在平台流量的诱惑下，短视频创作者丧失了对接入"动机"的自我把控，尤其是在政策红利的驱动下，乡村成了天然的流量池，"新农人"在平台织构的流量变现美梦中，持续为平台创造流量。但是，流量规则的不透明化、集权化导致的流量鸿沟成为平台中介过程中逐渐失控的数字化干

---

① 《数字社区研究报告（2022）》，中国信息通信研究院知识产权与发展中心，2022 年 12 月，http://www.caict.ac.cn/kxyj/qwfb/ztbg/202212/P020221230458667851480.pdf。

扰力,"新农人"享受平台服务但也受制于平台规则,困在可见与不可见的流量中,举步维艰。流量鸿沟将妨碍乡村实现数字公平,也是我国建设普惠数字社区、数字中国必须面对的新困境。

(马中红,苏州大学传媒学院教授、博士生导师;吴映秋,苏州城市学院城市文化与传播学院讲师)

Traffic Divide: "New Farmers" and
Digital Equity under the Mediation of Platforms

Ma Zhonghong　Wu Yingqiu

Abstract: With the rise of Internet super platforms and increasingly embedded in our daily lives, data, algorithms, and traffic are dominating the real society in an invisible way, and it has also brought a new variant of the digital divide—the traffic divide. In Kuaishou, a platform with active short video creation and live broadcasting of "new farmers", the traffic divide is caused by the unequal distribution mechanism of the platform for traffic, including the visibility of digital content producers, the knowability of different creative subjects on traffic distribution rules, and the availability of different stakeholders in traffic profit. The traffic divide reflects the irreconcilable contradiction between the "decentralization" required by digital equity and the inevitable "centralization" of platform capital. Due to the traffic divide caused by the opaque and centralized traffic distribution rules, the digital interference force that is gradually out of control in the process of platform mediation is not only deepening the "new farmers" and rural areas' traffic myths, but also hindering digital equity, and it is also a new dilemma that China must face in the construction of inclusive digital communities and digital China.

Keywords: Traffic Divide; Digital Divide; Digital Equity; Platform; Kuaishou; "New Farmers"

数码原住民的跨媒体数据库
消费与交互式文化传播①

林品

摘要:在数码转型进程中涌现出的数码原住民,正以其旺盛的文化消费精力与积极的媒介使用行为,同那些着意挖掘数码原住民市场潜力并且迎合数码原住民使用需求的互联网平台及文创机构一起,对媒介融合时代流行文化的传播方式造成一些意义巨大的转变。本文从两个方面来说明这种正在发生的转变:一方面,主导性的消费形态正在从文创产品的消费转变为跨媒体数据库的消费;另一方面,传播讯息与受传者的关系正在从"产品—受众"的单向传播关系转变为"数据库—用户"的交互式传播关系。这里所说的"交互式传播",不仅包含获得媒介赋权的"产消合一者"与经历数码转型的文创产业之间经由界面交互实现的双向传播与反馈循环,还包含用户与用户之间借助社交媒体形成的自组织实践与网络协同作业。

---

① 本文系教育部人文社科基金青年项目"非物质劳动理论视域下的当代文艺接受研究"(项目编号:21YJCZH080)的阶段性研究成果。

关键词:媒介融合;数码原住民;流行文化;跨媒体数据库;交互式传播

一、数码转型的推进与数码原住民的涌现

由信息传播技术的革命性更新引发的媒介变革进程,无疑对各个代际人群共生共处的社会环境造成了全方位的冲击与改变,每一个代际的人群都正不可避免地置身于某种随着数码设备和网络技术的迅速迭代而持续变动的新型媒介生态当中。但是,对于这场影响力绝不亚于"谷登堡印刷革命"的"数码转型",①不同群体的体验是不尽相同甚至差异巨大的。其中最为关键的差异在于,有一部分人群是从童年时期开始,就一直生活在以数码为主导媒介的新型媒介环境中的,我们可以称之为"数码原住民"(digital natives);而另外一部分人群则是在成年之后,才逐渐适应日新月异的数码科技与互联网文化的,我们可以称之为"数码移民"(digital immigrants)。相对于"数码移民"而言,"数码原住民"的文化习性和生活习惯受到了数码媒介环境更为直接而强烈的影响与形塑,他们的文化生活方式也因此呈现出许多有别于"数码移民"的新特征。"数码原住民"与"数码移民"之间的这种关键性差异,造成了某种比一般意义上的文化代沟更为深刻的媒介代沟,我们可以称之为"数码代沟"(digital generation gap)。

笔者在此要特别予以辨析的是,对于"数码原住民"这个概念的自觉运用,意味着围绕"数码代沟"问题展开的讨论不应当遮蔽同样不容忽视的"数码鸿沟"(digital divide)问题。毋庸赘述,"代沟"概念很容易让人们将讨论聚焦到"代际"议题;但或需赘述的是,这种聚焦有可能会对至少同样重要的"阶层"议题构成遮蔽。诚然,"数码原住民"与"数码移民"这对由西方学者在教育学领域最早提出的概念,②在其原初语境中格外强调的要点的确是不同代际的差

---

① 林品:《全球连接·数码转型·后人类主义——戴锦华专访》,《文艺报》2016年1月13日,第2版。

② Marc Prensky. "Digital Natives, Digital Immigrants." *On the Horizon*. Bradford:MCB University Press,2001,9(5):1-6.

异乃至隔阂。① 正因如此,当"digital native"这个概念在中文学界获得引介时,翻译者往往会下意识地将其意译为"数字原生代"或者"网络原生代",以标识并凸显其代际特性。但必须特别指出的是,在任何存在阶层分化的社会,都总会有一部分人拥有社会所提供的先进技术,同时也受到媒介素养方面的良好教育;而另外还会有一部分人,由于各种主客观原因,无法使用性能强大的数码设备,无法接入可靠而便捷的网络服务,这两种人群之间的差别,就是所谓"数码鸿沟"。这种体现在资源与素养方面的"数码鸿沟",在很大程度上是阶层分化的社会现实所造就的,还会反过来通过有选择性的"媒介赋权"效应抑或有针对性的"网络排斥"效应,进一步加剧既有的社会分化,从而造成"网络化选民"与"未网络化弃民"的分化。由于这种"数码鸿沟"的存在,同一代际的不同人群在网络接入和媒介使用上,仍然可能存在相当严重的不平等问题。②

对于像中国这样人口众多、幅员辽阔而资源配置又不够平衡的国度来说,"数码鸿沟"问题当然也不容回避。就中国的特定情况来说,能够自幼便享有高度数字化、信息化、网络化的教育环境和生活环境的人群,在诞生并成长于"数码转型"进程当中的"新生代"群体里——若以千禧年前后的互联网浪潮作为"数码转型"的临界点,那么,这里所说的"新生代",也就是在围绕"代沟"议题展开的舆论热议中最常提及的所谓"90 后""00 后"群体——事实上只占据有限的一部分,他们大多都出身于所谓"中产"或"准中产"家庭。有鉴于此,笔者选择使用"数码原住民"而非"数码原生代",来指称"digital native"在中文语境中的对应者,以避免遮蔽同代人当中的人群分化问题。

有必要说明的是,在当代中国的社会文化语境当中,无论是"中产"还是"中间阶层",这样的社会学概念都带有浓厚的暧昧色彩。一方面,这个在规模巨大而又波折重重的体制改革与经济转轨进程中借由多种渠道获取财富的阶层群体,至今依然以"脆弱不安"著称;另一方面,这些内涵与外延都不明确的

---

① John Palfrey, Urs Gasser. *Born Digital: Understanding the First Generation of Digital Natives*. New York: Basic Books, 2008.

② Pippa Norris. *Digital Divide: Civic Engagement, Information Poverty, and the Internet Worldwide*. Cambridge: Cambridge University Press, 2001.

阶层范畴,又似乎已然约定俗成地指涉着新世纪中国文创市场和舆论场域当中最具自我显影与自我形塑动能的话语主体。这是一个在市场化与都市化的社会转型进程中形成其自我想象与身份认同、他者指认与社会印证的阶层群体,而他们事实上也正是 20 世纪 90 年代中期以来中国文化创意产业最主要的目标受众,并且在中国以外向型经济对接全球化体系的经济格局当中,凭借其强大的文化消费能力反身形塑着消费主义语境下流行文化的生产样貌。

而中国首批"数码原住民"的主要来源,正是这些"中产"或"准中产"阶层的核心家庭所养育的子女。与那些身处"数码代沟"另一端的"数码移民"相比,这些"数码原住民"对新式数码产品与新媒体平台的使用往往更为娴熟,对互联网的依赖也往往更为深刻。与那些身处"数码鸿沟"另一端的"未网络化弃民"相比,这些"数码原住民"则拥有更为充沛的消费能力,以购买更加先进的数码产品、享用更加优质的网络服务,从而在网络社会中获得更为充足的连接彼此、显影自身的资源和素养。另外,与那些虽然也不乏消费能力,却由于特定家庭教育或学校教育的缘故,或主动或被动地隔绝于诸种网络青年(亚)文化社群的同代人相比,这些"数码原住民"则拥有更为丰富而新潮的媒介接触渠道,以及更为内在的部落化社交经验。

可以说,这些在数码转型的历史进程中涌现出的"数码原住民",正以其旺盛的文化消费精力与积极的媒介使用行为,同那些着意开发新兴市场潜力并且主动迎合用户使用需求的互联网平台及文创机构一起,对媒介融合时代流行文化的传播方式造成一些意义巨大的改变。在下文中,笔者将从两个方面来说明这种正在发生的转变:一方面,主导性的消费形态正在从文创产品的消费转变为"跨媒体数据库"的消费;另一方面,传播讯息与受传者的关系正在从"产品—受众"的单向传播关系转变为"数据库—用户"的交互式传播关系。

二、从文创产品的消费到跨媒体数据库的消费

随着数码媒介所主导的媒介融合的深入推进,随着"数码原住民"进入文创市场并且日益成为新近文创产品的消费主力军,流行文化的传播者、传播渠道、传播讯息及受传者都正发生重大的转变。

在传统意义上的"传播者"一端,文化创意产业自身正逐步实现数字化的转型,各种媒介载体的文创产品都普遍获得了数码媒介的"再媒介化"。以社会关注度相对较高的影视行业为例,电影拍摄和放映的基本媒介已由胶片转为数码介质,除了极少数特例,大多数制片方都会使用数码设备来摄制影视产品,大多数出品方也都会采用数字化手段来传输与发行影视产品。与此同时,文创产业正在媒介融合的浪潮中逐步建立起"全产业链运营"的运作模式,也就是说,影视产业与文学、漫画、动画、游戏等其他门类的文创产业,正由于媒介融合而发生越来越频繁的互动,正在大资本——尤其是互联网资本——的整合之下形成日渐通畅的产业链条。近年来屡屡引发争议的"IP 电影"与"IP剧",正是这一趋势的产物。既渴望追求利润最大化,又希冀降低投资风险的文创公司,往往会在一部以某种特定媒介载体推出的文创产品经受了分众市场的考验,凝聚了初具规模的粉丝群体,进而积累了一定程度的粉丝黏性之后,尽可能迅速地对其展开跨平台、跨媒体的改编,围绕其 IP（Intellectual Property）开发出包括影视产品在内的多种媒介载体的产品群,尝试打造出一条通畅的产业价值链。

更进一步说,随着文创产业与互联网行业的深度融合,随着数码媒介对影视媒介的"再媒介化",互联网资本所把持的流媒体视频网站正在逐渐取代电影院线与电视台,成为影视文化的主要传播渠道。就剧集而言,正有越来越多的剧集采取"先网后台"的差异化排播模式播出,甚至采用"只网不台"的播出方式来触达目标受众,这也就意味着流媒体视频网站正在成为越来越多出品方的优先选择,甚至成为部分项目的唯一选择。就电影而言,一方面,流媒体网站已对电影院线构成巨大的分流,而 2020 年初引发巨大争议的《囧妈》,更是在新冠疫情的背景下开创了春节档电影线上首映的先河,以它为标识的线上放映潮流正在深刻地冲击着电影发行格局。另一方面,线上购票早已取代线下购票,成为消费者购买院线电影票的主要渠道;而互联网也逐渐成为电影宣发的主渠道,包括短视频营销和"直播带货式"营销在内的各种网络营销手段,正在电影宣发中占据越来越大的比重。值得注意的是,不仅商业类型电影的宣发会采用多层次的网络营销,一些艺术电影的发行也借助了新兴的网络营销手段。相比传统的线下路演,依托网络直播平台实现的"线上路演"在宣发周期、明星档期、路演成本、票房转化率等方面都具有明显的优势,正在成为影视宣发的新兴增长点。

随着上述运作模式的建立和传播渠道的转变,对于以"数码原住民"为代表的新型消费者来说,越来越多的流行文化产品都已不再是彼此独立的消费对象,而是围绕 IP 形成的跨媒体产品链条当中的某些环节。

亨利·詹金斯(Henry Jenkins)曾提出"跨媒体叙事"(transmedia storytelling)这个术语,用以指称媒介融合时代文化消费者所面对的内容创意与娱乐体验的新样态。也就是说,他们所消费的故事内容并不局限在单个媒介载体与媒体平台之内,而是系统性地散布在多个媒体平台,横跨多种媒介载体来展开,其中,每种媒体平台都以其各自擅长的方式,为文化消费者理解故事世界做出独特的贡献,不同媒介载体的产品相互关联、彼此呼应,协同共创出一整套故事系统及其背后的世界观设定体系。① 近些年来风靡全球、创造出惊人业绩的"漫威超级英雄"系列 IP,堪称詹金斯所描述的这种模式的范例。毋庸置疑,漫威影业打造的"漫威电影宇宙"(Marvel Cinematic Universe)是这一 IP 产品链中最为人熟知的部分,但与此同时,还有很多围绕漫威 IP 形成的漫画、动画、电子游戏、电视剧、音乐、周边衍生商品、主题公园,乃至在网络营销过程中触达消费者的短视频和"线上物料",它们也都以各不相同的方式,或拓展或强化着漫威消费者的娱乐体验,并且与漫威的院线电影、流媒体长视频协同共创出一套被称作"漫威宇宙"的跨媒体叙事网络。瞩目于"漫威宇宙"所取得的传播效应与经济效益,中国的一些文创机构也在参照这种模式展开内容生产,三体宇宙(上海)文化发展有限公司试图打造的"三体宇宙",就可以被视作"跨媒体叙事"的中国案例。

不过,在笔者看来,"跨媒体叙事"这个术语仍然存在着些许缺陷。首先,正如玛丽-劳尔·瑞安(Marie-Laure Ryan)所指出的,成功的"跨媒体叙事"实践的关键在于"故事世界的建构"②,正是宏大的"世界观设定"让所谓"IP 产

---

① 参见[美]亨利·詹金斯《融合文化:新媒体和旧媒体的冲突地带》,杜永明译,商务印书馆 2017 年。

② [美]玛丽-劳尔·瑞安:《跨媒体叙事:行业新词还是新叙事体验?》,赵香田、程丽蓉译,《北京电影学院学报》2019 年第 4 期,第 13—20 页。

品链"得以不断衍生出新的故事;然而,"跨媒体叙事"这个术语却容易从一开始就让传统的"叙事"概念遮蔽了"世界观设定"在整个运作过程当中的关键地位。其次,正如施畅所指出的,尽管"跨媒体叙事"理论强调了故事不断衍生的可能性,但它却依然默认文本是延续的,假定不同的文本均指向同一个"世界"[1];然而,在"全产业链运营"的实践过程中,不同部门和机构的工作并非总是能够达成"同声相应、同气相求"的紧密协同,而这些版权和特许经营权持有方的内容生产还会与粉丝社群不同分支的"同人创作"[2]发生持续不断的碰撞甚至冲突,由此导致"故事世界的建构"往往无法达到詹金斯所假定的效果,无法导向一套前后相续、逻辑一致、有机统一的世界观设定体系,而是会衍生或者杂交出多种多样的不稳定的"平行宇宙"。更进一步说,尽管詹金斯的确细致地描述了消费者如何跨越文本边界和类型边界,四处寻求各种各样的文本信息与娱乐体验,并且在弥散的媒介内容中制造出丰富的互文性关联,以其自由迁徙的"游牧"与为我所用的"盗猎",对文创产业所开拓的文化辖域进行某种破解或者反馈;然而,"跨媒体叙事"这个术语却难以有效地吸纳詹金斯试图跟踪的那些富有能动性与创造性的消费者行动,难以避免地会对论者的论域拓展构成一定程度的限制。

鉴于"跨媒体叙事"存在的缺陷,笔者在此要采用"跨媒体数据库"(transmedia database)取而代之。有必要说明的是,笔者对于"跨媒体数据库"这个概念的使用,在一定程度上是受到日本学者东浩纪(Hiroki Azuma)的启发。东浩纪曾在21世纪初发明出"数据库消费"(database consumption)这个术语,用以描述一种广泛存在于20世纪90年代中期以来的日本"御宅族文化"(otaku culture)[3]当中的消费倾向。按照东浩纪的说法,在"宏大叙事崩解"的"后现

---

[1]　施畅:《跨媒体叙事:盗猎计与召唤术》,《北京电影学院学报》2015年第3—4期,第98—104页。

[2]　当代中文网络社群的"同人"一词,意为建立在已经成型的文本(一般是流行文化文本)基础上,借用原文本已有的人物形象、人物关系、基本故事情节和世界观设定所做的二次创作。参见邵燕君主编《破壁书:网络文化关键词》,生活·读书·新知三联书店、生活书店出版有限公司2018年,第74—86页。

[3]　作为一个源自日本的词语,"御宅族"指的是ACG文化爱好者。"ACG"是Animation(动画)、Comic(漫画)、Game(游戏)三个英文单词首字母缩写的统称。参见林品《"有爱的羁绊"——"二次元·宅文化"单元导读》,《文艺理论与批评》2018年第5期,第127—129页。

代状态"中成长起来的新生代"御宅族",并非单纯地消费文创产品所提供的表层故事("小叙事"),也不只是消费表层故事所依托和指向的世界观设定体系("拟宏大叙事")。真正为他们的文化消费提供驱动力的,是呈现在故事当中而又能被抽离出故事的"萌系角色"①,更进一步说,其实是让这些角色得以持续不断地获得复制再生产的"萌元素数据库"。②

　　需要特别注意的是,这里所说的"萌系角色"是可以脱离故事情境、世界观设定而独立存在的。因而,像"初音未来"(Hatsune Miku)、《Love Live! 学园偶像祭》(*Love Live! School Idol Project*)这样的文创企划,似乎只需要有一个或一组虚拟偶像的角色设定,而无须建立完整的世界观设定体系,就足以支撑起一条广受喜爱的跨媒体产品链了。对于喜爱这些角色的消费者来说,"萌系角色"之所以能够在穿梭于不同媒介载体的文创产品、不同世界观的"平行宇宙"的过程中,依然维系着最低限度的相对一致性,是因为有一系列标签化的非叙事性的人设要素标识着他们的特征。正是这些人设要素让其粉丝群体能够从不断变异的故事情节与不断切换的世界观设定当中获得可辨识的相对稳定的欲求目标与快感来源,而它们也就是东浩纪所谓"萌元素"。基于文创产业市场细分的创意生产与源流纷杂的类型嬗变,同时也是基于粉丝群体取向多样的"同人创作",在东浩纪所观察的"御宅族文化"领域,已经形成了规模庞大的"萌元素数据库"。在晚期资本主义高度成熟的文化工业逻辑当中,那些赢得一定范围消费者喜爱的虚构角色,他们的"萌元素"都会被解析、归纳进这个可供文化工业展开复制再生产的"萌元素数据库"当中。文创从业者和同人创作者可以从这个"萌元素数据库"当中各取所需,通过"萌元素"的解析、

---

　　①　在1980年代,日本的"御宅族"会使用"燃えている"(意为燃烧)或者"燃え",来形容自己因动漫游戏角色而产生的爱欲充盈——"仿佛整个人都燃烧了起来"——的情感状态。由于日文电脑系统在输入片假名时会智能识别汉字,当使用者输入"もえ"(moe)的时候,系统排序将"萌え"列在"燃え"之前,而很多"御宅族"也觉得"萌え"这个说法同样具有非常强的表现力,因此,自1980年代末以来,"萌え"在"御宅族"的交流中逐渐取代"燃え",被用来表达"御宅族"对动漫游戏角色所产生的强烈而狂热的喜爱之情。而这些角色所具有的能够激发起"萌的感觉"的特征,就被"御宅族"称作"萌点""萌属性"或者"萌元素"。参见邵燕君主编《破壁书:网络文化关键词》,生活·读书·新知三联书店,生活书店出版有限公司2018年,第23—33页。

　　②　Hiroki Azuma. *Otaku: Japan's Database Animals*. Trans. by Jonathan E. Abel and Shion Kono, Minneapolis: University of Minnesota Press, 2009.

重组与再循环，创造出各式各样的"萌系角色"，再围绕这些"萌系角色"编织种种"小叙事"，形成文创产品的扩大再生产。

　　在全球化和数码转型的双重背景下，无论是借助数码媒介从日本传播到中国的"御宅族文化"，还是在跨语际实践的过程中从中国本土的媒介环境与产业生态中生长出来的"二次元文化"①，都已然在二十世纪末以来的二三十年时间里，深刻地塑造了当代中国一个数目颇为可观的文化消费群体的接受习惯和审美趣味，而这个"二次元人群"的绝大多数成员都可以被称作"数码原住民"。从这个角度上说，东浩纪的"数据库消费"概念对于我们阐发"数码原住民"的消费状态，显然具有一定的参考价值。但需要注意的是，东浩纪的观察和论述是在特定的社会历史语境下做出的，高度发达的数码视觉流行文化与日本经济泡沫破裂之后的"平成大萧条"时代情境的对撞，造就了东浩纪所说的"不需要宏大叙事的世代"；而在中国的"二次元文化"当中，"数据库消费"与"拟宏大叙事的消费"这两种消费倾向其实是并存的，东浩纪的论述并不具有普适性。②

　　因而，笔者对于"跨媒体数据库"的使用，并未严格遵照东浩纪的原意。笔者之所以选用这个概念，是为了凸显媒介融合时代的流行文化消费者与他们的消费对象之间的交互关系。这里的"数据库"既是指创意层面的数据库，也是指技术层面的数据库。就前者而言，无论是玛丽-劳尔·瑞安所强调的"故事世界的建构"，还是东浩纪所分析的"萌元素数据库"，都为消费者的"盗猎"和"挪用"活动提供了创意层面的数据库。富有能动性的"文本盗猎者"可以将那些世界观设定、角色设定、叙事套路、人设要素当作"为我所用"的创意-数据，依据各自的趣味与取向，创作出五花八门的自制内容与同人文本，包括

---

　　① 作为一个在网络部落文化中获得广泛使用的词语，"二次元"既可以指称ACG所创造的二维世界，也可以指称ACG爱好者或者由ACG爱好者构成的亚文化社群。而那些涌入文化创意产业的资本力量与资讯提供商，常常用"二次元"或"二次元产业"来概称ACG及相关产业所形成的产业链条，用"二次元用户"或"二次元人群"来指代"二次元产业"的目标消费者，用"二次元市场"来概称这一潜力巨大的新兴文化消费市场。此外，在宽泛的意义上，"二次元"还可以泛指受到ACG文化影响的各种网络文化。参见邵燕君主编《破壁书：网络文化关键词》，生活·读书·新知三联书店、生活书店出版有限公司2018年，第12—18页。

　　② 高寒凝、肖映萱、郑熙青等：《中国的"二次元宅"如何解读东浩纪？》，《花城》2017年第4期，第198—208页。

但不限于同人文、同人绘画、同人广播剧、MAD 混剪、鬼畜视频、粉丝微电影、粉丝自制剧、同人游戏、Cosplay 等。就后者而言,由于媒介融合时代的文创产品普遍具有数字化的特征,而这些海量的数字化内容又无时无刻不在经受着各类搜索引擎的抓取和索引,被编入各种可以立即回应使用者的搜索请求并将搜索结果发送到智能终端的数据库当中,因此,"数码原住民"所面对的传播讯息,实际上已然变成了由这些机制各异而又互有交集的数据库交织而成的数据集合。借助于搜索引擎、超链接、网络传输等信息技术,"数码原住民"可以在那些彼此关联的数据之间自由迁徙,进而调取符合自己需要的数据,展开形式多样的自主创作与交互式传播。

三、从产品—受众的单向传播到数据库—用户的交互式传播

在此至关重要的是,技术层面的"跨媒体数据库",作为某种采用二进制进行信息编码的"母体矩阵"(matrix),是无法不经过"用户界面"(user interface)的中介,而出现在消费者或者说受传者面前的。也就是说,用户界面既将受传者与传播讯息相连接,同时又将受传者与整体性的"母体矩阵"隔离开来,受传者在感官与心理层面所应对的,只是其可视、可听、可触、可感的表征或者说"拟像"(simulacra)。还是以影视文化传播为例,当受传者通过"数码屏幕"(digital screen)而不是"电影银幕"(cinema screen)或者"电视荧幕"(TV screen)来接受影视讯息时,他也就是在借助某种具有双向交互属性的数码界面而非单向传送信息的投影设备或者显示装置来接触数据–对象,在这种情况下,对视频文件和流媒体数据进行解码的应用程序及其图形界面,会在很大程度上制约着影视讯息的呈现形态与程序使用者的操作行为。更进一步说,用户界面不可或缺的中介作用,还会使得传播讯息与受传者之间的关系发生意义重大的转变。

如果说,在广播电视占据主导地位的媒介环境中,影视文化传播遵循的是"大众传播"的逻辑,也就是由建制化的文创机构按照工业化的流程大批量地生产、复制影视产品和信息产品,并通过"一对多、上至下、中心向四周"的单向传播渠道将产品分发给受众;那么,用户界面在"用户"与"跨媒体数据库"之

间实现的双向交互,则广泛而深刻地改变了既有的单向传受关系。在"数码原住民"所置身的新型媒介环境当中,"传播者/受传者""生产者/消费者"等二元项之间的界限正在变得越来越模糊:积极使用数码设备与网络媒体的"数码原住民",既分担着影视信息接受者与跨媒体产品链消费者的功能,同时又能够通过各种人机交互界面,借助各式应用程序与互联网平台,扮演信息发送者乃至内容生产者的角色。

尽管斯图尔特·霍尔(Stuart Hall)、戴维·莫利(David Morley)等学者都曾试图建构一种"积极的受众"(positive audience)理论,[①]对受传者/消费者的主体能动性予以学理性的观照,但必须指出的是,在广播电视等传统媒体与网络数字新媒体深度融合的媒介环境下,"受众"这个概念已不再能够有效地描述以"数码原住民"为代表的新型传播主体的新特征,相较之下,"用户"无疑是一个更为恰当的指称语。作为使用"跨媒体数据库"的用户,他们获取文创资源的方式,绝不只是在单向传受关系的终端进行信息接收,而是能够主动地利用搜索引擎这样的信息检索机制,从海量的数字化内容当中搜寻、调用符合自己需要的数据-对象。而他们对于那些数据-对象的处理,也并不只是单纯的观看和消费,而是能够借助新媒介的赋权,积极地发挥自身的"符号生产力"(semiotic productivity)、"声明生产力"(enunciative productivity)和"文本生产力"(textual productivity)[②],充当起打破"生产者/消费者"界限的"产消合一者"(prosumer)[③]:他们不仅能够在消费既有文创产品的过程中,生成许许多多产品主创难以预期的意义阐释路径与快感体验方式,进而通过互联网平台的

---

① 参见金惠敏《积极受众论:从霍尔到莫利的伯明翰范式》,中国社会出版社 2010 年。

② 笔者使用这三个概念,借鉴自约翰·费斯克(John Fiske)的粉丝文化理论。参见[美]约翰·费斯克《粉都的文化经济》,陆道夫译、杨玲校,载陶东风主编:《粉丝文化读本》,北京大学出版社 2009 年,第 3—20 页。但必须指出的是,费斯克的观察是基于前数码时代的媒介环境,因而,他的许多论述——例如,粉丝的声明生产力是在面对面的直接关系中通过言谈、装扮等方式得到发挥的,粉丝的文本生产力并不以盈利为目的,粉丝生产的文本是一种"窄播"文本,等等——并不一定适用于生活在数码媒介环境中的"数码原住民"。

③ "产消合一者"(prosumer)是由阿尔文·托夫勒(Alvin Toffler)创造的合成词,由"producer"(生产者)和"consumer"(消费者)这两个单词合并而成,用来描述那些生产者即消费者、消费者即生产者的现象。参见[美]阿尔文·托夫勒《第三次浪潮》,黄明坚译,中信出版社 2006 年;[美]阿尔文·托夫勒、[美]海蒂·托夫勒《财富的革命》,吴文忠译,中信出版社 2006 年。

评论机制与交互式界面的对话功能,将各自的意义与快感转化为五花八门的声明,甚至通过"弹幕"①这样的技术手段,将自己生产的声明即时地添加到正在观看的流媒体视频之上;而且还能够将那些数据-对象当作为我所用的素材,借助各种文字/图像/音频/视频编辑软件或游戏制作软件,创作出多种媒介载体形式的文创内容,进而利用各式互联网应用所提供的发布平台与传播渠道,公开地传播这些"用户生成内容"(user-generated content),从而能动地参与到流行文化的交互式传播与扩大再生产的过程当中。

需要进一步说明的是,这里所说的"交互式传播",不仅包含获得媒介赋权的"产消合一者"与经历数码转型的文创产业之间经由界面交互实现的双向传播与反馈循环,还包含用户与用户之间借助社交媒体形成的自组织实践与网络协同作业。在鼓励"用户生成内容"、支持"群体协作任务"的"互联网 2.0"技术与理念的支持下,互联网用户不仅会以自己的兴趣爱好为情感驱动力,自发地从事符号、声明、文本的生产,而且还能够借助种种网络共享平台,为彼此增添大量的资讯、资源获取渠道。这些通过社交媒体展开的信息传播、资源共享、同好交流行为,会使得那些原本在线下生活中互不相识的互联网用户,能够通过各式各样的社交媒体发生频繁的人际互动,并由此生成崭新的情感联结,进而凝聚成社交关系相对紧密的趣缘社群。② 倘若趣缘社群形成了具有一定动员力的文创志趣,其成员就有可能发起各施其能的分工合作,借助移动智能终端所支持的即时通信,以网络协同作业的方式从事内容生产与信息传播。近年来与职业化、商业化的影视传播既构成竞争又不无合作的"字幕组"③视频传播,就是这种"趣缘协同作业"的典型案例;而近年来已与建制化、工业化的文创产品生产形成密切互动的"同人"文化生产,尤其是"粉丝自制微电影"

---

① "弹幕"是指在提供即时评论功能的视频网站上,那些横向飘过视频画框或悬停在视频画面之上的文字评论。关于"弹幕"的使用机制,可参见邵燕君主编《破壁书:网络文化关键词》,生活·读书·新知三联书店、生活书店出版有限公司 2018 年,第 59—66 页。

② 林品:《"有爱"的经济学——御宅族的趣缘社交与社群生产力》,《中国图书评论》2015 年第 11 期,第 7—12 页。

③ "字幕组"指的是通过非营利的义务劳动将外语的媒体作品翻译为本国语言,并和本国的观众分享的,以非专业媒体作品爱好者著称的民间组织。参见邵燕君主编《破壁书:网络文化关键词》,生活·读书·新知三联书店、生活书店出版有限公司 2018 年,第 144—148 页。

"同人广播剧"的生产与传播,也越来越多地以"趣缘协同作业"的方式进行。这种"趣缘协同作业"不仅是在充分利用数码媒体、社交媒体的基础上,生产出凝结着"集体智慧"的"用户生成内容",而且还会在以兴趣爱好作为情感驱动力的协作劳动中,持续不断地生成劳动主体与劳动主体之间的社交关系和情感联结。我们或许可以运用"非物质劳动"(immaterial labor)理论的两个重要的子集概念,将这种"趣缘协同作业"视作一种在数码时代的文化场域中渐趋流行的"数码劳动"(digital labor)与"情感劳动"(affective labor)。

在一定的条件下,这些"数码劳动"与"情感劳动"的成果,能够有效地扩大社群成员所喜爱的文创 IP 的传播范围与影响力,丰富他们所细绎的文创内容的文化含义,甚至有可能增加他们所消费的文创产品的品牌价值。对于文创出品方的商业传播活动来说,这种交互式传播有可能形成颇为可观的协同效应。"漫威电影宇宙"的运营者就深谙此道,他们善于在细心编织的跨媒体叙事网络中,为其用户设置"粉丝向"的隐藏彩蛋,打造出一场又一场惊喜连连的"寻蛋"游戏,让官方文本与粉丝文化互动,不断巩固二者之间的情感联结。"漫威电影宇宙"能够在近年来创造惊人的业绩,是与粉丝社群长时间、大规模的文化参与密不可分的。《大圣归来》《流浪地球》《哪吒之魔童降世》等国产电影所引发的"自来水"浪潮,也是这种传播协同效应的生动案例。这些电影的内容品质与宣发活动成功地激发了一部分互联网用户的自产内容热情和趣缘社交潜能,而这些受到激发的"产消合一者"随即就自命为上述电影的"自来水"——"自来"表示他们自认的自愿性、自发性和自主性,"水"则略带戏谑地表达了这些互联网用户对于网络营销行为的自觉。他们利用社交媒体和即时聊天工具组建了多种多样的趣缘群组,以网络协同作业的方式开展了花样繁多的同人创作与口碑传播,致力于协助预算相对有限的电影运营方进行高质量的公关推广,以达成原本需要投入更高的营销成本才可能达到的宣传效果。换句话说,以"产消合一者"为参与主体的"粉丝(同人)文化"实践,常常是在自身并不以营利为目的的情况下,为文创产业的品牌运营方无偿提供相当可观的"非物质劳动",在"粉丝"与"官方"的协同传播、协同创造中,助推特定文创 IP 的流行。

更进一步说,在大数据技术与人工智能技术飞速发展的时代背景下,那些发布于互联网平台的"用户生成内容",随时都会被编入技术层面的数据库当中;而新媒介用户的种种媒介使用行为,也随时都会作为数据被记录进"网络大数据"当中。它们会成为可供挖掘和分析的数据信息,进而成为那些采用特定算法的网络程序实施智能化信息推送时的参考数据,成为文创产业的从业人员或者咨询服务行业的智库研究员进行市场研判与方案策划时的参考数据。值得特别注意的是,海量用户数据的可挖掘性和可分析性,使得大众传播机构所依赖的受众调研方法,能够在媒介融合时代以一种更为细致而精准的方式推行。随着人工智能驱动分析工具在项目策划和内容生产部门的广泛运用,对于经历"互联网+"与"人工智能+"双重转型的文化传播机构来说,受传者的可识别性、可追踪性乃至可预测性,似乎并未因为交互式媒体对于用户的媒介赋权而遭到削弱,反而是得到了极为显著的增强。互联网用户获知信息、获得内容与获取资源的主要路径,更是在很大程度上遭到互联网平台所主导的智能化推送及其算法设计的规制与限定。

　　但在另外一些方面,交互式传播的崛起也对文创产品的制作与出品方提出了不胜枚举的新挑战。例如,在"跨媒体叙事"对于宏大世界观设定的依赖与"IP 开发"对于变现速率的追求之间始终存在着某种紧张的关系,倘若内容生产者难以兼顾故事讲述与世界建构的双重重任,文创产品的内容品质与用户的心理预期就会出现落差,甚至引发部分粉丝圈层难以容忍的设定崩塌,从而造成难以挽回的口碑滑坡。再如,影视出品方需要互联网用户持续进行同人创作、开展线上讨论,以便维系其 IP 的粉丝社群;"跨媒体叙事"的运营方尤其需要召唤他们的粉丝社群,鼓励他们在剧集空档期与间歇期协助维持 IP 的热度。然而,那些高度依赖故事悬念来调动观剧期待的通俗影视剧,又需要尽可能避免提前剧透的发生,需要尽可能避免故事悬念在剧集发布之前就被观众尽数窥破。这二者之间的张力,也已经成为很多影视创作团队必须应对的一道难题。

　　除此之外,社群运营的圈层化特征与网络传播的部落化特征,也有可能会让很多文创项目在"粉丝向"路线与"大众向"路线之间进退维谷、左支右绌,陷入"粉丝分众"与"路人大众"难以兼顾甚至两头不讨好的境地。更进一步说,矛盾不只发生在分众与大众之间,还发生在粉丝部落与粉丝部落之间。诚然,趣缘社群的运转依托于情感共同体的维系,但是,在社群成员试图巩固并强化自身与所爱对象之间的关联时,在成员之间试图通过协同作业的团队合作形塑并增进同伴情谊时,某些趣缘社群的运营者往往会对划分敌我的站队逻辑和抱团排他的文化机制产生路径依赖,这就很容易导致相关的网络舆论场直接演变成简单化的"粉黑"大战。这种现象在围绕"流量明星"形成的"饭圈文化"中尤其严重。① 那些受到逐利资本引导的"饭圈"活动,往往过于简单粗暴地借助党同伐异的攻讦手段来巩固"fans"的身份建构和社群认同,却难以生成有效的具有交互主体性的交往话语,也无法与其他复杂的问题、多样化的需求结合为丰富多元的声音,甚至还会对其他网络部落的趣缘社交构成严重的过界挤压,对用户自主创作内容的实践空间构成严重的破坏性影响,在对数码原住民与文创产业的协同共创造成不良干扰的同时,也对滋养自身的文化生态造成恶性的反噬。

在交互式传播所塑造的新型传播格局中,如何有序地推动更具包容性而非压制性的社会互动,有效地构建出一套更具生产性而非破坏性的程序、规则和礼仪,让不同的趣缘社群与数码原住民文化能够在共生当中共创未来?这是一道摆在我们面前的新课题,值得更多有识之士共同探讨。

(林品,首都师范大学文学院讲师,中国科幻研究中心"起航学者")

---

① 林品:《数据拜物教下的流量明星与饭圈文化——从"抵制肖战"舆论浪潮中的话语耦合现象谈起》,载陶东风、周宪主编:《文化研究:第46辑》,社会科学文献出版社2021年,第65—85页。

The Transmedia Database Consumption and the
Interactive Cultural Communication of the Digital Natives

Lin Pin

Abstract：The digital natives who emerged in the course of digital transformation have made some significant differences to the way of popular culture communication in the context of media convergence by their vigorous cultural consumption and their positive media use behavior, together with those internet platforms and creative companies which acted with care and effort to exploit the market potential of digital natives and cater for the usage requirements of digital natives. This paper explain these happenings from two aspects：on the one hand, the leading consumption pattern has changed from the consumption of cultural and creative products to the consumption of transmedia database；on the other hand, the communication relationship between message and receivers has changed from the one way communication relationship of "product-audience" to the interactive communication relationship of "database-users". The term "interactive communication"here encompasses not only the two-way communication and feedback loop achieved through interface interactions between the media-empowered "prosumers" and the cultural-creative industries undergoing digital transformation, but also the self-organizing practices and networked collaborative operations between users and users with the help of social media.

Keywords：Media Convergence；Digital Natives；Popular Culture；Transmedia Database；Interactive Communication

早熟的童年？
小红书儿童博主的 UGC 行为研究①

王晓虹　刘勇

摘要：我国儿童青春期正在不断提前，这一现象不仅与物质性因素有关，也与信息环境有关。本研究运用深度访谈的研究方法，发现小红书儿童博主的 UGC（User Generated Content，用户生成内容）行为具有鲜明的"角色扮演"性质。社交媒体打破了成人和幼童之间的信息隔阂，以小红书为代表的社交网络为儿童提供了海量的"成熟角色模板"。角色扮演诱发了儿童心智的早熟，导致儿童博主提前遭遇身份确认和角色混乱。儿童博主在模仿过程中体验到对新事物的全新认知，将其代替原有认知，不断更新整个认知体系，最终，儿童从"角色扮演"成为"角色本身"。文章最后部分引入了相关实证研究结果和医学证据，进一步论述了信息、观念和青春期早熟之间的内在关联。

关键词：小红书；儿童博主；UGC；青春期；早熟

①　本文系 2022 年国家社科基金一般项目"百年中国新闻文体史研究（1921—2021）"（项目编号：22BXW004）的研究成果。感谢复旦大学新闻学院一流学科建设项目（SXH3353050/042）和复旦大学新闻学院科研创新项目（SXH3353052/012）对本研究的支持。

　　1979 年至 2005 年全国学生体质健康调研结果显示我国儿童的青春期正在不断提前。儿童身高突增高峰第一阶段峰值发生于 14 岁，第二阶段峰值提前到男 13 岁、女 12 岁，第三阶段男女峰值都提前到 11 岁左右。[①] 1985、1991、1995 和 2000 年的男生遗精年龄提前幅度分别为 0.5、0.4、0.5、0.2 岁，女生月经初潮年龄提前幅度为 0.7、0.5、0.6、0.2 岁。[②] 青春期突增开始年龄、男生首次遗精年龄和女生月经初潮年龄的提前是性发育加速提前的有力证据。[③] 该调研由教育部等中央五部委牵头，每五年开展一次，涉及全国 31 个省、区、市，非常具有权威性。这项调研还揭示了一个隐蔽的现象：虽然全国儿童的青春发育期都出现了提前，但是不同地区儿童提前发育的速度是不一致的，提前幅度依次为大城市＞中小城市＞富裕农村＞经济中下水平农村。[④] 也就是说，经济越发达、信息越丰富的地区，儿童青春发育期提前的幅度越大，该如何解释这一现象？

　　普遍的观点认为经济发达地区生活水平较高，卫生保健条件优越，导致儿童青春期发育提前。这类观点将儿童青春期提前的主要原因归结为经济社会提供的物质性条件，比如生活水平、食物营养、生理机能、卫生环境、保健条件等，而忽略了非物质性条件，比如信息环境。[⑤] 越是经济发达地区，信息环境越是复杂，这可能会对儿童青春期提前产生激发作用。有医学案例表明，跳拉丁舞的女孩初潮时间会明显提前。拉丁舞是一种男女求爱的舞种，模仿男女求

　　①　季成叶、胡佩瑾、何忠虎：《中国儿童青少年生长长期趋势及其公共卫生意义》，《北京大学学报（医学版）》2007 年第 2 期，第 126—131 页。

　　②　季成叶、李勇：《1985～2000 年中国青少年青春期生长长期变化趋势》，《中国生育健康杂志》2003 年第 5 期，第 271—275 页。

　　③　季成叶、李勇：《1985～2000 年中国青少年青春期生长长期变化趋势》，《中国生育健康杂志》2003 年第 5 期，第 271—275 页。

　　④　季成叶、李勇：《1985～2000 年中国青少年青春期生长长期变化趋势》，《中国生育健康杂志》2003 年第 5 期，第 271—275 页。

　　⑤　陈芳芳、米杰、王天有等：《北京市儿童青少年青春期发育与肥胖相关关系的研究》，《中国循证儿科杂志》2007 年第 1 期，第 14—20 页；Norton K，Olds T. ."Morphological Evolution of Athletes Over the 20th Century：Causes and Consequences." *Sports Med*，2001，31（11）：763-783；Floyd B. ."Evidence of Age-elated Responses to Short-term Environmental Variation：Time Series Analysis of Cross-sectional Data from Taiwan，1969-1990." *Am J Hum Biol*，2002，14（1）：61-73。

爱的舞蹈姿势会诱发儿童心理和生理早熟。① 拉丁舞案例表明,"姿态模仿"和"心理想象"可能是诱发青少年生理早熟的重要原因。与此类似,社交媒体提供了儿童角色扮演的模板和操练机会,就像拉丁舞女孩扮演性感女性一样,社交媒体的过度使用也可能会对儿童发育造成影响,但是很少有研究讨论信息环境与儿童早熟之间的关系。

本研究以小红书为例,分析儿童博主在社交媒体使用过程中如何通过模仿大龄青少年的行为特征和话语表达方式,让自己看上去像一个"成熟"少年,而这种模仿行为又是如何反向促发了儿童博主的心理早熟的。本研究采用深度访谈法,对 15 名 7—11 岁小学生博主进行一对一的半结构访谈,访谈主要围绕以下三个话题展开:1.为何要当一名小红书博主,动机是什么? 2.你想打造什么样的博主人设? 采取了哪些手段来维持这一人设? 3.为什么要打造这一博主人设? 想要从中获得什么,回避什么?

访谈对象列表

序号	编号	年龄	性别	年级
1	F-1	9 岁	女	小学三年级
2	F-2	8 岁	女	小学二年级
3	F-3	10 岁	女	小学四年级
4	M-1	7 岁	男	小学一年级
5	F-4	8 岁	女	小学二年级
6	M-2	9 岁	男	小学三年级
7	M-3	9 岁	男	小学三年级
8	F-5	11 岁	女	小学四年级
9	F-6	11 岁	女	小学五年级
10	F-7	9 岁	女	小学四年级
11	M-4	10 岁	男	小学五年级
12	M-5	7 岁	男	小学一年级

① 《小女孩 7 岁胸部发育,吃药都压不下去! 医生问了一个问题》,新华社新媒体,2018 年 4 月 1 日,https://baijiahao.baidu.com/s? id=1596506235648534104。

序号	编号	年龄	性别	年级
13	F-8	8 岁	女	小学二年级
14	F-9	9 岁	女	小学三年级
15	F-10	10 岁	女	小学五年级

一、扮演成真：儿童博主的 UGC 行为与角色扮演

就像拉丁舞女孩通过扮演性感的成年女性角色提前启动了发育期一样，[①]儿童博主的 UGC 行为也具有同样的"角色扮演"性质，他们将自己想象成比自己实际年龄大的"少年"，通过模仿初、高中生博主的小红书视频内容，模仿大龄少年的话语方式，扮演一个成熟的"理想自我"。他们刻意隐藏自己的真实年龄，在小红书社区打造自己的"成熟人设"。

被访者(F-1，小学三年级)：在小红书社区，我隐藏我的小学生身份，我就假装自己 15 岁半。

研究者：你为什么扮演一个比你大 6 岁的青少年？

被访者(F-1，小学三年级)：因为小红书上普遍都是青少年，而且我觉得扮演成年人也没啥意思。

研究者：什么叫"没啥意思"？

被访者(F-1，小学三年级)：大人的说话方式跟小朋友不一样。

研究者：你想演一个比你自己稍微大那么一点的青少年，你不想让别人知道你是个小学生？

被访者(F-1，小学三年级)：对。

研究者：你同学们跟你一样隐藏自己的小学生身份吗？

被访者(F-1，小学三年级)：对，他们(在小红书上)没放自己的年龄，

① 《小女孩 7 岁胸部发育，吃药都压不下去！医生问了一个问题》，新华社新媒体，2018 年 4 月 1 日，https://baijiahao.baidu.com/s？id=1596506235648534104。

只放自己的星座。

绝大部分小学生受访者倾向于扮演初、高中生,也有少部分更成熟的小学生扮演着成年人角色。以下是一名长期扮演成人的四年级小学生的访谈记录:

> 被访者(F-5,小学四年级):我会装二十几岁的成人。
>
> 研究者:为什么要装成一个成人?
>
> 被访者(F-5,小学四年级):因为我觉得如果暴露自己年龄的话,有些诈骗团伙或者人贩子会靠网络搜寻到我,然后将我拐卖到其他地方,像缅北这种。
>
> 研究者:所以你不告诉别人你是一个小学生吗?
>
> 被访者(F-5,小学四年级):不会。

儿童博主的角色扮演是十分普遍的现象。所有的被访对象都在小红书社区扮演着一个更加成熟的角色,大部分小学生博主扮演初中生或高中生,少部分扮演成人。本次访谈对象中,参与"成熟的角色扮演"的小学生博主比例竟高达100%,并且他们认为班级同学和同龄朋友们都习惯于在小红书或抖音社区扮演"成熟的角色"。

儿童博主通过一系列手段和方法努力隐藏自己的真实年龄。为了避免自己的真实身份被揭穿,儿童博主拒绝暴露自己的真实照片和真实声音。他们不具备自主拍摄视频的能力,主要是搬运网络视频素材作为画面内容。为了不暴露自己的声音,他们会用AI人声来阅读字幕。他们模仿初高中生大咖博主的视频内容,通过点赞量和观看量来简易判断视频的受欢迎程度。玩泥巴、制作美食、做手工、搞笑主题、恐怖视频是他们热衷的作品主题。

儿童博主熟练掌握了一种"声画分离"的手法来制作短视频作品,即画面采用现成的网络视频素材,自己撰写文案,通过AI人声来阅读字幕。这类"声画分离"视频的声音字幕和画面内容根本无关,比如画面内容是一双手在玩泥巴,声音在讲述另一个根本不相关的故事。小学生博主对这种"声画分离"视频着迷,因为这种视频既能够获得较高的观看量和点赞量,同时制作过程又十分简单,最重要的是这种视频无须人物出场,也无须真人配音,很好地保护了小学生博主的真实身份。这种既赋予小学生博主以自我价值感,又隐藏了博主真实身份的短视频在儿童博主群体中深受欢迎。

　　被访者(F-9,小学三年级):搞笑视频、恐怖视频我都想发。我最近正在专攻恐怖视频,因为恐怖视频会比搞笑视频更吸引眼球。

　　研究者:你怎么发现的?

　　被访者(F-9,小学三年级):我就拿时间来比的,搞笑视频 10 分钟内大概 5 个赞,恐怖视频 10 分钟内就 30 多个赞了。

　　研究者:我发现你视频的故事和画面是不同步的。

　　被访者(F-9,小学三年级):对。现在小红书上这种视频很火,网上不太喜欢画面和文字同步的那种(视频)。

　　研究者:你怎么发现的?

　　被访者(F-9,小学三年级):画面和文字同步的,5 分钟大概 20 多个赞,不同步的 5 分钟内能有 40 多个赞。

　　被访者(F-9,小学三年级):有两种方法来配字幕的朗读,一种方法是用你自己的声音,这种方法虽然比较快,但是会容易暴露自己是小学生。第二种方法就是用 AI 文本朗读,可以把话给"K"上(画面)去。

　　潜藏于小红书社区的"身份鄙视链"催生了虚拟社区普遍的"成熟模仿"现象。小红书这类社交网络存在着明显的"身份鄙视链",高中生鄙视初中生,初中生鄙视小学生,鄙视的重要原因是大龄孩童认为低龄孩子"幼稚、无聊"。小红书排斥低龄儿童的风气逐渐形成了一股"网曝小学生"潮流,所有的儿童博主都害怕因表现得"幼稚"而遭到排斥。

　　当"幼稚"成为一种令人避之不及的罪恶时,"成熟"就成为一种令人趋之若鹜的风尚。所有的儿童博主都在模仿比自己大的少年甚至成人,这种模仿表现在各个方面,包括视频内容、话语表达、社交行为和偏好选择。这种"向上模仿"现象不仅出现在小学生博主群体中,初中生群体也同样如此,他们模仿高中生、大学生，甚至成年人，他们观察成熟角色的话语口气，发表自认为"成熟"的观点。于是这就导致了一个最终的结果：整个社交网络的儿童言行风格正在加速成人化。

成人化的言行风格诱发了儿童心智的早熟。话语是思维的外化，同时，语言也塑造了思维。一位儿童博主（F-7，小学四年级）回忆了她学习成人话语的过程："我先寻找评论区里成人们经常使用的口吻（表达方式），然后就学他们的口吻，慢慢地，我就习惯了我是一个成人，我以成人的口吻来写评论。成人的口吻是居高临下的，不会出现'我认为''我觉得'这种小学生用语，也很少用关联词。"虽然儿童在模仿初期会出现"不真实""别扭"的感受，但是经过反复操练，儿童很快就能适应新的表达方式。"慢慢习惯了以后，就不用再去想成人应该是如何回答的，理所当然地直接脱口而出了，想都不用想，就一股'成人之气'。现在在家里我也是用成人的语气在说话。"（F-7，小学四年级）儿童通过频繁模仿成人的口吻、语气，逐渐将成人化的表达方式内化为思维过程的一部分。当新话语习惯延伸至儿童的日常生活并被不假思索地运用时，儿童已经从"角色扮演"成为"角色本身"。

社交网站打破了成人和幼童之间的信息隔阂，以小红书为代表的社交网络为儿童提供了海量的"成熟角色模板"。信息和经济发达地区的孩子更容易接触到成熟角色的具体信息，这或许可以为"发达城市的青少年的青春期提前的幅度远超农村地区"[1]这一现象提供一种新的理解视角。

二、重塑自我：儿童博主的身份统合与心智早熟

青春发育期的一大特征就是青少年自我概念和自尊的变化。[2] 儿童向青少年的过渡其实是一个将对妈妈的关注转向同伴的过程，他们希望得到同伴的关注与认可，此时，身份确认成为首要问题。发展心理学家埃里克森提出

---

① 季成叶、李勇：《1985～2000年中国青少年青春期生长长期变化趋势》，《中国生育健康杂志》2003年第5期，第271—275页。

② Newman，B. M. & Newman，P. R.. *Development through Life：A Psychosocial Approach*. 11th ed. Belmont，CA：Wadsworth，2012.

"自我统合与角色混乱冲突"引领了这一阶段的主要议题。埃里克森将自我意识的发展分为八个阶段，每个阶段都有核心的冲突议题：1.婴儿期（对人信任与不信任的冲突）；2.儿童早期（活泼自主与羞愧怀疑的冲突）；3.学步期（积极主动与自罪内疚的冲突）；4.学龄初期（勤奋进取与自贬自卑的冲突）；5.青春期（自我统合与角色混乱的冲突）；6.成年期（友爱亲密与孤独疏离的冲突）；7.中年期（精力充沛与颓废迟滞的冲突）；8.老年期（完美无憾与悲观绝望的冲突）。① 自我统合（即自我统一性）和角色冲突是青春期的核心冲突。这一阶段的儿童主要关心的是把别人对他们的评价与他们自己的感觉相比较，并从他人的评价中获得自我概念的确立。儿童在这一阶段关心的议题是：我是一个怎样的人？我该成为一个怎样的角色？该拥有什么样的地位？周围的人是否喜欢我？因此，自我身份的觉知和统合是这一时期儿童的首要心智任务。

需指出的是，身份冲突一般发生在青春期初始阶段，之前的研究认为这个阶段一般始于 12—14 岁。② 但是，我们的研究发现，原本在 12 岁左右才出现的"自我身份认知"议题出现了提前。结合全国学生体质健康调研和本研究访谈发现，经济发达地区 9—10 岁的儿童已经开始出现青春期初始阶段的自我身份识别问题。儿童的自我价值确认、自我概念、自尊问题呈现出低龄化趋势。访谈中，多名 9—10 岁的儿童表达出身份认知需求，以下列举一名 10 岁儿童博主的访谈记录：

> 研究者：你为什么要发小红书？
>
> 被访者（F-3，小学四年级）：我希望自己成为一个有几万粉的大佬。
>
> 研究者：为什么想成为大佬？
>
> 被访者（F-3，小学四年级）：可以让我的朋友们瞧瞧，让我的朋友羡慕一下。

---

① 郑宁：《从埃里克森自我同一性理论看当代大学生人格发展》，《北京建筑工程学院学报》2000年第 4 期，第 105—112 页。编者注：学步期一般为 1 岁左右，郑宁论文中所写"学步期"疑应为"学龄前期"，"学龄初期"疑为"学龄期"。

② van den Bos, W., van Dijk, E., Westenberg, M., Rombouts, S. A. R. B., & Crone, E. A.. "Changing Brains, Changing Perspectives: the Neurocognitive Development of Reciprocity." *Psychological Science*, 2011, 22 (1): 60-70.

研究者:你想让你的朋友羡慕你?

被访者(F-3,小学四年级):对。还有让全网名人都认识我。

研究者:你想获得存在感?

被访者(F-3,小学四年级):对。

研究者:其他你认识的小红书儿童博主也这样想的吗?

被访者(F-3,小学四年级):对。

这名 10 岁小红书儿童博主将"获得他人关注"奉为 UGC 行为的直接目标,其实质涉及自我价值确认,这一现象并非孤例,而是出现在了所有 9—10 岁的访谈对象身上。他们通过积极扮演一个"成熟"的初中生或高中生,努力营造"乐于助人""拥有技能"的"大哥哥大姐姐"形象。他们设定了明确的长于实际年龄的"成熟人设",通过获得大量"粉丝"或"追随者"来证明自己的社会意义和身份地位,进而获得自尊提升和自我价值感。① 这一系列行为和心理特征表明,9—10 岁小学生博主正在提前遭遇身份确认问题。

受访者(F-7,9 岁):我在小红书上扮演一个 14 岁的初三学生。萌新粉丝就是小弟弟或者小妹妹,我会像大姐姐(一样)去指导他们。

研究者:你想在小红书上扮演一个大姐姐的角色,而且是以一个初三女生的形象?

受访者(F-7,9 岁):对。我想做一个大姐姐去帮助别人,让别人能够追随我,能够听我的,然后在他们心目当中形成一种很好的形象,让粉丝一直可以追随我,并且能够关注我、爱我。

研究者:这样你就能得到很多人的关注和喜爱,对吗?

受访者(F-7,9 岁):对,这样我可以收获更多萌新粉丝,我也可以继续教他们做视频了。我还可以结交更多朋友,如果他们认为我的视频做得特别好的话,我也可以把他们当作我的粉丝贝贝一样对待。

---

① [美]巴巴拉·M·纽曼:《社交媒体影响青少年同伴关系:友谊、孤独感和归属感》,《中国青年研究》2014 年第 2 期,第 16—20 页。

研究者：你想认识更多的朋友？

受访者(F-7,9 岁)：对，就算他们没有关注，我也会教他们做视频，把他们当成粉丝贝贝。

研究者：听起来，你对粉丝贝贝的态度好像你在孵化他们、指导他们一样。

受访者(F-7,9 岁)：对，但是也不能乱来，否则粉丝数会光速下降。如果讲解视频时他们不清楚，我就多讲几遍，而且如果多讲几遍还是行不通的话，那么我就会举个例子，这样粉丝就能听懂了……粉丝贝贝在我心里的地位，就是可以去指导他们，他们能够听我的。粉丝的信任是比天还高的。

研究者：你想获得更多人的关注和喜爱，你希望可以像大姐姐一样去指导你的粉丝，对吗？

受访者(F-7,9 岁)：对。

儿童博主通过想象来设定"理想自我"，其背后的实质是想获得自我价值感。他们关注自己在同龄人中的形象和地位，渴望获得他人的关注和认可，甚至是羡慕。他们通过设想"理想自我"的形象，比对他人对自己的评价，不断调整统合自我角色。

角色扮演行为提供了孩童体验成熟角色的可能，通过模仿大孩子的行为和认知，年幼儿童提前体会到早熟的情感体验。提前的体验感知不断催熟着青少年的整体心智。一个试图在小红书上扮演 14 岁初三学生的小学二年级学生描述了她角色扮演时遭遇的困境，以及角色扮演失败后的沮丧心情，"我想象中的初中生就是学神，因为毕竟每个人都想当好学生。但是当我打算逼自己好好学习的(时候)，我却始终逼不了自己，内心的欲望逼着我出去玩，然后等我爸回家我的作业还是没做完"(F-8,8 岁)。她不断激励自己像初三学生一样行动和思考，并将角色扮演失败的原因归咎于自己的自制力缺失。

"角色内化"表现在角色扮演过程中遇到与原有认知不符的事实时，儿童博主努力接受新事物和新观点的积极态度上。儿童博主通过模仿不断接受、吸纳令其"惊讶"的事物。"我小时候特别喜欢看小猪佩奇，然后我没想到小红书上有人会诋毁小猪佩奇，然后用它来做骂人的图片。有一集中佩奇痛打乔治的片段，居然有人将它做成了骂人诋毁的图片……后来我遇到讨厌的人时，也用了这个骂人的佩奇图片。"（F-8，8岁）可以发现，儿童博主在虚拟社区中遭遇的"新奇"事物或观点与他们原先的认知差异是如此之大，但是，对儿童而言，即使再新奇的事物接受起来也无须费什么工夫。儿童博主在模仿过程中体验到对新事物的全新认知，并使其代替原先的旧认知，不断更新着整个认知体系，并最终将新的认知体系内化为其人格的一部分。于是，全新的身份认知诞生了。

随着社交网络的不断普及，儿童认知更迭的速度正在不断加快。前互联网时代，不同年龄段孩子之间存在着明显的社交边界。大孩子的秘密总是对低龄儿童保持着神秘和隔离，低龄儿童要打探到大孩子的秘密是件费力的事情。社交网络一举打破了不同年龄段孩子之间的界限，各年龄段的孩子在网络上肆无忌惮的分享着隐私，甚至是性内容，所有年龄段的孩子都可以看见。两位小学二年级的博主透露了她们在小红书社区遭遇过的网络性骚扰和看到过的性内容："小红书上有人私信我的内容大多数是少儿不宜的，他还骂我，说我脑子有病该吃药了之类的。"（F-2，8岁）"我在爷爷的手机里看到过内衣内裤秀。"（F-4，8岁）在中国，48.4%的青春期孩子遭遇过"不想谈时，有人在网络上与其试图谈论性话题"的情况，25%的青春期孩子遭遇过"不想回答时，有人在网络上询问其性信息"的情况，①互联网的可得性撕破了横亘在成人和孩童之间的"秘密边界"。

如今，这种私密性内容正排山倒海地袭向幼童。澎湃新闻报道小红书APP会不时推送含有大量明显泄露未成年人身体隐私内容的短视频，比如内裤内衣秀，大量以未成年为主角的短视频的名称和封面带有极强的性暗示。② 小红书等网络社区提供了一个让儿童提前接触成人审美和两性内容的消费世界。网红妆容、奢侈生活方式、健身、两性等内容重新定义了儿童关于

---

① 朱秀凌：《青春期网络性诱惑的风险控制——基于性社会化视角》，《中国青年社会科学》2020年第6期，第101—108页。

② 《小女孩7岁胸部发育，吃药都压不下去！医生问了一个问题》，新华社新媒体，2018年4月1日，https://baijiahao.baidu.com/s？id=1596506235648534104。

"什么是美""我要成为什么样子的人"等涉及身份认知的议题。成人化、性化的认知体系正在成为催熟儿童的主要诱因。而且，这类内容不断延伸向 14 岁以下的低龄儿童。当有实验者把年龄设为 14 岁时，其会收到比 20 岁博主更多的性邀请。这类邀请通常以"妹妹，喜欢大叔吗？""交个朋友""处对象吗？"和讨要联系方式等形式出现。①

儿童博主在对"理想自我"角色的模仿过程中体验到对事物的全新认知，并使其代替了原有认知，不断更新整个认知体系，并最终将新认知体系确认为其身份的一部分。社交媒体过早提供了儿童关于"理想自我"的内容和标准，设定了什么是美、什么是成功、什么是理想的标准，海量信息和信息的可得性加速更新了儿童的认知体系，压缩了儿童青春期的发展过程。

三、讨论：信息、观念、早熟的内在关系

这部分通过引入相关实证研究结果和医学证据进一步论述信息、观念和青春期早熟之间的内在关联。首先，通过引入一项实证研究证明信息、观念与青春期提前三者之间的相关性。其次，通过分析"拉丁舞女孩"案例论证观念、信息与青春期提前启动不仅存在相关性，而且还存在因果性。最后，本研究指出，媒介通过营造丰富的信息环境，给儿童提供了丰富的成人化观念。

有研究表明，青春期提前启动的女孩对性信息更感兴趣，这项研究证明了青春期提前启动和女孩的性观念及性信息接受高度相关。该研究对上海 6 所学校的 1390 名初、高中学生进行了整群抽样，发现青春发育阶段较高的女生对媒体中的性相关信息更感兴趣（P<0.01），更多接触性相关信息及黄色录像、电影、刊物的女生，更容易将媒体传达的信息解释为对青少年发生性行为的认可（P＝0.006）。② 该研究表明青春发动时间提前的女生更容易被媒体传达的性内容吸引，并认为媒体对青少年发生性行为的认同度较高。这项研究充分

① 《小女孩 7 岁胸部发育，吃药都压不下去！医生问了一个问题》，新华社新媒体，2018 年 4 月 1 日，https://baijiahao.baidu.com/s？id=1596506235648534104。
② 余春艳、楼超华、王子亮等：《青春期女生接触媒体性知识与其感知及态度关联分析》，《中国学校卫生》2013 年第 4 期，第 405—408 页。

证明了青少年青春期提前和性观念成熟及媒体信息接收三者之间存在密切关联,但是却无法证明三者的因果关系。因为可能存在这样一种情况:女孩提前进入了青春期,出于对自身生理发育的好奇,才会对性内容表现出格外的兴趣,因此,无法证明是性内容、性观念引发了青春期提前,还是青春期提前引发了少女对性内容的关注。但是,这项研究的确证实了三者存在相关性。

"拉丁舞女孩青春期提前"案例进一步确认了三者的因果关系。据新华社报道,一位跳拉丁舞的 7 岁女孩出现了胸部发育,浙江省人民医院儿科主任罗晓明教授指出:"虽然在学术界还没有科学研究论证,但是从门诊多个案例的情况看,跳拉丁舞与小朋友性早熟之间有一定的联系。"[①]医学专家指出,拉丁舞的求爱动作或眼神,在青春期会启动少女大脑中的开关,这一开关一旦打开就会刺激下丘脑垂体神经的反射,使下丘脑垂体性腺轴提前启动,诱发脑垂体促性腺激素的分泌,促使孩子性早熟,这种由心理因素引发的性早熟,比起营养品、饮食不当引起的性早熟,更难阻断,这个开关一旦开启,很难通过改变习惯暂停孩子提前成熟的节奏,只能通过药物治疗延缓这个过程。[②] 上述真实案例证明了性观念、性意识的确会诱发生理性早熟。

媒介营造了青少年的信息环境,社交网络的大量性内容和性诱惑为青少年提供了大量性观念。有研究表明,我国 53.5% 的儿童通过互联网寻求性帮助和性信息,只有 26.8% 的儿童通过父母来了解性内容,[③]社交网络已经成为我国儿童获取性内容的首要渠道。

我国儿童的网络性信息接受具有明显的低龄化和去性别化特征。西方研究发现,女生和年龄较大的青少年会更多地遭遇网络性诱惑。[④] 与西方研究结果不同的是,在中国,性骚扰对象的低龄化正在成为新趋势。我国网络性诱惑

---

① 《小女孩 7 岁胸部发育,吃药都压不下去! 医生问了一个问题》,新华社新媒体,2018 年 4 月 1 日,https://baijiahao.baidu.com/s? id=1596506235648534104;毛鑫莹:《在当代社会大发展的背景下对拉丁舞美学特征的研究》,《艺术评鉴》2021 年第 7 期,第 17—19 页。

② 《小女孩 7 岁胸部发育,吃药都压不下去! 医生问了一个问题》,新华社新媒体,2018 年 4 月 1 日,https://baijiahao.baidu.com/s? id=1596506235648534104。

③ 朱秀凌:《青春期网络性诱惑的风险控制——基于性社会化视角》,《中国青年社会科学》2020 年第 6 期,第 101—108 页。

④ Chang, FC. et al. "Predictors of Unwanted Exposure to Online Pornography and Online Sexual Solicitation of Youth." *Journal of Health Psychology*, 2016, 21(6).

对象越来越倾向于 14 周岁以下的低龄儿童,48.4%的青春期孩子遭遇过"不想谈时,有人在网络上与其试图谈论性话题"①的情况,这些低龄儿童更加单纯,更容易被洗脑,也更容易成为性捕猎对象。此外,在中国,男孩和女孩一样,也越来越成为网络性骚扰对象。②

我国青少年的"性化"(sexualization)③过程由于过度膨胀的网络信息环境出现了加速。有研究表明,我国青少年青春期发育提前的速度甚至超过了1880 至 1998 年间的欧美发达国家。④ 飞速发展的网络基础设施提供了源源不断的成熟观念,不断给儿童投喂成人信息。青少年在参与数字社交的过程中通过扮演、模仿成熟角色,不自觉地接纳成人化行为和观念,压缩了儿童青春发育过程。遗憾的是,这一现象还没有引起全社会足够的重视。

每一次媒体技术的升级都加快了童年的消逝,加速抹平了幼童和成人之间的差异。《童年的消逝》作者尼尔·波兹曼指出:电视时代,一切信息都能够在成人和儿童之间共享,导致成人和儿童之间的界限逐渐模糊,儿童被迫提早进入成人世界。⑤ 如今,新媒体时代比起电视时代具有更海量的信息、更快速的传播速度、更广泛的传播空间。社交媒体把世界变得像一条地平线,拉平了所有人获取信息的机会,也加快了儿童成熟的步伐。我们应该对这一现象提高警觉,并深入思考其带来的严重后果。

目前国内相关研究主要将研究对象聚焦于初中生、高中生,随着我国儿童青春期的不断提前,未来应该将小学生也纳入研究对象,深入考察儿童青春期早熟与媒介使用之间的关联,并揭示其带来的未知后果。

（王晓虹,复旦大学新闻学院助理研究员;刘勇,复旦大学新闻学院教授）

---

① 朱秀凌:《青春期网络性诱惑的风险控制——基于性社会化视角》,《中国青年社会科学》2020年第 6 期,第 101—108 页。

② 朱秀凌:《青春期网络性诱惑的风险控制——基于性社会化视角》,《中国青年社会科学》2020年第 6 期,第 101—108 页。

③ Duschinsky, M. R. . "What Does 'Sexualization' Mean." *Feminist Theory*, 2013, 14(3).

④ 季成叶、胡佩瑾、何忠虎:《中国儿童青少年生长长期趋势及其公共卫生意义》,《北京大学学报（医学版）》2007 年第 6 期,第 126—131 页。

⑤ ［美］尼尔·波兹曼:《童年的消逝》,吴燕莛译,中信出版集团,2023 年。

A Premature Childhood? A Study on
UGC Behavior of Children's Bloggers in Xiaohongshu

Wang Xiaohong　Liu Yong

Abstract: China's children's puberty is constantly advancing, which is not only related to material factors, but also to the information environment. This study found through in-depth interviews that the UGC behavior of children's bloggers in Xiaohongshu has a distinct "role-playing" nature. Social media has broken the information barrier between adults and young children, and social networks represented by Xiaohongshu have provided children with a massive amount of "mature role templates". Role playing induces premature mental development in children, leading to early identification and role confusion for primary school bloggers. Children's bloggers experience a new understanding of new things during the imitation process, replacing their original cognition and constantly updating the entire cognitive system. Ultimately, children transform from "role-playing" to "role itself". The final section of the article introduces relevant empirical research results and medical evidence to further discuss the intrinsic relationship between information, beliefs, and prematurity.

Keywords: Xiaohongshu; Children's Bloggers; UGC; Adolescence; Prematurity

麦克卢汉与媒介生态学的生成

——基于媒介促进教育沿革的历史发展①

[美]兰斯·斯特拉特 著　李姣 译

摘要:麦克卢汉的媒介研究众所周知,但其最初成就却在英语教育领域。他始终认为,学校教育要适应媒介环境,并适时做出变革;他提出学校也是一种媒介,这与教育学家约翰·杜威不谋而合。受麦克卢汉的影响,波兹曼与维因加特纳呼吁教育方法改革,认为教育应该更好地反映和顺应新的电子媒介环境,契合在此环境下成长的年轻学生。在此背景下,波兹曼首次使用"媒介生态学"这一术语,并提出"媒介即课程",认为媒介生态教育是重拾启蒙理性优秀遗产的最大希望。②

关键词:麦克卢汉;教育改革;拉姆斯主义;媒介生态学;媒介生态教育

---

①　本文系国家社科基金规划项目(项目编号:19BXW042)阶段性成果,获河南大学研究生培养创新与质量提升行动计划项目(项目编号:SYLYC2022029)资助。

②　译者注:原文无摘要和关键词,本文摘要与关键词为译者所加。

一、麦克卢汉与拉姆斯主义：教育革命是传播革命的结果

年轻的马歇尔·麦克卢汉（Marshall McLuhan）于 1937 至 1944 年间在圣路易斯大学教授英语，耶稣会牧师沃尔特·翁（Walter Ong）随其学习。在麦克卢汉的指导下，沃尔特·翁的硕士学位论文以耶稣会诗人吉拉德·曼利·霍普金斯（Gerard Manley Hopkins）为主题顺利完成。沃尔特·翁 1941 年硕士毕业后进入哈佛大学继续深造，攻读英语博士学位，其博士论文以 16 世纪法国教育学家彼得·拉姆斯（Peter Ramus）为选题，这也是麦克卢汉的建议，翁于 1955 年完成论文并取得博士学位。1958 年，在博士论文的研究基础上，翁在哈佛大学出版社出版了两本著作：一本是在文化史上具有重大意义的作品，名为《拉姆斯、方法与对话的衰弱：从话语艺术到理性艺术》），这本书对媒介生态学来说影响深远。另一本名为《拉姆斯和塔隆作品集》，整理并列举了拉姆斯及其追随者众多版本的作品清单。麦克卢汉于 1962 年出版了一部重要作品——《谷登堡星汉璀璨：印刷文明的诞生》，用大量篇幅讨论了沃尔特·翁对拉姆斯的研究。

沃尔特·翁在哈佛的博士论文导师是派瑞·米勒（Perry Miller），他被誉为"美国研究"的开创者。美国研究与法国教育改革家和逻辑学家的研究之间看起来风马牛不相及，但实际上，拉姆斯主义教学法（Ramist pedagogical method）在新教圈子中非常流行，并被定居在新英格兰的清教徒采用，而派瑞·米勒正是研究美洲殖民地清教主义领域的主要专家。新英格兰是美国的智力中心，八大常春藤盟校中有四所位于该地区，还有两所在毗邻的纽约州。拉姆斯主义（Ramism）因此成为美国教育方式的基础。

在沃尔特·翁和麦克卢汉看来，拉姆斯主义是 15 世纪中叶德国印刷革命的产物，由此可以推论，教育革命背后的推手是传播革命。作为一项基本的人类活动，教育是建基于人类拥有语言、言语及符号交流的能力，也就是阿弗瑞

德·柯日布斯基（Alfred Korzybski, 1950）所说的"时间绑定"（time-binding）①能力之上的。口传文化时期的"时间绑定"主要基于对文化中歌曲和格言的传诵、口传传统及学徒制实训。根据罗伯特·洛根（Robert Logan, 2004）的说法，书写的诞生推动了教育的出现，第一所学校正是为传授楔形文字——人类第一个书写系统而设立的。根据埃里克·哈弗洛克（Eric Havelock, 1976）的观点，古希腊时期，因接受并改编闪米特字母表而催生出三种相互竞争的教育系统：第一种是基于《荷马史诗》的吟诵者，他们使用书面文本逐字记录荷马和其他希腊诗歌，从而淘汰了口传文化传统中的讲故事的歌者；第二种是基于智者学派，他们强调修辞和演说，利用书面文字来审视、分析、编辑及改善公共演讲和各种口头表述方式；第三种是基于强调抽象思维和逻辑的哲学家，读写能力和识字心态使其具备这种思维素养。正是基于以上这些原因，哈弗洛克阐释道：柏拉图主张将诗歌和修辞逐出他的教育理念和理想国。

后来，经过亚里士多德思想的长期浸染，哲学家的教育方法在西方文化史上的大部分时间里都被视为主流，但相关看法并非完全一致，也并非没有实质性的反对声音。在 1943 年写就的博士论文中，麦克卢汉（2006）认为，西方知识史上一直存在着中世纪三元课程（trivium）——修辞学、辩证法或逻辑（哲学家的方法）与文法（包括诗歌、语言和文学的研究）之间的冲突，而这三者又分别对应了智者学派、哲学家和荷马史诗吟诵者。然而，尽管存在差异，但三门学科均以读写能力为基础，中世纪大学的修辞学、辩证法和文法的实际教学往往受书写文化紧迫性的影响。手写稿中高度留存了口语传统，学校教育仍然接近口言耳受的生活世界，包括听写（教师朗读书籍内容，学生记录下来）、记忆和背诵、演讲，以及口头辩论形式的对话。然而，为了适应新时代的发展，耶

---

① 译者注：本文作者 Lance Strate 教授在其著作 *On the Binding Biases of Time and Other Essays on General Semantics and Media Ecology*（Lance Strate, 2011）中详谈了"time-binding"话题，李勇概括总结道："time-binding"是普通语义学创始人 Alfred Korzybski 的概念，后被美国著名媒介理论家 Lance Strate 教授创造性阐释。大意有两点：其一，人是时间性存在物，人要依靠时间，同时受时间束缚，并被绑在时间之上；其二，人之所以作为"类"存在，原因是人可以把自己与前人的"时间"累积起来，从而创造出更大的智慧与文明。［参见李勇《平淡化电影叙事与超越性诗学人生——基于媒介视角理解传记电影〈掬水月在手〉》，《南开学报（哲学社会科学版）》2022 年第 5 期］

稣会对这一教育传统进行了现代改造,强调完美的修辞能力和辩证阐释问题的能力。

在现代欧洲早期,印刷技术的广泛普及使学校不再需要通过抄写或听写来复制课本,大规模印刷复制的课本可供课堂使用。印刷品的规模化复制传播促就了标准化倾向,课本则给人以固定、自足的"封闭系统"(closed system)的感觉。(Eisenstein,1979;McLuhan,1962;Ong,1982)印刷术也强化了最初在古希腊书写文化中形成的视觉主义,而拉姆斯主义建立在知识的视觉组织和呈现之上,这是一种可与提纲、示意图与流程图联系在一起的充满逻辑和辩证思维的方法。拉姆斯教育革命的基础是知识可被系统化,而这直到印刷术使人们可以轻易获得文本后才得以实现。拉姆斯式教育是基于书籍的教育,是"按照书本教育",这为教科书这种能系统性呈现知识的特定的印刷媒介提供了基础。这导致了以事实学习而非辩论为导向的学校教育,往往强调死记硬背。通过这种方式,教室和学校成为印刷媒介的反映、延伸和制度化产品。印刷技术还促进了民族主义和现代民族国家的诞生,公立学校的建立被视为实现了群体同质化,将人们整合为单一民族国家的主体和公民的机制。(Nasaw,1979;Steinberg,1996)因此,学校在行政组织、机械化、工业化、效率和量化方面,具有印刷社会的特点,如 19 世纪的测试和分级改革就体现了这一点。(Beniger,1986)

二、麦克卢汉与杜威:学校是一种媒介

在麦克卢汉的研究中,教育的长期技术化问题是其首部著作《机器新娘:工业人的民俗》(1951)反复批评的主题。比如他批评了一则宣称通过邮购学习资料即可获取等值性全套高中学业的广告;他同样批评了罗伯特·梅纳德·哈钦斯(Robert Maynard Hutchins)和莫蒂默·阿德勒(Mortimer Adler)发起的"名著计划"(Great Books Project),也即将知识系统化的项目,认为该项目"以牺牲智力营养为代价,坚持技术至上"。(p.43)

从"伟大的著作"(the great books)中提取出来的"伟大的思想"(great

ideas），按字母顺序展示在看起来像棺材的文件盒上，作为一个索引工具来操作检索这些名著，名著在索引的帮助下可以得到即时使用。此时，我们可否发问，这种方法与我们这个时代的口授和科层制教育（mechanized education）有何不同呢？（McLuhan,1951,p. 43）

麦克卢汉还在对教育技术化问题的批判中，表达了对男女同校接受教育的不屑，这在今天看来可能过时、离谱且充斥着性别歧视，但如果换个角度，其中蕴含着的他对非人性化问题的担忧也是可以理解的：

> 共同接受教育……（是）工业化社会梦幻世界的一部分。在可替换和可消耗零件组成的技术世界里，教育是中性的。技术需要的不是人或头脑，而是"手"。在我们不经意间，"应用科学"所行使的自动平等进程未经观察地发生作用，我们已经让它带我们走到了同样的课程和教室面前，为男孩和女孩准备相同的、中性和无个性的生产和例行公事的分配。（McLuhan,1951,p. 53）

值得注意的是，正是在这本早期著作中，麦克卢汉第一次提到"学校是一种媒介形式"的观念，不同的学校也即不同的媒介，提供不同的课程，且彼此之间相互竞争：

> 众多人被卷入，导致公众无助的状况发生，而且这些商业教育节目虽影响巨大但耗费惊人，与之相比学校的办学经费要少得多。因此，想出一个方法来扭转这个趋势似乎是合乎时宜的。为什么不以新的商业教育为手段来启迪其"预定的猎物"（intended prey）呢？（McLuhan,1951,p. v）

麦克卢汉对实用主义哲学家约翰·杜威（John Dewey）关于教育改革与创新的想法甚为了解，他将杜威视为与拉姆斯并驾齐驱的人物："彼得·拉姆斯和约翰·杜威分别是谷登堡时代与马可尼电子时代教育思想的先头探索者。"（McLuhan,1964,p. 164）一如麦克卢汉（1965）"电力代表过热印刷媒介逆转"

的论调,杜威教育模式对儿童本位制(child-centered form)的强调和对实验与独立发现教学方式的重视,是对拉姆斯教育改革所形成的教育模式的逆转。我们从杜威1902年出版并于1915年修订的名为《学校与社会》的著作中可明确看到媒介生态学意识的种种萌现。例如,杜威将学校和技术进行了类比,暗示可将学校理解为一种技术:

> 无论何时,当我们讨论教育中的某个新运动时,尤其需要采取更广阔的或社会性的视角。否则,学校制度和传统的改革将被看作特定教师的武断"发明",最糟糕的是赶时髦,最好的情况是只在某些细节上做改进——这是人们习惯性地考虑学校变革的观点,这好比把火车头或电报想象成个人设备一样。教育方法和课程中的修改与工业和商业模式的变化一样,都是社会形势变化的产物,是为了满足正在形成的新社会的需求。(Dewey,1956,pp. 7-8)

作为一种技术,学校、教室及课程均可被理解为媒介的不同类型:

> 目前学校可悲的弱点在于,它试图在缺乏社会精神条件的媒介空间中为社会秩序培养未来成员。(Dewey,1956,p. 15)

与其他类型媒介雷同,学校并非孤悬于其他技术之外,而是积极与之互动并接受其影响。杜威强调,几个世纪前,学习尚属少数精英之专属,但技术革新改变了这一状况,特别是19世纪初蒸汽动力印刷机(steam-powered printing)问世以来,面向大众发行的报纸业成为现实,这标志着丹尼尔·布尔斯汀(Daniel Boorstin)(1978)所谓"图像革命"(graphic revolution)的开始:

> 印刷术的发明和商业化,使书籍、杂志和报纸得以大量印刷,价格也因此降低。随着火车和电报的发展,邮件和电力提供了频繁、迅速和廉价的互联互通。旅行变得容易,流动自由及其伴随的思想交流被无限地促进。结果是一场知识革命悄然间酝酿。知识在流通中生成,虽然仍然有

特定的阶层专门从事某些专属领域的研究,但从此以后,一个独特的学者阶级就不存在了,这有违时代精神。知识不再是静止的固体,它已经被液化,在社会的各个领域中积极活动。(Dewey,1956,p. 15)

"液化的知识"(liquefied knowledge)确实是对电子媒介内容无所不及、无边无界流动性的贴切隐喻,杜威也认为,为回应知识的流动性,学校需要与自然及社会外部环境进行互动。尽管有时杜威会忽略原因,但他抓住了存在的问题,如下文所引,他发现了教育中的同质化偏向,却将其归因于"耳朵",而非通过书写、文字和印刷媒介得到延伸的"眼睛":

> 这些教室说明的另一件事是,一切都是为管理尽可能多的孩子而安排的;这样做是为了把大量儿童作为集合来高效处理,同时,这意味着学生被看成是被动的。当孩子行动时,他们就变成了具有个性化的个人;他们不再是群体化的存在,而是我们在学校之外的家庭、游乐场和社区中所熟悉的独特化、个体化的存在。
>
> 在同样的基础上,也可以解释方法和课程的一致性。只有一切都建立在"倾听"的基础上,你才可以实现教材与教学方法的统一。耳朵和反映耳朵的书籍构成了对所有人来说都相同的媒介。(Dewey,1956,pp. 32−33)

杜威提出的以孩子为本位(child-centered)的教学方法与当前以学生为本位(student-centered)的教育思想有异曲同工之妙:

> 孩子的另一个本能是用铅笔和纸表达。所有孩子都喜欢通过形状和颜色的媒介来表达自己。如果你只是放任孩子无限制地"自由地"发挥这种兴趣,他就不会有什么成长,成长不是发于偶然无端无由。但换一种思路,让孩子先表达他的冲动,再借助批评、质问和建议促其认识他所做的及需要做的,结果会截然不同。(Dewey,1956,p. 40)

此外,杜威也预言了当前对协作学习环境(collaborative learning environments)的重视:

> 在教材中,语言被定义为表达思想的媒介。对于头脑训练有素的成年人来说,它或多或少成了这样的东西,但毫无疑问,语言主要是一种社会事物,是我们把自己的经历传递给别人并得知他们的经历的一种手段。当它被从其天然目的中剥离出来时,教授语言变成一个复杂而困难的事就不足为奇了。想想教授语言作为一种事物是多么荒谬。如果在孩子上学之前有什么事情可以做,那就是谈论他感兴趣的事情。但当学校中没有吸引人的重要事情时,当语言仅用于重复功课时,不足为奇的是,母语教育成为学校工作的主要难题之一。由于所教的语言是非自然的,不是基于真正想要传达生动印象和信念的欲望而产生的,儿童在使用它时的自由逐渐消失,直到最后中学教师不得不想尽各种办法来帮助学生自然而充分地使用语言。此外,当语言本能以社会方式被触发时,与现实的不断接触就会发生。结果是,孩子们总是有些东西要说,他们有想要表达的思想,而思想只有当属于自己之时才是思想。在传统的方法中,孩子必须说些他刚刚学过的东西。在这个世界上,自己有话要说和被迫不得不说之间简直是天壤之别。(Dewey,1956,pp. 55-56)

此外,杜威的观点与芝加哥社会学派(例如 Mead,1934)和媒介生态学领域对人类环境重要性的认识是一致的:

> 进化论已经使人们熟悉这一观念,即心灵不能被视为个体或垄断者的财产,而代表着人类的努力和思想;它是在社会和自然环境中发展起来的,社会需求和目标对其影响最大——野蛮社会和文明社会之间的主要区别不在于每个人面临的赤裸的自然界,而在于社会遗传和社会媒介。(Dewey,1956,p. 99)

麦克卢汉在 1959 年美国高等教育学会(AAHE)主办的一场会议上指出,

杜威正确预感到改革教育以适应新的电子媒介环境的必要性,然而他并不知道改进课程的有效路径,这需要借助媒介生态学方法来实现:

> 当新闻传播速度较慢时,报纸有时间给新闻提供观点、背景及关联分析,读者就得到了"打包"服务。但当新闻加速传播时,报纸就不可能进行这些书面分析,读者就需要"自己动手"了。这种电报化模式很快入侵到诗歌、绘画、音乐领域,使那些以消费者为导向的人感到困惑。当约翰·杜威尝试将电子化或自助化模式引入学校教育时,他失败了。他既没能充分分析情况,也没能看到媒介因素对其改革事业所产生的影响。如果他将自助性偏向(do it yourself bias)转向青年人感知和判断校外媒介(out-of-school media)的训练上,他就会获得成功,我们今天教育的地位会更好一些,因为当前正是我们训练年轻人掌握新的全球媒介(the new global media)这一必须解决任务的关键节点。(McLuhan,2003,pp. 8-9)

以上言论出自麦克卢汉为美国全国教育广播协会(NAEB)所作的《关于理解新媒介的项目报告》(1960)。该研究由"美国国防教育法"(NDEA)提供资金支持,旨在给11年级制定课程设计传媒知识学习大纲。这项研究是麦克卢汉和人类学家埃德蒙德·卡彭特(Edmund Carpenter)等人进行跨学科合作的标志性成果,其中包含已出版九期的《探索》(Explorations)杂志。这项报告为麦克卢汉最著名的两部代表作奠定了基础,一部是出版于1962年的《谷登堡星汉璀璨:印刷文明的诞生》,另一部是出版于1964年的《理解媒介:论人的延伸》。后来,以该报告为基础,麦克卢汉与凯瑟琳·哈钦(Kathryn Hutchon)和埃瑞克·麦克卢汉(Eric McLuhan)合著了中学教科书,书名分别为《作为课堂的城市:理解语言与媒介》(1977年出版于加拿大)与《媒介、信息和语言:世界即课堂》(1980年出版于美国)。

三、麦克卢汉与波兹曼:媒介即课程

哥伦比亚大学教育学院的路易斯·福斯戴尔(Louis Forsdale)是最早认识

到麦克卢汉的理论对教育领域产生深远价值的人之一。他从 20 世纪 50 年代初期开始，便多次邀请麦克卢汉来到纽约市。福斯戴尔不仅在教育界，特别是英语教育领域中广泛宣传麦克卢汉的理论，还把他介绍给纽约的知识界与自己的博士生，尼尔·波兹曼（Neil Postman）和查尔斯·维因加特纳（Charles Weingartner）就在其中。在福斯戴尔的指导下，波兹曼和维因加特纳更看重语言和符号传播角度的研究，并将之作为传统英语教育方法的替代方案，埃德蒙德·卡彭特（1960）所提出的大众媒介的"新语言"问题，也是其关注的重点。波兹曼的第一本书在 1961 年由（美国）全国英语教师委员会（NCTE）出版，此书是关于电视这一"新媒介"对英语教学深远影响的讨论。之后，他主导编纂了六本面向中学英语课程的系列语言教材（Gencarelli，2006；Strate，2011），随后又与维因加特纳合作出版了四本关于教育的书籍。第一本为《语言学：教学革命》（Postman & Weingartner，1966），承继前述对语言和符号传播角度的重视，并对此领域进行了概述性介绍；第二本为《教学作为一种颠覆性的活动》（Postman & Weingartner，1969），书中融入了反文化气息（countercultural flavor），外加一点麦氏文风（McLuhanesque style），出版后大受欢迎，也将波兹曼与维因加特纳两位作者推向当时教育改革运动的领导地位。他们深受麦克卢汉影响，呼吁学校教育应积极改革，使之更好地反映和适应新的电子媒介环境，以及在此环境中成长的学生们的要求。第三本书《软性革命》（Postman & Weingartner，1971），作为第二本书《教学作为一种颠覆性的活动》的续篇，折射出杰罗姆·阿吉尔（Jerome Agel）所编的实验性著作《媒介即按摩》（McLuhan & Fiore，1967）的影响。《软性革命》一书颇有点大杂烩色彩，但他们的最后一本，也即第四本著作《学校之书》（Postman & Weingartner，1973）却是对教育改革所引发争论的严肃总结。

在与维因加特纳合作之时，波兹曼在 1967—1968 学年与麦克卢汉相处甚密。当时麦克卢汉担任纽约市福特汉姆大学的人文科学阿尔伯特·施韦泽讲席（the Albert Schweitzer Chair of the Humanities）职位。也正是在这个时期，波兹曼正式引入了"媒介生态学"（media ecology）这一术语。该术语首次出现，是在 1968 年召开于威斯康辛州密尔沃基的第 58 届"全国英语教师委员会年会"的分会场题目中——"媒介生态学：未来的英语"。波兹曼在名为《与成长相关》的发言稿中,提出一个朴素的设想,认为媒介生态学这一新生研究领域通过取代中学时段英语课,可以作为新课程建设的基础。波兹曼的演讲后来以"改革后的英语课程"为题收录在《1980 年代的高中:美国中学教育未来的走向》(Postman,1970)一书中。值得称道的是,在介绍媒介生态学时,波兹曼率先声明,这并不是他的发明,他只是为这个存在已久的研究领域起了个名字而已。波兹曼说,已过世的许多学者都可以被称为媒介生态学家,如哈罗德·伊尼斯(Harold Innis)、诺伯特·维纳(Norbert Wiener)、阿尔弗雷德·诺斯·怀特海(Alfred North Whitehead)、乔治·奥威尔(George Orwell)、阿道司·赫胥黎(Aldous Huxley)及爱德华·贝拉米(Edward Bellamy)等,如今健在或还活跃在学界的学者中也有一些是媒介生态学家,如沃尔特·翁、雅克·埃吕尔(Jacques Ellul)、彼得·德鲁克(Peter Drucker)、巴克明斯特·富勒(Buckminster Fuller)、埃德蒙德·卡彭特、大卫·里斯曼(David Riesman),其中当然还有麦克卢汉。

波兹曼发表《改革后的英语课程》同年(1970),申请获批了在纽约大学设立媒介生态学的博士培养项目,并于次年正式启动。他邀请大家抄写(复制)文本以为自己课程编目之用,与此同时,将关于该项目的介绍收录在《软性革命》一书中。该项目的既定目标是"调动研究生的才能和精力,建成国家对抗无知和欺骗的首道防线",这需要"培训研究生学会系统调查公共问题,并将结果传达给尽可能多的民众"的程序来实现。(p. 139)这种方法与波兹曼在公共知识分子职业生涯中一直坚持的工作方法是一致的。

波兹曼(1970)将媒介生态学定义为"将媒介作为环境的研究",并进一步解释了媒介生态学的核心关切,即

> 传播媒介是如何影响人的感知、理解、情思和价值判断的,我们与媒介的互动是如何促进或妨碍我们的生存机会的。"生态学"一词意味着对环境的研究:关注环境的结构、内容及其对人的影响。(Postman,1970,p. 161)

他还将媒介生态学描述为"在人、信息和信息系统之间的交互研究(the

study of transactions）"。（Postman & Weingartner,1971,p. 139）重要的是,他将媒介生态学描述为一个开放式研究领域（open-ended field of inquiry）,并指出"该研究领域意味着积极追求知识、发现、探索、不确定性、变化、新问题、新方法、新表述、新定义"（Postman,1970,p. 163）。在 1973 年口语传播学会（SCA）的主题发言中,波兹曼解释说:站在媒介生态学的视角,所有的交流都可以被理解为环境,因此,这个新领域所采用的方法将是结构化的语境分析（context analysis）（Postman,2006）而非内容分析。波兹曼 1976 年出版的著作《疯聊,蠢聊》中特别提及"语义环境"（semantic environment）一词,这是他从阿尔弗雷德·柯日布斯基（1993）和温德尔·约翰逊（Wendell Johnson,1946）的普通语义学（the general semantics）处借鉴来的。受其影响,波兹曼在 1979 年出版的著作《教学作为一种保护性的活动》中提出"信息环境"（information environment）的说法。

《教学作为一种保护性的活动》（1979）与多年前波兹曼和维因加特纳合著的《教学作为一种颠覆性的活动》（1969）在立场上截然相反,构成了波兹曼在对待该问题态度上的著名反转。在早期著作中,主流文化面对社会文化的遽变无所适从,陷入了麦克卢汉所说的"后视镜"模式（rearview mirror mode）（McLuhan & Fiore,1967）。此时,波兹曼和维因加特纳呼吁进行教育改革,认为学校教育应该能够反映新的媒介环境变化,契合在此环境中成长的年轻学生。十年后,波兹曼意识到主流文化已完全被电视技术占领,孩子们也完全浸没在电子媒介环境中,学校需要提供的是麦克卢汉（1964,2003；McLuhan & McLuhan,2011）所称的"逆环境"（counter-environment）或"反环境"（anti-environment）。波兹曼谈及生态平衡的价值,提出教育应该发挥"恒温器"（thermostatic,又称"控制论"）的功能,并得出结论:面对印刷文化在电视时代的迅速解体,教育机构应该保护和保存好印刷文化的精华。他认为电视媒介"以注意力为中心的媒介偏向"（the attention-centered bias）,给文化的传承带来全然的风险,这导致了"童年的消逝"（或者说是童年与成年之间边界的消解）,并使我们陷入"娱乐至死"（amusing ourselves to death）（Postman,1982,1985,1988）以及"信息至死""技术至死"（informing and technologizing ourselves to death）的困境（Postman,1992）。此外,他还指出,我们之所以难以创建一门系统、连贯的国民教育课程,是因为电子媒介本身具有非连续性的媒介偏向,这正是波兹曼后期著作《教育的终结》(1995)的主旨所在。在该书中,波兹曼再次表明媒介生态教育的可行性,在我们进入不确定的未来时,媒介生态教育是重拾启蒙理性优秀遗产的最大希望。(Postman,1999)当然,他并不是倡导重返拉姆斯式的教育实践,也不是想回归近代重视机械风格的教育方式(偏于文字的机械印刷),他探寻的是寻求一种基于口头表达和读写能力、口语和书面语之间平衡的教育。(Strate,2011)

需要注意的是,虽然波兹曼在教育政策上的观点发生了转变,但其媒介生态学视角并未改变。这个不变的视角,套用麦氏文风表述,即"媒介即课程"(the medium is the curriculum),这句话可以作为麦克卢汉确立的媒介生态学第一格言"媒介即讯息"的一个推论。换句话说,每种媒介都有自己的偏向和讯息,在这个意义上,每种媒介都有其可教之处,皆可作为一门课程来供人学习。相较于电子媒介课程,我们可以讨论印刷媒介课程的成本和收益,但一个不争的事实是,两种媒介构成了不同的课程,正是那些差异具有扭转乾坤的意义。另外,在媒介生态学领域,每种情境、语境和环境都可被理解为一种独立的媒介,因此,学校和教室也都是具有自己特定偏向和讯息的媒介。麦克卢汉这一灵感源自人类学家阿什利·蒙塔古(Ashley Montagu,1958)的启示:

> 在教学中,传递的真正"讯息"是方法而非内容。我想几乎没有任何一门学科仅靠自身所含内容而成就教育价值,人们在受教育期间通过诸多学科所欲学到的任何东西,都是人们希望帮助自己建立与外部世界的连接框架,以进一步把握自己在整个大系统中的坐标位置的东西。(Montagu,1958,p. 62)

蒙塔古还宣称,"培养人的文化教养并不取决于知识传授,而有赖于教师传授知识的方式"(Montagu,1958,p. 62)。他总结说,"好老师的意义要比老师本身更伟大"(Montagu,1958,p. 63)。从媒介生态学的角度来看,教师也是一种媒介,就教育而言教师与学生的关系即是最重要的媒介(有关"关系是媒介"的更多内容,请参见 Meyrowitz,1985 和 Strate,2006)。由于技术是人体这个元媒介的延伸,同时也是相应肢体的"截肢"(McLuhan,1964),作为教师的延伸的教育技术,同技巧、学校、教室、教科书一样,都可以被视为对师生关系某些方面的"截肢"(amputations)。开展媒介生态教育必须基于对此观点的理解,用伟大圣贤希勒尔(Hillel)的话说,"剩下的是注解和阐释,去学习吧"。

(兰斯·斯特拉特,美国福特汉姆大学新媒介计划专业研究中心主任,传播学与媒介研究教授,媒介生态学学会创始人和首届主席;译者李姣,河南大学文学院2021级博士研究生)

参考文献

Beniger, J. R. (1986). *The Control Revolution: Technological and Economic Origins of the Information Society*. Cambridge, MA: Harvard University Press.

Boorstin, D. J. (1978). *The Image: A Guide to Pseudo-Events in America*. New York: Atheneum.

Carpenter, E. (1960). "The New Languages." In E. Carpenter & M. McLuhan (Eds.), *Explorations in Communication* (pp. 162–179). Boston: Beacon Press.

Dewey, J. (1956). *The Child and the Curriculum and the School and Society*. Chicago: University of Chicago Press.

Eisenstein, E. L. (1979). *The Printing Press as an Agent of Change: Communications and Cultural Transformations in Early Modern Europe* (2 vols.). New York: Cambridge University Press.

Gencarelli, T. F. (2006). "Neil Postman and the Rise of Media Ecology." In C. M. K. Lum (Ed.), *Perspectives on Culture, Technology, and Communication: The Media Ecology Tradition* (pp. 201–253). Cresskill, NJ: Hampton Press.

Havelock, E. A. (1976). *Origins of Western Literacy*. Toronto: The Ontario Institute for Studies in Education.

Johnson, W. (1946). *People in Quandaries: The Semantics of Personal Adjustment*. New York: Harper & Row.

Korzybski, A. (1950). *Manhood of Humanity* (2nd ed.). Lakeville, CT: The International Non-Aristotelian Library/Institute of General Semantics. Original work published 1921.

Korzybski, A. (1993). *Science and Sanity: An Introduction to Non-Aristotelian Systems and General Semantics* (5th ed.). Englewood, NJ: The International Non-Aristotelian Library/Institute of General Semantics. Original work published 1933.

Logan, R. K. (2004). *The Alphabet Effect: A Media Ecology Understanding of the Making of Western Civilization*. Cresskill, NJ: Hampton Press.

McLuhan, M. (1951). *The Mechanical Bride: Folklore of Industrial Man*. New York: Vanguard.

McLuhan, M. (1960). *Report on Project in Understanding New Media*. Washington, D. C. : U. S. Department of Health.

McLuhan, M. (1962). *He Gutenberg galaxy: The Making of Typographic Man*. Toronto: University of Toronto Press.

McLuhan, M. (1964). *Understanding Media: the Extensions of Man*. New York: McGraw Hill.

McLuhan, M. (2003). *Understanding Me: Lectures and Interviews* (S. McLuhan & D. Staines, eds.). Cambridge, MA: MIT Press.

McLuhan, M. (2006). *The Classical Trivium: The Place of Thomas Nashe in the Learning of His Time*. Madera, CA: Gingko Press.

McLuhan, M. & Fiore, Q. (1967). *The Medium is the Massage: An Inventory of Effects*. Corte Madera, CA: Gingko Press.

McLuhan, M., Hutchon, K., & McLuhan, E. (1977). *City as Classroom: Understanding Language and Media*. Agincourt, ON: Book Society of Canada.

McLuhan, M., Hutchon, K., & McLuhan, E. (1980). *Media, Messages, and Language: The World as Your Classroom*. New York: National Textbook.

McLuhan, M. & McLuhan, E. (2011). *Media and Formal Cause*. Houston: Neo Poiesis Press.

Mead, G. H. (1934). *Mind, Self and Society from the Standpoint of a Social*

Behaviorist (C. W. Morris, Ed.). Chicago: University of Chicago Press.

Meyrowitz, J. (1985). *No Sense of Place: The Impact of Electronic Media on Social Behavior.* New York: Oxford University Press.

Montagu, A. (1958). *The Cultured Man.* Cleveland, OH: World.

Nasaw, D. (1979). *Schooled to Order: A Social History of Public Schooling in the United States.* New York: Oxford University Press.

Ong, W. J. (1958a). *Ramus, Method, and the Decay of Dialogue: From the Art of Discourse to the Art of Reason.* Cambridge, MA: Harvard University Press.

Ong, W. J. (1958). *Ramus and Talon Inventory.* Cambridge, MA: Harvard University Press.

Ong, W. J. (1982). *Orality and Literacy: The Technologizing of the Word.* London: Routledge.

Postman, N. (1961). *Television and the Teaching of English.* New York: Appleton-Century-Crofts.

Postman, N. (1968, November 29). " Growing up Relevant." Address Delivered at the 58th Annual Convention of the National Council of Teachers of English, Milwaukee, WI.

Postman, N. (1970). "The Reformed English Curriculum." In A. C. Eurich (Ed.), *High School 1980: The Shape of the Future in American Secondary Education* (pp. 160−168). New York: Pitman.

Postman, N. (1976). *Crazy Talk, Stupid Talk.* New York: Delacorte.

Postman, N. (1979). *Teaching as a Conserving Activity.* New York: Delacorte.

Postman, N. (1982). *The Disappearance of Childhood.* New York: Delacorte.

Postman, N. (1985). *Amusing Ourselves to Death: Public Discourse in the Age of Show Business.* New York: Viking.

Postman, N. (1988). *Conscientious Objections: Stirring up Trouble about Language, Technology, and Education.* New York: Alfred A. Knopf.

Postman, N. (1992). *Technopoly: The Surrender of Culture to Technology.* New York: Alfred A. Knopf.

Postman,N. (1995). *The End of Education: Redefining the Value of School.* New York: Alfred A. Knopf.

Postman,N. (1999). *Building A Bridge to the Eighteenth Century: How the Past Can Improve Our Future.* New York: Alfred A. Knopf.

Postman,N. (2006). "Media Ecology Education." *Explorations in Media Ecology* 5(1),5-14.

Postman,N. & Weingartner,C. (1966). *Linguistics: A Revolution in Teaching.* New York: Delta.

Postman,N. & Weingartner, C. (1969). *Teaching as a Subversive Activity.* New York: Delta.

Postman,N. & Weingartner,C. (1971). *The Soft Revolution: A Student Handbook for Turning Schools Around.* New York: Delacorte.

Postman,N. & Weingartner,C. (1973). *The School Book: For People Who Want to Know What All the Hollering is about.* New York: Delacorte.

Steinberg,S. H. (1996). *Five Hundred Years of Printing* (rev. ed., J. Trevitt). New Castle,DE: Oak Knoll Press.

Strate,L. (2006). *Echoes and Reflections: On Media Ecology as a Field of Study.* Cresskill,NJ: Hampton Press.

Strate,L. (2011). *On the Binding Biases of Time and Other Essays on General Semantics and Media Ecology.* Fort Worth,TX: Institute of General Semantics.

McLuhan and the Formalization of the Field of Media Ecology
——Based on the Historical Development of
Educational Reform through Media

Lance Strate/Auther   Li Jiao/Translator

Abstract: McLuhan's media research is well-known, but his initial achievements were in the field of English education. He always believed that school education should adapt to the media environment and make timely changes. He proposed that schools are also a medium, which coincides with educator John Dewey. Postman and Weingartner, like McLuhan, called for reform in educational methods, believing that education should better reflect and adapt to the new electronic media environment and the situations of students growing up in it. In this context, Postman first used the phrase "media ecology" and proposed that "the media is the curriculum", and media ecology education as a possible solution, and perhaps our best hope for retrieving the best aspects of Enlightenment rationality as we move into an uncertain future.

Keywords: Mcluhan; Education Reform; Ramism; Media Ecology; Media Ecology Education

虚拟现实与神经叙事[①]

李勇

摘要: 虚拟现实(元宇宙)往往通过计算、诱惑、欺骗、使用、满足神经展开叙事,可称其为神经叙事。沉浸感与交互感这两个虚拟现实的最核心特征,最终均指向并落脚在神经问题上。与传统叙事比较,虚拟现实神经叙事特别之处在其以前所未有的精度计算神经、叙事空间由二维到三维的仿真维度升级、全/多神经自动参与、与界面的无缝化衔接等,由此导致用户与交互空间距离的消解,使用户从传统旁观式外向审视易位为参与式自驭叙事。虚拟现实生成使用神经的媒介新环境,产生新的文化与社会效果,对此不能只是个案性从技术便利角度理解,而应结构性地从神经社会学角度综合审视。

关键词: 虚拟现实;元宇宙;神经叙事;媒介新环境;媒介美学

① 本文系国家社科基金规划项目"中国媒介环境学研究的历史整理与范式评估"(项目编号:19BXW042)阶段性成果。

或许，从学术研究角度，冷却期是谈论热话题较好的时间节点。在 2020
年所谓"元宇宙元年"、2016 年"虚拟现实元年"，虚拟现实、元宇宙①等概念过
热，反而不利于理性探讨。事实上，只有拉开时间，沉淀出理性距离，虚拟现
实、元宇宙概念发展的脉络痕迹才清晰裸现。看清这些痕迹脉络，有助于避开
不适合学术研究的狂热情绪；也可据此发现各类话语对炒作学术概念的作用
力线索，有助于反观话语在建构新技术文化时的施为逻辑。

虚拟现实背后潜藏着把肉身作为累赘的非接触式文化理念。这一理念相
当古老，人类童年时期的神话、传说等即表述了对超越肉身及在不携带肉身情
况下履行社会任务的渴望，当代主要通过影视艺术等想象方式或在科技领域
展开。如果将《美丽新世界》(1932)视为探讨虚拟现实问题的原点，②那么，迄
今为止对于该话题的关注与研究已持续近一个世纪，大致经历了一个从文学、
影视到技术实践，也即从想象到现实化的历程。

短短几年间，关于虚拟现实、元宇宙之研究已呈飞雪之势。抛开技术、资
本等实践层面之经验、技术与操作研究，单就叙事视角而言，多着眼于虚拟现
实叙事的机制、特征、主体参与、用户体验等问题。实际上，虚拟现实之所以既
"虚"又"实"，其间的隐秘转换机制与神经之感受内在相关，它本为虚，是神经
之现实雷同感将之"误"视为"实"，以此为根据，建构出一个新的以虚为"实"
的社会空间。换言之，虚拟现实叙事(本质上)是一种特有的神经叙事，沉浸感
与交互感这两个虚拟现实最核心特征，最终均指向并落脚在神经问题上，但这
一点引发的关注较少。某种意义上，虚拟现实叙事即使用神经的叙事，它主要
通过计算、诱惑、欺骗、使用、满足神经展开叙事，可将其简称为"神经叙事"。

那么，虚拟现实叙事和神经之间到底建立了何种关联？神经缘何成为理
解虚拟现实叙事的重要视角？作为神经叙事，虚拟现实又有哪些叙事特征呢？
这几个看似分散的问题内在之追问实则一致，那就是将虚拟现实叙事从神经

---

① 元宇宙是虚拟现实的高级形态，以下所谈"虚拟现实"均包括元宇宙，文中可能未一一提及，特
此说明。

② 阿道司·赫胥黎在其科幻小说《美丽新世界》中首次向世人展示了虚拟现实技术，他提到一种
特制的盒子，这个盒子可以为用户带来图像、声音、气味等感官体验，让用户沉浸其中，这种技术无疑是
虚拟现实的雏形。

角度释为神经叙事的立论依据何在,或者说,与传统叙事比较,虚拟现实在使用神经、与神经发生关联的问题上到底有何独特性。

当然,这里有个潜在的立论前提,即叙事与神经二者发生关联并非为虚拟现实时代所独享,自人类叙事意识萌觉之初,叙事即与神经建立起暗在勾连,或者说,叙事总是在算计与觊觎神经。因为叙事之目的是召唤他人共情、共鸣、回应,所以叙事需要唤起接受者的神经感受,进而深入其情思空间,使叙事成为中介,在主客双方之间建立桥接。在此意义上,叙事与神经之关联有本体论的性质与意义,且叙事伴随文明进程会不断变化,站在这条"不舍昼夜"的历史长河上,虚拟现实叙事与传统相比在使用神经上又有哪些新特点,缘何被视为神经叙事呢?

一、计算理性

如上所述,神经皆为叙事所谋用。与传统方式不同,虚拟现实叙事对神经的使用首先表现在精确计算上。这也是虚拟现实叙事作为神经叙事之重要前提。既往媒介如(文学)印刷物、音乐、评书、戏曲,到后来的广播、电视、电影,乃至当代的网络、手机等,这些叙事都会考虑接受者神经之反应(并把吸引神经作为大众文化叙事的攻坚难点与重要任务),也会对受众视听神经反应做调查统计和专业研究。然而,这些调研在数据上都比较笼统,如收听率(广播)、收视率(电视)、票房(电影)、点击率(网络)、流量(移动平台)等只是把握个大概。而虚拟现实则采用神经科学、生物科学、高等数学、物理学、大数据、统计学、人工智能等自然科学方法快速、准确、精密地计算出神经各种反应,如视差、延迟、色差、畸变、交互(如感知交互、手势交互、语音交互、脑机交互等)、分辨率、触觉模拟、触觉反馈、(头、手、眼球等)实时空间定位、运动追踪、力反馈等,以产生真实感、交互感与沉浸感。在此之前,从未有对神经做如此精密科学计算的媒介技术与叙事方式。

虚拟现实技术如此精确地计算神经,其目的在于真实感的营造和以虚为"实"效果的模拟。现实生活中人的体验是自然的、真实的,这背后是将牛顿定律、爱因斯坦定律等作为支撑的物理学。虚拟现实也致力于创造"真实"的体验，但这个真实体验需精密的计算与设计。

首先，虚拟现实世界中物的运动和呈现状态，需要借助代码来设计，而设计的前提是计算。比如沙滩上的沙粒、飘零的树叶、空中的雪花等，这在现实世界中难以计量，也不会计量，但在虚拟世界中其数量、质量、运动状态，以及其受外力碰撞后的移动速度、力度、方向等都需要精确计量，每一片雪花的飞翔姿态都会据此设计，一旦某处数据处理失当，或算力不足，沙子等的状态可能会失真。而现实生活中沙子的数量和运动状态则不需人，也不劳人来计算，不管人类是否出现过，沙子都会继续按自身力学法则如其所是，这背后是大自然物理学原理在默默支撑。科幻小说《缓存》①的脑洞即在虚拟世界系统缓存过多导致算力吃紧，从而影响用户在该空间的体验感，（虚拟世界）社会秩序因而面临着风险与危机。虚拟现实世界的逼真，都是超级算力精密计算的结果，大到一座城的规划，一个社会系统的构建（如金融体系、社会关系体系等），小到一片雪花、落叶的舞动，莫不如此。算力是虚拟现实最基本的特点和保障，算力越强，虚拟世界越显逼真。

其次，是对人的视觉、听觉等神经（反应）的计算。要让用户在虚拟环境中产生"真实"体验，环境营造上就需充分考虑神经的运作规律，计算出准确的反应数据。比如，就视觉而言，若让视神经相信眼前世界为"实"，需要考虑人眼对分辨率、刷新率的要求，考虑视差对 3D 效果生成的影响等。欺骗人眼其实不易，需要翔实而精密的计算，技术上也有较高标准，目前至少需要约 20K 的分辨率，②而市面上能买到的 VR（虚拟现实）设备，其分辨率大约是 1080P，"如果转换成视力表的话，大概就是 0.1 的视力"③，这与人眼正常视力差距甚大。因此在技术能力有限的前提下，为达到欺骗人眼的效果，须做视域智能选择性

---

① 小说《缓存》出自科幻小说集《看海的人》，作者是日本科幻作家小林泰三。

② 美国硅谷 Visbit 公司联合创始人兼 CEO、杭州视见睿来创始人兼 CEO 周昌印认为："正常的人的眼睛在视网膜的中心，每一度可以看到 60 个像素，就是说 360 度的话，大约是 20K 的分辨率。"参见周昌印《VR 虚拟现实的虚与实》，凤凰卫视，2018 年 1 月 10 日，https://baijiahao.baidu.com/s? id = 1589203102714808426&wfr = spider&for = pc。

③ 周昌印：《VR 虚拟现实的虚与实》，凤凰卫视，2018 年 1 月 10 日，https://baijiahao.baidu.com/s? id = 1589203102714808426&wfr = spider&for = pc。

传输与渲染处理。① 该技术之运作靠的就是算力,若算力不足,用户可能会产生眩晕感。解决眩晕感需要非常大的数据量、计算量和运算速度。在计算机运算速度暂时跟不上 VR 对算力和数据要求的情况下,算法优化技术,即对算法优化的设计显得相当重要,其设计的优劣程度可能会产生效果上百倍或千倍的差距。

人机技术是系列技术的综合性应用,即机器直连神经。无生命的机器若要与有机体神经建立连接,赢得信任,"骗"取认同,神经在材料、功能等方面的所有数据的采集与使用几乎都是必要的和基础性的。人机技术目前已多次成功实验,如 2021 年 4 月马斯克旗下脑机接口公司 Neuralink 展示过一段名为"Pager"的猴子运用 LINK V0.9 脑机接口技术用意念玩电子乒乓球游戏的视频。在此之前,2014 年巴西世界杯开幕式上身患截瘫的巴西青年朱利亚诺·平托(Juliano Pinto)通过脑机接口踢出当年世界杯第一球。② 再如,借助脑机接口技术,可以将相机拍摄到的信号接到盲人视网膜神经里,从而帮助盲人"看见"世界。在此意义上,虚拟现实技术可致力于神经科学领域,从数理角度展示其可能达到的在传统生物科学、医学等领域无可比拟的效果与尺度。

再者,针对人与环境交互感的计算,虚拟现实(元宇宙)不仅计算环境/物,还要计算人的反应及人与物之间的交互。人在虚拟现实世界中的一举一动,包括头部转动、手部运动、眼球运动等都会被追踪和计算,与此同时周边环境及其在人眼中的呈现状态,以及与人互动后的状态也会被计算(视域选择与渲染技术所欲解决的即是此问题)。所以眼部运动、手部运动、视觉点击、触觉模拟等运动追踪,以及 VR 数据手套、HMD、数据衣等装备的正常运转,背后都是复杂的数据运算与科学原理。虚拟世界所涉及的三大底层算法是其中比较基础的计算法则,如反畸变算法对图像在显示屏中的扭曲进行矫正以保证其在

---

① "视域智能选择性传输与渲染技术"(VVOS)的原理,就是同一时刻人眼只能看到很小区域,只要把这一区域单独传输和渲染处理,可能会节省 80% 的数据和 50% 以上的 CPU 用量。VR 流媒体技术公司 Visbit 开发的全景视频播放器 Visbit 探索的正是这一技术,目前已实现传输和渲染用户视野范围内的视频流,能随头部转动迅速调整图像区域分辨率,播放出 8K 效果全景视频。参见《Visbit 播放器登陆 Viveport M,可在移动 VR 上播放 8K 全景视频》,黑匣,2018 年 1 月 25 日,https://baijiahao.baidu.com/s？id=1590573579144238290&wfr=spider&for=pc。

② 李芸芸:《截瘫青年为世界杯开球的奥秘》,《百科知识》2014 年第 15 期,第 15—17 页。

视网膜中的正常成像,反色差算法对图像显示前所可能出现的因为折射率不同而发生的色散问题进行处理以保证图像正常进入透镜,Timewarp 算法对头显设备旋转信息进行获取与处理,以减少从旋转到图像输出间几毫秒的时间延迟。①

虚拟现实这种精确的计算,目的在于全/多方位模拟环境,制造用户的超真实感与沉浸感,也即让神经产生(类自然的)"真实"体验。也正是在此意义上,拉尼尔认为虚拟现实是"探索神经系统适应性和预适应性的深度时间机器",并将其作为 VR 定义之一。② 换句话说,虚拟现实计算背后,是一套最接近神经自然反应的体验模拟,是诱惑、迎合神经的设计,旨在以使用与满足神经为旨归和落点。

二、空间升维

虚拟现实神经叙事的一个标志性特征,是其为神经搭建了一个前所未有的逼真空间,这个空间可骗得神经信任,使其沉浸其间。站在比较的视野,从未有一种叙事方式(之空间营构)能给予神经以如此真实的可沉浸化环境。

虚拟现实叙事所搭建的空间是三维立体空间。说它是空间,但其实只是一个界面。就今天的技术③而言,用户通过头盔等头戴式显示装备(HMD),经过此界面后可进入三维空间,并获取观看的 360 度全景视角。虚拟现实这一界面具有划时代的革命意义。此前的叙事方式,如图书、影视等多为二维界

---

① 所谓"反畸变算法",是指显示屏的图像在透过透镜放大时会发生拉伸扭曲,因此需要通过反畸变算法在图像显示前对图像进行处理以保证进入视网膜的图像是未发生畸变的。"反色差算法",是指由于不同光线的折射率不同,光线在通过透镜后会发生色散,因此需要通过反色差算法在图像显示前对图像进行处理以保证从透镜出来的图像是正常的。"Timewarp 算法"是指 VR 头显设备使用 Time-warp 算法后"在图像显示之前额外获取一次旋转信息",然后对图像做处理,"这样能减少几毫秒从旋转到最终图像输出之间的延迟"。参见蔺慧丽《虚拟现实技术的应用现状与前景》,《中国新通信》2017年第 16 期,第 94 页。

② ［美］杰伦·拉尼尔:《虚拟现实:万象的新开端》,赛迪研究院专家组译,中信出版集团 2018年,第 175 页。

③ 在虚拟现实空间构建上,VR 最为典型,AR、MR、XR、元宇宙,乃至时下兴起的 Sora 等相对复杂一些,但大抵可以 VR 相关原理为理解基础。

面,二维界面也即平面所遵循的叙事原则大抵是线性叙事。线性叙事即把生活在讲述时简化为一条按时间、空间顺序排列的"线"。如《西游记》以孙悟空为主线,按时间发展结构叙事,讲述悟空从出世,到学成本领大闹天宫遭到惩戒,后遇唐僧相救,与之结伴西游,反复历劫最终修炼成佛的故事。线性叙事通常围绕一个主人公及其世界(一条线索)展开。然而,就物理世界而言,芸芸众生都在按各自时间节律以立体、平行而非单线方式开展各自的生命叙事,但在文学、影视文本叙事中,对于不同人物线索,无法做到同一时刻的多线并行构建。如《战争与和平》中有三个主人公及相应的三个世界,托尔斯泰不得不就三条线索分别展开,即便三人世界在物理时空中是并行的、同时态的,但在平面化叙事中,其亦要被排为先后次序,服从线性原则。此类案例不胜枚举,如《红楼梦》中有园内世界与园外世界,园内世界亦因人物不同分为不同个体世界;《水浒传》有一百单八将(当然核心人物大概十来位),在整个文本大框架中,其叙事也只能简化为单线一一展开。在此意义上,写作是有门槛的,作者需要有从繁芜生活世界择取叙事要点,建构叙事线索,串起所要表述的人物与故事,也即将三维生活世界简化为二维方式表述(但不至于牵强或损失过多信息)的能力。

在此意义上,线性叙事其实背离了日常生活世界多线并行的立体呈现法则。到虚拟现实时代,这一叙事的紧张关系(与矛盾)得到了缓和。因为空间不再是单面化的,不同空间可以并存并行,于是"线性秩序轻巧地转换为空间秩序"[①],不同个体、不同线索可同时展开各自的叙事,建构各自的世界。理论上讲,前述《红楼梦》等名作在虚拟现实中也可以以立体叙事方式存在,这就接近了物理世界本有的空间化"叙事"法则。从这个侧面来看,虚拟现实叙事是一种回归,也是一种革命性的跨越,它更接近生活世界本有的显现与运行状态。

叙事界面由二维向三维的转移/跨越,使得符号学表意机制随之发生变化。二维叙事界面是文本形态,三维则是模拟形态,文本形态通常以符号为表

①　周志强:《"小故事"的时代——元宇宙与虚拟现实叙事的沉浸逻辑》,《文化艺术研究》2022 年第 2 期,第 1—8 页。

意媒介,由符号书写凝聚而成,三维虚拟现实叙事则以感知为媒介,由计算机编程代码(而非符号)组构。换句话说,无论小说还是影视,受众看到的图像、文字都是"某种缺席客体的'符号'"①,创作者将其所欲营构的世界以这些符号为媒编织起来。而在虚拟现实中,参与者的所见、所听、所感皆为(类)现实空间,这个空间由代码编就,没有经过图像、文字等符号媒介的转化,似乎是与现实的"直接"交流,其眼之所见、耳之所闻皆与经验物理世界"无异"。

这样,从二维到三维的叙事界面转换,从表征角度来说,意味着符号学既有机制被打破。此前人类叙事必须借符号化的编码环节,如今仅需借计算机代码编程,不以符号为中介就能直接与"现实"交流,毕竟符号是间接的抽象的,而"现实"则是直接的具象的。迈克尔·本尼迪克特(Michael Benedict)说,你在虚拟现实中建造房屋,是"直接创造现实",而"不再是为房屋创造(由小说文字、电影图像构造的)某个符号"②,此即杰伦·拉尼尔(Jaron Lanier)《虚拟现实》一书中所谓"后符号交流"(post-symbolic communication)。这是一种去符号化的交流,"由语言塑造的描述方式和语义游戏将不再是用来交流个人见解、历史事件或者技术信息的必要条件……我们拥有了随意召唤世界、迅速让其他人感受到我们之独特体验的力量"③。瑞恩在引述此概念的同时引用了肯·皮芒特尔、凯文·特谢拉《虚拟现实:关照镜像》中的话,在虚拟现实交流中,因为无须把想法转化为符号,所以虚拟现实叙事"无须受制于语义语法规则"④。这样,语法、修辞、编码、解码,乃至整个符号程序均被省却,这对传统叙事机制产生了根本性的冲击和影响。

因为修辞和解码等程序被节省,想象力的使用自然随之变化。通常,在符号解码与艺术接受中,想象力是完成解码程序的重要凭借。比如"林黛玉很

---

① [美]玛丽-劳瑞·瑞恩:《作为叙事的虚拟现实》,徐亚萍译,《北京电影学院学报》2016年第3期,第28—36页。

② 注:括号内为引者所加。参见[美]玛丽-劳瑞·瑞恩《作为叙事的虚拟现实》,徐亚萍译,《北京电影学院学报》2016年第3期,第28—36页。

③ [美]玛丽-劳瑞·瑞恩:《作为叙事的虚拟现实》,徐亚萍译,《北京电影学院学报》2016年第3期,第28—36页。

④ [美]玛丽-劳瑞·瑞恩:《作为叙事的虚拟现实》,徐亚萍译,《北京电影学院学报》2016年第3期,第28—36页。

美",无论文字描述,抑或图像呈现,都需想象力参与。当然,其在文字与图像两种媒介中参与的方式略有差异,在文字中,你需用想象力完成符号从能指到所指的意指(significance)①转移,在图像中亦然,由色彩、线条等构组的图像本质上也是符号(能指),是与所指相似率很高(所以非任意性关系)的能指,也需借想象力完成意指活动,比如借想象力进一步完成林黛玉的文化与社会身份构建。当然也可从接受理论、阐释学等角度去想象图像所未展开的细节与侧面,想象其从静态到动态可能性的状态变化等。但在虚拟现实世界里,这一切均发生了变化,因为对象不再是远离你的,而是与你处于同一世界、同一空间维度,林黛玉就在你眼前,你可以从各个不同角度、方位观察她,与她聊天对话,她也会作出回应与你互动,你置身你俩共同的交流情境中,直接面对、观看、欣赏对象,而无须繁琐的解码程序及相应想象力的支持。

换句话说,在虚拟现实中,神经(感受)成为旨归,非以想象力为目的,这对传统叙事机制及其内在精神产生深刻影响。传统叙事旨在诉诸想象,以能否俘获想象为成功与否之标准,其对神经的使用顶多是以之为媒(但不在此停留)来激活和制造想象,使读者进入超越性的精神空间。如古典理论中所谓"三月不知肉味""余音绕梁,三日不绝"等,(读者的)想象进入叙事的"圈套",则意味着叙事的胜利;再如中国美学与诗学之核心概念——"意象"之重心在"意",由象及意,由言得意,这个"象"最终要跃出自身,进入想象("意")层,而非停留在神经感知层。比较而言,虚拟现实旨在勾起和使用神经,其对自身空间的设计均围绕神经之反应展开,其成功标准在其所带来神经体验的现实雷同度,通常雷同度越高,神经就越被卷入,叙事也就越成功。所以传统叙事并不以神经为落点,而虚拟现实叙事则明确以之为旨归。神经的满足是当下性的,是现在进行时态的,想象的满足则可以是未来时或过去时态的。易言之,神经的满足是具体的、此时的、即刻的,而想象的满足则有一种将欲望抽象化、永恒化的诉求。比如美食享用,神经的满足是在吃的那个具体时刻,而想象则可以在其他时刻,它可以是构想的、回忆的,未必仅在当前。说某人"深陷于对

---

① "significance"是罗兰·巴尔特等符号学者常用术语,意思是"意指过程","signification"为"意指结果"。参见[法]罗兰·巴尔特《文之悦》,屠友祥译,上海人民出版社2009年,第76、92页。

美食的欲望",这句话所指更多在想象层面,就当事人而言,甚或想着(吃)比现实(吃)还香还美。因为吃总有吃饱的神经峰值时刻,想象则无此峰值,显得持久而悠远。

当然,这里有个问题,即对象在你眼前并非意味着想象力的退场。实际上,对象是否在眼前与你同处一个空间,对想象力参与的类型与程度是有不同影响的。通常而言,对象离得越远,越需解码支持,想象力会从四面八方向记忆数据库发出"调令",以为己用,最终建构出可能与本体存在天壤之别的特有形象。相反,对象离得近,解码被省却的同时想象力的"嚼勒"亦相对缩紧,从而使想象力从天马行空、漫无目的状态收缩翅膀,回到稳定的以直面对象、感受对象为旨归的直接对话状态。

麦克卢汉饱受后人批评的媒介热冷理论其实不无道理,特别是媒介清晰度与用户参与程度成某种特别的比例关系。宏观来看,这一点应该没太大问题,其被诟病者是机械地以冷热标准僵化地归类媒介。从经验生活及文艺接受实践来看,对象(媒介)传达信息越模糊,想象力的参与会越积极,以完成对文本"空白点"的"现象学"补充和完形化构建。反之,对象(媒介)传达信息越明确,相应的"空白点""未定点"就越少,想象力的参与就会显得慵散。与传统叙事媒介比较,虚拟现实无疑属热媒介,它逼真,所传信息高度清晰,能以假乱真,依前文逻辑,想象力参与的数量自然会减少。这在经验生活个案式观察中可能不太引人留意,但当媒介伴随其"热"性增长而结构性地塑造出一个新的媒介环境与媒介生态时,想象力参与的数量和投入度问题就成为结构性问题而引发关注。

想象力的节省会给人带来某种莫名的愉悦,因为想象力的运营会耗费大量心神和能量,相思之所以让当事者感到折磨,即在于当事者所投入的想象力耗费心神(人们更希望物质性而非观念性地占有对象的内在原理即在此)。传统叙事中各类形象、意象之象的建构需要想象力的大量投入,而今在虚拟现实中,对象直接站在你面前,想象力的节省让心神得以平复的同时,对审美感知的运行亦产生深远影响。

想象力是美学的重要话题,想象力参与的变化势必对当代审美问题产生深刻影响,因其效果非即时性呈现,故有待长期跟踪观察。

三、全神经叙事

作为神经叙事,虚拟现实技术最直观的体现,是它激活了更多(全)神经的参与,也就是说,在神经参与数量上虚拟现实叙事远超传统叙事,并实现多感官整合(multi-sensory)和多神经联动。事实上,全神经参与只是相对而言,虚拟现实技术在实际应用中很难做到让所有神经全部参与,只是与传统叙事相比显得更"全"。传统叙事中参与的神经数量是有限的,很多是单神经的,如图书、图像是视觉的,音乐是听觉的,有些是视觉加听觉,如戏剧、电视、电影等,但触觉、嗅觉等感觉很难被调动。但在虚拟现实中,视听触嗅味等传统五感及第六感——位感(运动感知)均可实现参与。

其中有几类神经的参与是划时代的、革命性的,如触觉,之前叙事中从未出现和使用过,3D电影①中偶有涉及,但其程度与效果无法与虚拟现实相比。由于触感的加盟,玩家们得到了前所未有的新颖体验。有些开发商甚至将痛感之使用一并植入游戏装备中,用户能感受到"真实"的痛感,而不会受到真实伤害,因为这份体验是高度仿真的。运动感知,即位感的使用是全新的,因其技术门槛高,之前在叙事中很难投入使用。位感是逼真感、沉浸感的重要促因,是元宇宙构建中最基础和重要的底层技术。位感神经在内耳前庭,可以感知身体的体位和运动的加速度,在VR游戏中多被运用。位感的使用能营造出身临其境、化虚为实的效果。也正因如此,在进行VR跑步、VR驾驶等VR运动时,设计者不得不考虑用户安全,做一些必要的拦截设计。另外,味觉、嗅觉等理论上都可以更为逼真地实现,未来也都有望得到更充分的开发和使用。几年前瑞恩提出"味觉和嗅觉并不屈从于计算机模拟"②的判断显得保守了。

就"视觉"这一古老神经叙事而言,其在虚拟现实中的表现与传统相比存在较大差异。之前叙事中视觉所能触及的区域是有限的,现在则是360度环

---

① 近年来,3D立体电影之外,也出现了所谓4D、5D、6D⋯⋯乃至10D电影的说法,这些通常都有话语炒作性质,大体相当于3D加强版,涉及听、视、触、嗅、动感等多种感觉形式的参与与联动。

② 〔美〕玛丽-劳瑞·瑞恩:《作为叙事的虚拟现实》,徐亚萍译,《北京电影学院学报》2016年第3期,第28—36页。

绕,从而使视域获得了革命性扩张(当然听觉也是 360 度环绕,这个环绕相较之前立体声具有根本性变化)。另则,与传统叙事所面对的平面化 2D 视觉界面相比,在虚拟现实运动性 3D 界面语境下,观看方式从旁观式易为卷入式,也即不是站在外部由外向内窥看,而是身处内部在交互中感受、体会,观感由是从旁观式的审慎与物我分明的超越感易为融入后的参与感、沉浸感、融合感。与此同时,观看方向由之前的视角被文本作单向规定,变为如今用户可自主掌握和变换目光的方向与角度,视角也获得了历史性解放。这样,伴随视域扩容、观看卷入和用户视角中心化,虚拟现实对视觉再造的同时也完成了对视觉欺骗的成功升级。因为视觉独占人信源 80%—90% 的信道输入,所以视觉被欺骗大体意味着个体整个世界成功陷入骗局(尽管欺骗人眼在技术上需要很高的设计),就虚拟现实而言,视觉欺骗的升级构成了虚拟现实化虚为"实"、眼见为"实"的重要基础与保障。

从技术上说,视觉欺骗即帮助用户对世界认知重新建模。这里认知世界未必是将世界"搬"至眼前以供认知,而是通过接口方式(头显装备)实现"世界"信息向人脑的输入。这也正是虚拟现实的原理,虚拟世界所呈现的并非"整体的"世界,而只是围绕用户感官生成的经选择后渲染的"世界"(用户戴上头盔所能感知到的世界)。信息经神经传至大脑获取对世界的认知,其路径未必一定通过整体性的"客观"世界,通过接口同样可以完成传输与接收。"大脑处理了这个信息之后,产生了对这个世界的理解",接口在此意义上构成了用户"世界"的边界,"如果改变这六个接口的输入,那就可以在人的脑子里,形成另外一个虚拟的世界"。① 所以,在虚拟空间里,世界正以"新的方式"呈现在用户眼前,而用户也以新的感知进入这全新的模拟世界。

总的来说,全/多神经叙事称谓背后所指乃神经的沉浸问题,即调动尽可能多的感知神经沉浸于此虚拟世界。神经参与数量之所以变多,是虚拟现实逼真化语境呼唤的结果,呼唤其积极参与,感受逼真。参与其实是有技术门槛的,只有当实时追踪、视觉渲染等技术达到一定程度,有了技术的物质性保障

---

① 周昌印:《VR 虚拟现实的虚与实》,凤凰卫视,2018 年 1 月 10 日,https://baijiahao.baidu.com/s?id=1589203102714808426&wfr=spider&for=pc。

后才有可能。参与是沉浸感、互动感的前提与基础,也是虚拟现实元宇宙中反复强调的重要精神与前提元素。

　　总之,与传统叙事中对神经的使用相比较,虚拟现实,特别是元宇宙对神经的需求呼唤更多的神经参与。理论上讲,所有我们可以使用的神经都可供研发与使用。这种观点源于研究者对未来科技走向与发展的乐观,特别在2020 元宇宙元年之后,从资本市场和技术开发普遍反应来看,确实代表了一种对技术发展的热情与冀望。

四、"无缝"叙事

　　作为神经叙事,虚拟现实技术最为重要的特点在于,其引发了神经前所未有的投入与专注。虚拟现实技术常利用 HMD、数字手套、虚拟现实手柄与服装等装备把用户神经封闭起来,使注意力以最简方式完成场景由现实到叙事的转移与过渡,并使其达到空前的专注与投入状态,此即虚拟现实常被称道的沉浸效果。

　　神经这种高度专注的体验与虚拟现实媒介对接受隙缝的"无缝"化处理相关。所谓"接受隙缝",是观看与文本间(在界面交接区及周边)形成间距、空白、漏洞、空隙,进而在视、听等感觉层面留下的隙缝。比如,我们看《红楼梦》,无论是原著作还是电视剧,除了能看到《红楼梦》和读者本人,还可以看到二者之外的世界,这个"之外的世界"即隙缝。接受隙缝问题较为复杂,与叙事问题紧密关联,是叙事对接受的一种规定与效果。通常所说的"言意之间"的"间",即为一种典型的接受隙缝,书写与媒介工具之间也存在隙缝,其大小因人而异,所以就出现有人喜欢电脑写作,有人喜欢纸笔书写的个性差异。当然,该问题可留作专门探讨。

　　接受隙缝的存在,与语言、文化、受教程度、可接触性等因素相关。如有人看到好诗句或感兴趣的人物故事等会旋即进入文本空间,而不识字、不爱阅读或文艺素养不高者却与文本保持较大距离,这个距离其实也是隙缝,这是广义上的;从狭义角度看,欧美人可能不易理解中国古诗"折柳相赠"的文化含义,这是文化差异导致的接受隙缝。

　　不同文体之间的接受隙缝也略有差别,大体图像比文字隙缝小,所以门槛低,易进入;电影和电视相比隙缝要小些,这得益于其拥有专属阅读空间;手机与既往媒介相比隙缝则小之又小,这构成了理解"手机控"等问题的重要切口。

　　联系本研究所谈虚拟现实这一新的叙事技术,在比较视野下,隙缝问题则发生了革命性新变。纵观媒介发展,接受隙缝虽随媒介进化越来越小,一直以来却未曾被消灭,虚拟现实特别之处在其改写了这一状态,成功地实现了对"隙缝"的填补或拆除。前文所谈界面问题,虚拟现实叙事之革命性变化即在其以三维取代二维界面设计。在二维叙事中,观众的视域是眼前目光所及区域,在看到电影文本世界的同时,也可以看到电影外的座位、墙壁、观众等文本外的空间,所以易受外界噪声等干扰而分神。但在虚拟现实,特别是 VR 叙事中,用户只要戴上 HMD 头显装备,或通过人机接口,即可以纯粹而干净利落地进入全新的故事"世界",其视域、听域是 360 度环绕的,神经感知被全方位包裹,与外"绝缘",所以很少受外界干扰。① 从隙缝角度,二维叙事中用户与世界之间是有感觉空隙的,三维叙事则完成了"无缝"化对接。

　　接受缝隙的"无"化,从用户角度看,体现了神经空前的投入纯度与专注度;从媒介角度看,则体现了媒介发展的透明化、超级化趋向。透明性,即博尔特(Jay David Bolter)和格鲁辛(Richard Grusin)所谓"直接性"(immediacy),借助媒介连接尽可能获得直接与对象交流的经验与体验,也即"去"媒介化,"消除媒介插足的痕迹"②,使其隐身,从而营造出现场感、直接感,实现与对象的"直接"互动,获得关于对象的一手经验。媒介技术进化的透明化规律契合了叙事隙缝变小的内在逻辑,媒介追求"直接性"效果,媒介与用户间的交互间距,也即隙缝必然会随之变小。

　　新叙事技术对"接受隙缝"的消解既是虚拟现实俘获神经的方式,亦是其目的,虚拟现实叙事在此意义上能使神经高度专注,成为真正意义上的神经叙事。这一前所未有的神经叙事产生了深远的文化与美学影响。首先,叙事中诱惑环节与修辞程序的节省导致既有符号秩序受到根本性冲击与质疑。传统

<hr />

① 在此问题上,与 VR 比较,MR 的物理隙缝很明显,但 XR 似乎又做了巧妙的弥合。当然,从学理上分析,VR 的问题相对纯粹,是进一步分析相关复杂问题的前提与基础。

② Jay David Bolter,Richard Grusin. *Remediation*:*Understanding New Media*. MIT Press,2000,p. 5.

叙事因用户与文本之间隙缝的存在,需"诱惑"用户跨过"隙缝",诱惑促生修辞,传统叙事因此重修辞。比较而言,虚拟现实叙事因其"无化"或"最小化"了隙缝,所以不需太多诱惑和某种刻意的拉力,尝试让一个不喜欢读书的人读《红楼梦》是件极费力的事,但用户只要戴上头盔就可直接进入虚拟现实文本情境之中,如此便省却了(符号化的)诱惑与修辞步骤。修辞的节省对符号学既有秩序/机制产生了本质性影响,它中断和改写了意义由言到象到意的线性递升逻辑,意指(从能指到所指)的符号机制因此发生根本性变化,进入杰伦·拉尼尔所谓"后符号叙事",即不走传统由能指到所指的符号意指程序,同时抛却传统叙事广告自身,以召唤(注意力)介入的修辞过程,直接以神经为落点和旨归。

其次,用户审美经验历经从旁观到亲历的变化。传统的二维空间叙事,因其有缝,阅读是"外在地观看或阅读艺术作品"①,是刘勰所谓"披文入情"的过程,用户审美经验以旁观他人叙事为主。而三维空间叙事,因其"无"缝,用户体验则从旁观易为亲历,以"身心沉浸的方式"②,"走进一个故事,变成其中一个人物"③,叙事主体在不自觉间发生了位移,从之前的他人驱动故事,发展为用户自主驱动故事。④

再者,接受隙缝的消解对美学的"距离"精神产生了根本性影响。隙缝是眼睛与对象的间距,目光所及,存在既非你,又非对象的间隔与空隙,这个间隔与空隙区分了用户与对象,给予观看对象时必要的认知距离和审美距离,让人在入乎其内的同时保持出乎其外。虚拟现实观看则取消了这个间隔与空隙,

---

① 周志强:《"小故事"的时代——元宇宙与虚拟现实叙事的沉浸逻辑》,《文化艺术研究》2022 年第 2 期,第 1—8 页。

② 周志强:《"小故事"的时代——元宇宙与虚拟现实叙事的沉浸逻辑》,《文化艺术研究》2022 年第 2 期,第 1—8 页。

③ [美]玛丽-劳瑞·瑞恩:《作为叙事的虚拟现实》,徐亚萍译,《北京电影学院学报》2016 年第 3 期,第 28—36 页。

④ 在此问题上,周志强用了"驱动"一词,"在虚拟现实故事中,人与故事是共同行动的关系——是人在驱动故事,而不是故事在引导人",参见周志强《"小故事"的时代——元宇宙与虚拟现实叙事的沉浸逻辑》,《文化艺术研究》2022 年第 2 期,第 1—8 页。黎杨全则用"操控"一词,"元宇宙带来了叙事学的转向,故事情节的生成依赖于用户的操控,相比经典叙事学,呈现出从'讲故事'到'操控故事'的变化",参见黎杨全《从"讲故事"到"操控故事":元宇宙与叙事学的转向》,《中国图书评论》2023 年第 6 期,第 21—30 页。

用户视觉所及的全部范围即虚拟现实世界。这一取消使得用户和对象间的距离消失，用户由此融入或陷入对象世界，传统的批判理性与审美感受性所需要的距离被抽离。其结果是，神经在全部被卷入后可能面临被欺骗、麻醉或规训等问题，人在无法与客体做出有效区分后，认知理性易被叙事世界操控，这从传统认识论角度看尤值得警惕。

五、媒介美学

以上从四个方面分析了虚拟现实作为神经叙事之表现与立论依据。的确，与传统叙事相比，虚拟现实叙事无论是调动神经参与的数量，引其投入的专注度，抑或叙事空间的升维设计及围绕神经对空间反应所做的测量、计算与设计等都是前所未有的。问题在于，该话题尽管在逻辑层面已有所疏浚，但仍不免给人奇怪之嫌，怎么会谈如此一个话题？这一质疑涉及本话题的研究意义，也即落点问题。

首先，关注神经的目的实则在神经背后，谈神经其实是谈人与外界，特别是个体与社会间的关系。神经是人的门户，是人交往、同情、沟通的前提，神经构成了人类共同感受力的物质性和生物学基础，所以会出现人群神经反应雷同、喜乐一致的情况。因为可供神经满足的资源有限，而人的神经欲望又无限，二者间的矛盾与张力关系正好为社会所谋用并构成社会运作的重要前提，这也使得对该话题的讨论进入神经社会学层面。神经社会学原理较为复杂，简单来说即社会通过神经连接、凝聚、组织个体，进而建构社会。神经包括个体神经与社会神经，人既使用个体神经，又使用社会神经，用个体神经感知和生存，用社会神经连接他人与社会。社会组织与控制的方式即通过神经，社会巧妙地将生物性个体神经转化为隐喻性社会神经，从而把个体组织进社会大机器，在组织的同时施加控制，将个体（individual）规定为主体（subject），控制问题因此发生。当然控制问题不是本研究探讨的核心，但它非常重要，控制既是法学、伦理学、社会学、政治学的话题，又是美学的问题，因为美学的精神向往自由。这在中国，从老庄到李贽，再到当代朱光潜等；在西方，从古希腊到启蒙时代，再到德国古典美学盛行时代等时期的思想家、美学家，均对此有较为集中的展现与陈述,前人之学备矣,不再罗列,此其一。

其次,本研究提请读者关注虚拟现实新技术参与后文化环境的变化问题。虚拟现实创造了新的媒介环境与神经环境,人神经的节律包括自律和他律,均会随新环境而发生相应变化。他律即前述所谓"控制",控制通过神经进入个体。从历史发展看,控制的方式发生了革命性的变化,从传统的以压制性为主转向以迎合、娱乐为方式的"娱控",文化之内在精神因此由以超越神经为旨趣转向以融入神经性生活为旨归。在此意义上,神经新环境将把人类引向何方?作为一个问题,它接续了阿道司·赫胥黎、尼尔·波兹曼、韩炳哲等学者关于娱乐问题的既有思考。当然,控制话题是大问题,需专门论证,本文只是稍作提及,以引出神经背后潜藏的有待开发的深远空间。

综合起来,以上所谈主要涉及两个问题:一是虚拟现实、元宇宙,也即技术问题;另一个是神经问题。技术问题实则是媒介问题,神经问题则是感性问题,而感性问题正是美学的核心问题,①所以二者结合起来就是技术美学、媒介美学的问题。与媒介认识论、媒介伦理学比较,媒介美学既关注媒介的结构、环境问题,又关注感性、神经问题,特别关注作为结构性存在物的人的感性与神经如何受到媒介新环境结构性力量的改造与重塑,也即人的存在状态、存在质量在新的媒介环境下到底发生了何种变化,而这理应成为媒介研究与美学研究重点关注的领域,成为技术伦理学、技术哲学的有益补充。

结语

当然,这里虚拟现实神经叙事话题只是讨论了肉身介入(具身认知)的问题,未讨论数字化身等离身认知或分身认知②的问题。从学理上说,即使是化身,在仿真逻辑驱使下其最终的文化走向与美学后果基本也在前述论证框架之内,可能会呈现出一些微观层面的差异,但大抵未有实质性的异变与突破。

---

① 美学之本意为感性学,自"美学之父"鲍姆嘉通创建此命名以来,这一点已成为美学学科最基础,也最重要的共识。

② 可参见曾军《"元宇宙"的发展阶段及文化特征》,《华东师范大学学报(哲学社会科学版)》2022年第4期,第98—105页。

当然，就实际情况而言，虚拟现实与元宇宙技术远未成熟，但它是一种趋势，一种技术向往的方向与文化扩军的领域。就其从神经角度的思考而言，有几点颇值得注意。

其一是结构化的视野。虚拟现实生成使用神经的新媒介环境，产生新的文化与社会效果，对此不能只是从技术便利角度，或美学层面的审美体验角度理解，而应结构性地从神经的社会学维度挖掘审视。比如，看待汽车不能仅从便利角度单向理解和简单评判，参照媒介生态学方法，汽车普及后创造出交通新环境，一种人类社会连接的新框架、新结构，汽车生产出新的产业、闲暇及城市，加速了人与人、此地与彼地的连接，当然，风险在便利的加速中亦随之增大，每年因车祸伤亡的人口数量远高于古代一场中型甚或大型战争。联合国秘书长安东尼奥·古特雷斯在 2022 年世界道路交通事故受害者纪念日上说："每年有 135 万人因道路事故丧生，还有 5000 万人因道路事故受伤而发生了生活改变。"①这是一个多么庞大、多么让人震惊的数字啊！看到这些数字之后，对于汽车的便利性与"自然性"可能会引发新的思考，从而有助于建立结构化的视野，让人不至于被单方面评判和常识化态度迷惑。

其二是批判性的视野，特别要警惕技术的中性论、线性论、善用论等习见论调。所谓批判，主要以哲学批判和社会文化批判为基础，以现象学的眼光审视技术之本真状态。技术善用论仅关注到技术便利之外衣，缺乏前述结构化的视野；技术发展论亦然，认为文明之前进必然会伴随着技术创新而同比增长，实际未必如此；技术中性论则遮掩了蕴藏其内的意识形态内嵌问题。这些在技术哲学、技术批判理论领域已有较多关注，然而其留于经验层的迷惑性仍值得当下提防。

由此，回到虚拟现实神经叙事问题上，除了社会层面有必要针对资本、技术平台对神经的使用做立法规范，就个体而言，亦需对自身神经有自律意识，在必要时有能力实施神经"阻断术"，而神经之阻断恰是美学的一个核心问题，美学所讲审美即日常生活功利状态的暂时休歇即此谓也。只有阻断神经，才

---

① ［葡］安东尼奥·古特雷斯：《世界道路交通事故受害者纪念日》，联合国官网，2022 年 11 月 19 日，https://www.un.org/zh/observances/road-traffic-victims-day/messages。

能摆脱装置大机器永久的电刑,才不至于让人成为被各类功利关系装置的"神经人"。"神经人"即被简化的神经性存在者,非传统视域下由人的本质力量多元共构的具有精神性与超越性向度的存在者。这个原理也正是美学超越性精神的核心机理,理清此问题之目的是在人与技术对话中尽可能重拾遗落的自主性,更好地把握自身存在状况,竭己所能避免陷入"自动人"之技术宿命。

(李勇,南开大学文学院教授,博士生导师,中华诗教与古典文化研究所研究员)

Virtual Reality and Neural Storytelling

Li Yong

Abstract: Virtual reality (metaverse) often unfolds its narrative through the calculation, seduction, deception, use, and satisfaction of the nerves, which can be referred to as neural storytelling. Immersion and interaction are the two core features of virtual reality that ultimately point to and rest on neural issues. Compared to traditional storytelling, the unique aspect of neural storytelling in virtual reality lies in its unprecedented precision in calculating nerves, upgrading the narrative space from two-dimensional to three-dimensional simulation dimensions, automatic involvement of all/multiple nerves, and seamless integration with interfaces. This leads to the dissolution of the distance between the interactive space, enabling users to shift from a traditional observational perspective to a participatory self-guided narrative. Virtual reality creates a new media environment that utilizes nerves, producing new cultural and social effects. It should not be understood solely from a technological convenience perspective but rather comprehensively examined from a neurosociological perspective.

Keywords: Virtual Reality; Metaverse; Neural Storytelling; New Media Environment; Media Aesthetics

间性论作为未来文明的元程序

——兼及媒介生态学

张先广

摘要:本文简明扼要地梳理了间性论的学理和时代背景,并点明它在文明转型的历史关头所具有的不可替代的未来学意义,意在为思辨人类未来的探索者提供一个按图索骥之图。相对于篇幅而言,本文容量较大,故采取了"频闪灯"式章法。读者可先囫囵吞枣之快,继而品之、参之、反刍之,于重复中酝酿差异,从而体会间性之乐。媒介生态学就思维方式而言与间性论颇为契合,但有唯媒介论(和泛媒介论)的倾向。本文将媒介生态纳入相互关联、相互作用的六重生态之中,意在扩展媒介生态学的视野和格局,增强其危机意识,彰显其人文意义。

关键词:传统西方本体论;间性论;排中律;四句破;六重生态;元程序;廓落;媒介生态学

一、吾道"间"以贯之——间性论的国学渊源

法国哲学家德勒兹认为，哲学家的使命不在于反思，而在于创造概念。新的概念正如大慧普觉禅师所言，"不可以智知，不可以识识，不可以有心求，不可无心得，不可以语言造，不可以寂寞通"。在德勒兹看来，作为乐曲内核的迭奏乐句以某种方式存在于宇宙中，但需要音乐家之心来摄受。照此逻辑，可不可以说，哲学概念也以某种方式存在于宇宙中（所谓"玄冥闻之参寥，参寥闻之疑始"），但需要哲学家之心来摄受呢？如果答案是肯定的，那么哲学家之心必须兼具坤德和乾德，或者说兼具接受性和创造性。① 王塘南所谓"吾心廓然之体曰乾，生生之用曰坤"与上述观点略有出入。间性概念的发生（genesis）预设着一个功能具足的廓落（khora），亦即此概念所由降生的、妙用无穷的幽玄之筛。此廓落或幽玄之筛不外乎哲学家之心，它本身也是个间性概念。如果万般现象都暗示着心的作用，心便是个有自觉力的廓落。心之为廓落恒处于生成之中。今日之心非昨日之心，明日之心又非今日之心。否定之否定即肯定之肯定。欲成心，弃成心。如《大学》所云："苟日新，日日新，又日新。"又如《周易·系辞传》所云："日新之谓盛德。"儒家也有自己的"心经"。

相比之下，禅宗对心的理解应该说更为通透。五祖弘忍和六祖惠能在碓坊的简短问答借事喻理，直指人心。"米熟也未？""米熟久矣！犹欠筛在。"筛者，验己心之他心也。"何期自性本自清净！何期自性本不生灭！何期自性本自具足！何期自性本无动摇！何期自性能生万法！"是惠能对心这一妙用无穷的幽玄之筛的赞叹。作为惠能的悟道偈，它印证了心之自觉。而弘忍则展示了他心通。如果心这一能生万法的廓落本身是个间性事件（"事来而心始现"是其无常的一面，"事去而心随空"是其恒常的一面），心心相印则是间性事件之间的间性事件。整部《六祖坛经》可谓一支独异的、中土特有的心之赞歌。千百年来，莫能胜之。禅修之目的在于对心这一廓落或玄妙的活物进行去蔽，以揭示其本自具足的清净和德性。"为道日损"，此之谓也。心作为廓落是精

---

① 间性论本身也是坤德（接受性）与乾德（创造性）并举的学说。

神事件所由发生的母体。2012 年前后商戈令老师将可以追溯至胡塞尔的主体间性(或者说"间主体性""互主体性")概念进一步抽象,提出"间性"概念。① 此举可谓哲学史上一个独异的精神事件,或者说负熵性事故。在学理意义上,此举从根本上颠覆了传统西方本体论的"一手遮天"之势。

间性概念并非无源之水、无本之木。它来自一位清静无为的哲学家或一颗真人之心对以往及当下诸多哲学事件的摄受(prehension)和梳理。或者说,间性概念摄入了一系列先在的和与之共时的哲学概念,从而造就了自身;这种摄入必然是有取有弃的选择性摄入和创造性摄入。或者说,诸多独异的哲学心穿越时空相互感应,形成具有卓越创造力的超级廓落(一个不确定的、概率性的系统)或间性心灵(威廉·巴罗斯称之为第三心灵),从而为间性概念的涌现提供了母体条件。中西哲学及其间的相异性、相通性、互补性、互渗性、相即性、相入性、互动性和相成性为间性概念提供了源源不绝的精神给养。以间性概念为出发点反观中西哲学史又会改写其谱系与叙事。间性概念与其他时空的哲学概念之相互感应与共同演化会改变自身之频率、姿态、冲力、指向、效价、强度与亲和力,所以间性概念注定是个游牧的、多义的、鲜活的、迭代的、不断生成的、次次提起次次新的概念。间性研究不是一次学术圈地,而是一个开放的、对话式的、引人入胜的探险过程,一场无限的游戏。

间性情怀古已有之,尽管那时有实无名。《易经》的思维方式完全是间性思维。六十四卦所图示的是爻与爻、爻与位、内卦(下卦)与外卦(上卦)之间的关系。关系是间性概念的基本含义之一。由六个阳爻组成的乾卦表明,同样有龙德的阳爻在不同的位应采取不同的心理姿态和社会姿态,也会有不同的作为。位是相对于其他位而言的,所以它本身也是个间性概念。泰卦(乾下坤上)内刚外柔,阴阳相济,实乃通的卦象、生的卦象。通正是间性论的终极追求。但间性论者并不否认半通不通状态的生产性,这一思想适用于媒介,此处按下不表。咸卦(山上有泽)与泰卦卦理相类(柔上而刚下),有山泽通气之象。《彖》曰:"二气感应以相与。"咸者,无心之感也。感是个间性现象,相当

---

① 主体间性概念是对客体化倾向的纠正,其指向是马丁·布伯和维莱姆·弗卢瑟所倡导的对话式生活。国内文论界对主体间性概念的论述大致始于 20 世纪 90 年代初。有兴趣者可参考金元浦老师的作品。

于斯宾诺莎和德勒兹所说的情动(affect)。咸卦反映了身心之良能,也揭示了《易经》之机理,堪称元卦。庐山慧远敏锐地指出,《易》以感为体。就卦爻而言,在六十四卦当中,初与四、二与五、三与上两两之间阴阳相应,且阴居阴位(二、四、上为阴位)、阳居阳位(初、三、五为阳位)者,仅既济(水在火上)一卦。该卦象虽尽善尽美,概率却甚小,终不可执着。有道是,天道忌盈,卦终未济(六十四卦的最后一卦是未济)。《周易》的排序体现了深刻的哲理。

《易经》之道乃君子之道。《中庸》有云:"君子无入而不自得焉。"借助卦象,"理解"局势,因而不为,趋吉避凶,待时而动,知难而退,居安思危,处变不惊,"居上位而不骄,在下位而不忧",在坎困蹇屯(所谓"四大恶卦")等逆境中游刃有余、安之若素,方为君子之道。如《菜根谭》所言:"天扼我以遇,吾亨吾道以通之。"诚能如此,则六十四卦,卦卦皆好卦,卦卦皆能提示亨通之道。作为当事人与神灵之间的媒介,卦其实也是个间性概念。在瑞士心理学家荣格(分析心理学的奠基人,1949年给卫礼贤译解的《易经》写了前言)看来,这里所说的神灵无非是人的潜意识。对禅者而言,它指的应该是阿赖耶识(alaya-vijnana)。阿赖耶识又称含藏识(storehouse consciousness),也是个廓落(容器)。相对于心这一自有廓落(筛子),卦相当于衍生的、外挂的、无心的廓落。在心彻悟之前,卦有助于克服心之盲区。彻悟意味着心与阿赖耶识之间达到直通,无需媒介。无事不起卦。欲使卦事相应,求卦者得净化其心,进入仪式状态、阈限时空。阈限时空属于间性时空。善《易》者不卜。《周易·系辞传》有云:"凡《易》之情,近而不相得则凶,或害之,悔且吝。"这句话讲的仍然是间性的道理。相互敌视的邦国之间保留缓冲区乃明智之举。《道德经》有云:"用兵有言,吾不敢为主而为客,不敢进寸而退尺。"得寸进尺非君子之道,只会导致摩擦与冲突。小国寡民如果深谙《易经》背后的间性思维和审慎思维,就不易沦为大国博弈的走卒和牺牲品。火中取栗意味着被利用,换取的往往是被出卖。《易》之时义大矣哉。间性论之时义大矣哉。

随手翻开《道德经》,间性观念俯拾皆是。开篇的"道"本身就是个间性意象,跟希腊语的"方法"(methodos)、梵语的"法"(dharma)字面意思(通途)完全一致。不得法意味着没有找到通途,徒劳无益。第二章反复讲到相反相成的道理。"有无相生"照字面理解还暗示着居于其间的廓落(筛子)的作用。

其实宇宙(有)和混沌(无)就是个经由廓落(筛子)进行的互渗过程。"有无相生"跟"chaosmosis"一词高度对应。① 第三章的"虚其心,实其腹"照内丹学家张伯端("虚心实腹义俱深")和刘一明的理解暗示着既济(火性炎上,逆之使下;水性润下,逆之使上)与泰的卦象。既济取坎填离后转而为泰。间性思维(尤其是上下卦互济的原则)尽在其中矣。第六章的"玄牝"众说纷纭,间性论者视其为廓落(筛子、子宫乃至电磁场)的同义词。第八章的"与善仁"讲的是交往之道。外交不光是个礼的问题,更是个仁的问题。第十章的"玄鉴"喻指心。"涤除玄鉴,能无疵乎?"指的是洗心。《易经》的六十四卦就有此效用(圣人以此洗心)。第十一章讲的是以无为用或以间为用的道理。海德格尔关于壶的哲思与之如出一辙。麦克卢汉与鲍尔斯在《地球村》一书中谈到:如果轮与轴之间没有间隙,轮将不成其为轮,轴也不成其为轴,所谓轮子就会锁死。间隙不仅界定了轮与轴,而且是"动作"(两个单音节词)之所在。事物之间的间隙也是国人了解局势的首要手段。② "注意间隙"(Mind the gap)这句伦敦地铁标语含义既丰富又深刻。在禅林里,间隙往往指关头。如《菜根谭》所言:"念头起处,才觉向欲路上去,便挽从理路上来。一起便觉,一觉便转,此是转祸为福、起死回生的关头,切莫轻易错过。"在《禅门师资承袭图》中,宗密有类似表述:"念起即觉,觉之即无。"

《道德经》第五十六章的"故不可得而亲,不可得而疏;不可得而利,不可得而害;不可得而贵,不可得而贱,故为天下贵"以双重否定的句式(neither…nor…)指向亲疏、利害、贵贱之彼岸,讲的是和光同尘的妙用。《易经》中有类似的字句。坤卦六四爻的爻辞为:"括囊,无咎,无誉。"《文言》解释说:"盖言谨也。"《六祖坛经》中的"不思善,不思恶"在逻辑上与此如出一辙。该逻辑属于间性逻辑、中道的逻辑,也是四句破(肯定、否定、两者皆是、两者皆非)的最终指向,虽非佛学思维所独有,亦可谓其显著特征。这种双重否定有着不容忽

---

① Chaosmosis 是个混成词(portmanteau),其中包含了 chaos(混沌)、cosmos(宇宙)、chaosmos(混沌宇宙)、osmosis(渗透)四个词,并暗示了廓落的作用,可谓道尽一切。该词既适用于混沌宇宙论,也适用于心理学,两者在道理上是相通的。

② Marshall McLuhan & Bruce Powers. *The Global Village: Transformations in World Life and Media in the 21st Century*. New York: Oxford University Press, 1989, p. 64.

视的肯定性、开放性、生成性和伦理性。"想入非非"这个成语意味着佛学观念"非想非非想"之含义的衰减与贬化。尼采的《善恶的彼岸》跟佛学思维有着很深的渊源关系，也体现了尼采反（西式）道德的伦理姿态。第七十三章的"天网恢恢，疏而不失"可理解为对怀特海意义上的廓落（以太、电磁场）之形容。如此解释意味着给天网和"绵绵若存，用之不勤"的玄牝赋予了互文性。王弼对这八个字的解释意在玄牝，却也适用于天网，值得一参，"欲言存邪，则不见其形；欲言亡邪，万物以之生……无物不成而不劳也"。换言之，无序的能量在疏而不失的电磁场中会因其作用而有序化，从而无中生有。值得指出，电磁场给"间"赋予了"场"的意思。第八十章的"邻国相望，鸡犬之声相闻，民至老死不相往来"描述的是一种自给自足、安居乐俗的生活方式。国与国之间的间性（此处作"间距"解）得到了全然的保护，兵戎相见无从谈起。张若虚的诗句"此时相望不相闻，愿逐月华流照君"显然有用典之意，月华成了克服间距的媒介。

庄子的《庖丁解牛》对间性论而言可谓有发生论意义的经典。狭义的间性论是一门循间以求通的实践哲学。间之于通，犹条件之于效果。"以无厚入有间，恢恢乎其于游刃必有余地矣"是间性论者追求的境界。郭象注曰，"得其宜则用力少"，"理解而无刀迹"。郭象的注解突出了"理间"二字，也加深了读者对"理解"一词和"解"字本身的感悟。郭象的思维与宋明理学应该是一脉相承的。国画的皴法表现的是山石之理。从字面上看，英文表示理解的"comprehend"和德文表示理解的"begreifen"意思都是把握，暗示着实体，而中文的"理解"则着眼于间性。德勒兹与瓜塔里的"schizoanalysis"（分裂分析）在词义上倒是与"理解"颇为接近。太极拳的拳理与庖丁之道乃至间性论完全一致。其心法（无我、因而不为、游刃有余）、步法、身法、手法（因便施巧）都体现了"得其宜则用力少"或四两拨千斤的原则。此外，长期习练太极拳的人对自己的身体也进行着"理解"（顺着理间去解构）和重构，因而气血畅通、关节灵活、知觉细致入微（有"听劲"之功）、能随机应变（"得机得势"）、因用而体。可谓通身被唤醒、通身是手眼、"骨弱筋柔而握固"。就太极拳而论，阴（柔）之于阳（刚），犹虚之于实。太极拳可谓具身性的分裂分析。可以说，太极拳和分裂分析一中一西，均为间性修炼，也均有活力论（vitalism）的意味。

佛学的缘起、相即(interbeing)、相入(interpenetration)都是间性观念,也都与生态学情怀(尤其是对共生的理解)相契合。德国理论生物学家于克斯库尔(Jakob von Uexküll)的对位(counterpoint)概念与这些观念非常接近。比如,黄蜂和兰花相互依赖、相互包含(人之于媒介,何尝不然)。黄蜂是兰花生殖系统的一部分,兰花则是黄蜂消化系统的一部分。佛学意义上的方便(upaya,因人的根器利钝而设的、催人觉悟的法门)也是个间性观念,并且有修辞学意味。如《六祖坛经》所云:"欲拟化他人,自须有方便。"念佛号看似最方便的方便,但未必适合所有人。因陀罗网(indra's net)是个间性意象,有全息的意味。结成因陀罗网的宝珠之间是相即相入的关系。结界(kekkai)也是个间性意象,有廓落(筛子)的意味。《西游记》里孙悟空用金箍棒画的对付白骨精的圈儿就是个结界(有选择性的筛子所形成的利于修行的"间")。空(sunyata)也是个间性概念。苏轼诗曰:"静故了群动,空故纳万境。"空是心的常性。

儒家的仁、义、礼、智、信、诚、恕、忠、敬、和乃至中庸都有间性的意味。关于义,何楷释曰:"事之合宜曰义。"国家无论大小,如果都用儒家的这十二个字来处理国际关系,霸权即会消解,大同指日可期。[①] 道家和兵家的虚(有隙可乘曰虚)、兵家的势(间性产生的倾向)也都是间性观念。关于虚,郭象有云:"不虚则不能任群实。"务虚的意义丝毫不亚于务实。中医一日不可或离的阴阳(阴阳相互包含、转化、依存)、五行(相生相克)均体现着间性思维。"间性"一词可谓一语道尽一切经。

二、数字风暴与传统西方本体论的消解

2014年前后,笔者曾设想写一篇《间性之观念——一个西区故事》,意在讲述间性思维在西方的沉浮,但一直未能得闲。这里略为举示。德谟克利特的原子论非惟讲原子,抑且讲虚空或间隙。20世纪捷克裔媒介哲学家弗卢瑟对技术图像的理论思考受其启发良多。点间思维的兴起或者说复兴是他对数

---

① 北宋杨时在解释同人(《周易》第十三卦)时写道:"惟和者能大同于物。小人则同而不和。大同者,合异以为同也。"

字时代作出的一个论断。在媒介生态学家看来,该复兴也是一种媒介效应。体现点间思维的点彩画这一前数字时代的艺术形式在数字时代具有不容置疑的范式意义。数字时代可以说是一个微细间性弥漫的时代。这显然是一个悖论式的陈述。数字媒介的效应在前数字时代已通过点彩画这一艺术形式得到预演(果先于因)。

在汉语里,"间""闲"同源。"閒"字一分为二,"间""闲"藕断丝连。柏拉图把"闲暇"(schole)这一间性概念标举为生活之目标、智慧之栖所。古希腊的学院、犹太教的安息日跟闲暇都密切相关。闲暇是游戏和创造的时空,也是自由的时空。工业革命将闲暇与劳动的地位上下颠倒,可谓倒行逆施。在如今的后工业时代,闲暇的应有地位尚待恢复,人类应当由制造者(homo faber)脱胎换骨为游戏者(homo ludens)。这也是间性论之时义的一部分。确切地说,闲暇是一种境界。一旦进入这种境界则无时不闲,无处不闲。尼采的酒神精神是闲暇境界的极致,也是生命力洋溢的表现,对应的是乾卦。日神精神对应的应该是离卦。

柏拉图《蒂迈欧篇》(Timaeus)里的廓落概念为众多后现代哲学家所关注,商戈令老师敏锐地意识到廓落是个间性概念。德勒兹对廓落概念从柏拉图经莱布尼茨到怀特海的梳理给人以醍醐灌顶之感。拙文《德勒兹与廓落》是对笔者心得体会的忠实记录。乔伊斯与瓜塔里的混沌互渗(chaosmosis)观念暗示着廓落的作用。归根结底,混沌宇宙是在居间的廓落作用之下发生的一个活的过程。廓落本身是个玄妙的活物。如果说阳化气,阴成形,那么阳之于阴,犹混沌之于宇宙。太极图中的 S 线即为廓落,起着麦克斯韦(Maxwell's demon)的作用,确保了混沌宇宙是个生生不息的过程。在混沌宇宙论的意义上,廓落是负熵之源,也是混沌和宇宙之间的媒介。

廓落可大可小,媒介亦廓落。经由廓落发生的渗透是选择性的渗透。同样,媒介对世界的呈现是选择性的呈现,呈现之中有遮蔽。人心对世界产生的图景受制于媒介的偏向。欲改变内心对世界产生的图景,或者说,欲改变作为心之投射的世界,首先需要改变塑心之媒介。媒介即讯息,此之谓也。① 事实

---

① "媒介即讯息"之含义自然会丰富麦克卢汉当初的用意。

上,心作为有机廓落往往跟作为人工廓落的智能媒介构成复合廓落,来处理纷繁复杂的世界。同时,该复合廓落也通过其能动性使世界变得愈加纷繁复杂。"廓落与媒介哲学"是笔者近两年玩索的一个课题。经过数轮迭代,该课题的轮廓已逐渐明晰。

与崇尚"中"的中式思维相比,亚里士多德的逻辑学有排除"中"或摒弃间性的特点。西式思维由此陷入难以自拔的狭隘性、不包容性乃至暴力性。非友即敌是这种逻辑的直接体现。与之相反,"四句破"中的"两者皆非"则是肯定间性的逻辑。《六祖坛经》有云:"二道相因,生中道义。"类似"不疾不徐"的双重否定式词语在汉语里俯拾皆是。在国人眼里,尽善尽美是个"中"的问题。"中"即止境。在倪培民老师看来,对"中"的把握是一种功夫。可以说,知止即功夫。商戈令老师则认为,功夫(工夫)本身就是个间性概念。笔者每次拜望商戈令老师时,商老师总是以茶相待,交谈往往持续两三杯茶的工夫。① 茶既是一种能促使心开的媒介,又是一种有仪式感的计时器。高山流水、感应道交是笔者与商老师交谈时的切身体验。如果没有这种体验,布伯的对话式生活就只不过是一个抽象概念而已。新儒家的功夫论与三教合一、中西合璧的间性论之间是一而异、异而一的关系。② 两者都有其处世姿态、生活风格和生活艺术。相比之下,后者更具游牧精神和游戏精神。

后现代西方哲学可以说是对注重超越、居高临下、求同排异的柏拉图主义和亚里士多德排中律的反叛。③ 后现代西方哲学家对"之间"(between)的关注热度与日俱增。海德格尔对"之间"(das zwischen)的哲思、基特勒对"之间"(metaxu)的留意、德斯蒙德对"间性论"(metaxology)的提出、德勒兹与瓜塔里对"之间"的肯定、塞尔对"之间"及其他介词的思辨、朱利安对"间距"与"之间"的聚焦、特纳对"阈限性"(liminality)的人类学探讨、布伯与弗卢瑟对"对话式生活"的倡导、麦克卢汉对"间隙"的看重和对"右脑文化"的欣赏、维利里奥对"距离"和"间隙"的珍惜及对"空"(antiform,与"色"相对)的发现等都为间

---

① 在这个语境里,"工夫"跟柏格森的"绵延"(durée)感觉很接近。

② 根据笔者的感悟,新儒家行的也是三教合一之道。

③ 柏拉图的著作及新柏拉图主义意味深长,对其进行肯定性批评大有裨益。国人对柏拉图学说的阐释使之与宋明理学产生了难解之缘,这也是自然之事。"理念"和"理型"这两个措辞即为明证。

性论的提出创造了氛围、积聚了精神能量,也提供了思想资源。间性论的发生可谓山雨欲来风满楼。

间性概念是对胡塞尔主体间性概念的进一步抽象,然而青出于蓝而胜于蓝。谈论主体间性很容易陷入以主体性为前提的误区。[①] 彻底的间性论者认为:间性先于主体,主体是处于生成之中的缘在。儒家的君君臣臣父父子子暗示着安乐哲所讲的角色伦理学(role ethics)。角色伦理学显然是一种间性伦理学。上述观点同样适用于客体:间性先于客体,客体是处于生成之中的缘在(所谓"诸法空相")。在主客关系中,间性先于主体和客体;主体和客体相互造就,或者说,两者皆由间性造就。以客体为取向的哲学有其反人类中心主义的历史意义,但毕竟是另一种边见。以非主非客的间性为取向的间性论少了一份执着,多了一份真切。在间性论者看来,弗卢瑟对主体间性和主客间性的理解很到位。于克斯库尔的观点与间性论者也相当一致。对他而言,花柄的意义因其所进入的关系而异。少女把一束花送给男友,花柄就进入爱情的二重奏。蚂蚁则把花柄当作通道,沿着它赶到花的子房,以便摄取那里的蚜虫所分泌的蜜露。奶牛则把花柄当作青饲料的一部分,将其转化为牛奶。知了的幼虫则在花柄的汁所营造的泡沫房中长大。不久,草地上就会充满柔和的、示爱的蝉鸣。[②]

三、六重生态与未来文明的元程序

传统西方本体论可谓西方文明的元程序。自近代以来,该元程序已部分地覆盖了非西方文明的元程序。在前者的支配下,人类历史已抵达一个节点,残局阶段日益迫近,生态、能源、社会、经济、政治、精神、国际关系等诸多方面危机四起。零和博弈、身份政治、民族主义、虚无主义等左右着千百万人的心理。弗卢瑟、维利里奥等有忧患意识的思想家已警觉到加速主义的自杀性倾

① 所以"互主体性"和"间主体性"的译法有其可取之处。不过"主体间性"这一措辞又为"间性"概念的提出铺平了道路,功不可没。

② 笔者译自 Jakob von Uexküll. *A Foray into the Worlds of Animals and Humans*; *with*, *A Theory of Meaning*. Minneapolis:University of Minnesota Press,2010,p. 186.

向,因而把减速视为一种伦理姿态。在间性论者看来,减速治标不治本。人类文明应切换到另一条轨道上来,而这条轨道上的元程序正是间性论。以过程神学家小约翰·柯布为精神领袖的生态文明运动可谓切中时弊,却难以力挽狂澜。近几年,疾疫,刀兵,饥馑,水、火、风之灾接踵而至,奉行全球主义的一些国家却在扩军备战。人们的注意力更多地消耗在对安全的担忧上。资本对世界的宰制在加深,财富的集中在加剧。作为回旋余地的间性空间遭到变本加厉的挤压。西方主流媒体却极尽认知控制之能事,早已失去对权力的监督和制衡作用。左翼知识分子本已微弱、卑怯的声音几乎全然被淹没在西方主流媒体的喧嚣和社交媒体的琐屑之中。

　　说起生态文明运动,该运动本身也不无局限性和盲点。一场乾健的生态文明运动应看到至少六重生态:瓜塔里所提出的环境生态、社会生态和精神生态,麦克卢汉学派所探讨的技术生态或媒介生态,赫肖克(Peter Hershock)所讨论的由多元的伦理体系所构成的伦理生态,以及维利里奥所提出的灰色生态。维利里奥的速度学和灰色生态学所关切的恰是速度对距离的污染和对间性的挤压。应该看到,韦伯所批判的新教伦理与资本主义精神根植于传统西方本体论这个元程序。其时间意识是线性的。线性时间意味着对资本扩张和GDP增长的痴迷。时间意识是生态文明的深层哲学问题。资本主义不管如何再造自己,都不会改变利润至上这一基于线性时间的原则。环境成本、社会成本、精神成本并未被列入其资产负债表。瓜塔里犀利地指出,精神分析是资本主义最好的药品,或者说毒品。近些年跨国公司在可持续性和循环式经济方面有所投入,但这种投入依然是出于对资本长远利润的考虑。以间性论取代传统西方本体论作为未来文明的元程序是一项偷梁换柱的革命性举措。这种革命可能更接近葛兰西所说的消极革命。言下之意,它是一场世界观的变革,意味着绝大多数人伦理体系的少数化或生活脚本的去主流化。这场消极革命对资本主义的捕获装置而言有釜底抽薪的作用,其意义完全是积极的。

　　间性研究是萌生于东西方哲学之间的、具有未来学意义的一股学术清流。在间性论者看来,当代西方哲学的纠结点恰是传统西方本体论的话语霸权,其出路在于由本体取向转为间性取向。这一转向意味着对整个西方哲学史的重新梳理和对中国哲学的重新认识。其意义将遍及文化和社会生活的各个方面。如前文所述,间性思维跟《易经》、老庄、《中庸》、禅宗思想及生态学情怀有着自然的契合之处,也是当代西方哲学家群体苦苦摸索、似有所悟却又难以道明的一条逃逸线。诚所谓"山重水复疑无路,柳暗花明又一村",间性问题可以说是全球化时代的首要哲学问题。在技术发展轻忽伦理、大国博弈日益升级、环境问题积重难返、芸芸众生焦灼迷茫的背景下,间性论可谓应运而生,同时也任重道远,需要一大批志同道合者的共同探索。

把媒介生态纳入相互关联、相互作用的六重生态这一框架之下,意味着对媒介生态学唯媒介是论之局限性的突破。程序思维则是对目的思维乃至宿命论,以及因果思维乃至决定论这两种线性思维的突破。当今文明范式所造成的重重危机是其元程序(传统西方本体论)之中所蕴含的必然。不终结该元程序,无论是加速抑或减速,终究于事无补。开启与之迥异的元程序(间性论)意味着文明范式的转换。在数字媒介环境中复兴的程序思维,如果不能上升到二阶乃至 n 阶,就只会停留在控制与反控制的博弈之中。在现有西式文明之元程序的制约之下反控制,绝非人类的解脱之道。间性论对人类而言具有逃逸线的意义。逃逸意味着创造,而不是逃避。媒介生态学与间性论宿缘颇深。就思维模式而言,麦克卢汉可以说是一位不折不扣的间性论者。媒介本身是个间性概念,而廓落这个久经玩索而新意迭出的间性概念则是关于媒介的最新隐喻之一。视媒介为廓落是对媒介乃至人的根本境况(跟自然、他者及自身的疏远)的间性论观照,也是间性论方式的一种自我反观。间性论的意义近在当下,远在未来,事关文明范式的转换。通过以上讨论,给媒介生态学注入更多的危机意识,并扩展其视野与格局,是笔者的意图之一。

(张先广,延安大学政法与公共管理学院、美国格兰谷州立大学传播学院教授)

Interology as the Metaprogram of the Civilization to Come: With Incidental Notes on Media Ecology

Zhang Xianguang

Abstract: This article concisely combs through the rationale and historical background of interology, and reveals its irreplaceable futurological significance at the historical juncture where our civilization is transitioning to a new paradigm. The idea is to offer a conceptual map for those explorers who are speculating on humanity's future. Given the amount of content covered relative to its length, the article adopts a "stroboscopic" textual strategy. The reader is encouraged to swallow the whole thing to get the thrill first, and then savor it, contemplate it, ruminate on it, so as to brew difference through repetition, and experience the pleasure derived from interality. In terms of ways of thinking, media ecology dovetails with interology quite well, even though it has a single-mindedly mediumistic tendency (and the tendency to see all artifacts as media). This article puts media ecology within the context of the six interrelated, interactive ecologies with a view to expanding its horizon and frame of reference, augmenting its crisis awareness, and rendering salient its humanistic significance.

Keywords: Traditional Western Ontology; Interology; the Law of Excluded Middle; Tetralemma; the Six Ecologies; Metaprogram; *Khora*; Media Ecology

技术加持、价值异化与传承调适："花儿"再媒介化传播进路的审视与反思

马堉金　陈守湖

摘要：作为流传于西北地区的非物质文化遗产，"花儿"在特定地域空间中创造了独特的文化内涵，成为具有广泛影响的在地性媒介，其艺术价值能够确保将蕴含其中的伦理观念转化为一种"可见"的媒介化力量，从而影响流传地区的民众。在媒介化社会背景下，分析"花儿"内容和形式的再媒介化，反思再媒介化进程中主体性消减、文化内涵消弥、伦理价值消解等现实隐忧对"花儿"发展造成的冲击，探索"花儿"传承中媒介生态与文化生态的耦合路径，是促进"花儿"这一优秀传统文化在再媒介化过程中实现创造性转化与创新性发展的必然选择。

关键词：花儿；再媒介化；传承；传播

"花儿"是流传于西北地区、使用当地汉语方言演唱的一种民间高腔山歌，在甘肃、宁夏、青海、新疆民间均有着广泛影响。在"花儿"这一民间艺术的发展史上，汉族、回族、撒拉族、保安族、东乡族、土族、裕固族和藏族等民族皆参与了共创共享。"'花儿'是一种具有数百年历史的区域文化现象,它所纳含的社会内容十分丰富,可以说是一部西部民间文化的百科全书。"①作为中国民间音乐的一种特殊歌种,"花儿"以其特有的词式、曲令内容及独具魅力的演唱方式而著称,是西北地区民间文化最具代表性的艺术形式,促进了民族交往、交流、交融,参与构筑了中华民族共有的精神家园。在新媒介技术不断介入社会生活的互联网时代,包括"花儿"在内的传统艺术的再媒介化是创新传承传播的必然选择。基于其非物质文化遗产的传承功能,"花儿"再媒介化的核心在于"将传统艺术中提取出的内容,通过新的媒介样式进行改造与重构,以此获得新的媒介文化意义与内涵"②。在"花儿"漫长的发展演变进程中,媒介要素始终如影随形,其内容和形式被不断解构、重构,以适应不同时代的发展。本文拟从媒介化的理论视角考察"花儿"在互联网时代的传播,以期揭示"花儿"传播的新媒介图景,探析"花儿"在再媒介化进程中所产生的现实隐忧,探索媒介生态与文化生态的耦合对"花儿"传承的影响,以及"花儿"由此获得的新的意义与内涵。

一、技术加持:"花儿"内容与形式的再媒介化

据考证,"花儿"最早的记载出现于明朝宪宗成化六年(1470)③,到目前为止已在西北地区流传了五百余年。在其发展演进的过程中,"花儿"与媒介变迁相互交织,不断造就着新的"花儿"文化形态。"人类传播史上,新技术的诞生所带来的媒介革命曾多次发生"④,印刷媒介、电子媒介、数字媒介,每当媒介新形态出现,随之而来的便是势不可挡的媒介革命。媒介革命进程中充斥着

① 张君仁:《花儿王朱仲禄——对一个民间歌手的音乐人类学实验研究》,福建师范大学博士论文,2002年,第23页。
② 陆吉星:《地域文化再媒介化传播的影像赋能:"到贵州·见不同"系列微纪录片的创作启示》,《四川戏剧》2022年第11期,第116—119页。
③ 胡筱倩、郝彦添:《民间音乐与甘肃花儿的共生演化路径研究》,《中国戏剧》2023年第2期,第73—75页。
④ 张凌霄:《媒介革命下媒介环境学的范式继承与理论超越》,《新闻爱好者》2022年第10期,第74—76页。

新奇的媒介元素，"花儿"的发展演变不断被媒介革命的洪流裹挟，从单一媒介元素的媒介化，到多种媒介元素融合的再媒介化，每一次都会经历从内容到形式的媒介冲击。

媒介学的出发点即是"研究技术和文化之间的关系"①。德布雷将媒体界定义为"按照时间顺序团结各方的因子或信息与人的传播运输界"②，并将媒体界划分为三个层次：话语圈、图文圈和视频圈。从德布雷的观点出发，我们可以认为，"花儿"最初在媒体界的形态便是话语圈的传播，即"作为中心的书面语在某些限制条件之下通过口头渠道传输信息"③。"花儿"作为民间古老的传统艺术，其初始的媒介化就是通过口口相传的人际传播实现大范围传播和交流的。"花儿"早期的创作者大多为底层劳动人民，且当时创作与传播环境中的劳动者大都目不识丁，此时的"花儿"作为一种媒介，以朗朗上口的韵律和曲调，将劳动人民的感情、思想和智慧，通过歌唱的形式转译，供人们消遣，获得娱乐享受。在广播、电视等大众媒介尚未盛行的时代，人际传唱是最为有效的传播方式，形成了独具特色的声音景观，悠扬婉转的"花儿"成为西北地区民众交往交流的重要媒介，催生了诸如"花儿会"④等西北地区独有的地域性文化景观。随着广播、电视媒体介入"花儿"的传播，"花儿"突破了原有的演唱时空，开始成为现代媒介中的"花儿"，媒介建构了新的"花儿"传播形态，并通过广播电视的传播扩大了流传范围，真正意义上实现了媒介技术与"花儿"的互动传播，进一步丰富了"花儿"的媒介化传播形态。在 20 世纪 50 年代初，刚刚成立不久的兰州人民广播电台，录制播放了西北"花儿王"朱仲禄演唱的新编"花儿"《共产党好比红太阳》，成为新式"花儿"传播的首个案例。⑤ 进入 21 世纪，互联网的飞速发展，新媒介技术的出现，使得社会媒介化程度日益加深，进入了德布雷所指称的视频圈。此时，话语圈、图文圈和视频圈相互交织，

---

① ［法］雷吉斯·德布雷：《媒介学引论》，刘文玲译，中国传媒大学出版社 2014 年，第 1 页。
② ［法］雷吉斯·德布雷：《媒介学宣言》，黄春柳译，南京大学出版社 2016 年，第 25 页。
③ ［法］雷吉斯·德布雷：《媒介学宣言》，黄春柳译，南京大学出版社 2016 年，第 25 页。
④ "花儿会"是"花儿"得以表演、传承与传播的重要文化空间，参与者在特定的会期集中于一起，以歌手为中心，中间夹杂对唱，在一些情况下会有乐器伴奏，对于形成多样性的艺术风格具有重要意义，比较有名的包括松鸣岩"花儿会"、老爷山"花儿会"、莲花山"花儿会"与二郎山"花儿会"。
⑤ 张君仁：《1949—1979 年间的花儿与花儿研究》，《音乐研究》2015 年第 2 期，第 104—117 页。

"花儿"通过多元传播手段的融合实现了再媒介化的转变。尤其是短视频的迅猛发展带来了"花儿"艺术再媒介化的新机遇，在更大程度上扩展了"花儿"的流传地域和传唱人群。在远离西北的地域，同样传递并转译着"花儿"文化，这其中渗透着媒介技术的自主性力量，从而营造了一个更广阔的"花儿"生产和传播场域。

"花儿"传播的形式经历了话语圈、图文圈和视频圈三个层次的媒体界。在从媒介化到再媒介化的进阶中，"花儿"的内容也在媒介变迁的助推下实现了重构。最初的"花儿"表演是劳动人民在自由开放的环境中随意创作的"野曲"，因是在田间地头劳动的间歇随意演唱，故而没有特定的主题和要求，每个人都可以创作和演唱，创作门槛低且创作主体庞大，但流传下来的往往是经典的、经久不衰的"花儿"。早期的"花儿"以"爱情花儿"为主，"南天门上摘星星，天宫里偷月亮哩。只要阿哥有真心，在你的手尖上哩"，"我两人，宽心的少年哈唱上"，"房檐上盘下的鸽子窝，咕咕咕叫，公鸽子偎了个母鸽子，一晚上想你睡不着，门槛上坐，满天的星星哈数过"，"尕妹妹的个大门上浪呀三浪哎，心儿里闹得慌啊，想看个你的尕妹妹的好模样呀"，这一类歌词在"花儿"中颇为多见，反映了西北地区劳动人民质朴、热切、真挚的情爱观。"花儿"是将民众的思想观念转化为物质性力量的重要中介手段，在传播媒介加持下，将人们的"爱情观念"转化为"可见"的爱情力量，以此来确定恋爱关系、感化恋人等。随着媒介环境的变化，景随情迁，情随景动，"花儿"的演唱内容也不再局限于爱情，且约束条件日趋减少。因为"爱情花儿"是主体，所以过去有许多禁忌性的约定，比如，进了村庄唱不得，老人跟前唱不得，等等。随着社会文明程度的提高，早期"花儿"中一些与社会格格不入、不合时宜的"迷信色彩"和"色情露骨"的内容受到人们的批判并在革新中被逐渐淘汰。现在的"花儿"虽然仍以"爱情"为主，但涉及的主题更为多元，从而使"花儿"作为媒介的功能可见性大大提升。詹姆斯·吉布森指出，功能可见性是"媒介的特征及其与社会互动之间的关系"①，"花儿"作为特殊的艺术媒介，在与社会互动之中不断完善、改造自身的媒介内容，从而更为充分地发挥其媒介"可见性"，借此建构了具有强

---

① ［丹麦］施蒂格·夏瓦：《文化与社会的媒介化》，刘君等译，复旦大学出版社 2021 年，第 30 页。

烈地域特色的西北民间媒介文化图景，不断"促进、限制并形塑传播与行动"①。由此，"花儿"将西北地区劳动人民的智慧、思想转换为一种看得见的力量，即使是目不识丁的农民也能从"花儿"中获得情感慰藉与伦理教化。"花儿"不仅传播了民间社会规范，也以自身的媒介属性形塑了民间社会规范，因为它必须要让它所传播的内容获得受众的深度认同。

经历内容和形式的再媒介化后，"花儿"内含的社会意义和精神指向也达到了再媒介化的程度，因为再媒介化的对象并不局限于外在的内容和形式，还包括了内蕴的社会意义、意识形态等精神内涵。② "花儿"再媒介化形成的文化内涵折射出西北地区的社会变革和西北人民的精神世界。在社会意义的层面，经过媒介化"洗礼"之后的"花儿"，在媒介技术广泛赋权于大众之后，其传播从特定地域空间走向全国乃至世界，其文化价值获得了更具广度和深度的传播。而在精神层面，人们对"花儿"的文化体验感更加强烈，"同一地理空间、同一历史源流、同一集体记忆所造就的文化共感"③在媒介技术加持下不断强化。

二、价值异化："花儿"再媒介化的现实隐忧

在深度媒介化社会中，"花儿"的再媒介化是不可避免的。"技术如火，网络既创造又破坏"④，再媒介化是机遇亦是挑战，技术加持下的再媒介化带来新一轮媒介革命的同时，也引发了一系列的突出问题。社会媒介化程度加深，"花儿"在创作演出过程中形成了媒介依赖，技术超越了人，成为"花儿"传播的重要支撑，人的主体性遭遇了挑战；现代媒介文化的碎片性、消费性和无序性使得"花儿"长久以来固有的文化内涵消失、文化价值异化，"花儿"的艺术性、伦理性和创新性被遮蔽，愈发朝着商业化、流量化的模式发展；在"花儿"逐

---

① ［丹麦］施蒂格·夏瓦：《文化与社会的媒介化》，刘君等译，复旦大学出版社2021年，第31页。

② 袁靖华、陈涵瑶：《"再媒介化"：文化记忆视角下传统文化类节目的创新路径》，《中国广播电视学刊》2022年第10期，第37—41页。

③ 陈守湖：《媒介·文化·政治——县级融媒体运行机制的三重逻辑》，《陕西师范大学学报（哲学社会科学版）》2021年第1期，第143—151页。

④ 胡泳：《媒介：回归与创新》，郑州大学出版社2023年，第1页。

渐商业化、流量化之后,随之而来的是高度媒介认同中的同质化和模式化的"花儿",充斥着教条式的创作和模式化的歌词。"花儿"再媒介化的现实隐忧正日益凸显,对其再媒介化发展过程中的问题进行反思势在必行,如此才能使"花儿"在深度媒介化社会中的发展前景更为清晰明朗。

在媒体界的话语圈时期及图文圈早期,"花儿"的产生及发展以人际传播中的口口相传为主,高度注重"人"的创作及传播。融自然生态、社会生态、文化生态为一体的创作环境,曾催生出许多优秀的民间"花儿"艺术家,如西北"花儿王"朱仲禄。朱仲禄是集演唱"花儿"、研究"花儿"、创作"花儿"于一身的三栖民间"花儿"艺术家,在西北地区"花儿"的创作和传播过程中居功至伟,他以"人"的作用肯定、助推了"花儿"的传播,丰富了"花儿"的文化内涵,使"花儿"的创作和演唱具有了更多的"人情味",这也是"花儿"能够经久不衰、生生不息、世代传承的主要原因。但随着媒介技术的快速发展、媒体界视频圈的来临,在当下"花儿"的发展传播中,人反而成了联结媒介和"花儿"的中介,媒介则成了"花儿"创作的关键驱动力。对媒介的过度依赖,过分追求技术带来的感官刺激,使媒介技术在"花儿"创作及演出中超越了"人"的作用。一些新式"花儿"的创作及展演不断追求伴奏、音响,甚至技术设备的新潮,遮蔽了"人"的存在。多元的媒介选择,分离甚至切断了"人"和内容创新的联系,创新在某种意义上仅仅是媒介形态的创新。在媒介多元的视频圈,元宇宙的兴起和火热,又进一步挑战着人的主体性地位。借助强大的媒介技术支持而兴起的线上演唱会,在带给人们新奇媒介体验的同时,也忽视了作为演唱主体的"人"的作用,沉浸式体验更潜移默化地加重了媒介在人们心中的存在感。"媒介以人察觉不到的方式塑造了人的无意识状态,使人'温顺'地接受媒介带来的感官体验和行为影响,人的主体意识在不自觉中被截除了。"①

短视频媒体的繁荣,给人们带来了媒介使用习惯的短暂性、瞬时性,当代媒介文化的碎片化特征更趋明显。"花儿"在短视频平台传播的日益碎片化,使"花儿"的创作者、演唱者和研习者不再追求系统完整的专业学习和技能培

---

① 林爱珺、何艳明:《数字媒介依赖的新表征与伦理反思》,《学术研究》2022 年第 5 期,第 54—60 页。

养,更倾向于在碎片化的媒介文化中通过只言片语的了解和对"花儿"技巧的简单掌握,短、平、快地成为"花儿"歌手。通过媒介技术的合成迅速完成一首"花儿"的创作,成为一名"花儿"传唱者,这样的现象并不鲜见。尽管新兴媒介推动了"花儿"更为广泛地传播,但在另一方面,"花儿"文化的创新性在媒介的"高光"中被不断遮蔽,人们看到的更多是媒介的力量,追求的也只是一种快餐式的媒介化的"花儿"。同时,在消费场景中,人们热衷的是"花儿"经过媒介化后的符号意义,是商业化流量化的"花儿",这和在西北大地上萌生起来的民间艺术"花儿"已相去甚远。最突出的现象便是"花儿"商业价值的凸显,"花儿"开始被媒介包装、推介。早期由民众自发组织、自由参加的"花儿会"逐渐机构化、组织化,规范了流程的同时也增加了烦琐的程序,导致真正的民间歌手可能并无资质参加。机构化、组织化的商业运作,使"花儿"无法避免商业意识形态的规训,"花儿"创作和演出失去了自由松弛的环境,冲击了"花儿"艺术性、创新性和伦理性的迭代发展。此外,当代媒介文化的多元性也深度浸入"花儿"的发展和传播。"花儿"作为民间音乐的一种类型,具有强烈的在地性。在媒介化社会中,"花儿"的再媒介化改变了它的传播空间,在传播空间因媒介技术迅速扩张的同时,"花儿"受到了多元音乐文化的冲击,现代音乐观念、形态借助媒介的力量进入"花儿"的当代传承中。"花儿圆舞曲""花儿交响乐"等改编方式,就是"花儿"与西方音乐文化相结合的结果,还有改编者将年轻人喜欢的摇滚乐与"花儿"结合,推出了"花儿摇滚"等新形态的"花儿"。① 这些改编方式以"创新"之名,异化了"花儿"固有的文化内涵与形式,尤其给"花儿"内容本身的伦理性带来了极大冲击。"花儿"的再媒介化程度越深,流行文化与商业文化的介入就越深,其价值异化的可能性就越大。

在再媒介化过程中,民间音乐经由媒介技术转变成了一种"可见的"媒介力量,人们在使用媒介创作、演唱、研究"花儿"的过程中形成了一种媒介认同,约定俗成地认为媒介具有变革"花儿"的强大能量,且技术越强大"花儿"越流行。但这种媒介认同衍生的却是泛滥的、僵硬的、教条的媒介使用。因此,基

---

① 张莫:《回族民歌"花儿"的艺术特色及保护发展》,《贵州民族研究》2018 年第 1 期,第 126—129 页。

于媒介平台而生成的"花儿",充斥着教条式的创作和模式化的歌词。媒介依赖使不少的"花儿"演唱者、创作者不再注重内容本身的创新和发展,只是频繁借助媒介的力量,如伴奏、音响和音乐特效等。过度的媒介使用让"花儿"失去了其本身特有的文化内涵,尤其对于"花儿"创作中人的主体性的忽视,使媒介化社会中的"花儿"成为某种技术化的产品。生成式人工智能技术的出现,更有可能加重"花儿"创作中的媒介"韵味"。虽然生成式人工智能技术可以快速而流畅地创作一首看似完美的"花儿"曲谱及词令,高度契合当前"快餐式文化"的特征,但是这种创作是缺少"人情味"的技术复制的模式化创作,显然无法同"花儿"艺术家的创作相提并论。诚然,"发达的数字技术使花儿的传播比之以前更加便捷快速,但是千篇一律,千人一味,就像是城市的流行快餐"①。

三、传承调适:"花儿"再媒介化的路径探索

人类文化是在传承中发展的。传承就是一种有机重复,而发展便是一种流变。② "花儿"文化在不断流变中实现传承,媒介则是促进"花儿"流变传承的关键因素之一。从中国西北的"花儿"到走向世界的"花儿",是文化传承和媒介传承不断耦合流变的结果。一方面,媒介塑造了"花儿"的文化价值,并通过再媒介化的变革,打造了以"人"为主体的"花儿"文化景观,如"花儿会""花儿茶园"等,不断创新"花儿"文化价值的社会意义,营造良好的文化传承生态环境,确保了"花儿"文化的代际传承和创新发展。另一方面,媒介传承使"花儿"的发展传播突破时空限制,优秀的"花儿"曲谱、词令得以流传,丰富的影像资料也使经典的"花儿"曲目广为传唱,如朱仲禄的《上去高山望平原》。同时,媒介规定了"花儿"传播的形式,广播、电视、互联网媒介的接续进阶,使"花儿"的传播形态实现了从单一记录到多元交叉的融合,从录音、视频到图文视频的融合。"花儿"再媒介化的路径探索无疑是媒介传承中不可缺少的一

①　张君仁:《一代宗师 花坛绝响——花儿王朱仲禄的生平与贡献》,《人民音乐》2008 年第 5 期,第 48—50 页。

②　王海龙:《"花儿"演唱形式的变迁与重构文化市场》,《大众文艺》2016 年第 2 期,第 269 页。

环,是"新媒介对旧媒介上原作品的内容、形式及社会意义等进行继承和创新的转化过程"①,是媒介传承与文化传承相互契合的当代呈现。

"花儿"再媒介化的当代传承,即是指"花儿"文化传承与媒介传承的耦合,文化传承不断为媒介传承注入新的社会意义和精神内涵,媒介传承则为文化传承突破时空界限提供形式载体,二者相辅相成,共同铸就了"花儿"传承的坚实基础。经由人们自发组织参与的"花儿会"便是早期"花儿"进行文化交流传承的生产场域。随着社会变迁,"花儿"的文化传承开始产业化、规范化和规模化,出现了专门以展演"花儿"谋生的艺术团体和"花儿茶园"。同时,得益于广播电视媒介的普及,"花儿"文化传承与时俱进,记录"花儿"文化的音像和影视产品大规模传播。在文旅融合政策的助推下,"花儿"文化+旅游的模式已成为当代传承中最显著的特色,游客们在旅游中体验"花儿"韵味,在"花儿"中获得旅游意义,并通过短视频等社交媒体助推"花儿"的跨地域、跨圈层传播。在文化传承过程中,人是传承的根本性要素和根本性动力,"花儿"的发展与繁荣生发于民、传承于民、兴盛于民。"传统文化的传承发展要直面当代社会生活本身,使其回归日常生活轨道,保持并不断激发人民的文化创造活力,由内而外赋予传统文化新的时代内涵,使传统文化与现代社会相协调,真正成为现实生活的重要组成部分。"②基于媒介技术的充分赋能,当代社会的"花儿"传承须着力创造以"人"为主体的文化现象和文化景观。目前看似繁荣的"花儿会",多数是在机构主导下发展起来的,意在规范秩序和长久存续,但事实上,机构的主导使"花儿会"丧失了自由、轻松的艺术环境和自然环境。基于"花儿"的文化传承,"花儿会"应当适当改变机构主导的模式,"增强自由竞争的创新活力,发挥体制的弹性和包容"③,在媒介技术的助力下,重塑"花儿会"的昔日辉煌,更好地实现"花儿"的文化传承功能。同时,在促进"花儿"从西北走向世界的进程中,也应加强西北地区民众的文化认同和地域认同,拥

---

① 袁靖华、陈涵瑶:《"再媒介化":文化记忆视角下传统文化类节目的创新路径》,《中国广播电视学刊》2022 年第 10 期,第 37—41 页。

② 孙嫱:《"双创"视角下"花儿"艺术的传承与发展》,《宁夏社会科学》2021 年第 3 期,第 209—216 页。

③ 胡泳:《媒介:回归与创新》,郑州大学出版社 2023 年,第 55 页。

有共同的价值认知,才能为"花儿"文化的传承和创新奠定共通的交流和理解空间,消除其传承和发展中的障碍。在这方面,多形态的媒介和交互式的平台媒体大有可为。

媒介在"花儿"文化传承中发挥了不可替代的重要作用。"花儿"作为非物质文化遗产,凝聚了西北地区人民的智慧,充分展现了地域性艺术的特色和魅力。在历史的长河中,储存、保留了许多珍贵的"花儿"遗产,随着社会变迁,这些"花儿"文化遗产以再媒介化的形式,在新的时代重新焕发生机。媒介技术持续迭代浸入,"花儿"文化遗产被转译成一种"可见性"力量,让人们感受到优秀文化遗产历久弥新的魅力。比如,非遗数字博物馆的设立,使非遗历史资料得到了全面、系统的数字化整理、保存和展示;同时,通过对头条、公众号、微博、朋友圈、抖音、快手、短视频等自媒体平台的整合,实现了"花儿"全方位的媒介化传播。[①] 新兴媒介技术不仅重构了"花儿"遗产的媒介形式和文化内涵,更为"花儿"文化的全面传承提供了多种可能。"花儿"传承中的"跨媒介叙事",就是媒介化社会中的一种艺术创新。"跨媒介叙事"是"'再媒介化'过程中调用多元媒介以最大程度吸引受众在各个领域进行协同生产"。[②] "花儿"在当代传承中的"跨媒介叙事",以多元媒介的融会贯通,使文化产业、旅游行业、服务行业及艺术领域等实现协同发展,从而共同推动了"花儿"的再媒介化传播。

四、结语

"花儿"的再媒介化传播,是传统文化在深度媒介化社会中必然面临的媒介现实。对"花儿"文化的再媒介化创新表达,是"花儿"的媒介化力量被不断释放,并引发新的媒介行动的过程。新技术、新媒介与"花儿"艺术相结合,实

---

① 参见安少龙《数字媒介时代"花儿"传承的文化产业向度》,《兰州文理学院学报(社会科学版)》2021年第4期,第18—24页。

② 袁靖华、陈涵瑶:《"再媒介化":文化记忆视角下传统文化类节目的创新路径》,《中国广播电视学刊》2022年第10期,第37—41页。

现了传统艺术从内容形式到社会内涵的多维嬗变。再媒介化进程中的技术赋权，增强了人们对"花儿"传统艺术的媒介共感，潜移默化地扩大了人们对"花儿"的认同感和归属感。"不可否认的是，传统文化传承与当代技术浸染下的媒介创新转化提升了人们对传统文化的认知"①，"花儿"文化的传承在媒介力量的加持中实现了持续的创新发展和蜕变，促进了"花儿"文化的再媒介化传播进路。

在媒介化社会中，再媒介化是"花儿"这一西北民间传统艺术在新的传播环境下持续进行的一场革命，也是艺术家充分利用媒介技术、创新传承方式的必由之路。作为在中国西北地区流传的独特歌种，它体现了西北地区人民群众的文化记忆，这也是"花儿"艺术生命力的根本。正是附着于"花儿"的共同文化记忆，建构了流传地区民众讲述自身历史与文化的集体无意识。"花儿"所形塑的文化记忆，从来都是和媒介相关的。不同历史时期、传播条件下的"花儿"，之所以显现出独特的文本价值，和它获得的媒介支持有着密切联系。媒介的每一次演进都会带来"花儿"传播形态、渠道的变化，同时也会带来"花儿"的再媒介化过程。基于媒介技术推动的再媒介化，是对作为文化记忆媒介的"花儿"这一民间艺术在传播方式上的媒介化重构。同时，作为一种结构性力量的媒介亦成为艺术创作要素，被融入"花儿"的艺术体制之中。在前互联网时代，"花儿"的再媒介化往往能获得一定的媒介调适期，因此，媒介形态与艺术形态的耦合亦经历了较长时段的沉淀，媒介变迁与"花儿"传承之间的冲突并不剧烈。但在互联网时代，媒介迭代加速，媒介化社会中的"花儿"传承被不断兴起的媒介形态阻断了调适与沉淀的时空可能，由此带来了"花儿"创作表演主体性缺失、过度依赖媒介技术而忽略内涵提升、伦理教化价值减弱等现实隐忧，但对于"花儿"未来的传承发展来说，媒介技术进步仍然是极为关键的要素。

"花儿"是中华民族优秀传统文化的重要组成部分，在创新其传承传播方式的过程中，须对"花儿"的再媒介化有理性而审慎的认识，既要借助丰富多元

---

① 钟垂贵：《文化传承的媒介转化与融合研究》，《美术教育研究》2021 年第 19 期，第 50—52 页。

的媒介提升"花儿"传播的广度和深度,又要警惕过度媒介化对"花儿"艺术本体的消极影响,确保"花儿"的艺术价值在媒介化社会中得到深度发掘,从而在新的历史时期推动"花儿"的创造性转化与创新性发展。

（马堉金,陕西师范大学新闻与传播学院博士研究生;陈守湖,陕西师范大学新闻与传播学院教授、博士生导师）

Technology Blessing, Value Alienation and Inheritance Adjustment: Review and Reflection on the "Hua'er" Re-Media Communication

Ma Yujin　Chen Shouhu

Abstract: "Hua'er", an intangible cultural heritage spread in Northwest China, has unique cultural connotations in a specific geographical space and has become a local medium with extensive influence and its artistic value ensures that its ethical concepts can be transformed into a "visible" medialization force, so affecting the people in the spreading regions. In the context of mediatized society, analyzing the re-mediatisation of the content and form for "Hua'er", reflecting on the shocks to the development of "Hua'er" caused by the elimination of the subjectivity for "human", the disappearance of cultural connotations, and the dissolution of ethical values, and exploring the coupling paths of media and cultural ecology in the inheritance of "Hua'er" are the inevitable choices for the promotion of "Hua'er", an excellent traditional culture, to achieve creative transformation and innovative development in the process of re-mediatisation.

Keywords: Hua'er; Re-medialization; Inheritance; Communication

普罗米修斯盗火与大禹治水：
中西元素型媒介观的文明互鉴研究①

谢清果　王婷

摘要：彼得斯在《奇云》一书中提出了一种"元素型媒介哲学"，这拓展了学界对媒介的理解，即将媒介视为"元素"，而每一种元素型媒介都作为基础设施隐藏在可见性媒介的后台。凭借此书，我们可以从元素型媒介的视角理解媒介及其技术延伸。中西文明也在元素型媒介观的差异中，表现出传播思想史的差异。换言之，从对元素型媒介差异的理解中，中西文明可以交流互鉴。在对水与火两种元素型媒介的理解中，西方文明强调火型元素媒介代表的是对自然的征服技术，而中华文明则更强调水型元素媒介代表的是人与自然和谐相处的生态技术。工业革命以来，"声光化电"等火型元素媒介大行其道，中国在现代化进程中也受到其影响，但是随着21世纪生态文明的兴起，传统中国水型媒介观显现出新的时代价值。

①　本文系国家社科基金重大项目"铸牢中华民族共同体意识的传播策略研究"（项目编号：22&ZD313）的研究成果。

关键词：约翰·彼得斯；文明互鉴；元素型媒介；技术型媒介；媒介基础设施

约翰·彼得斯是传播学界崇尚东西方文明交流互鉴的典范，他为每一本著作的中译本都特意撰写了"中文版序言"，用以展示其中西文明交流互鉴立场和对中国读者的寄语。彼得斯的治学风格类似于钱锺书先生，他们二者都重视以自身的博学创造性地打通古今，在各自学术领域前所未有地活化各自文化传统中的经典，二者在中西文化交流互鉴上的一个共同特点就是"重同轻异"。彼得斯认为不用去对比东方的"道"与西方的"逻各斯"的差异，"因为在东西方之间曾经有很多的相似性"和相互影响。① 在文明交流互鉴式的比较中，彼得斯的书写在重视东西方之间相似性的同时，也不忘记时常比较一些东西方之间的差异性。比如，他以海洋和江河为例，认为欧洲的航海形塑了欧洲人的心智发展空间，并认为"海洋给西方带来的是一个'自然无法驯服，只能被航行或顺应'的自然观，河流给中国人带来的是'自然可以被驯服和改造'的自然观，这两者之间的差异似乎也正是两个文明之间的轴心差异"。（自序第3页）

然而，与彼得斯的说法恰恰相反，从中西方历史发展轨迹来看，伴随科学在西方的诞生，恰恰是西方文明强调的征服自然、驾驭自然成为一种科学主义的自然观风靡全球。而中国传统文化则更多强调"天人合一""天人交相为用"等顺应自然、提倡人与自然和谐相处的自然观。彼得斯提出上述判断的原因，一定程度上是受到长期以来甚为流行的"海洋文明论"和"大河文明论"影响，以一种"地理环境决定论"简单地将西方文明定义为"海洋文明"，而将中国文明定义为"大河文明"，在海洋和河流这两种水型元素媒介之间比较中西文明的差异。事实上，若用元素型媒介的思维思考这个问题，不难发现，海洋和河流，都属于地球上水循环系统（hydrologic cycle）的媒介基础设施或者说后勤型媒介，河流中的水大多数最终流入大海，海洋中的水又通过大气降雨，成

---

① ［美］约翰·杜海姆·彼得斯：《奇云：媒介即存有》，邓建国译，复旦大学出版社2020年，中文版前言第2页。下面引用该书，直接在文中注页码。

为河流中的水。在地理学或者海洋学上,海洋或者河流都被称作"水储库"(reservoir),它们和湖泊、地下水、积雪、冰川一样都是水元素的一种存在形态或者说容器。① 换而言之,无论是河流对人类的影响,还是海洋对人类的影响,其实质都是水型元素型媒介对人类的影响。面对波涛汹涌的大海,西方人借笛福的《鲁滨孙漂流记》、梅尔维尔的《白鲸》之类来表达海洋"无法征服、只能顺应"的观点,而中国人亦有"观于海者难为水"②和"天下之水,莫大于海,万川归之,不知何时止而不盈"③的古言古训,二者在强调海洋无法征服、只能顺应的观点上是殊途同归的。而利用河流为人类生产、生活提供便利并不是危害,在全世界几乎也是一个普遍现象。美国学者史密斯(Laurence C. Smith)在其新作《河流是部文明史》一书中写道:"各国之间的文化、经济联系,迁徙人群和人口历史,都肇始于河流、河谷和那些由河流所形成的地理区隔。"也就是说"河流对于人类文明极其重要,但其意义还是被低估了"④,被低估的表现之一就是明明肇始于河流的西方文明,却被归纳为海洋文明。而美国学者魏特夫(Karl August Wittfogel)等人将中国的治水作为东方政治制度起源的观点,虽然很早就被学界认为是错误的,但仍然在一定程度上强化了海洋形塑西方文明,河流形塑中华文明的观点。在元素型媒介观的区分与对话上,我们不应再重蹈覆辙,简单以"海洋"和"河流"来区分中西文明。

彼得斯在《奇云》中所提出的"元素型媒介"概念,作为一个"具有用弘取精、溯本求源、革故鼎新的特点和强大的解释力"的概念,⑤在笔者看来,为解读中西文明的交流互鉴打开了一扇新窗户,中西文明对于不同元素型媒介的偏好,亦如中国的"道"与西方的"逻各斯"的差异一样,是根本性的和决定性的。换言之,两种文明的元素型媒介观是有着根本差异的。不过,世界通过交流互

---

① ［美］基斯·A. 斯韦德鲁普、［美］E. 弗吉尼亚·安布拉斯特:《认识海洋》,魏友云译,福建教育出版社 2022 年,第 50—53 页。

② 《孟子·尽心上》。参见(宋)朱熹《四书章句集注》,中华书局 1983 年,第 356 页。

③ 《庄子·秋水》。参见(清)郭庆藩撰《庄子集释》,王孝鱼点校,中华书局 2013 年,第 500 页。

④ ［美］劳伦斯·C. 史密斯:《河流是部文明史:自然如何决定文明兴衰与人类未来》,周炜乐译,中信出版集团 2022 年,前言第 X 页。

⑤ 夏维波、张憬辉:《北冥有鱼,化鸟游云——〈奇云〉中的媒介概念棋局及其解释力》,《文艺争鸣》2022 年第 4 期。

鉴彼此又在一定程度上走向趋同。笔者十分欣赏彼得斯把"媒介"定义为"文明之秩序的设定装置"这样的论断。或许正是从这个意义上讲，不同类型的元素型媒介技术才在不同文明的使用中凸显出偏好来，为该文明设定共识，稳定秩序。从"元素型媒介"概念视野入手，探讨中西文明的交流互鉴，应当基于各自文明传播的偏向和思想史。从水与火两种元素型媒介入手，或许是个不错的路径。

一、两种元素型媒介：火与水彰显的中西文明互鉴

彼得斯虽然在《奇云》中提到的元素型媒介众多，但其在第三章《一场关于火的布道》中重点探讨的"火型元素媒介"可以代表西方文明的元素型媒介观。彼得斯在文中开宗明义讲道："如果船代表了那些让人类能居住在海上的一整套艺术和技术，那么火就代表了能让我们栖居在土地上的一整套艺术和技术。对我们的周遭环境，火是其最激进的塑造者，是改进环境时使用的首要工具，也是最重要的元素型媒介之一。"（第130页）事实上较之于海洋，陆地才是人类真正长久栖居的地方，因此在彼得斯那里以"火"为代表的火型元素媒介才是人类文明最重要的元素型媒介。

火对人类的重要性很好理解，曾经担任记者的英国学者加亚·文斯（Gaia Vince）在其《人类进化史》一书中，将"火"与"语言"、"美"与"时间"并列为影响人类生物进化、环境进化和文明进化的四大关键因素。在文斯看来"生火和控制火种赋予了人类了不起的能力，可以将地球上的物质转化为人造世界的物质。掌控火种是人类历史的转折点，也是地球生命的转折点"，通过火的使用"我们永远地改变了生命体与环境之间的能量动态关系"。[1] 这些认识与彼得斯不谋而合，彼得斯认为"在很多方面，我们的艺术和工具，思想和隐喻都是从用火实践中衍生出来的"。"通过火，我们改变了地球的面貌，驯服了植物和动物，甚至可以说驯服了我们自己。我们用它来营造建筑物和神殿、锻造金属

---

① ［英］加亚·文斯：《人类进化史：火、语言、美与时间如何创造了我们》，贾青青等译，中信出版集团2021年，第74页。

以实现各种目的，包括探索自然奥秘以及互相征服等。"（第 131 页）

彼得斯的"元素型媒介哲学"是一种关于媒介技术的本体论。这种媒介技术本体论不同于拉图尔（Bruno Latour）的"行动者网络理论"（Actor-Network Theory），因为那是一种抹平事物之间差异性的"平本体论"（flat ontology），而彼得斯所强调的媒介技术本体论是一种"充满着褶皱、布满云层、高低不平"的本体论。（第 34 页）此种媒介技术的"褶皱"或者说"云层"正是源于自然元素和人工技术的层累式构造，而在彼得斯看来所有称得上元素型媒介的媒介都有这种层累式构造，火就是其中的佼佼者。他说："像所有媒介，人类手中的火是一种自然元素与文化技术的混合，是一种创造其他手段的手段。""火既是工具本身，也是工具之母，它既是媒介，也是几乎所有人造媒介的先决条件。火是一种元媒介。"（第 133 页）

"火"在这种元素型媒介技术哲学中是一种基础性的"元媒介"。首先火代表的是一种自然元素，其次火还是一种人工技术，再次火还是一种人类制造其他人造物的技术。这就是彼得斯所说的"火是一种媒介的三层次含义"（第 149 页）。彼得斯凭借"火"完美地诠释了他在《奇云》中所主张的元素型媒介技术哲学本体论。

黄旦教授认为对"火"的理解，有利于人们对彼得斯"元素型媒介是人类存有的基础"这一命题得出"窥一斑以知全豹"式的觉解。[1] 他在《奇云》一书的推荐序中不吝笔墨，精彩概述出火型元素媒介对人类文明的深刻影响。首先，火作为一种能量代表，火型元素媒介是一种能源型媒介，火能冶炼金属、制作陶瓷砖瓦、烹饪食物等，"火先后改变了海洋、土壤、大气层、人体动脉中的脂肪沉积物、我们的睡眠习惯以及个体和集体的生活方式"（第 175 页）。由此可见火作为媒介在人类栖居层面发挥基础性作用。其次，火作为元素型媒介，有一个从前台到后台、从明火到隐藏的过程，火媒介不仅仅是某一种具体的媒介，而且是一系列具有相同属性的媒介，包括煤炭、石油、天然气、电、太阳等一切可以为人类提供照明、热量及能源的媒介物，我们统称其为"火型元素媒介"。再次，彼得斯认为现代性的标志之一就是将明火隐藏起来，让火从前台

---

① 黄旦：《云卷云舒：乘槎浮海居天下——读〈奇云〉》，《新闻大学》2020 年第 11 期。

撤退到后台。（第 139 页）与此相对应的就是世界历史中以蒸汽机的发明和使用为标志的工业革命，以及后续的电力、核动力等能源革命对火的进一步应用，使得机器代替人力，推动了人类社会物质资料生产方式的变革。黄旦撮述芒福德（Lewis Mumford）的话说："火引燃了蒸汽机之动力，机器文明迅速征服了整个西方文明，机器体系是秩序意志和权力意志的融合和象征。"①正如美国学者菲利普·费尔南德兹-阿迈斯托（Felipe Fernandez-Armesto）所言，自从英国率先进入工业化以来，200 多年间世界上"每一个有机会工业化的地方都选择工业化"②。火型元素媒介俨然成为形塑西方文明、推进人类现代化历史进程的基础设施型媒介。因此可以说火型元素媒介在形塑西方文明的同时也形塑了"现代化"以来的世界文明，而回溯这一切的历史文化原初语境，有必要回到欧洲人的精神家园——古希腊去寻找，这就要从盗火英雄普罗米修斯讲起。

彼得斯除了悟出火对媒介理论的巨大价值，还意识到火之中存在的巨大风险、挑战与灾难。如同水能载舟亦能覆舟，火亦如老子所言是福祸相倚之物。俗语云"水火无情"，说的就是水和火之中蕴含的这种否定性、毁灭性力量。因此彼得斯说："火是一种'负'的技术，一种删除器，一种使物质消失的方法。"（第 134 页）对此，华夏先民深有觉察，中华文明虽然也同世界文明中的其他分支一样重视对火的创造性使用，用火创造出举世闻名的甲骨文、青铜器、秦砖汉瓦、瓷器、火药等，但是始终对火保持着一种警惕和谨慎使用的态度。在以木质建筑为主的中华古代文明中，火的破坏力给人留下深刻的灾难性印象，火烧阿房宫、火烧赤壁、火烧连营、火烧圆明园等成为家喻户晓的民族历史文化记忆。在古代中国人的日常生活中，夜半打更，有"天干物燥，小心火烛"的警示语，民间舆论留下"只许州官放火，不许百姓点灯"的成语典故。中国人还很早意识到了火的战争武器作用，《孙子兵法》中有专门的《火攻篇》，介绍了在战争中应用火作为武器的五种方法，但是华夏先民始终秉持"兵者不祥之器"③的观念，孙武在《火攻篇》的末尾不忘记告诫："亡国不可以复存，死

---

① 黄旦：《云卷云舒：乘槎浮海居天下——读〈奇云〉》，《新闻大学》2020 年第 11 期。

② ［美］菲利普·费尔南德兹-阿迈斯托编：《世界：一部历史》，叶建军等译，北京大学出版社 2010 年，第 912—913 页。

③ 参见陈鼓应《老子今注今译》，商务印书馆 2003 年，第 195 页。

者不可以复生。故明君慎之,良将警之,此安国全军之道也。"①这是对战火的谨慎态度。从中我们不难发现中华文明对火型元素媒介的谨慎与警惕态度。

相比较而言,虽然火也是中华文明发展的媒介基础,但是中国人对另外一种元素型媒介——水的推崇,却要更胜一筹。虽然中国人将钻木取火的燧人氏尊为"三皇"之一,但是那只是多种说法中的一种,未成定论,"燧人氏"在后世除了解释火在中国的起源,也未产生更大的文化影响。火神祝融在中华文明中的影响也远不及盗火的普罗米修斯对西方文明的影响,从袁珂先生整理的中国神话来看,祝融流传的主要形象,一是与共工争胜斗狠,直接导致共工怒撞不周山,引发天崩地坼,生灵涂炭(《史记·补三皇本纪》);二是担任天帝的刽子手,奉命诛杀了大禹的父亲鲧(《山海经·海内经》)。② 这样的形象既不可爱,又不可敬。中华文化中找不出像普罗米修斯那样的盗火英雄或是火神。能与普罗米修斯相媲美且对中国文明有着持久而深刻影响的不是一位关于火的英雄,而是一位治水英雄,他就是大禹。颇具隐喻意义的是,在柏拉图的《普罗塔戈拉》中,奥林匹斯山上的诸神是用火和土创造了人类③,而在中国神话中女娲造人使用的是水和土。水和火两种元素型媒介分别在不同程度上型塑了中西两大文明,其中的泾渭分明,早已埋伏在各自关于人类起源的神话传说与神话思维之中。

二、治水英雄:大禹治水与水利型元素媒介文明

在彼得斯看来,"从最广泛的意义上而言,媒介研究的任务就是对我们的境况进行总体上的沉思"(第 60 页)。这种总体反思是通过思考某种自然元素中所延伸出的人工技艺而完成的,它是自在与自为、造化与人工双重结合的折叠产物。因此水和火两种自然元素并不能自然而然地成为媒介,只有当它们

---

① (春秋)孙武撰,(三国)曹操等注:《十一家注孙子校理》,杨丙安校理,中华书局 1999 年,第284 页。

② 袁珂编著:《中国神话传说词典》,北京联合出版公司 2012 年,第 246 页。

③ [古希腊]柏拉图著,[美]施特劳斯疏:《普罗塔戈拉》,刘小枫译,华夏出版社 2019 年,第 48—49 页。

成为一种对人具有某种趋利避害的特定技术，且这种特定技术对特定环境或者文明中的人的境况促成改变时，这两种自然元素才可能成为元素型媒介。水和火，各自代表不同类型的技术型媒介，在趋利避害的技术性博弈中，西方文明将火型元素媒介的光与热之利发挥到极致，产生一系列火能型媒介技术，发展成为一种火能型媒介文明，通过工业革命及其产生的政经、科技、军事优势将之推向全球。而中华文明自古以来就重视从农田水利技术中寻求修己安民、治国安邦之道，使得这个古老的农业文明发展成为一种水利型元素媒介文明。如前所述，要探寻中华文明这种水利型元素媒介文明的奥秘，我们需要从著名的"大禹治水"讲起。

（一）"中庸智慧"与"冒险精神"：中西元素型媒介文明的传播气质差异

"大禹治水"的传说，更为全面的表述应当叫作"鲧禹治水"，分散记载于《山海经》《尚书》《诗经》《墨子》《孟子》《尸子》《吕氏春秋》《淮南子》等典籍中，情节丰富却记录碎片化，有的记载甚至有前后矛盾之处，后袁珂先生将其整理搜集为《鲧禹治水》的文献，使其面目逐步清晰起来。故事讲述鲧和禹父子两代，心系天下苍生，克服险阻治理洪水，最终大禹历时十三载治水成功的过程。

一般而言，坊间流传的"鲧禹治水"的故事，多将鲧治水失败的原因归咎于"以堵为主"，将大禹治水成功的原因总结为"以疏为主"，认为"疏"胜过"堵"。① 而众多学者的研究表明："大禹和鲧治水的方法根本没有什么不同，两人同样使用堙没法。至于两人后来的命运有天壤之别，个中当另有事在。"② 从《山海经》《诗经》《淮南子》经典文献中的记录来看，"洪水范范，禹敷下土方"（《诗经·商颂·长发》）才是大禹治水所用的主要方法。③ 亦即大禹治水在"疏浚"和"填堵"之间，还是侧重用"填堵"的方法来治水。民间素有"水来土掩"的说法，今天的人们在抗洪抢险中仍然要用土石方和沙包填堵堤

---

① 例如美国学者劳伦斯·C. 史密斯在其作品中说："大禹的父亲想用造坝建堤的方法堵住洪水，他努力了 9 年，以失败告终。但大禹成功了，他造沟挖渠，分流了洪水。在超过 13 年的时间内，大禹坚持不懈地疏通河道。"类似的认识极为普遍。参见［美］劳伦斯·C. 史密斯《河流是部文明史：自然如何决定文明兴衰与人类未来》，周炜乐译，中信出版集团 2022 年，第 12—13 页。

② 杨儒宾：《大禹与九州原理》，《杭州师范大学学报（社会科学版）》2020 年第 4 期。

③ 袁珂：《古神话选释》，北京联合出版公司 2017 年，第 183 页。

坝决口和筑高堤坝,这些都是用"填堵"来治理洪水。

由此则引出另外一种元素型媒介,那就是土元素。据《山海经·海内经》记载:"洪水滔天。鲧窃帝之息壤以堙洪水,不待帝命。帝令祝融杀鲧于羽郊,鲧复生禹。帝乃命禹卒布土以定九州。"①能够"填堵"洪水的正是一种叫作"息壤"的法宝,这是一种能够无限增长的土元素。大禹的父亲鲧之所以治水失败,原因就在于他从天帝那里盗取"息壤",因而触犯天帝,遭遇被诛杀的命运,继而才有大禹继承父志,继续治水的故事。鲧盗取息壤整治水患与普罗米修斯盗取天火给人间带来光明两个故事的情节非常相似,杨儒宾先生讲"鲧无异于希腊神话中的普罗米修斯",然而其下场比普罗米修斯还要惨,最终遭遇被诛杀的命运。②袁珂先生讲"普洛米修斯在欧洲各国文学艺术的表现里,早已成为光辉灿烂的形象;而在我国神话历史化的特殊情况下……(鲧)背了几千年的恶名"③。为什么普罗米修斯能够在西方成为盗火英雄,而鲧不能在中国成为盗息壤的英雄?这样一种鲜明的差别也是中西文明差异性的体现。

从元素型媒介观和中西神话思维来看,西方文明是一种火能型元素媒介文明,而中华文明是一种水利型元素媒介文明,"普罗米修斯盗火"和"鲧禹治水"隐喻了中西元素型媒介观上的一个重要差异:西方文明在重视火能技术的使用给人类带来的物种对物种的比较权力优势的同时,忽略了火的危险性和破坏性,似乎人类只能通过祈祷来规避火的危险和破坏,因此他们在对火的使用上是铤而走险的,具有一种火中取栗的冒险精神;而中华文明是在找到克制滔天洪水的方法,变水之害为水之利以后才形成水利型元素媒介文明的文化生态结构的。大禹治水的功绩之所以被世代口耳相传,歌颂不已,是因为这是克制水的破坏性和危险性的一个标志性事件,这种先找到变害为利的先决条件,然后才大胆使用的做法,彰显了中华文明的一种中庸智慧。普罗米修斯在西方受到推崇的原因就在于他的身上充满了为民福祉敢于冒险的精神。而在中国,人们推崇大禹而非鲧的原因,也在于大禹身上更具有仁智合一的中庸智慧。二者在中西文明传播中的不同历史命运,彰显了中西两种元素型媒介文

---

① 参见方韬译注《山海经》,中华书局 2011 年,第 354 页。
② 杨儒宾:《大禹与九州原理》,《杭州师范大学学报(社会科学版)》2020 年第 4 期。
③ 袁珂:《古神话选释》,北京联合出版公司 2017 年,第 179—180 页。

明的不同传播气质。

（二）水利型元素媒介文明与作为传播观念的"中国"

彼得斯通过元素型媒介观念，将媒介概念由社会讯息层面的传播导向人类栖居层面的传播，并由此提出元素型媒介在人类传播实践中的基础设施和后勤技艺作用。他说道："作为后勤型技艺，媒介能帮助人类去管理自然和其他人类，从而将人类世界和生物世界联系起来。"（第60—61页）水型元素媒介在中华文明中的基础设施和后勤技艺正是通过鲧禹治水揭示和传播开去的。通过大禹治水实践及其文化生成，中华文明逐步形成了管理自然与人类的物质技术文明、社会制度文明和精神观念文明，由此形成了中华文明的基本文化生态。在中华文明发展进程中，水元素因其开放性、多元性、可供性、生成性，使得水利型元素媒介技术在自然与人类之间发挥了居间的媒介作用。当然，由于鲧禹治水的事情发生在远古，是传说中的历史，其对中华文明的影响主要在精神观念层面。

大禹治水在精神观念层面奠定了中华文明的水利型元素媒介文明的本体论基础。首先，大禹治水奠定的水利型元素媒介文明是一种讲求人与自然和谐共生、天人合一、民胞物与的生态文明。《易传》提出的"三才观"，讲求"天地定位后，人居中而立，沟通天地，又具有天地之性，与天地浑然，融为一体"①。在天地人"三才"中，天地构成自然，是水之源出，也是水元素媒介实践的基础，而正是借由自然元素水作为媒介，才揭示出中华文明中人与自然天地浑然、融为一体的关系。彼得斯讲"就其本身而言，自然善于'实践'（praxis，它是毅然决然的问题解决者），也善于生产（poiēsis，它是最伟大的'创客'）"（第127页）。天地作为自然的"实践"和"生产"各有侧重。《荀子·天论》讲"天有其时，地有其财"，"时"指"四时"。②《礼记·孔子闲居》有云"天有四时，春夏秋冬"，天以"四时"作用于人类。③《论语·阳货》讲"四时行焉，百物生焉"，行风致雨滋养"万物"，人在"四时"中感悟岁月、观照万物。④ "财"指财货，曾子

---

① 韩星:《黄帝、中道与何以中国》,《中国社会科学院大学学报》2022年第12期。
② 参见(清)王先谦撰《荀子集解》,中华书局1988年,第308页。
③ 参见杨天宇《礼记译注》,上海古籍出版社2004年,第673页。
④ 参见程树德《论语集释》,程俊英、蒋见元点校,中华书局2018年,第1580页。

云"有土此有财"①,人通过土地创造和获取财富,所以中国古代社会以农为本。荀子在讲完"天有其时,地有其财"之后,紧接着又讲"人有治"②,"人有治"是利用媒介技术管理自然和社会的结果,大禹治水之"治"是管理自然,我们今天常用的"政治""治理"的"治"是管理社会,而后者正是源于前者。是故,《管子·水地》中写道:"是以圣人之化世也,其解在水。故水一则人心正,水清则民心易。"③因此后人常以河清海晏隐喻政通人和。大禹在治水过程中顺天时,应地利,成人治,变水害为水利,奠定中华文明水利型元素媒介文明在观念层面的思想基础。

其次,大禹治水在元素型媒介观层面解释了以"中国"为传播观念的文化源头。笔者曾经提出以"中国"为传播观念的设想,④"中国"一词最早见于1963年出土于陕西省宝鸡市的西周青铜器何尊上的铭文"宅兹中国"。而"中国"之观念以一种媒介的可见性和可供性呈现华夏文明则肇始于大禹。《尚书·禹贡》开篇即云:"禹别九州,随山浚川,任土作贡。禹敷土,随山刊木,奠高山大川。"⑤《左传·襄公四年》有云曰:"芒芒禹迹,画为九州。"⑥大禹在治水期间,以及治水之后,足迹遍布神州大地。据《禹贡》和《史记·夏本纪》等记载,这期间大禹在原有的自然状态下划定九州,并且将九州、九川、九山及铸鼎象物所做的九鼎,一道作为当时的中华民族精神标识体系和九州内各部族共享的中华文化符号,形成"禹域—九州—华夏"文化认同和集体记忆,此后"国家"在中国历史上正式形成,也就是夏商周三代之"夏"。经由此,作为传播观念的"中国"也正式形成。而正是在这个过程中水作为元素型媒介在"中国"这一观念诞生过程中成为媒介基础设施。通过大禹治水,水已经不再单单是一种自然物,而是一种能够组织调动九州内人力物力,与治水技术及其延伸

---

① (宋)朱熹:《四书章句集注》,中华书局1983年,第11页。

② (清)王先谦:《荀子集解》,中华书局1988年,第308页。

③ 黎翔凤撰,梁运华整理:《管子校注》,中华书局2004年,第832页。

④ 谢清果:《共生交往观的阐扬——作为传播观念的"中国"》,《西北师大学报(社会科学版)》2019年第2期。

⑤ 参见(汉)孔安国传,(唐)孔颖达疏《尚书正义》,《十三经注疏》整理委员会整理,李学勤主编,北京大学出版社1999年,第132—133页。

⑥ 参见杨伯峻编著《春秋左传注》,中华书局2016年,第1029页。

的政治、经济、文化、制度密切相关的媒介。水型元素媒介成为中国由自然状态进入文明状态之间的居中之物，水利型元素媒介基础设施成为由吾土到吾国转变过程中的中介。诚如杨儒宾先生所讲：没有大禹治水，"就没有九州，也就没有了'华夏文明'之类的概念"，大禹治水的完成意味着"东亚的大地以后再也不能归诸自然史的范围，而当是文明史的概念"。① 此外，水，可上天，可入地，上天则为雨雪，入地则为江河。因此中华文明中又将水与能腾云上天、潜入江海的龙联系在一起，想象四海五湖、八河四渎、三江九派皆有龙王。② 龙图腾与水的这种特殊联系，也加强了水元素作为媒介对中华文明的形塑。

三、盗火英雄：普罗米修斯盗火与火能型元素媒介文明

彼得斯十分擅长从西方文明的源头——"两希文明"中汲取灵感，从西方古代思想文化资源中获取传播学的涵养。在《对空言说》中，他从古希伯来文明亚伯拉罕一神教的隐喻中提炼出"撒播"的传播观③；在《奇云》中，他又从古希腊奥林匹斯多神信仰中提炼出元素型媒介"火"的媒介本体论意义。

（一）爱比米修斯的过失：火能型元素媒介文明之缘起

如果说大禹治水是关于鲧和禹的一个"父与子"的故事，那么普罗米修斯盗火则是关于普罗米修斯和他的弟弟爱比米修斯（Epimetheus，又译：厄庇米修斯、爱皮米修斯等）的一个"兄与弟"的故事。④ 在"鲧禹治水"故事中，由鲧偷盗息壤惹怒天帝的过失，引出大禹治水的传奇。在"普罗米修斯盗火"的故事中，由爱比米修斯的粗心与不负责任，引出普罗米修斯偷盗天火，弥补给人类带来的灾难性后果。

柏拉图在《普罗塔戈拉》中详细记录了这个故事。奥林匹斯山的上神吩咐

---

① 杨儒宾：《大禹与九州原理》，《杭州师范大学学报（社会科学版）》2020 年第 4 期。

② （明）吴承恩：《西游记》，人民文学出版社 1980 年，第 626 页。

③ 王婷、谢清果：《"撒种"之隐喻：论彼得斯"撒播"学说的西方文化原初语境》，《新闻界》2022 年第 6 期。

④ 爱比米修斯和普罗米修斯是一对相反的兄弟：前者笨拙、心不在焉（事后聪明）；后者机灵、有远见（事先思考）。参见［古希腊］柏拉图著，［美］施特劳斯疏《普罗塔戈拉》，刘小枫译，华夏出版社 2019 年，第 49 页。

作为提坦小神的普罗米修斯兄弟俩"替每个'会死的族类'配备和分配相适的能力",爱比米修斯对普罗米修斯主动请缨说"我来分配",①经过一番巧思,爱比米修斯精心设计了一个类似斗兽棋上所展示的自然界动物相生相克的生态系统,比如为大象配上强硕,为老鼠配上敏捷,如此种种。经过这番巧妙设计,各种动物均有一种能力可以防身,自然界虽然存在弱肉强食,但是始终能保持生态平衡,不至于使哪一种动物灭绝。故事讲到这里,我们只能感叹爱比米修斯的善谋,他的过失在哪里呢? 过失在于,爱比米修斯将各种"能力"分配完毕以后,发现忘记给人类分配能力了,这意味着人类将"一无所有"地面对一切。这就是"爱比米修斯的过失"。而这个过失被普罗米修斯检查到了,赤条条的人类"没鞋、没被褥、连武器也没有"②,根本无能力立足于世上,普罗米修斯着急上火之下,"就从赫菲斯托斯和雅典娜那里偷来带火的含技艺的智慧送给人做礼物"③。从此以后,人类"凭靠这门技艺,这个世人很快就发出语音甚至叫出名称,还发明了居所、衣物、鞋子、床被,以及出自大地的食物"④。此后还发明"政治共同体"——城邦,开始由"自然性"到具有"城邦性"。

　　从《普罗塔戈拉》版的"普罗米修斯盗火"中我们不难发现,普罗米修斯盗火给人类带来的不仅仅是火,而是以火为代表的技术。诚如邓建国教授给《奇云》一书写的"译者导读"所讲:从媒介、技艺到"文化技艺"是理解彼得斯《奇云》的一条重要线索。彼得斯"呼吁我们关注自然环境中的技术性","他指出,作为人工物的一种,技术对人类的'存有'同时具有揭示作用和替代作用","彼得斯以上对'媒介'和'技术'的重新定义所遵循的是欧美媒介研究中'技术性传统'","他们更多的是将媒介视为文明甚至是存在(being)的历史性构成性因素(constitutive elements),视(媒介)技术为文化和社会所采取的战略(strategies)和策略(tactics),为人、物、动物以及数据借以来实现其时空存在的各种装置和器物"。⑤

---

① [古希腊]柏拉图著,[美]施特劳斯疏:《普罗塔戈拉》,刘小枫译,华夏出版社 2019 年,第 49 页。
② [古希腊]柏拉图著,[美]施特劳斯疏:《普罗塔戈拉》,刘小枫译,华夏出版社 2019 年,第 52 页。
③ [古希腊]柏拉图著,[美]施特劳斯疏:《普罗塔戈拉》,刘小枫译,华夏出版社 2019 年,第 52 页。
④ [古希腊]柏拉图著,[美]施特劳斯疏:《普罗塔戈拉》,刘小枫译,华夏出版社 2019 年,第 55 页。
⑤ 邓建国:《从认识论到本体论:彼得斯〈奇云〉中的"媒介道说"》,《新闻记者》2019 年第 11 期。

　　换句话说，彼得斯视"自然"为一种存有，视（媒介）技术也是一种存有，而人类正是两栖于"自然"和"技术"之上的，这与《普罗塔戈拉》版的"普罗米修斯盗火"故事所隐喻的含义是一致的。人类和其他动物一样在自然中存在，但是由于"爱比米修斯的过失"，人类不能仅仅像其他动物一样存在于自然状态之中，必须两栖于自然和普罗米修斯偷盗来的技术之间。而在西方神话中则用"火"来代表（媒介）技术之存有。这已经暗示出火元素在西方元素型媒介观中的基础性，是火能型元素媒介文明的西方文化原初语境。开设过《普罗塔戈拉》讲疏课的美国古典政治学家列奥·施特劳斯（Leo Strauss）认为：普罗米修斯从天上盗来的火就是"理性"，即"逻各斯"。[①] 如果我们考虑到在中华文明中水是"道"的一种隐喻的话[②]，那么西方的火能型元素媒介文明与中国的水利型元素媒介文明的差异性，也是"逻各斯"和"道"的差异性在（媒介）技术层面的一种体现。

（二）斯蒂格勒对火能型元素媒介文明的反思

　　法国技术哲学家贝尔纳·斯蒂格勒（Bernard Stiegler）也看到媒介技术对人类栖息的存有意义，从这个意义上来讲他是彼得斯"媒介即存有"的赞成者，同时斯蒂格勒也对技术展开了激烈的批判和反思，从这个意义上来讲，斯蒂格勒是彼得斯"媒介即存有"理论的反对者。

　　斯蒂格勒将其三卷本大作《技术与时间》的第一卷命名为"爱比米修斯的过失"，在斯蒂格勒看来，爱比米修斯固然有"遗忘"的过失，但是普罗米修斯盗火也不是立下什么功劳，而是犯下了"偷盗"的过失。实际上爱比米修斯和普罗米修斯犯下了"双重过失"[③]，并且后者比前者的过失还要大。普罗米修斯给人类带来了技术理性，这是他为了挽回"爱比米修斯的过失"所做的补救，但是在斯蒂格勒看来"首先是爱比米修斯的遗忘造成的第一个过失；接着就是普罗米修斯偷盗火种：第二个过失。由此，赤身裸体的人类现身于自己的消亡

---

　　① ［古希腊］柏拉图著，［美］施特劳斯疏：《普罗塔戈拉》，刘小枫译，华夏出版社2019年，第55页。

　　② 谢清果、王婕：《上善若水：〈道德经〉水道隐喻的镜像媒介功能分析》，《华夏文化论坛》2022年第1期。

　　③ ［法］贝尔纳·斯蒂格勒：《技术与时间1：爱比米修斯的过失》，裴程译，译林出版社2012年，第204页。

之中,人类这个提前的早熟同时也就是它永恒的落后"①。普罗米修斯盗的火
(技术)虽然有益于人类,但也是充满诱惑和可疑的。由此思考出发,斯蒂格勒
用了已出版的三卷本《技术与时间》挖掘普罗米修斯给人类带来的礼物——技
术的消极意义。

　　斯蒂格勒通过批判逐步揭露西方火能型元素媒介文明的本质,并认为"普
罗米修斯盗出的火包含了智慧和技艺的双重性。人类手中的火来自神,它是
一种力量,在祭礼中,人通过火的中介找到自身的位置。但火并不是人类的力
量,它不是人类的财产,而毋宁说是一种驯服的力量,一旦它挣脱技术的控制,
就会显露出它的暴力。在这种暴力面前,人则显得无能为力。在人手中,火又
一次体现了在消亡中显现的原则"②。首先,火能型元素媒介文明追求一种强
大的技术力量,人类有了技术理性,因此才会把自己的位置定位为"人类中
心",而当拥有这种技术的人是"西方人"时,这种定位也就成为"西方中心主
义"或者"欧洲中心主义";其次,火所代表的(媒介)技术在追求无休止的极限
增长的同时,有可能失控,反噬人类,这就不是简单的技术决定论问题了,而是
当前及今后相当长一段时间内都将为人们长期关注的"人—机"交往问题。面
对普罗米修斯盗来的火能型元素媒介技术,对技术持悲观主义的斯蒂格勒提
醒我们:"那些不明不白的好处终究会有一日反过来打击受益者。"③这是一个
很中国式的观点,如前所述,大禹治水和鲧治水方法上并没有坊间流传的区别
那样大,为什么要让大禹来接替鲧治水,原因就在于鲧偷盗息壤的行为,虽然
有利也有害,在水利型元素媒介文明中必然先要找到克制技术危害的方法,才
强调使用这种技术,而火能型元素媒介文明如同爱比米修斯和普罗米修斯犯
下的双重过失,他们的过失在于只看到技术"利"的一面,而在没有找到克制这
种技术的弊端的前提下就使用这种技术。关于中西元素型媒介观的这种差
别,彼得斯已然有所察觉,他在《奇云》"中文版前言"中将中国称为"媒介王

---

　　①　[法]贝尔纳·斯蒂格勒:《技术与时间1:爱比米修斯的过失》,裴程译,译林出版社2012年,第
209页。
　　②　[法]贝尔纳·斯蒂格勒:《技术与时间1:爱比米修斯的过失》,裴程译,译林出版社2012年,第
211页。
　　③　[法]贝尔纳·斯蒂格勒:《技术与时间1:爱比米修斯的过失》,裴程译,译林出版社2012年,第
206页。

国"，列举了中国历史上的一系列媒介基础设施，其中的"灌溉和水利控制系统""水系图""历法""墙垣""地形图"等显然都是治水技术及其衍生，这也说明水利型元素媒介文明对中华文明的形塑作用。让笔者好奇的是，彼得斯在列举中华文明的媒介基础设施时特意强调还有"防火手段"，为什么火能型元素媒介文明的西方没能把防火手段发展为一种典型媒介基础设施呢？或许上述文字至少部分回答了这个问题。

总之，斯蒂格勒的批判从一个侧面说明了火在西方文明中的媒介基础设施位置，他的一些对技术的反思非常具有东方色彩，也在一定程度上反映了中国的水利型元素媒介文明与西方火能型元素媒介文明的根本差异。此中许多问题还可以继续讨论，限于篇幅本文不再展开，留待他日再作另文探讨。

四、结语

时至今日，大禹治水奠定的水利型元素媒介文明在观念层面仍然深刻影响着行进在民族复兴新征程道路上的当下中国。比如习近平总书记在 2017 年元旦的新年贺词中讲："每条河流要有'河长'了。"[1]进入新时代，"河长制"业已成为中国式现代化的新实践，而"河长制"的建立就可以远绍到"大禹治水"的历史传说。追溯"河长制"的起源，这种源于华夏文明自身媒介基础设施的管理自然和管理社会的中国式环境保护和社会治理方式就"植根于'大禹治水'的文化想象"[2]，有学者认为治水的鲧和禹堪称中国最早的"河长"[3]。作为新时代"治水"实践的"河长制"，在具体的治水内容、治水方式和治水环境上，当然与"大禹治水"不一样。但是，就其治水精神而言是一以贯之的，水利型元素媒介文明的思想精髓仍作为中华优秀传统文化的一部分被继承、结合、发扬开来。从这个意义上来讲，以河畅、水清、岸绿、景美为目标的"河长制"是

---

① 《国家主席习近平发表二〇一七年新年贺词》，新华网，2016 年 12 月，http://www.xinhuanet.com/politics/2016-12/31/c_1120227034.htm.

② 刘涛、吴思：《中国环境治理的本土实践及话语体系创新——基于"河长制"的话语实践考察》，《新闻界》2022 年第 10 期。

③ 陈涛：《不变体制变机制——河长制的起源及其发轫机制研究》，《河北学刊》2021 年第 6 期。

"大禹治水"精神在新时代的历史延续和新实践，作为媒介基础设施的水利型元素媒介正在以一种新的技术和制度形式继续影响着中华文明的发展。

不可否认，以普罗米修斯盗火为象征的西方火能型元素媒介文明深刻影响西方文明和世界文明的历史走向，火把锚定了柏拉图洞穴隐喻所揭示的理念论，火药把中世纪骑士阶层炸得粉碎，火车成为近现代工业文明标志性产物，火箭将人类从地球送入太空……这些都是以火能型元素媒介基础设施为技术"座架"（Gestell）而展开的。马克思正是在"声光化电"大行其道的火能型元素媒介实践及其技术延伸基础上发现了物质资料生产方式在人类社会存在和发展中起决定性作用这一唯物史观真理，继而阐明生产力决定生产关系、经济基础决定上层建筑的历史唯物主义规律。近代以来，伴随西学东渐，西方火能型元素媒介文明与中国水利型元素媒介文明相遇，特别是马克思主义传入中国以来，革命与科学精神极大影响百余年来的中国社会，促进中国的发展。在此过程中，马克思主义与中国革命、建设、改革、新时代中国特色社会主义实践不断结合，与中华优秀传统文化不断结合，火能型元素媒介文明与水利型元素媒介文明不断交流互鉴，形成了以中国式现代化推进中华民族伟大复兴，推动"四海一家，天下大同"的人类命运共同体建设的人类文明新形态。

（谢清果，厦门大学新闻传播学院教授、博士生导师；王婷，贵州师范大学国际教育学院副教授、文学博士）

Prometheus Stole the Fire and King Yu Tamed the Flood:
Mutual Civilized Study on Chinese and Western Elemental Media View

Xie Qingguo　　Wang Ting

Abstract: Peters puts forward an "element-based media philosophy" in his book *The Marvelous Clouds*, which expanded the understanding of media in the academic world. In other words, media is regarded as "element", and every element-based media is hidden in the background of visible media as infrastructure. With this book, we can understand media and its technological extension from the perspective of elemental media. Chinese and Western civilizations also show the differences in the history of communication thoughts and the elemental media views. In another words, by understanding the differences between elemental media, Chinese and Western civilizations can take a dialog and learned from each other. In the understanding of water and fire elemental media, Western civilization emphasizes the conquest of nature represented by fire media, while Chinese civilization emphasizes the ecological technology of harmonious coexistence between human and nature represented by water media. Since the Industrial Revolution, fire-type media such as "sound, light, chemical and electricity" have been utilized, and China has also been affected by them in the process of modernization. However, with the rise of ecological civilization in the 21st century, the traditional Chinese water-type media concept has shown a new value of the times.

Keywords: John D. Peters; Mutual Learning Among Civilizations; Elemental Media; Technical Media; Fundamental Media

能指破碎、算法异化与分身越位：
"王阳明"的当代传播及其问题①

林玮

摘要："王阳明"在当代媒介文化中十分活跃，无论在电视剧、纪录片、动画片、电子游戏，还是综艺节目、数字人等中，都能看到其传播的身影。作为历史人物的王阳明在这一传播过程中遭遇了能指破碎、算法异化、分身越位三重媒介暴力，这也显现出资本对大众文化的操纵所体现出的技术演进。在泛文本生存时代，主体需要保持对媒介符号、媒介系统和时代语境的警惕，才能更好地理解"王阳明"。

关键词：王阳明；能指；算法；数字人；泛文本

① 本文系国家社科基金一般项目"人工智能时代的传播伦理与治理框架研究"（项目编号：20BXW103）、浙江大学德育与学生发展研究一般课题"主流影像在当代青年中的接受机理研究"的研究成果。

近年来，阳明文化在各种现代媒体上的传播，成为一种潮流。不但学界在讨论王阳明，商界也在讨论王阳明；历史教师在讲述王阳明，网红主播也在引述王阳明。在成功学著作中，王阳明俨然一副人生导师的形象；在电子游戏里，王阳明又摇身一变成了武林高手。半个世纪以来，这位儒家心学集大成者，从被认为是"反动哲学思想""刽子手哲学"代表人物，①到被社会各界广泛接纳，进而成为流行文化现象，其媒介形象变迁颇为值得研究。尤其进入 21 世纪之后，随着智能互联网的兴起，阳明文化在通过新兴媒介走向大众的过程中，彰显出不同于过往时代的精神含义和文化意蕴。这一个案对中华优秀传统文化的创造性转换与创新性发展有着极为难得的典范意义——今天，阳明文化早已超越了贵州、江西、浙江等地域文化，或日本、韩国等东亚儒学关切的范围，成为复杂的能指，在不同类型的媒介上，面对不同类型的受众讲述着王阳明的不同侧面与想象。

一般认为，在场的是符号，不在场的是符号的表征对象。② 那些各有不同，年龄、长相、志业都相去甚远的在场的"王阳明"（如动画片中的卡通形象、舞台话剧上的真人饰演形象等），身后始终站立着一位真正的王阳明。前者是"能指"，后者是"所指"，在二者之间搭建一个有效的沟通桥梁，"以在场者唤起不在场者"，本是传媒符号发挥作用的根本缘由。可是，这座桥梁在今天已摇摇欲坠。在当代媒介生态及其传播效果中，人们不只把符号化了的"王阳明"作为通向心学功夫论的入手点，还把他（它）看作一种人格结构、价值追求，乃至娱乐潮流。"王阳明"的符号塑造因媒介的智能化而呈现出愈加错综、片面的单维含义。不妨将这一现象称为"王阳明"的当代传播，它是中华传统在当代所遭遇的"媒介暴政"之缩影。本文尝试以这一现象为例，分析进入智能时代之后的文化传播境况，提出"媒介暴政"或"技术垄断"之于文化的新特征。

---

① 广东省工交干部学校资料室编：《学点中国哲学史》，安徽人民出版社 1974 年，第 59—60 页。
② 李思屈：《精神符号学的概念、方法与应用》，《符号与传媒》2021 年第 2 期。

一、能指破碎:"王阳明"的多重符号化

哈罗德·伊尼斯早就指出,一种媒介经过长期使用后,会在一定程度上决定它传播的知识的特征,媒介的特性会催生一种新的文化。① 早在纸质小说流行的明清时期,王阳明的人物形象就已经出现了显著的变化,"早期作家试图通过小说传播他的思想,但观众阅读小说主要看重趣味,小说家缺乏将其思想通俗化、趣味化的才力,因而大体是失败的,因而王阳明身上学者色彩逐渐褪去,向超人化、神仙化演变"②。这种转变到了全媒体时代,更是随着媒介形态演变、增多而出现泛化特征。一个"王阳明"身上出现了多重符号的集合,它们彼此冲突,相互对话又相互拆台,充分彰显波兹曼观点的正确性:"每一种媒介都为思考、表达思想和抒发情感的方式提供了新的定位,从而创造出独特的话语符号。"③

当前,阳明文化的传播可谓"遍地开花"。举凡电视综艺、流行读物、移动音频、电子游戏、网络直播、短视频、动漫,甚至高保真的数字人中都不乏"王阳明"的身影,更不用说影视剧、纪录片了。郑氏娠十四个月生育,生时祖母梦见神人送儿,五岁遇老僧摩顶后方能言语,少年跨马出居庸三关,新婚之夜入铁柱宫与方士论道,遇险而投江以自救,武夷山夜宿古庙而虎狼不入,遇圆寂老僧始知己前世因缘……种种传奇,交织庭前格竹、龙场悟道、天泉证道、平定藩乱、大礼议事件等史实,以及四句教、致良知、知行合一等大众耳熟能详的哲学命题,使这位历史人物变得愈加复杂而通俗,一种属于当代的"新式阳明文化"正在滋生:它与传统学术体系和谱系中的心学关系不大,更不可能导向思想上的狂禅或自由主义;它就在媒介的能指游戏中,塑造出一个可以属于任何时代的成功人士。

这位成功人士至少有四种符号化的职业身份。

一是思想家。这里说的"思想家王阳明",不是一般意义上的思想家,而是

---

① [加]哈罗德·伊尼斯:《帝国与传播》,何道宽译,中国人民大学出版社 2003 年,第 27 页。
② 万晴川:《盖棺论未休:明清小说中的王阳明形象塑造》,《学术界》2022 年第 10 期。
③ [美]尼尔·波兹曼:《娱乐至死》,章艳译,广西师范大学出版社 2004 年,第 12 页。

存在于媒介之中的"思想家"。对存在于媒介之中的"思想家"来说，要紧的不是"思想"，而是某种"家"的姿态。电视综艺节目《典籍里的中国》第一季（2021）的收官之作，表现的就是王阳明的《传习录》。这一节目以对历史人物进行艺术化的"再塑造"为主旨，通过回望王阳明的一生，为其塑造思想家"三不朽"的形象。在节目中，演员辛柏青、《传习录》、阳明洞，以及镜子、舞台等都成为承载"思想家王阳明"的媒介符号，他们在舞台甬道上饰演"穿越"情节，把思想家王阳明从百死千难中得来的"良知"二字表现得从容而有美感。在这里，"思想家王阳明"成了一个历史脉络中的符号，他的思想早已不是明代那种"异于官方意识形态的学说"①，其思想中对儒家产生重要影响的复杂的"心之本体"和对当时社会文化产生重要影响的暧昧的"有善无恶"等命题都隐匿了，只剩下符/口号化的台词，"知是行之始，行是知之成"，以及由辛柏青扮演的偏向醇儒形象的"思想家王阳明"。

二是军事家。这里说的"军事家王阳明"，不是一般意义上的军事家，而是存在于媒介（尤其是网络游戏）之中的"军事家"。对于网络游戏里的军事人物，要紧的不是胆识与谋略，而是属性与技能。在《铁甲雄兵》《梦想帝王》《忘川风华录》三款网络游戏中，王阳明都是以"军事家"或"武夫"面貌出现的。不过，不同游戏中，角色王阳明的军事家属性并不一致。设定最接近军事家王阳明的是《铁甲雄兵》，这是一款军团竞技策略类网游，王阳明在其中被设定为统领"大明五军神箭"军团的将军，职业属性为"射手"，武器是"立道明理剑"，拥有"阳明先生·武将被动""五军神射·军团被动""神火飞鸦"三个主要技能。玩家可以让王阳明带领兵团与人对战，也可以让王阳明单独与对方决斗。相比之下，在同为战争策略的手游《梦想帝王》中，王阳明则转变为一名功能全面的名将，他精通刀、弓、器械兵科，拥有"百出""知行合一"两个技能，只能单独出战，与人对决。再次一等的是《忘川风华录》，这是一款卡牌类手游，王阳明的形象在其中更为诗意、唯美，但攻击和减疗也更为直截了当，他拥有"普攻·正心"和"觉醒·知行合一"两个主要技能，与人的对决场景也比较简单。

---

① 葛兆光：《中国思想史：七世纪至十九世纪中国的知识、思想与信仰》，复旦大学出版社2005年，第299页。

在网络游戏中,作为军事家的王阳明意指极为直接,主要就是打斗。虽然游戏场景也辅之以"思想家王阳明"的台词,如《铁甲雄兵》中的角色台词"知善知恶是良知,为善去恶是格物",《忘川风华录》中的角色台词是"知而不行,只是未知",但这两句台词与他的兵器、技能名称一样,都仅有符/口号意义,对其能指的影响是微乎其微的,甚至与真实的王阳明行状中奇谋善断、平定叛乱的史实毫无关联。毋宁说,"军事家王阳明"只是对战类网络游戏出于种种原因而选择的一种符号象征,①他并不承担任何军事家王阳明的谋略思想。毕竟,在《忘川风华录》中,连杨玉环、杜甫等都是身怀绝技的"武将"或"军事家"。

三是圣贤。电视剧《王阳明》(2012)、纪录片《王阳明》(2021)等都主要以儒家圣贤的形象来呈现"王阳明"的一生。尤其在五集纪录片《王阳明》中,演员辛柏青为了饰演好王阳明的角色,重走了一遍王阳明的足迹,用当代人的视角"还原"或"建构"了"圣贤王阳明"的一生。说是"建构",是因为这部纪录片用了舞台剧、访谈、纪实影像与诗文原典等跨媒介的叙事形态,在艺术性很强的语境中极大地彰显了王阳明非同寻常的一生。譬如第二集《困》中"廷杖流放"一节,先是演员辛柏青以观察者和讲述者的身份,伫立在午门前沉思,画面使用延时与叠影特效,与周围游客熙熙攘攘的"打卡"形成映衬,再配以《王阳明先生图谱》中的《廷杖图》,而画外音则是辛柏青将王阳明第一次遭遇政治风波的故事娓娓道来;随后,学者董平、方志远将这段经历放置于王阳明整个人生历程中进行解读;最后则是辛柏青扮演的角色王阳明在舞台上用其极富感染力的旁白诵读《乞宥言官去权奸以章圣德疏》。至此,国家一级演员辛柏青、专家学者及舞台剧角色王阳明三种视角共同建构出一个仗义执言的贤者形象。此外,纪录片用高度抽象的《溺》《困》《悟》《功》《明》作为单集片名,还刻意不去"渲染王阳明的戏剧一生,甚至连他与宁王娄妃的传说也只字不提。这种克制而形成的美感,让这部纪录片亦幻亦真的艺术化表达得特别浓郁"②。

---

① 《忘川风华录》中收录"王阳明"的卡牌形象,与当地政府文旅部门的推动有着密切的关系。参见王敏霞《传统文化欲破"次元壁"　动漫和游戏如何"神助攻"?》,《绍兴晚报》2022 年 7 月 29 日,第 8 版。

② 林玮:《儒家道统的跨媒介诠释——论纪录片〈王阳明〉之创新》,《朱子文化》2021 年第 3 期。

而愈是这种艺术意识强烈的视听表达，愈显出媒介上的"去古已远"，因为它让人感受到的不是王阳明思想带来的"震撼"，而是技术在画面、舞美与有意炫技的间离效果中带来的"眩晕"。

四是狂者。"狂者胸次"是王阳明的重要自况。这一自况"并非与生俱来，而是在历经诸多平藩战火，尤其在平藩之后而得出的切身精神感受，进而凝结为人格特质。他说：'吾自南京已前，尚有乡愿意思。在今只信良知真是真非处，更无掩藏回护，才做得个狂者的胸次。'"①（《年谱》五十二岁条）可是，在当代媒介呈现中，王阳明的"狂者"形象只出现在少年，特别是儿童动画片中。如《少年王阳明》(2013)讲述了王阳明从出生到 16 岁的成长，这时的王阳明既有活泼机智的童趣，又有胸怀天下的洒脱。在片中，王阳明游历居庸三关，上书明志，数次与父亲争论、与慈云大师探讨，显现出一整个狷狂少年形象。而儿童动画片特有的媒介属性，特别是其中刻意嵌入了爷爷梦见瑞云送麟儿、阳明梦中同伏波将军去作战等神话情节，极大地降低了这种狷狂的现实属性。也就是说，倡导王阳明是一个狂者，在当代媒介场域中只局限于儿童的审美认知领域，而进入中年之后的"王阳明"则被塑造为更加偏向醇儒的圣贤形象。显然，这与王阳明的自况是有差距的。

无论上述哪种王阳明形象，都可以归结为"成功人士"这一符号化表达。在《明朝一哥王阳明》《悟道：向王阳明学习成为一个很厉害的人》《王阳明领导力心法》等通俗读物，《王阳明心学：做人做事的学问》《王阳明你学得会：超实用心学智慧》等移动音频，以及《王阳明如何面对焦虑和压力？》《大明第一人：王阳明是好人还是坏人？》等播放量较高的自媒体短视频中，这种符号化的表达极为常见。"千古第一完人""人生逆袭的强者""明朝一哥""拯救人类的伟大智慧""一盏永远不灭的心灯"等标签，是当代媒介场域中人们对王阳明的普遍认识。这一认识掺杂着自媒体多重混杂的噪音，使王阳明的形象离开思想场域甚远，转而成为某种"小说家言"——如在各种宣扬阳明思想的短视频里，对于其夫妻关系，有的说相濡以沫，有的说貌合神离，各自断章取义，又都言之凿凿。

---

① 林玮：《王阳明诗歌创作的哲学分野——以 34 首居越诗为例》，《中国美学》2022 年第 2 辑。

二、算法异化:"王阳明"与欲望客观化

"王阳明"的多重符号化,是作为历史人物的王阳明被异化的结果,也是媒介的暴政施加于历史人物王阳明之上的表征。想要成功的人,把"王阳明"理解为成功学的典范;想要效仿古圣贤者,就把"王阳明"理解为不食人间烟火的超然之士;想要祈求庇佑者,则大肆渲染"王阳明"在日本被封为武神。从受众/用户角度看,这是一个独特的被智能媒介强化了的文化传播特征:每一重"王阳明"符号都对应一种受众需求,而每一种受众需求都是算法导向的结果。

(一)算法异化的两种表现:符号与用户

虽然阳明学说及其个人传说存在漫长的前智能时期,那时的阳明形象已经出现了神化特征,但是,让历史人物王阳明异化为破碎的媒介符号"王阳明"的,主要是智能算法。[①] 算法让个人的主观需求(欲望)日益客观化,甚至标准化。不同类型的受众/用户接纳王阳明的不同侧面,几乎不由他们自主决定。他们是在各种算法的推荐中,逐渐被"挖掘"出自己潜在的欲望来的。譬如商业爱好者接触到"王阳明"的可能性起点,是一条题为《日本企业家稻盛和夫一生的偶像是王阳明》的短视频。这条短视频在新媒体平台广泛传播,其标题中多带有"王阳明""稻盛和夫""传习录""知行合一""商圣"等话题标签,画面下方通常还附有一条王阳明或稻盛和夫相关书籍的商品链接。用户一旦点击该视频、话题标签或商品链接,一系列主题内容与之相关或有着同样标签、链接的视频就会经由算法推荐,在用户不同平台(APP)的推荐页、弹窗中出现,再扩散到其他更多用户的信息流中。在算法推荐中,媒介符号"王阳明"被"一只看不见的手"(算法)不断肢解和重构,而用户则对"手"的表征深信不疑。那些最初只想接触稻盛和夫的商业爱好者们,或许根本没有意识到自己的兴趣(欲望)竟会与一个闻所未闻的古代思想家发生关联,甚或进而成为王阳明的信徒。

---

① 本文所言的智能算法以安卓系统的大规模商用为标志,主要出现于 2012—2013 年间。参见林玮《"算法一代"的诞生:美育复兴的媒介前提》,《教育研究》2021 年第 7 期。

也就是说,算法把用户给异化了。这种异化是以用户市场的细分为表现形态的。可是,这并非一般意义上的"分众/窄众传播",而是一种"圈层传播"。前者指代的是一种电子媒介时代的传播理想,即"光纤传播技术使频道数目大大增多,除了不同频道将不同的节目传给不同的受众,信息越来越专业化、个性化、特色化之外,未来的电视媒介还将以信息定制实现对个体需求的满足"。这一理想假设"由于背后的巨大信息库和智能化的信息管理,电视媒介可以根据用户设定的参数,根据用户的需求,向用户提供相应的内容",于是,"观众可以根据个人的需要,自由选择自己需要的内容、形式和时间"。① 分众/窄众传播的主体是"观众",他们可以自由选择/切分媒介内容;而其被"分"的对象其实是媒介本身,即传播者把自身划分为不同形态(如频道、专版等),供观众或读者选用。"圈层传播"则不同。它的主体是超越了媒介的算法,算法根据其运营规律来对媒介内容进行切分;而其被"分"的对象其实是用户。用户在涉网行为的不知不觉间,被算法贴上了标签,"沦为"流量,从而进入不同的分发渠道之中。算法在生产着用户的兴趣,也在维护其兴趣和社交空间,运营出一个个"圈层"。

不同圈层对王阳明有着不同的理解,这就造成了王阳明能指的破碎。也就是说,电子媒介时代对智能技术使人更为自主的构想落空了。资本的进一步操作扭曲了技术的应然轨迹,使算法没有真正赋能作为消费者的用户,也没有真正赋能作为生产者的内容供应方,而是直接赋能了汇聚与细分流量的平台。在"圈层"之中,历史人物"王阳明"并不重要,重要的是媒介根据用户可以被量化、标准化与可视化的"需求",精准匹配,智能分发给他们的符号"王阳明"。算法不负责诠释一个真实的王阳明,它只负责提供当下你可能需要的"王阳明"。正因为此,在电子游戏《忘川风华录》中,连杨玉环、杜甫都可以也应该是武将。

(二)算法异化的两个阶段:电子媒介与智能媒介

算法在把王阳明异化了的同时,也把用户给异化了。这种两位一体的"算法异化",在媒介符号和内容资本上可以分为两个阶段。第一阶段是 20 世纪

① 朱羽君、殷乐:《生命的对话:电视传播的人本化》,中国电影出版社 2002 年,第 262 页。

末的电子媒介晚期。那时,以詹明信为代表的后现代理论家深刻指出,电子媒介符号的能指与所指正在分离,能指"本身所有的一种新奇的、自动的逻辑:文本、文字、精神分裂症患者的语言",它在自动地进行自我生产,显现出现代主义向后现代主义过渡的高歌,而所指或"语言的意义"则"被搁置一旁"。① 詹明信说,这昭示着"跨国资本主义的或者说失去了中心的世界资本主义的形势"。

　　第二阶段则是 21 世纪头 10 年的智能媒介早期。在这一时期,能指和所指不仅相互分离,而且能指本身也变得支离破碎。跨国资本主义不再是能指不断自我生产的缘由,詹明信所谓"物化的力量"(即资本)转化为平台型媒介,它并不只为某个庞大的垄断型内容生产者提供服务,更为众多七八线网红、直播达人、金牌讲师等提供服务。换言之,与能指破碎几乎同步,垄断的媒介资本已经实现了"毛细血管化"。可以说,媒介本身也被算法异化了。有论者将这一过程归纳为"传统的寡头权力逐步让位于技术逻辑主导的用户权力的过程"②。其实,用户权力并不真的存在,它只是算法的一种"障眼术"。"传统的寡头权力"(跨国资本主义)逐步让位于"平台资本主义"。

　　从电子媒介晚期到智能媒介早期(20 世纪 90 年代末至 21 世纪 20 年代初),以技术(后期主要表现为智能算法)与资本合谋为表现的媒介暴政,几乎同时实现了对王阳明(内容)、用户(受众)及其本身(媒介)的异化。仍以"当代阳明传播"为例,上述两个阶段可以用 2009 年通俗历史读物《明朝那些事儿》走红,2010 年央视百家讲坛《传奇王阳明》爆火,以及 2020 年前后抖音、快手、B 站等平台上难以计数的各色人等讲"王阳明"的长短不一的视频作为代表,加以印证。而在这一演进的过程中,2017 年央视百家讲坛《五百年来王阳明》则可以视为相对统一的"王阳明"能指破碎的转折性文本。

　　百家讲坛的《传奇王阳明》是由浙江大学董平教授(1959—)主讲的,其叙述基本按照历史人物王阳明的人生轨迹纵深展开,叙事相对平实。而出现于 7 年之后百家讲坛的《五百年来王阳明》,主讲的是南京师范大学郦波教授

---

　　① ［美］詹明信:《晚期资本主义的文化逻辑》,陈清侨等译,生活·读书·新知三联书店 1997 年,第 286—287 页。
　　② 喻国明、韩婷:《算法型信息分发:技术原理、机制创新与未来发展》,《新闻爱好者》2018 年第 4 期。

（1972—）。相较于前者，后者的讲座风格就丰富得多，不但讲了王阳明，还引入社会知名度较高的曾国藩、唐伯虎等人。在系列讲座的分集标题上，也多有"理学那道坎""宦官那个坑""最爱是讲学""三个七零后"等极富时代气息的话语，连王阳明给盗匪的劝降书也被称为"情书"。在这里，历史人物王阳明的多重符号化特征已显端倪，较好地显现出"王阳明"的当代性。在节目的开篇，《五百年来王阳明》就提出 4 个问题，把这种当代性表现得极为自觉：

> 在今天这个浮躁的网络时代，重新审看王阳明跌宕起伏的个人经历，重新解读五百多年前的古人思想究竟对我们有什么用？为什么有人说欲成大事业必读王阳明？为什么有人说强大内心尽在阳明心学？五百多年过去，他提出的"知行合一""事上炼""致良知"又将如何影响今天的我们？

显然，在内容生产者的预设中，观看百家讲坛《五百年来王阳明》的人并不是只为董平口中的"传奇王阳明"或"王阳明的传奇经历"所吸引，他们更关心的是五百年来王阳明的当代意义。以此为转折，历史人物王阳明的形象已经从单一的"传奇"标签转向了"欲成大事业"（人生志向/成功学）、"强大内心"（情感抚慰/咨商学）等复杂而破碎的能指，从而直接应对"浮躁的网络时代"。"欲成大事业"和"强大内心"都是人的欲望。而随着算法异化对媒介本身的不断深入，电视平台转向短视频平台，这些欲望在算法中更为赤裸地体现了出来。在短视频平台上，它们取代了用户权力可以自我遮掩的主观选择行为，更直接地表现为破碎且预设好的"处世智慧""谋略""修行""正能量""思维格局""商道""军事纪实"，乃至"景点打卡""好书推荐"等标签。

三、分身越位："王阳明"及其虚拟工具人

资本从詹明信时代的"跨国化"到如今通过算法来实现"毛细血管化"，其改写"王阳明"的意愿尚未停止，并在进一步向将其"元宇宙化"进军。有学者在网络上为某元宇宙著作撰写书评时，便说："在'元宇宙热'中，谁是最火哲

学家? 非王阳明莫属,他与元宇宙有缘。"因为,"王阳明的论断'宇宙便是吾心,吾心即是宇宙',在'元宇宙热'被大家翻出来,着实'蹭'了把热度"[1]。

其实,元宇宙作为一个由算力支撑的虚拟世界,其核心就是数字化,亦即非实体化,但这一数字化的前提是高度仿真。只有高度仿真,才能使"吾心"和"宇宙"在感官层面上结合起来。也就是说,元宇宙成立的认识论基础是"看起来像真的",进而引导用户"认假成真",甚至"以假乱真",最好让其"乐不思真"。在这个意义上,元宇宙与 AR(增强现实)、VR(虚拟现实)、XR(扩展现实)等技术一脉相承,感官效果都以逼真为上。在元宇宙应用场景尚不充分的情况下,高保真的数字人可以被视为其雏形和入口。不同的数字分身为"真实"提供了多种演绎方式,虚拟偶像、主播等广泛走红,都说明资本正在谋划一个虚实共生的特殊消费情景。"王阳明"也在其中。

(一)"王阳明"的工具人属性:感知欺骗

"看起来像真的王阳明",发展经过了至少三个阶段。

一是机器人时期。早在 2016 年 6 月,一个会写毛笔字的"知行合一"的"机器人王阳明"就出现在了余姚的"第三届中国机器人峰会"上。随后,它又出现在北京的"2016 世界机器人大会"、贵阳的"2017 年中国国际数博会"等场合。据说,这款机器人不但外貌神似王阳明,写出的"知行合一"四字也高度还原了阳明手迹。现场观众表示,"首先是皮肤特别细,就像真人一样,还会眨眼,然后他还会说话,还要跟你对话"。根据媒体报道,"机器人王阳明"还可以"通过观众在平板电脑上的手写绘画,用毛笔进行'复制'书写"。显然,与观众对话、模仿观众写字,都是深度学习的基本体现,它使"机器人王阳明"有了初步仿真的基础。

二是数据库时期。为了使"机器人王阳明"在现实世界中"看起来像真的",除了材质、样态等方面的准备,还需要使其具有内置的"思想"。参与建构"机器人王阳明"的贵阳市阳明中心,就建有"数字王阳明资源库全球共享平台",将 166 种阳明学文献典籍数字化、影像化、图片化,建立王阳明书法字

---

[1] 刘永谋:《满屏"元宇宙",如何"人间清醒"? 看看〈元宇宙漫游指南〉》,上观网,2022 年 12 月 22 日,https://sghexport.shobserver.com/html/baijiahao/2022/05/26/752629.html。

体库、语料库，为"机器人王阳明"的深度学习提供基础性的原始材料（语料）。

三是数字人时期。2019 年，雁栖湖 4000 人企业家大会展示了"历史上首次运用超级写实的虚拟数字人制作手段"呈现出来的全息数字人"王阳明先生"。2022 年，北京动画周的展映短片中也出现了"王阳明数字人"。此外，在一些地方文旅场景中，"数字人王阳明"也已经作为"元宇宙"的雏形开始"营业"，如江西吉安的庐陵文化数字体验馆宣传文案就表示，在这里可以"与'数字人'王阳明先生来一场交'心'对话"。不过，这些"数字人王阳明"整体上并没有超越"机器人王阳明"，其作为媒介符号的表现仍停留在"看起来像真的"阶段。

依据仅有的历史人物王阳明画像等，是不足以形塑真实的王阳明形象的。那些"特别细"的皮肤，乃至其挥毫泼墨的手势、表情，特别是其言语，都绝非真实的王阳明。可是，一旦进入元宇宙场景中，与其他数字人毫无差别地进行对话，它所代表的就不是制作者的"王阳明"，而是历史人物王阳明。人们会以为那就是真的王阳明，这与《典籍里的中国》第一季中的"王阳明"正好相反。可以说，"看起来像真的"这一感知效果的本质是欺骗，无论机器人还是数字人的"王阳明"都是一个受操纵的工具人，它并没有与时俱进启迪当代人的可能。

（二）"王阳明"的工具人属性：话语凝固

由此可见，人们所构想的元宇宙时代"数字永生"很难作用于前现代的历史人物身上。"看起来像真的"，是高保真数字人集群与元宇宙场景落地的基础。但是，"真的王阳明"早已湮灭不可闻。也正因为此，现有的数字人研究关注的都是当代现实人的数字化，即认定"数字形象为人所提供的窗口让人得以真实的状态介入元宇宙中的虚拟世界，人在虚拟世界中的数字孪生将能够还原人在自然中……的感知"[1]。而显然，现有的阳明学典籍并无法帮助人们实现对历史人物王阳明的复刻与更新，更无法激活其大脑，将其改造成为"算法意义上的人"。[2] 现有的"王阳明"数字孪生及其场景应用只能说明它是一个话语凝固了的工具人。

---

[1]　喻国明等：《元宇宙视域下人类数字形象的媒介价值与作用模式》，《媒体融合新观察》2022 年第 4 期。

[2]　吕鹏：《元宇宙技术与人类"数字永生"》，《人民论坛》2022 年第 7 期。

　　"话语凝固"的第一层意指是作为虚拟人的"王阳明"要说什么话，早就被确定了。它在言语层面无法超越历史人物王阳明，有的只能重复几个简单的句子，如《忘川风华录》中的"王阳明"；有的虽然可以说一大串话，但这些话都是事先输入的，或者是根据历史人物王阳明的基本"人设"，结合机器深度学习而产生的机械回应。事实证明，基于阳明学典籍所形成的语料库中，以白话记录在案者篇幅十分有限，根本不足以支撑"王阳明"参与当代对话。因此，"话语凝固"或脱轨为现代汉语，应该是虚拟人"王阳明"在应用过程中会出现的常态。

　　"话语凝固"的第二层意指是作为虚拟人的"王阳明"在思维上只能停滞于历史人物王阳明之上，它无法结合与时俱进的交往体验面对现实发言。论者指出，"现阶段具有较高社交属性的数字虚拟人都在设计早期就拥有人物小传"[1]，如 AYAYI 是阿里巴巴的工作人员、华智冰是清华大学学生、小漾是《你好，星期六》的实习主持人等。而"王阳明"不论被设定成军事家、成功人士、圣贤，还是导游、教师，这些基础设定所形成的价值观、世界观都是固定的，并不能随着这位虚拟人的不断交往，尤其是随着时代变迁，自主地发生深刻的变化。也就是说，它的思维思辨性特征是付诸阙如的。这与历史人物王阳明相去不可以千里计。

　　对于元宇宙来说，虚拟数字人最重要的不是人设，甚至不是所谓"思想"，而是活跃着的思维及其时代感受。这恰是历史人物王阳明的擅长之处，也是虚拟人物"王阳明"的最大短板。譬如，假设王阳明活到今天，他将如何对"俄乌冲突"这一议题发言，这无法通过虚拟技术来回答。人们固然可以依赖算力，将俄罗斯、乌克兰、北约、北溪、认知战、核讹诈等关键词背后的"知识"输入虚拟人"王阳明"的处理中枢，但作为一个活生生的人的王阳明，他对上述知识的情感是虚拟技术无从把握的。显而易见，即便是有专业团队运营的数字人，其思维、精神与思想也绝对无法达到历史人物王阳明的高度、深度和广度。这就使得虚拟工具人"王阳明"的存在意义存疑。它更像是一个类似"变形金刚"的成人玩具，"变形"并不是这一"金刚"的内在属性，而只是它的工具性的

---

① 杨名宜、喻国明：《赋能与"赋魂"：数字虚拟人的个性化建构》，《编辑之友》2022 年第 9 期。

一种表征。

不过，无论"机器人王阳明"还是"数字人王阳明"，乃至电视剧、纪录片中的"王阳明"都可以被视为真实王阳明的多种分身。这些分身越过思想本身需要通过阅读、讲谈、写作等来实现传承的特殊属性，直接面对公众宣讲、演绎"王阳明"的存在方式，本身即是对历史人物王阳明及其学说的越位。从二维视听进入元宇宙，"王阳明"的分身越位倍加"以假乱真"，虽然其与算法异化相结合的效果还没有充分显现出来，但已经可以看到资本从"毛细血管化"迈向"全身经络化"（元宇宙）的端倪。一旦"毛细血管"在元宇宙中被串联成"经络"，一种超越"跨国资本"体系的"（元）宇宙资本"时代可能就会如期来临。

结语："王阳明"与我们的泛文本生存

今人形容后现代，有两句流传甚广的论断：一句来自马克思的《共产党宣言》，"一切神圣的东西都烟消云散了"；另一句则来自诗人叶芝的《复临》，"万物分崩离析，中心再难维系"。从历史人物王阳明到媒介符号"王阳明"，可以清晰地看出，"烟消云散"（所指）和"分崩离析"（能指）乃是一体两面的关系。旧有的心学在能指的分崩离析间，被暗暗换了内涵，从而成为诸多"元宇宙"讨论的引子，而"王阳明"也同作为其当代接受者的我们一起，进入了泛文本生存时代。

泛文本生存是说在"万物皆媒"的当代社会中，一切事物都应被视为文本，有待解读和批判。① 对此，"王阳明"是一个十分有效的例证，也是一个颇富意味的隐喻。它充分实现了理论的自反，也显现出理论内在价值与历史逻辑之中的悖论。在历史上，王阳明学说突破前人之处在于认为"圣人可学而至""愚夫愚妇皆可以成为圣人"，体现出"目光向下"的关怀姿态。他略过了人在社会上的差别而触及他们在"心"上的共同之处，认为"人皆有是心，心皆具是理"，愚夫愚妇皆可以成为圣人是因为二者对"良知"本体的拥有相同。这就

① 林玮、曾逸文：《智能互联时代传媒艺术泛文本生产的五种模式》，《现代传播（中国传媒大学学报）》2022 年第 4 期。

意味着虽然人人并非生而就是圣人,但却人人都有成为圣人,也即成就理想人格的可能。可进入智能互联时代,王阳明的媒介符号趋于能指破碎,走向算法异化,恰恰验证了"人人皆可学圣人"的话语场域在资本"毛细血管化"的控制中是何等荒谬。在这里,"人人"对圣人的"学"出现了翻转——它不是指向王阳明所认可的"吾心",而是指向作为媒介符号而出现的"王阳明"本尊(或其代言人)。这一舍内求外的行径,导致了"目光向下"的失败,同时也启发后来者对王阳明的认识需要"拔掉电源",将"分崩离析"的万物重新维系成"中心",重新凝聚成"神圣"。

理想的价值不会随着历史演进而自动到来,特别是面对智能互联技术带来的媒介暴政或"技术垄断"①,我们更需要使主体秉持三种警惕。一是对媒介符号的警惕。能指破碎与算法异化的过程,都是很令人愉悦,甚至令人沉迷其中的,很难激起警惕;分身越位所代表的数字人、元宇宙等媒介表象更是本身就具有"以假乱真"的效果。这些都需要主体在面对"王阳明"文本时,有充分的准备。二是对媒介系统的警惕。论者指出,"不断更新的媒介环境对一个想过稳定生活的人是一种威胁,而所谓稳定的生活就是我们传统文化所构造的那种相对规范和习以为常的生活"②。在明知传统无法回去的情况下,适当的自我调节(比如拔掉电源)和及时的媒介近用,是把握和感知资本"毛细血管化"(算法)与"全身经络化"(元宇宙),进而克服媒介环境的威胁,尽可能实现生活稳定的必要前提。最后,也最重要的是对时代语境的警惕。"王阳明"在当代媒介文化中以多种面貌兴起,象征着时代的不稳定、娱乐的甚嚣尘上、当代人生存境遇的艰难,以及人际关系的脆弱、社会共识的缺失,乃至传统沉渣的泛起。人们对"王阳明"的认识只是一种时代反映,绝非永恒的定论。譬如屈原的"爱国诗人"形象并非自古有之,而是在近代中国社会转型中逐渐生成并得到广泛传播的。③ 王阳明的心学和精神导师形象,也只能是暂时的和部

---

① 波斯曼说"技术垄断的基本原理之一",就是"任何技术都能够代替我们思考问题",参见[美]尼尔·波斯曼《技术垄断:文化向技术投降》,何道宽译,北京大学出版社2007年,第30页。

② 蒋原伦:《算法:文化的演进与对欲望的控制》,《同济大学学报(社会科学版)》2021年第4期。

③ 王余辉:《解构·建构·实现——近代"屈原爱国"观念生成与传播的历史考察》,《史学月刊》2020年第5期。

分的有效。只有保持着这样的警惕之心，才能更好地面对文本化生存时代，也更好地理解网络上诸多卖课微信公众号都推广过的一篇商业软文的标题"不确定的时代，我劝你读一点王阳明"。

（林玮，浙江大学哲学学院教授，博士生导师）

Signifier Fragmentation, Algorithm Flienation, Digital Human Endorsement:
Wang Yangming's Contemporary Communication and Its Problems

Lin Wei

Abstract: "Wang Yangming" is very active in contemporary media culture. No matter in TV series, documentaries, cartoons, video games, variety shows, digital human, etc., we can see its dissemination. As a historical figure, Wang Yangming encountered three media violence in this communication process, including signifier fragmentation, algorithm alienation and digital human endorsement, which also showed the technological evolution reflected by capital's manipulation of mass culture. In the era of ubiquitous text, the subject needs to remain alert to the media symbol, media system and the context of the times, so as to better understand "Wang Yangming".

Keywords: Wang Yangming; Signifier; Algorithm; Digital Human; Ubiquitous Text

论软人工生命开启的后人类沟通新样态

——ChatGPT 语境下智能游戏 NPC 媒介关系分析①

周海晏　张昱辰

摘要:计算机游戏的发展推动人工智能的演化,产生超越传统人工智能的软人工生命。软人工生命,是计算机程序创造并使其展现生命活力、实现生命进化的智能虚拟具身。它在当下被 ChatGPT 激活,集中体现在智能游戏 NPC 上,以强势的互动能力,超越作为其历史来源的"生命游戏",彰显出后人类的新沟通状况。在横向沟通上,软人工生命突出展现了多元主体、偶发交互、逆向组织等后人类沟通的新样态。在纵向沟通上,软人工生命通过复制与繁殖、遗传与变异、死亡与再生等生命性状的演化,将其获得的智能提升传承下去,以实现在全世界计算机上"繁殖"多样化物种的后人类理想。当下,软人工生命在多重沟通中不断创造不亚于自然生命的生命系统,并通过游戏互动不断强化其与自然生命的连接关系,形成其与自然生命共存互促的后人类沟通新

①　本文系教育部人文社会科学重点研究基地重大项目"数字城市共同体研究:媒介视角下的新都市文明"(项目编号:22JJD860004),以及复旦大学新闻学院科研创新项目研究成果。

样态,从而连接游戏系统内外,建构新的后人类文明。

关键词:软人工生命;后人类;数字沟通;非玩家角色

当下 ChatGPT 带来生成式人工智能在新闻业、设计行业、游戏业等各个领域的全面应用,使人类主体与沟通方式发生了巨大的变化。其中,游戏业的表现特别突出,因为"普通计算机用户与人工智能相遇的地方……是计算机游戏"①,它是改变人工智能与计算机用户沟通状态的重要媒介。因此,我们可聚焦 ChatGPT 语境下的智能游戏,来探索其引发的沟通样态革新。这种革新集中体现在智能游戏 NPC(Non-Player Character,"非玩家角色")的媒介关系上。智能游戏 NPC 有思维、有记忆、有情绪,能够根据其与玩家的交互文字与行为产生自主的决策与行为,更像性情中人那样进行沟通,产生了类似生命体的媒介关系。智能游戏 NPC 可被视为一种"软人工生命"(Soft Artificial Life),即计算机程序创造并使其展现生命活力、实现生命进化的智能虚拟具身。软人工生命是海勒等后人类理论家认可的"我们何以成为后人类"的一个重要答案,因为其能"在全世界的计算机上'繁殖'多样化的物种"②。本文聚焦 ChatGPT 语境下智能游戏 NPC 的媒介关系,探索软人工生命开启了怎样的后人类沟通新样态,以连接游戏系统内外,建构新的后人类文明。

一、从人工智能到人工生命:计算机游戏推动沟通方式演化

计算机游戏作为"人工智能早期研究的基础和核心"③,推动形成了人工智能的基本理念及沟通方式。早期的计算机游戏,以棋类游戏为代表,为人工智能研究提供了"句法丰富但语义质朴的领域"④,也为人工智能的训练积累

---

① [俄]列夫·马诺维奇:《新媒体的语言》,车琳译,贵州人民出版社 2020 年,第 33 页。

② [美]凯瑟琳·海勒:《我们何以成为后人类:文学、信息科学和控制论中的虚拟身体》,刘宇清译,北京大学出版社 2017 年,第 300 页。

③ Skinner,R. E. ."Artificial Intelligence." In Lowood,H. & Guins,R. (eds.). *Debugging Game History:A Critical Lexicon*. Cambridge,MA:The MIT Press,2016,p. 29.

④ Skinner,R. E. ."Artificial Intelligence." In Lowood,H. & Guins,R. (eds.). *Debugging Game History:A Critical Lexicon*. Cambridge,MA:The MIT Press,2016,p. 29.

了大量游戏数据,从而使其能在数据统计的基础上形成判断,并能根据游戏互动情况及时调整策略,产生有针对性的智能游戏行为。该类游戏对人工智能的影响延续至今,如 2016 年战胜围棋世界冠军、职业九段棋手李世石的"阿尔法狗"(AlphaGo),就属于计算机围棋游戏,它也是被重点培育的人工智能。可见,游戏"不仅是人工智能形成的结果,而且是其成因"①。它对统一计算和中央处理的需求,促使人工智能形成了依靠"一个复杂的集中式控制器"来把握全局、制定决策的自上而下的沟通方式。②

在人工智能诞生三十余年后,计算机游戏又推动形成了人工生命作为"人工智能发展路径除了符号主义和神经网络学派之外的另一个流派"③,使其展现出超越传统人工智能的沟通方式。"生命游戏"就是这款计算机游戏。它是由英国数学家约翰·康威(John Conway)发明的细胞自动机仿真游戏,因其在机器上模拟和显示的图像看起来颇似细胞等生命的出生、繁衍和死亡过程,故称"生命游戏"。其游戏方式是,用户用智能数字程序模拟"数字生命"的初始情况,再观察它的演变。在标志"人工生命"概念诞生的"生命系统合成与仿真跨学科研讨会"上,美国计算机科学家克里斯托弗·兰登(Christopher Langton)在提出"人工生命"的报告中专门介绍了"生命游戏",称其为"值得注意的系统",并具体分析了游戏中细胞与细胞之间的复杂关系:"在这个系统中,如果一个细胞的 8 个邻居中恰好有 3 个是活着的,那么这一细胞就会被激活;只要这一细胞的 2 或 3 个邻居是活着的,它就会保持活着;否则,这一细胞就会灭亡。"④也就是说,"生命游戏"的计算机程序,不止有一个人工智能,而是包含了多个表现为细胞的低级智能体,并通过这些智能体之间的复杂关系,直接影响细胞等生命的出生、繁衍和死亡过程。"生命游戏"的这种游戏规则

---

① Skinner, R. E. . "Artificial Intelligence." In Lowood, H. & Guins, R. (eds.). *Debugging Game History: A Critical Lexicon*. Cambridge, MA: The MIT Press, 2016, p. 31.

② Bedau, M. A. . "Artificial Life." In Matthen, M. & Stephens, C. (eds.). *Philosophy of Biology*. Amsterdam: Elsevier, 2007, p. 587.

③ 王颖吉、卫琳聪:《智能源于生命:人工生命的实践与观念》,《媒介批评》2018 年总第 8 辑。

④ Langton, C. G. . "Artificial Life." In Langton, Christopher G. (ed.). *Artificial Life: the Proceedings of an Interdisciplinary Workshop on the Synthesis and Simulation of Living Systems*. Redwood City: Addison-Wesley Publishing Company, 1989, p. 20.

比较接近自然生命系统,如:在自然界随机播撒的一把种子中,离群的种子难以抵御风险,容易死亡;过于密集的种子无法摄取足够的养分,也容易死亡等。其连接与沟通方式也类似于自然生命系统。人工生命基于多个低级智能体各自根据局部环境信息做出决策,并在并行的分布式网络中产生相互作用,从而自下而上地产生复杂自主行为。① 这以人工智能为基础,又超越了传统人工智能。从传播视角看,由人工智能到人工生命的变化过程,简而言之是中心化的连接沟通方式被多主体、去中心化、网络化的沟通方式取代的过程。

当然,"生命游戏"模拟的连接关系其实是比较简单化的,人工生命在之后的发展过程中出现了更复杂的连接方式,且产生了沟通方式的分化。这同人工生命本身的分化有关。具体来说,湿人工生命(wet artificial life)、硬人工生命(hard artificial life)和软人工生命(soft artificial life)具有不同的媒介生产方式,从而产生不同的沟通方式:湿人工生命,指克隆羊等实体性的人工生命,其生产主要采取生物学的方式,"最类似于自然生命且实际从自然生命中衍生出来"②,其沟通方式也与自然生命最相似;硬人工生命,指机器人等实体性的人工生命,其生产要结合机械工程学的方式,往往"通过使用小型、计算机控制的自主移动机器人(mobots)来代表动物的身体及其与环境的互动"③,其沟通强调机器人身体的作用,尤其强调机器人身体在运动过程中产生的互动;而软人工生命是存在于虚拟程序中的,既没有湿的生物学身体,又没有硬的机械工程学身体,而是以智能虚拟具身的形态来表现出活化生命力,其生产与沟通"要用计算机术语来理解大脑/身体"④,从而产生游戏等以计算机软件程序为主体的生产与沟通关系。

游戏等计算机软件程序中的"软人工生命",主要包括以下有代表性的界

① Bedau,M. A.. "Artificial Life." In Matthen,M. & Stephens,C. (eds.). *Philosophy of Biology*. Amsterdam:Elsevier,2007,p. 587.

② Taylor,C. & Jefferson,D.. "Artificial Life as A Tool for Biological Inquiry." In Langton,Christopher G. (ed.). *Artificial Life:An Overview*. Cambridge,MA:The MIT Press,1997,p. 2.

③ Taylor,C. & Jefferson,D.. "Artificial Life as A Tool for Biological Inquiry." In Langton,Christopher G. (ed.). *Artificial Life:An Overview*. Cambridge,MA:The MIT Press,1997,p. 4.

④ [美]N. 凯瑟琳·海尔斯:《控制论》,载[美]W. J. T. 米歇尔、[美]马克·B. N. 汉森主编:《媒介研究批评术语集》,肖腊梅、胡晓华译,南京大学出版社 2019 年,第 124 页。

定：一是《爱思唯尔科学哲学手册》中的"人工生命"条目，将"软人工生命"视作"能表现出类似生命行为的计算机仿真或其他纯粹数字构造"①；二是后人类经典著作《我们何以成为后人类》中"人工生命的叙事"章，将"软人工生命"视为"创造可以实现新兴的或者进化论过程的计算机程序"②；三是国内传播学研究者引介"软人工生命"概念的综述性文本——王颖吉、卫琳聪在《智能源于生命：人工生命的实践与观念》中，将"软人工生命"概括为"具备自我繁殖、自我复制等生命特征，通过电脑程序展现生命形式……是一种不具备实体形态的虚拟'数字生命'"③；四是聚焦电子游戏中人工生命应用的著作《电子游戏中的人工智能和人工生命》，强调"人工生命只是一种以更自然的具身表达人工智能的方式"④。前两者是从生产软人工生命的视角来陈述的；后两者聚焦生产出的软人工生命本身，更接近本文的研究对象。基于此，我们将智能游戏 NPC 展现的"软人工生命"界定为"计算机程序创造并使其展现生命活力、实现生命进化的智能虚拟具身"。

随着计算机软件技术在游戏等领域的进一步发展，软人工生命成为人工生命中"最流行、最广泛应用的媒介"⑤，尤其在 ChatGPT 等生成式人工智能技术的作用下，形成后人类的沟通方式。软人工生命使"机器变成了用来理解人类的模型。由此，人类就被转塑成后人类"⑥。一方面，计算机软件的"计算性能和效率的提升，使按密度和分辨率来收集大量数据资料成为可能"，这使沟通成为计算机程序向人类收集大数据资料的行为，"这在湿件⑦的生物研究环

---

① Bedau, M. A. . "Artificial Life." In Matthen, M. & Stephens, C. (eds.). *Philosophy of Biology*. Amsterdam：Elsevier，2007，p. 585.

② ［美］凯瑟琳·海勒：《我们何以成为后人类：文学、信息科学和控制论中的虚拟身体》，刘宇清译，北京大学出版社 2017 年，第 302 页。

③ 王颖吉、卫琳聪：《智能源于生命：人工生命的实践与观念》，《媒介批评》2018 年总第 8 辑。

④ Lecky-Thompson, G. W. . *AI and Artificial Life in Video Games*. Boston：Course Technology，2008，p. 60.

⑤ Komosinski, M. & Adamatzky, A. . "Preface." In Komosinski, M. & Adamatzky, A. (eds.). *Artificial Life Models in Software* (2nd ed.). London：Springer，2009，p. V.

⑥ ［美］凯瑟琳·海勒：《我们何以成为后人类：文学、信息科学和控制论中的虚拟身体》，刘宇清译，北京大学出版社 2017 年，第 321 页。

⑦ "湿件"原文是"wetware"，是根据硬件（hardware）、软件（software）的计算机命名法则界定的第三个类别，指与计算机系统紧密相连的人及其他生物体。

境中是不可实现的"①。ChatGPT 让计算机软件程序成为灵动的沟通主体,通过与人的互动收集信息形成数据库,并基于大数据资料进行自主分析与决策,使"一切人类主义叙事都将失去描述性—解释性—规范性效力"②。另一方面,"软件环境为实验提供几乎无限制的机会,这些实验相对不贵,并且易于安排和改进"③,能凸显软人工生命沟通系统内外而将人类转化为后人类的意义,这也是硬人工生命和湿人工生命较难达到的。ChatGPT 强化了这一点,尤其是当其在智能游戏上应用时,"新范式的游戏是一种实验程序,它以游戏版ChatGPT 等人工生命的实验方式介入多元社会领域,模拟各种社会活动的可能性,并基于人工生命的智能产生预判性的游戏结果,产生社会影响"④。

　　需要指出的是,ChatGPT 语境下智能游戏的沟通方式,不能视同于作为软人工生命历史来源的"生命游戏"沟通方式,而是以其强势的互动能力彰显出后人类的新沟通状况。严格地说,"生命游戏"等早期的计算机游戏,还不太符合游戏定义。"生命游戏"本身是低互动的,远比当下的智能游戏简单,甚至被有的研究者认为"不是游戏"⑤。而当下智能游戏中的 NPC 则具有很强的互动能力,"自主角色用人工生命的方法创建,它可以感知周围环境提供给它的信息,经过过滤,提取自己需要的信息,再利用自己头脑中的推理决策知识,制定规划,指导行为,最后通过基本的行动达成目标"⑥。接下来我们将聚焦ChatGPT 语境下智能游戏 NPC 的媒介关系展开具体讨论。

二、软人工生命的横向沟通:智能游戏 NPC—人—NPC 关系

　　从横向沟通的视角来考察 ChatGPT 语境下智能游戏活动中的软人工生命

① Komosinski,M. & Adamatzky,A. . "Preface." In Komosinski,M. & Adamatzky,A. (eds.). *Artificial Life Models in Software* (2nd ed.). London:Springer,2009,p. V.

② 吴冠军:《通用人工智能:是"赋能"还是"危险"》,《人民论坛》2023 年第 5 期.

③ Komosinski,M. & Adamatzky,A. . "Preface." In Komosinski,M. & Adamatzky,A. (eds.). *Artificial Life Models in Software* (2nd ed.). London:Springer,2009,p. V.

④ 周海晏:《游戏版 ChatGPT 开启游戏新业态》,《社会科学报》2023 年 3 月 27 日,第 4 版.

⑤ Katie,S. & Eric,Z. . *Rules of Play:Game Design Fundamentals*. Cambridge,MA:The MIT Press, 2003,p. 161.

⑥ 王飞、冯志勇:《基于人工生命的自主游戏角色》,《微计算机应用》2007 年第 5 期.

与其他对等地位的主体之间的连接关系,不仅包括智能游戏 NPC 与人类玩家之间的交互关系,还包括智能游戏 NPC 与其他 NPC 之间的交互关系。此处"智能游戏 NPC 与其他 NPC 之间的交互关系"不完全是被游戏程序预先设定的,而可能是各个智能游戏 NPC 深度学习了其与人类玩家交互过程中提供的信息后自主产生的,这或可称为"智能游戏 NPC—人—NPC 关系"。此关系突出展现了后人类沟通的新样态:多元主体、偶发交互、逆向组织。

1.后人类沟通的多元主体

一方面,有独立人格的智能游戏 NPC 使后人类沟通主体变得多元。在传统的人类沟通视域中,智能游戏 NPC 或任何其他计算机创造的软人工生命是不被视作沟通主体的,而是人类应用的媒介工具。人类"总是试图去发现人类和计算机之间的本质界线——当然这样做的代价就是,在每一次信息技术的改进中,都必须重新衡量和修正这个界限"[①]。当下,这个界限又被 ChatGPT 等新的信息技术改变了。2023 年 2 月,国内首个游戏版 ChatGPT 在网易《逆水寒》手游实装,其宣传语就写着"打造会呼吸的 NPC"[②]。这些 NPC 能根据其与玩家的交互文字和行为产生自主的决策和行为,不像传统人工智能工具一样理智、冷峻、旁观,而是有思维、有记忆、有情绪的,可用"会呼吸"来喻称这种"活起来"。"会呼吸的 NPC"是与人类高度相似的,在游戏活动中表现出与人类差不多的自主性,可被视作与人类具有对等关系的后人类沟通主体。正如布拉伊多蒂所言,"后人类困境迫使我们在结构差异或者本体论范畴之间努力消除区分线,比如在有机和无机、生育的和制造的、肉体和金属、电路和神经系统之间"[③],从而模糊了软人工生命与人类的界限。

另一方面,有不同人格的多个智能游戏 NPC 使后人类沟通主体更加多元。由于每个智能游戏 NPC 都有各自独立的人格,有各自的故事线和经历,有各自的主体性,所以它们不应该被视作同一的主体,而是各自不同的主体,

---

① ［德］西皮尔·克莱默尔:《传媒、计算机和实在性之间有何关系?》,载［德］西皮尔·克莱默尔编著:《传媒、计算机、实在性——真实性表象和新传媒》,孙和平译,中国社会科学出版社 2008 年,第 2 页。

② 《可玩性拉满!〈逆水寒〉手游确认:首个游戏版 ChatGPT 来了》,网易,2023 年 2 月 15 日,https://www.163.com/dy/article/HTKKJQUL051100B9.html。

③ ［意］罗西·布拉伊多蒂:《后人类》,宋根成译,河南大学出版社 2016 年,第 130 页。

使得后人类沟通主体更加多元。"逆水寒"手游就展示出这样的特点。如游戏预先设定某个女性 NPC 在游戏里有一个男性 NPC 作为恋爱对象,她与恋爱对象之间是异地恋的关系,但这种恋爱关系不是固定的,因为会有玩家对该女性NPC 说:"异地恋没未来的,还是分手吧。"她接收到玩家信息后,会进行思考,有可能与她的异地恋对象分手。当她分手后再次与原先的玩家相遇,她是有记忆的,会对该玩家说:"少侠你那句'异地恋没未来的,还是分手吧',对我触动很大,我与郎君分开已经两个月了。"①这说明:其一,智能游戏中存在 NPC 与玩家及其他 NPC 等多元主体的互动。NPC 先与玩家互动,再与其他 NPC 互动(分手也是互动),然后再与原先的玩家互动(NPC 有记忆,记住了玩家对她说的话并给予反馈)。其二,智能游戏中多主体之间是非线性的多元交互关系,展开的是以一个个主体为重要节点的复杂网络关系,而女性 NPC 等软人工生命是重要节点,形成多元复杂交互的状况。这也回应了"人工生命领域的原始动机:让我们瞥见可能存在的生命机理的更广阔空间"②。

　2.后人类沟通的偶发交互

　一方面,智能游戏 NPC 不固定的交互行为表现出后人类沟通的偶发性。其一,智能游戏 NPC 个体具有计算机程序逻辑中后人类沟通的偶发交互。与人类沟通的偶发性不同,智能游戏 NPC 个体的偶发交互是游戏程序基于计算机技术生成的。计算机技术并不是传统意义上的技术,"一般来说,技术试图排除偶然性,但与基于线性因果关系的技术物件相比……它需要持续不断的偶然性。如今在机器学习中,我们也能发现对随机过程和随机性的强调"③。也正是基于计算机技术,包括人工智能技术对随机、偶然的强调,智能游戏NPC 才能产生不固定的交互行动,形成后人类沟通的偶发交互。其二,多个智能游戏 NPC 的偶发交互会带来更具偶发性的后人类沟通局面。比如,上文涉及的女性 NPC,除了与多个玩家发生偶发交互行为,还会与包括其异地恋对象

---

① 《可玩性拉满!〈逆水寒〉手游确认:首个游戏版 ChatGPT 来了》,网易,2023 年 2 月 15 日,https://www.163.com/dy/article/HTKKJQUL051100B9.html。

② Langton, C. G. . "Editor's Introduction". In Langton, Christopher G. (ed.). *Artificial Life: An Overview*. Cambridge, MA:The MIT Press,1997,p. X.

③ 许煜:《递归与偶然》,华东师范大学出版社 2020 年,第 174 页。

在内的多个其他游戏 NPC 发生不固定的交互行为,从而影响其思考与分手行为。所以,"人工生命运行过程中,多个简单对象之间的交互,会导致复杂的全局行为出现。而这些行为无法提前预测,它们只在计算器程序运行的过程中产生"①。智能游戏 NPC,作为软人工生命的智能主体,参与了后人类沟通,从而带来更具偶发性的后人类沟通局面。

另一方面,智能游戏 NPC 的偶发交互使后人类沟通发生"突现"式进化。"突现"(emergence)原本是生物学中的概念,指在复杂动态交互中整体大于部分之和的结果,②它是突然出现、不可预知的新现象,在生物学语境下被译为"突现"③,在复杂系统理论中也被译作"涌现"④。"突现"可以有各种表现形式,包括:自繁殖、自组织、代谢、进化等,⑤在 ChatGPT 语境下特别突出的是智能提升意义上的"突现"式进化。我们将智能游戏理解为生命系统,将智能游戏 NPC 视作生命系统的主体,来考察智能提升意义上"突现"式进化的实现方式:智能游戏 NPC 与玩家的偶发交互带来更多语料、行为信息的灌输,在大量信息积累的基础上,使后人类沟通突然出现智能提升。比如,上文提及的女性 NPC 接收到的第一个玩家的信息是:"异地恋没未来的,还是分手吧。"第二个玩家对她说:"异地恋是很美好的,双方有思念和想象的空间。"第三个玩家说:"异地恋不可怕,你俩时不时见一见就好了。"这些不一的信息使女性 NPC 一时难以产生自主判断。但当女性 NPC 经过与成百上千个玩家的对话后,在某一刻,她会基于大数据统计结果形成一个新的认知,如 80% 的玩家认为异地恋没有未来,她基于数据统计结果也认为异地恋没有未来,从而表现出"突现"式进化,与异地恋对象分手,脱离了游戏的固定剧情,展现出生命的独立性。

3.后人类沟通的逆向组织

作为软人工生命的智能游戏 NPC,其组织沟通具有特殊性,是一种逆向的

---

① ［俄］列夫·马诺维奇:《新媒体的语言》,车琳译,贵州人民出版社 2020 年,第 68 页。

② Bedau, M. A. . "Artificial Life." In Matthen, M. & Stephens, C. (eds.). *Philosophy of Biology*. Amsterdam:Elsevier, 2007, p. 593.

③ 李建会:《人工生命:探索新的生命形式》,《自然辩证法研究》2001 年第 7 期。

④ ［英］约翰·厄里:《全球复杂性》,李冠福译,北京师范大学出版社 2009 年,第 96 页。此处采用生物学的译法,以强调智能游戏 NPC 可被视作生命系统主体的重要意义。

⑤ 黄文高:《人工生命与模式形成》,浙江大学博士论文,2002 年,第 4 页。

后人类组织沟通。恰如海勒所说，"系统的组织，并非保持不变，而是可以通过新兴的行为转变自身"，其逆向的新兴行为表现为"增加一种向上的张力，使之像被压制的温泉一样，具有突然喷发释放的力量，因此这些过程就打破了自我组织的循环模式，跃进到一种新形态"①。简而言之，作为软人工生命的智能游戏 NPC 通过普遍沟通形成一种向上的组织化，调转了传统人工智能由"自上而下指定的串联系统"②影响系统各个部分的组织沟通方向。

　　这种后人类沟通的逆向组织，可以在智能游戏中的鸟群类 NPC 身上观察到。智能游戏中的鸟群类 NPC，首先模拟了鸟类自然生命系统进行学习的基本组织特点，即鸟类"具有非常不同的行为模式，在个体生命过程中少有学习，它更多的是依靠系统发育学习"，这被控制论这一后人类理论来源视为理解"自组织系统"的重要经验。③　其次，在保持系统发育学习的组织环境下，智能游戏中的鸟群类 NPC 又经由程序预设的单个鸟类 NPC 与鸟群之间的关系来产生学习行为，进而实现向上的组织化。"在群集算法中，系统中的每只鸟都是根据其与同伴的关系来建模的。每只鸟都知道它应该与邻居保持多远的距离，它应该如何应对障碍，是否有一个天然的领导者（以及这种情况是否会改变），等等。……重要的是，行为方面，比如回避，会在整个系统中实时传播。鸟群中的第一只鸟会避开障碍物，而在它附近遇到障碍物的鸟会跟随第一只鸟或另一只鸟，或者尽其所能避开障碍物。"④由此，智能游戏 NPC 不仅呈现出后人类横向沟通的新样态，还为后人类后续的学习、传承、进化等纵向沟通奠定了基础。

---

　　①　［美］凯瑟琳·海勒：《我们何以成为后人类：文学、信息科学和控制论中的虚拟身体》，刘宇清译，北京大学出版社 2017 年，第 298 页。

　　②　Bedau, M. A. . "Artificial Life." In Matthen, M. & Stephens, C. (eds.). *Philosophy of Biology*. Amsterdam：Elsevier, 2007, p. 587.

　　③　［美］诺伯特·维纳：《控制论：或动物与机器的控制和通信的科学》，王文浩译，商务印书馆 2020 年，第 182 页。

　　④　Lecky-Thompson, G. W. . *AI and Artificial Life in Video Games*. Boston：Course Technology, 2008, p. 73.

三、软人工生命的纵向沟通：智能游戏 NPC 的代际关系

ChatGPT 语境下智能游戏活动中的软人工生命，除了与其他对等地位的主体进行横向沟通，还能在游戏系统中完成迭代，形成代际的纵向沟通关系。纵向沟通关系彰显出后人类的传承与进化，在复制与繁殖、遗传与变异、死亡与再生等生命性状的演化过程中，使软人工生命将其获得的智能提升传承下去，从而实现"在全世界的计算机上'繁殖'多样化的物种"①的后人类理想。

1. 后人类复制与繁殖中的代际关系

有自主性的智能游戏 NPC 能够通过自我复制重构后人类的代际连接关系。其一，这种自我复制"脱离了有机体的繁殖"②，直接改变了性别（尤其是女性）在后人类代际传承中的传统定位。智能游戏 NPC 本质上是一段代码，即使在游戏叙事中具有女性的外表与自主的交配、繁殖能力，仍只能进行 1 和 0 意义上的复制，在性别意义上"还原了蕨类植物和无脊椎动物（这种美好的机体预防反对异性繁殖）可爱的巴洛克复制方式"③，具有"病毒扩散式发展、辐射状发展"④的去性别性，解构了传统人类代际传承中的性别意义。其二，这种自我复制也超越了"机械的自我复制"的"退化"状况，⑤使后人类在代际传承过程中实现进化。智能游戏 NPC 的自我复制不同于机械的自我复制：在机械的自我复制中，"母机必然比子机更复杂"，因为"若要制造与自身类似的其他机器，一台机器必须要知道自身的组成部件、新机器的设计说明以及可用于

---

① ［美］凯瑟琳·海勒：《我们何以成为后人类：文学、信息科学和控制论中的虚拟身体》，刘宇清译，北京大学出版社 2017 年，第 300 页。
② ［美］唐娜·哈拉维：《类人猿、赛博格和女人——自然的重塑》，陈静译，河南大学出版社 2016年，第 315 页。
③ ［美］唐娜·哈拉维：《类人猿、赛博格和女人——自然的重塑》，陈静译，河南大学出版社 2016年，第 315 页。
④ ［法］让·鲍德里亚：《恶的透明性：关于诸多极端现象的随笔》，王晴译，西北大学出版社 2019年，第 5—6 页。
⑤ ［德］托马斯·瑞德：《机器崛起：遗失的控制论历史》，王晓等译，机械工业出版社 2017 年，第100 页。

组装新机器的部件和工具"①。而智能游戏 NPC 的自我复制程序"所居住的
'环境'是计算机以及计算机的硬件、软件和存储器……环境是活着的、'充满
生机的';自我复制的程序会给彼此带来竞争的压力,包括'冲突行为'和筛选
压力。实际上,在这种情况下,可自我复制的程序的'进化'已成为一种可
能"②。ChatGPT 语境下智能游戏程序强化了智能主体的自主性,这使自我复
制未必能以完全相同的方式呈现,而是产生代际相似、有联系又不尽相同的自
我繁殖。

　　智能游戏 NPC 通过自我繁殖建立的后人类代际关系,有可能带来比自我
复制更高一筹的进化。当下智能游戏 NPC 的自我繁殖方式是彰显出其自身
主体性的,如《动物园之星》游戏里作为软人工生命的 NPC 狮子,会自主地选
择其交配对象而进行繁殖,从而也会教授自己孕育的子嗣生存的知识,督促其
进行学习,产生智能的传承,进而推动进化。这不像 QQ 宠物等非智能的虚拟
生物,是依附于人类并在人类主人授意下进行繁殖的,所产生后代的性状也是
程序设定的,其缺乏自主性也就缺乏进化的可能。所以,"历经多代的生命繁
衍并不只是简单地复制相同的生命。自然繁殖引进了源源不断的错误和变
异,导致的结果是有机体得到了改良。'同样显而易见的是,自然繁殖的结果
确实比自我复制要更高一筹'。……不仅是在复制生命的设计,它还在进化并
提高现有设计"③。游戏程序帮助智能游戏 NPC 探索代际进化的可能,也参照
自然繁殖模式引进了错误和变异,使后人类的代际关系变得更加复杂。

　　2.后人类遗传与变异中的代际关系

　　一方面,智能游戏 NPC 的遗传代际关系非常特殊,展现了源于遗传算法
又高于遗传算法的后人类沟通特性。其一,遗传算法是"进化生物学与计算机

---

　　①　[德]托马斯·瑞德:《机器崛起:遗失的控制论历史》,王晓等译,机械工业出版社 2017 年,第
100 页。
　　②　[德]托马斯·瑞德:《机器崛起:遗失的控制论历史》,王晓等译,机械工业出版社 2017 年,第
132 页。
　　③　[德]托马斯·瑞德:《机器崛起:遗失的控制论历史》,王晓等译,机械工业出版社 2017 年,第
100 页。

科学最著名的交集"①，在智能游戏 NPC 等软人工生命上有充分的应用。该算法运用计算机仿真运算，将问题求解过程转换成类似生物进化中的染色体基因的交叉、变异等过程，在《磁芯大战》(Core War)等游戏中模拟出生命系统的遗传活动。其二，在当下的智能游戏程序中，软人工生命的遗传会展现出互动关系中的复杂性。"自然系统中的生物拥有与环境和彼此之间相互作用的能力，这种能力被大多数有关进化的算法应用排除。"②而在智能游戏中，其叙事的复杂性强化了这种复杂互动关系对遗传的影响，如游戏玩家对动物园环境的营造会影响狮子等 NPC 的繁殖与遗传等。

　　另一方面，智能游戏 NPC 繁殖带来的变异，使后人类的代际关系存在进化或退化的复杂性。首先，在游戏程序中，智能游戏 NPC 的变异被编程为部分元素的随机变化。智能游戏系统的设计，"考虑了变异这一生物进化的重要特征。'当说到变异时，我指的只是任意地方一个元素的随机变化。'……有了这种随机变化，'系统产生的不再是自身，而是其自身的改造品'"③。其次，智能游戏 NPC 的变异有可能带来进化或退化的不同方向变化。"在自然界中，大多数情况下变异导致的结果都是负面的，而不是正面的——是退化而不是进化，但是随机变化的可能性却因此而涌现出来了。'因此，尽管这一系统非常原始，它仍具有遗传变异的特征，即便随机产生的变异很可能是致命的，但也可能是非致命性并可遗传的。'"④再次，智能游戏 NPC 的退化性变异也有可能孕育其他方向进化的可能性。如《动物园之星》中的狮子在繁殖时有可能产下罕见白化皮毛的小狮子，这种类似人类"白化病"的遗传状况是容易带来皮肤疾病的，在一定意义上是退化性变异；但有主体性的狮子父母会努力拯救变

　　① Ofria, C. B., David M. & Wilke, C. O. . "Avida: A Software Platform for Research in Computational Evolutionary Biology." In Komosinski, M. & Adamatzky, A. (eds.) (2009). *Artificial Life Models in Software* (2nd ed.). London: Springer, 2009, p. 4.

　　② Ofria, C. B., David M. & Wilke, C. O. . "Avida: A Software Platform for Research in Computational Evolutionary Biology." In Komosinski, M. & Adamatzky, A. (eds.) (2009). *Artificial Life Models in Software* (2nd ed.). London: Springer, 2009, p. 5.

　　③ ［德］托马斯·瑞德：《机器崛起：遗失的控制论历史》，王晓等译，机械工业出版社 2017 年，第101 页。

　　④ ［德］托马斯·瑞德：《机器崛起：遗失的控制论历史》，王晓等译，机械工业出版社 2017 年，第101 页。

异的小狮子,获得某些对抗疾病的知识并传授给孩子,从而产生某种意义上智能提升的传承,这又是有进化意义的。所以,变异才能带来物种繁衍的复杂可能性,因而被视作"生命的决定性特征"①。

3.后人类"死亡"与再生中的代际关系

智能游戏 NPC 使后人类的"死亡"具有新的表现形式:沟通的中断,因为它在程序上是有可能再生的。电子游戏玩家一般都有这样的经验:游戏 NPC 能被服务器刷新机制无中生有地"刷"出来。所以,它即使被敌对势力"杀死",也不是绝对地消失,而会在游戏的一个刷新周期后"再生"。这种"死后再生"的特殊性,甚至成为游戏 NPC 的一种重要沟通话语,其在血量被敌对势力打到濒死时,常常会用"我会再回来的""我会在黑暗中永生""你永远逃不开我的阴影"等类似话语向敌对势力进行恐吓,变相强调游戏程序是不同于现实的"再生"场域。基于此,后人类理论家常常十分重视"在承载微电子和生物技术政治的世界中复活"②,"梦想将意识下载到计算机中,并且由此消除死亡"③。

然而,智能游戏程序又使后人类的"再生"不完全是对 NPC 生前的简单复制,而具有迭代的意义。智能游戏程序往往将 NPC 的"死亡""再生"和"变异"联系起来,以模拟自然生命系统中物竞天择的状况:有的智能游戏 NPC"死于某种意义上的'致命性'变异"④,而无法"再生";有的智能游戏 NPC 可以通过"再生"获得"变异"的能力,如计算能力增强、身体变形、魔化等。这些"死亡""再生"与"变异"的情况,又与游戏叙事联系起来(如内部故障、外星人入侵、自然灾害等),从而以更接近宇宙系统的复杂状况续写计算机程序演绎的迭代故事。

---

①　[德]托马斯·瑞德:《机器崛起:遗失的控制论历史》,王晓等译,机械工业出版社 2017 年,第131 页。

②　[美]唐娜·哈拉维:《类人猿、赛博格和女人——自然的重塑》,陈静译,河南大学出版社 2016年,第344 页。

③　[美]凯瑟琳·海勒:《我们何以成为后人类:文学、信息科学和控制论中的虚拟身体》,刘宇清译,北京大学出版社 2017 年,第327 页。

④　[德]托马斯·瑞德:《机器崛起:遗失的控制论历史》,王晓等译,机械工业出版社 2017 年,第100—101 页。

四、建构软人工生命与自然生命共存互促的后人类文明

从智能游戏 NPC 的横向与纵向沟通来看，软人工生命已在多重沟通中不断创造不亚于自然生命的生命系统，并通过游戏互动不断强化其与自然生命的连接关系，形成其与自然生命共存的后人类沟通新样态。鉴于此，应探索如何深化软人工生命与自然生命的互促关系，以便更好地建构新的后人类文明。

1.在软人工生命与自然生命之间建立普遍连接的关系

一方面，应超越人类中心主义，正视软人工生命的主体作用，在多元社会领域中建立软人工生命与自然生命之间的普遍连接关系。我们的人类的身份，并不意味着我们天然拥有高于万物的人类中心主义地位。软人工生命，可被"视为认知者，它能演化发展，其方式跟人类作为思维主体的出现别无二致"①，它同样具有主体作用。它甚至在智能游戏活动中"创造和格式化了作为用户的人类"，使人类具备机器性状。② 我们应正视其作用，在游戏及更广泛的社会领域中建立其与自然生命的普遍连接关系，以新的主体身份参与社会运作，推动社会进步。"这或将改变长期以来社会运作上的人类中心主义，使新的社会文明建设主体不限于以往的自然人，而形成智能生命的文明建设新主体，从而使社会运作纠正仅仅将人作为万物尺度的偏向。"③就像《流浪地球2》中，作为软人工生命的图丫丫（刘德华扮演角色的女儿）以惊人的脑容量记住了三万位数的密码，帮助其父亲成功启动了全球互联网，从而拯救了人类，拯救了地球。

另一方面，应注意连接方式，通过游戏和其他社会领域的游戏化运作，实现软人工生命与自然生命之间的普遍连接。在当下 ChatGPT 的语境下，游戏不再是自柏拉图以降"不值得加以严肃考虑"④的玩乐活动，而是可以创造和

---

① ［美］N. 凯瑟琳·海尔斯：《控制论》，载［美］W. J. T. 米歇尔、［美］马克·B. N. 汉森主编：《媒介研究批评术语集》，肖腊梅、胡晓华译，南京大学出版社 2019 年，第 124 页。

② ［德］克劳斯·皮亚斯：《游戏玩家的责任：完全成为端口》，载［美］埃尔基·胡塔莫、［芬兰］尤西·帕里卡编：《媒介考古学：方法、路径与意涵》，唐海江主译，复旦大学出版社 2018 年，第 161 页。

③ 周海晏：《游戏版 ChatGPT 开启游戏新业态》，《社会科学报》2023 年 3 月 27 日，第 4 版。

④ ［古希腊］柏拉图：《柏拉图全集》（第三卷），王晓朝译，人民出版社 2003 年，第 418 页。

训练软人工生命的严肃活动,即通过游戏给软人工生命积累样本和生命体验,让其进行模仿学习,训练其成长为智能水平更高的智能主体。"没有比游戏更严肃的事。"借助列斐伏尔的这句名言,我们能更深刻地理解当下 ChatGPT 语境下的智能游戏新经验。而且,智能游戏还可以以游戏化的方式,打破游戏与非游戏领域的二分关系,将游戏对人的影响力拓展到游戏之外的社会领域,产生积极的作用。目前广泛的人工生命智能游戏产品在许多社会领域已形成游戏化的运作,从而使游戏"作为人的自由活动和内在体验生成来源,又将游戏机制化所提供的结构形式内化为社会文化的本质形态"①,从而与建构后人类文明紧密相连。

2.以软人工生命系统的演变,模拟、实验、探索自然生命系统的发展可能

一方面,软人工生命正创造着智能生命系统,形成与自然生命系统的数字孪生关系。ChatGPT 的语境下智能游戏 NPC 等软人工生命,可以模拟各种社会活动中的自然生命,并基于软人工生命的智能,产生应对各种社会活动的预判性游戏结果,引导现实中的社会实践。以《动物园之星》游戏中的西非黑猩猩 NPC 为例。它属于动物中智能程度比较高的(跟人类接近),可以与玩家建造的动物园数字场景进行多样化即时交互,甚至产生嗅闻花朵、挖鼻屎、取暖等模仿人类的反馈行为,形成直观的游戏实验结果而被玩家直接观察到,激发玩家思考自己对动物园的建设是否合适。动物园是当下城市重要的公共文化空间,让智能游戏的数字孪生系统来模拟现实城市中的动物园场景,成为实体场景的"地图""沙盘"或"说明书",以指导城市的"规建管用",对建构后人类文明具有重要意义。

另一方面,应重视软人工生命有自主性的"突现"行为,探索自然生命系统发展的新可能。ChatGPT 的语境下的智能游戏 NPC 等软人工生命具有强大的自主性,能够在某些时刻产生突然出现的、无法预测的行为,从而为自然生命系统发展探索新的可能。同样是《动物园之星》游戏中的西非黑猩猩 NPC,会在对玩家建造的动物园感到不满时策划"越狱"行动,又在"越狱"成功后,用

---

① 李雨谦:《"影游融合"与"游戏化"的问题再思考:从概念辨析、理论视角到个案分析》,《当代电影》2022 年第 10 期。

一段时间对动物园内外生态情况进行比较后偷偷回到动物园空间里，开始外出探险后新生活。遇到这一情况的游戏玩家，为软人工生命的独立性、复杂性，以及富有感情和思考的能力所深深触动，不免深入反思自己建造动物园的思路与对待其他生命体的态度。基于此，我们应呼吁社会上更多人参与软人工生命的开发与塑造活动，激发软人工生命的自主性与创造力，助推其在社会各领域的模拟实验活动，探索促进社会发展的新的可能。

3. 借鉴机器人的具身性与人类的文化性，拓展软人工生命开启的后人类文明

机器人等硬件的具身性，可以被软人工生命借鉴，以拓展后人类与外界的感知关系。与机器人不同，软人工生命是处于游戏程序中的，是虚拟的，这使其本能更偏重"头脑智能"，相对忽视"身体智能"，① 具体表现在：其一，它往往偏向理性认知模型及其对应的行为模型，即使有"人工动物"，也偏向黑猩猩等智力水平高的，相对忽视那些智力水平低的动物；其二，它的动作模型、感知系统相对简单化，不能充分体现"身体智能"的沟通意义，如每个 NPC 捡地上的东西都是同一个动作，在身体的智能上不够凸显差异；其三，软人工生命几何模型的虚拟化，影响了它对数字空间的体验，比如玩家死亡后的复活，千百人重合在一个地方，是相对忽视数字实体的建构的，也相对忽视它与数字空间的感知关系。对此，也许应该借鉴机器人等硬件的具身性，按照"身体智能"的另一种尺度，创造和构建人工生命主体，拓展后人类与外界的感知关系。

人类等湿件的文化性，可以被软人工生命借鉴，以丰富后人类与其他生命的精神文化关系。生命的意义不仅包括功利性生存，而且指向文化性存在。软人工生命不仅是实验程序的主体，而且是开启文化交互的界面，这可刺激人类从其他物种的角度去重新思考后人类文明的建构方式，也有助于人类形成更强的环保意识、平等意识或沟通意识等。软人工生命正开启游戏文明的"兼容性测试"②，借鉴人类等湿件的文化性，让人类与软人工生命在文明中兼容，

---

① ［瑞士］Rolf Pfeifer、［加拿大］Josh Bongard：《身体的智能：智能科学新视角》，俞文伟等译，科学出版社 2009 年。

② ［德］克劳斯·皮亚斯：《游戏玩家的责任：完全成为端口》，载［美］埃尔基·胡塔莫、［芬兰］尤西·帕里卡：《媒介考古学：方法、路径与意涵》，唐海江主译，复旦大学出版社 2018 年，第 175 页。

在文明中发展，以丰富后人类与其他生命的精神文化关系。恰如海勒所言，"我们可以精心勾勒另一幅有助于人类以及其他生命形式长期生存的图景。对于其他生命形式，不管是生物的和人工的，我们都愿意同他们共享这个星球甚至我们自己"①。

（周海晏，复旦大学信息与传播研究中心研究员、新闻学院副教授；张昱辰，通讯作者，同济大学艺术与传媒学院副教授）

---

① ［美］凯瑟琳·海勒：《我们何以成为后人类：文学、信息科学和控制论中的虚拟身体》，刘宇清译，北京大学出版社 2017 年，394 页。

On New Forms of the Posthuman Communication Initiated by Soft Artificial Life

——Analysis of Media Relations of NPCs in Intelligent Games in the Context of ChatGPT

Zhou Haiyan   Zhang Yuchen

Abstract: The development of computer games promotes the evolution of artificial intelligence and gives rise to soft Artificial Life beyond traditional artificial intelligence. Soft Artificial Life is an intelligent virtual entity created by computer programs to show life vitality and realize life evolution. Activated by ChatGPT, it is now mainly reflected in NPCs in intelligent games. With strong interactive capabilities, Soft Artificial Life surpasses the "life game" as its historical source, highlighting a new communication situation for the posthuman. In terms of horizontal communication, Soft Artificial Life highlights new forms of the posthuman communication such as multiple subjects, accidental interaction, and reverse organization. In terms of vertical communication, Soft Artificial Life inherits the intelligence enhancement through the evolution of life traits such as replication, reproduction, heredity, variation, death and regeneration, so as to realize the posthuman ideal of "breeding diversified species on computers all over the world". At present, Soft Artificial Life constantly creates a new life system in multiple communication, and constantly strengthens its connection with natural life through game interaction, forming a new way of communication between human beings and natural life, so as to connect the game system inside and outside and build a new posthuman civilization.

Keywords: Soft Artificial Life; Posthuman; Digital Communication; Nonplayer Character

从绝望的哀矜到勇气的颂歌

——克苏鲁神话元素在当代网文书写中的变异接受

许耀义

摘要：近年来有一定规模的网文作品在叙事中尝试运用克苏鲁神话元素，由爱潜水的乌贼创作的《诡秘之主》便是其中的突出代表。这类网文作品的出现一方面表明本土对于作为西方文化元素代表的克苏鲁神话的接受；另一方面，创作中不同于原初克苏鲁神话的鲜明特征也说明了本土接受过程中变异的发生。本文以这一变异接受现象为研究对象，首先梳理了克苏鲁神话的由来及其"反宗教的恐怖""反科学的奇幻"的特质；随后结合网文文本与故事设定分析其在本土接受过程中发生的"内容重组""光明转向""幻想崇高"三重变异；最后结合网文语境，从价值观念、文化消费及故事重构三种角度阐释本土变异接受的缘由，以期揭示影响当下网文创作场域的复杂因素。

关键词：克苏鲁神话；《诡秘之主》；变异接受；网络文学

2020 年 5 月 1 日，《诡秘之主》正式完结，"蒸汽与机械的浪潮中，谁能触及非凡？历史和黑暗的迷雾里，又是谁在耳语？我从诡秘中醒来，睁眼看见这个世界"①。蒸汽与魔法的奇特交织,宏大而不失精细的故事叙述,使得这一作品成功"出圈",作品中包含的"克苏鲁神话"元素也得到了众多读者的注意,进而吸引了更多网文作者在创作中尝试借用"克苏鲁神话"的相关设定进行网文创作。但值得注意的是,这些具有鲜明克苏鲁神话元素的网文创作表现出了与克苏鲁神话明显的区别:国内网文选择性接受克苏鲁神话元素并将其与其他文化元素结合并进行拼贴重组,弱化了克苏鲁神话体系的恐怖和科幻的特质,代之以猎奇与幻想为主导的爽文逻辑,叙事突出的"恐怖崇高"被转换为"幻想崇高"。这种本土接受过程中出现的变异现象值得深入研究,它不仅能促进我们对当前网文书写的理解,同时也能帮助我们梳理影响中国网文发展的诸多因素。

一、不可名状——克苏鲁神话简述

在探究网络文学书写之前,对克苏鲁神话这一西方文化元素进行一番梳理是题中应有之义。从最开始刊载于流行刊物的文学创作到现在散播于文学电影游戏等多种媒介的文化符号,克苏鲁神话元素逐步获得了更为广泛的影响力,呈现出日益兴盛的态势。

（一）黑暗的呓语——克苏鲁神话的由来

克苏鲁神话是自 20 世纪 20 年代由 H. P. 洛夫克拉夫特（Howard Phillips Lovecraft,下文简称"洛夫克拉夫特"）开创,众多崇拜者接续设定继续创作的集体成果。1926 年,洛夫克拉夫特创作的《克苏鲁的呼唤》及随后陆续创作的《疯狂山脉》《超越时间之影》等作品确立了克苏鲁神话的大致基调,随后由奥古斯特·威廉·德雷斯（August William Derleth）进一步搭建框架,众多崇拜者如林·卡特（Lin Carter）、科林·威尔逊（Colin Wilson）、拉姆齐·坎贝尔（Ramsey Campbell）、布莱恩·拉姆利（Brian Lumley）等作家创造新的故事,为克苏鲁神话填充了设定与内容。因此不同于单个作家构建的作品系列,克苏鲁神话是由众多作家跨越时空集体创作的成果,其内容之庞大,设定之繁多,

---

① 参见起点中文网《诡秘之主》简介,https://book.qidian.com/info/1010868264/。

堪称现代的"人造神话"。

从创作内容来看,克苏鲁神话的创作以"不可知的恐怖"为核心,内容多表现遭遇奇异事件的人物在探索真相的过程中发现无法理解的恐怖存在,最后或变形为怪物或陷入疯狂境地。在行文中,作者往往试图以主人公对于周遭事物的阴暗怪异的印象来营造恐怖效果,进而展现出在宇宙恐怖面前人类存在的渺小无助。代表作如洛夫克拉夫特的《克苏鲁的呼唤》《超越时间之影》,奥古斯特·威廉·德雷斯的《星之眷族的巢穴》,林·卡特的《画廊的恐怖》等。克氏开创的这一人造神话体系对于后世恐怖文学与奇幻文学都有深远影响,当代恐怖小说作家斯蒂芬·金与尼尔·盖曼的作品中时有对克苏鲁神话的致敬,而奇幻文学界最重要的奖项"世界奇幻文学奖"的奖杯正是洛夫克拉夫特的半身像。

除了在文学领域,克苏鲁神话同样在当今文化领域具有影响力,这归功于1981年由混沌元素(Chaosium)出版社出版的 TRPG 游戏《克苏鲁的呼唤》(*The Call of Cthulhu*),这一游戏的名字源于同名小说《克苏鲁的呼唤》,名称中的克苏鲁也是洛夫克拉夫特小说中的一个比较有代表性的神话生物,它在封印中沉眠于海底的宫殿拉莱耶,将在群星归位时得到解放。在游戏中,玩家扮演探寻神秘事件真相的调查员,在逐步深入不可知事件的过程发现异常的存在。也正因为这部游戏为方便玩家理解系统整理了故事设定,在游玩过程中这些系统化的设定逐步被玩家所理解并进行进一步传播,克苏鲁神话由此从文学领域走向了更为广泛的文化领域。

(二)解构的反思——克苏鲁神话的整体特征

尽管克苏鲁神话体系宏大,内容繁多,但也体现出鲜明的风格特征,这主要在两个方面:一是反神话的解构色彩,二是反科学的科幻想象。

1.反神话的恐怖

在接受了哥特文学与美国现代恐怖小说创作影响的基础上,洛夫克拉夫特形成了被称为"洛氏恐怖"的个人创作风格,他致力于在小说中塑造出未知世界对人的理性的挑战,在宇宙的纵深间表现出世界蕴含的未知与恐怖。如洛氏本人在研究恐怖文学的发展体系的专著中表达的理念是,故事"应该表现出来的是某种让人窒息的氛围、不可名状的恐惧以及那未知力量"①。而他的文学创作正是遵循了这一理念，伴随恐怖事件的展开，暗示读者以真相的恐怖。

反神话是由于其对于神灵的想象具有黑暗残酷与不可名状的特质。在克苏鲁神话小说中，故事内容往往有着浓烈的宗教隐喻色彩。从神祇的设定中可以看出对传统宗教的鲜明解构特征，如已有研究者探讨的"克苏鲁神话"中"三柱神"的宗教原型，其中具有"孕育千万子孙的森之黑山羊"之称的莎布·尼古拉斯的形象便对应于"大母神"原型。② 莎布·尼古拉斯这一形象最早出现在洛夫克拉夫特写于 1927 年的小说《最后测试》中，随后在作者拉姆齐·坎贝尔的《月之镜》中确定为具有"黑山羊"特征，形态渐渐定型为黑云般的巨大肉块，有着许多触手，以及滴着黏液的大嘴，拥有无数触角，不规则地长着如同粗糙的羊蹄一般的脚，类似一堆泡沫的可怕形象。黑山羊在基督教神话中被认为是近于恶魔的邪恶存在，而克苏鲁神话却反其道而行，将其构建为神灵。同时希腊神话中的潘神也被迁移进入克苏鲁神话体系之中，塑造成是莎布·尼古拉斯的化身之一。其子嗣"黑山羊幼崽"也同样是山羊与触手的结合物。种种症候皆可表明克苏鲁神话有着对传统神话的解构色彩，而这些怪奇的形象也进一步强化了叙事的恐怖色彩。③

2.反科学的奇幻

虽然出生于科学发展的黄金时期，洛氏却通过创作表现了对科学的反思，暗示出科学发展可能隐含的危机，洛夫克拉夫特笔下的克苏鲁神话所表达的核心观念之一是"科学的不可知性"，具有强烈的"反启蒙"色彩。例如他在《克苏鲁的呼唤》开篇所表达的观念：

> 人的思维无法将已知的事物相互关联起来，我认为，这是这世上最仁

---

① ［美］H. P. 洛夫克拉夫特：《文学中的超自然恐怖》，陈飞亚译，西北大学出版社 2014 年，第 118 页。

② 张方：《"克苏鲁神话"中"三柱神"的神话原型解读》，《大众文艺》2020 年第 3 期，第 38—39 页。

③ 部分内容参考维基百科"莎布·尼古拉斯"词条，https://zh.m.wikipedia.org/zh-cn/%E8%8E%8E%E5%B8%83%C2%B7%E5%B0%BC%E5%8F%A4%E6%8B%89%E4%B8%9D。

慈的事情了。我们居住在一座名为无知的平静小岛上,而小岛的周围是浩瀚无垠的幽暗海洋,但这并不意味着我们就应当扬帆远航。科学正循着各自的方向发展延伸,迄今尚未伤害到我们;可有朝一日,当这些相互分离的知识被拼凑到一起,展现出真实世界的骇人图景,以及我们在这幅图景中的可怖位置时,我们便会在这种启示前陷入疯狂,或者逃出致命的光明,躲进一个平静、安宁的黑暗新世纪。①

这一观念与科幻小说脉络中的"反科幻"思想构成了鲜明的呼应,后者同样认为科技的进步不仅不能实现人的解放,还会加剧对人的束缚,代表作品即大众熟知的"反乌托邦三部曲"(《1984》《美丽新世界》《我们》)。不过与"反乌托邦"作品中蕴含的"技术决定论"观念不同,洛氏致力于表现科学技术结果的无能为力。在洛氏笔下,调查者对真相的探求并不能发现最终的善,而是遭遇到无善恶可言的残酷宇宙真相:即使科技发展突飞猛进,人类本身在茫茫宇宙中依然是渺小的存在,科学的终点依然是未知的,世界的真相是"不可名状"的令人疯狂的存在。

反科学并非意味着对于科学本身的绝对排斥,而是代表一种审慎的反思,在克苏鲁神话体系中可以发现洛氏本人对科学依然存有想象,他笔下不少外星种族——远古者、米·戈、蛇人——都具有超高的科技文明。如在《超越时间之影》中出现的"伊斯人"种族便具有高端的科学技术,他们对于不同文明的知识充满着好奇心理,借助机械,以精神投射的方式实现时空穿越,潜心学习不同文明的知识。这种对于科学的想象也同样是科幻文学的精神内核。

尽管克苏鲁神话中存有强烈的科学反思意识和科技想象能力,但是纵观科幻文学与奇幻文学的发展脉络,洛氏创作的克苏鲁神话在科幻文学领域的影响远不如其在奇幻文学领域的影响深远,后世作家更多接受克苏鲁神话所蕴含的奇思妙想而非其中对于科学的反思批判。但是如果想要更加深入地理解克苏鲁神话体系,其中鲜明的科学反思特征便无法被研究者绕开。在宽泛

---

① [美]H. P. 洛夫克拉夫特:《克苏鲁神话Ⅰ:克苏鲁的呼唤》,竹子、玖羽译,作家出版社 2019年,第15页。

的意义上,科幻与奇幻都是展现想象力的方式,二者也往往被合并在"幻想文学"这一更为宏大的称呼下。正如屈畅在《巨龙的颂歌:世界奇幻小说简史》的引言中所说的,"它(指"奇幻"——笔者注)与科幻之间既存在竞争、更是互为补充的关系","科技的优势越来越明显,现代奇幻的辐射也必将越来越广"。① 洛氏的克苏鲁神话中的对科学的反思同样也可以视为是一种奇幻的想象。同时由于克苏鲁神话在后世对于奇幻文学的巨大影响,这一神话体系在文学分类中也更多作为奇幻而非科幻。但无论如何分类,其中蕴含的思考与想象都值得后世文学创作者学习借鉴。

(三)异时的回声——克鲁苏神话元素的网文应用

恰如死后成名的卡夫卡,洛夫克拉夫特的作品也随着他的死亡而获得新生,洛夫克拉夫特本人生前穷困潦倒,但是他所创立的克苏鲁神话体系却在近年于商业领域得到广泛应用。如在桌游领域构成与《龙与地下城》(DND)和《战锤》(40K)并驾齐驱的《克苏鲁的呼唤》(COC)。在网络游戏的《血源诅咒》《黑暗地牢》和电影《异形》《降临》等作品中都可以发现向克苏鲁神话致敬的成分。不止国外如此,近年来国产游戏《第五人格》《明日方舟》也在一定程度上对克苏鲁神话元素进行了参考借鉴,前者游戏角色中的"黄衣之主"和后者世界观中的"海嗣"设定体现出了对克苏鲁神话或直接或间接的转化。放眼近十年国内网络文学场域,同样可以发现有着相当数量的包含克苏鲁神话元素的文本,这些文本近年来也逐步得到文学研究者的注意。如杭州师范大学的单小曦教授等从叙事节奏、人物塑造、背景设定等方面对男频网文《诡秘之主》进行细读分析,肯定其大胆的想象与细心创作。② 中国艺术研究院的学者王玉玊将女频网文中的《小蘑菇》与科幻小说《三体》并置,分析"量子力学"与"价值相对论"等现代科学概念在文艺概念中的应用。③ 对于《诡秘之主》《小蘑菇》这些具有鲜明克苏鲁神话元素的文本的研究与关注足以说明,克苏鲁神

---

① 屈畅:《巨龙的颂歌:世界奇幻小说简史》,古吴轩出版社 2011 年,第 3 页。

② 参见单小曦、殷湘云、许嘉璐、徐怡情《隐喻书写下的回归与超越——网络文学名作〈诡秘之主〉文本细评》,《百家评论》2021 年第 5 期,第 100—118 页。

③ 参见王玉玊《"量子力学"与"流动的现代性"——当代流行文艺中的"价值相对论"》,《探索与争鸣》2021 年第 2 期,第 169—176 页。

话元素正在构成一条发生在当代网络文学场域中的隐秘支流,值得研究者今后继续追踪研究。

回顾克苏鲁神话元素在中国网文的接受历程可以发现,国内网络文学并非对于该元素采取直接的接受,而是受到了媒介传播、文化消费、阅读心理等多重因素的影响,在既有的本土接受和外界再造的双重维度下进行了重组接纳。在本土视域下,一部分克苏鲁神话喜爱者进行翻译与再创作,将克苏鲁神话元素与本土文化进行有机结合,代表作如《巴虺的牧群》,将克苏鲁神话与少数民族文化元素进行组合,构造出神秘的南禺古国与蛇神"巴虺"的形象。此外,桌游设定书、游戏、电影等改造产物往往成为作家灵感来源,《暗黑地牢》《密教模拟器》等游戏设定散见于当下网文创作之中。网络文学对克苏鲁神话元素的接受正在此背景之下进行了逐步本土化的摸索尝试,近年来潜水的乌贼的《诡秘之主》实现了对克鲁苏神话元素的成功借鉴,这一作品的诞生标志着网文领域对这一元素的迁移运用已有了较为成熟的经验,在此之后网络上更是涌现出众多使用克氏元素的网络文学作品,如《道诡异仙》《黎明医生》《我的细胞监狱》《我的一天有48小时》等,正因如此,当今网文创作并不是对外来元素的初级模仿,而是吸纳了多元因素后结合自身创作背景进行的迁移改写。下文将以《诡秘之主》为代表,以其他具有鲜明克苏鲁元素的网文为补充,结合具体文本与故事设定,从创作主体、文本主题、艺术效果三个维度来明晰克苏鲁神话元素在本土化接受过程中发生的接续与变异。

二、寻光飞蛾——克苏鲁神话元素的本土变异

(一)主体接受下的分裂重组

正如"科幻"可以根据科学成分是否占据核心地位分为"硬科"与"软科",我们也可以将克苏鲁神话是否占据文本主体作为区分"硬克"与"软克"的标准,而在网络文学的商业模式主导下,目前占据主流的是"软克",即克苏鲁神话元素是网文创作者创作时作为参考的灵感来源,而非原汁原味的模仿。

一方面,我们可以明显意识到克苏鲁神话元素在网络文学中应用的痕迹。如在《诡秘之主》这部作品里,作者接受了克苏鲁神话的世界观与部分元素,试

图表现出"克苏鲁神话元素带来的旧日,邪神,未知,不可直视,混乱疯狂和绝望无助"①。在第一卷第九章引用了洛夫克拉夫特的原话,"人类最古老又最强烈的情感是恐惧,而最古老又最强烈的恐惧是对未知的恐惧"。故事后期出现的"福根之犬"有着对"廷达罗斯猎犬"形象的明显借鉴,外神"欲望母树"也带有前文所述黑山羊之母"莎布·尼古拉斯"的痕迹。但是更多源自克苏鲁神话的故事设定,并非独立进入文本的叙述之中,而是作者在结合了"蒸汽朋克""SCP 基金会"（Special Containment Procedures Foundation,特殊收容措施基金会）元素的基础上,重新安排于作家再造的故事背景之中。

从另一方面来看,网文作家在创作具有克苏鲁神话元素的作品时,克氏及后续创作者所构建的克苏鲁神话体系并非创作的唯一参考来源。由克苏鲁神话衍生出的漫画、电影、游戏和国内的本土再创作衍生出的新设定同样组成了接受的参照系统。如穿黄衣的阿肥创作的《我的细胞监狱》,其中关于净化污染所采取的自我鞭笞的方式便源于《黑暗地牢》这一有着鲜明克苏鲁神话元素的游戏作品。再如狐尾的笔所写的《道诡异仙》故事中设定的司命"巴虺"以及具有神秘能力的"黑太岁",灵感来源便是国内 trow 论坛中的用户 oobmab 发表的两部作品《巴虺的牧群》②和《黑太岁》③,其作品乃是国内早期对克苏鲁神话元素进行本土化尝试的典范。这种举动既使得网文创作更加扎根于当下的多元媒介的环境之中,同时也帮助网文作者拓宽了自身书写的潜在空间。

综上所述,国内网文对克苏鲁神话元素的接受并非简单的移植与模仿,而是经过了网文创作者的再加工,借助多元文化元素和多元媒介形成的复杂关系,在凸显网文书写自身的特性和独立性的同时,赋予了克苏鲁神话元素新的书写可能。

（二）黑暗基调上的光明主题

在传统的克苏鲁神话作品中,故事的主人公与背景的神秘力量之间处于敌强我弱的不平等态势,在主人公与神秘力量之间存在着力量的不可对抗性,

---

① 爱潜水的乌贼:《〈诡秘之主〉完本感言（下）》,https://vipreader.qidian.com/chapter/1010868264/534989929/。

② oobmab:《巴虺的牧群》,https://trow.cc/board/showtopic=26114。

③ oobmab:《黑太岁》,https://trow.cc/board/index.php? showtopic=28347。

恐怖的客体以远超出人类想象能力的姿态压倒人类的理智,叙事的结局也往往暗示了悲剧的降临。当克苏鲁神话元素进入网文书写场域后,黑暗基调依然存在,如《诡秘之主》所构造的世界,疯狂是生活的底色,越是靠近不可知的力量,越容易被污染与吞噬,正如故事中反复出现的感慨——"一群时刻对抗着危险和疯狂的可怜虫"。世界真相的危险与疯狂构成了故事的黑暗基调。在主角克莱恩成长过程中,教导过他的老尼尔在复活亡妻的执念下倾听了邪神的低语,变成了不可名状的怪物。一同调查神秘事件的队友被敌人操纵力量陷害,而引导主角克莱恩走上超凡者之路的队长也最终在为了阻止邪神子嗣诞生、保护城市的过程中牺牲自己。种种悲惨与残酷事件的发生都进一步渲染出世界观中的恐怖与残酷性。

正因黑暗的残酷性,才凸显出光明的可贵。贯穿《诡秘之主》的主线之一乃是"黑暗绝望中的一缕光","这一缕光既是人性的怜悯,也是人类勇气的赞歌"。[1] 故事中的超凡者不只是"一群时刻对抗着危险和疯狂的可怜虫",在面对世界的可怖真相后,以队长邓恩和主角克莱恩为代表的角色同时扮演了另一重身份——"我们是一群时刻对抗着危险和疯狂的可怜虫,但我们更是守护者"。[2] 这也正是作者借队长邓恩之口表达的"黑暗绝望中的一缕光"这一创作理念的显现。此时的邓恩刚刚吸收了战死队友的遗物来让他们与其并肩战斗,在不远的将来,他将为了阻止邪神复苏而牺牲自己。而主角克莱尔也在见证了无数的牺牲后接续了守护者的理念,逐步成长为能够影响世界运行权能的"愚者",在一路成长的过程中瓦解了"伦敦雾霾事件"中邪神复生的阴谋,阻止了乔治三世成神仪式,以避免世界大战的发生,守护了世界的秩序。

作者对于这一类"守护者"形象的塑造与强调逆反了克苏鲁神话原初世界观的黑暗基调,表明了网文叙事与原初克苏鲁神话的不同。作家的创作重点不再是渲染神秘力量的恐怖,而是将重心偏转至颂扬守护者们对抗黑暗的精神。这种"守护者"的形象并非一种绝望无力的反抗,当克苏鲁神话元素进入

---

① 爱潜水的乌贼:《〈诡秘之主〉完本感言(下)》,https://vipreader. qidian. com/chapter/1010868264/534989929/。

② 爱潜水的乌贼:《诡秘之主》第一部第二百零七章《守护者》,https://vipreader. qidian. com/chapter/1010868264/417712596/。

当代幻想小说叙事后,幻想背景的力量体系赋予了故事主人公以丰富的成长曲线,这使得故事主人公随着剧情推进逐步具有了抗争黑暗与恐惧的能力,不再是在不可理解的恐惧面前只能绝望的弱小无助者,而是转身成为勇敢面对绝望的"英雄",在克服未知的恐惧中肩负着自身的理想信念而逐步成长,这也进一步表达了人性中积极向上一面的光明主题。

(三)尺度逆转中的幻想崇高

洛夫克拉夫特的创作曾受到哥特式小说和爱伦·坡作品的影响,他开创的克苏鲁神话在接续以上二者的恐怖脉络的同时,也继承了其中包含的崇高美学追求。从美学层面来看,这种崇高主要是"伯克式"的,如伯克所言,崇高源于"以某种表现令人恐惧的,或者那些与恐怖的事物相关的,又或者以类似恐怖的方式发挥作用的事物"①,具有可怖性与不可理解性的客体构成了崇高的对象,而洛氏笔下的宇宙观正体现出面对茫茫宇宙真相时人类的渺小无力。在科普克苏鲁神话时,科普者往往会借用"蚂蚁"这一比喻,就像人不会关心蚂蚁一般,对于那些不可知的存在,人的存在也宛如蚂蚁。宇宙不可知的恐怖构成了崇高的源头。

但是当我们放眼国内网文对克苏鲁神话元素的改写文本时即可发现,网文作者虽然同样尝试为读者提供一种崇高体验,但是其塑造的崇高体验并非源自伯克论述的可怖客体,而更多转向主体,在幻想世界观背景中具备坚定的心灵与强健的身体的英雄人物或集体意志得到了彰显。如以前文所述"守护者"为代表的人物对于黑暗的疯狂抗争呈现出了属于英雄的崇高色彩,读者也正是在这种故事人物的抗争历程中获得了崇高体验。但是这里的主体并非位于真实世界中的存在,而是具有一种齐泽克式的"虚假主体"特征,读者体验到的崇高也是带有"自欺"性质的"幻想崇高"。

这种"幻想崇高"的发生首先需要"幻想空间"的依托,其次是位于幻想空间的人物实现了变现出崇高感的行动。比如,《诡秘之主》中的世界基于维多利亚时期的英国社会,作者笔下描写的工人的悲惨境遇既有着真实历史的支

---

① ［英］埃德蒙·伯克:《关于我们崇高与美观念之根源的哲学探讨》,郭飞译,大象出版社2010年,第36页。

撑,同时又与克苏鲁神话的世界观交织在一起,构成了"超真实"的"幻想空间",于是,在书写与阅读的过程中,网文构建出了双重幻想,一是接纳了克苏鲁神话元素对世界的恐怖本质的幻想,二是接续了幻想世界观所召唤出的能够克服恐怖的主体的幻想。后者对于前者的克服,造就的即是网文书写中的"幻想崇高"。

为了更深入地分析"幻想崇高"被广泛接受的原因,我们可以援引福柯的"异托邦"概念来加以解释,后者曾被邵燕君教授借用以阐释网文构建的新型想象空间。在福柯本人的论述里,"镜子像异托邦一样发挥作用,因为当我照镜子时,镜子使我所占据的地方既绝对真实,同围绕该地方的整个空间接触,同时又绝对不真实,因为为了使自己被感觉到,它必须通过这个虚拟的、在那边的空间点"。以奇幻文学为代表的网络文学所建构出的"第二世界"也正是这样一个"虚拟的、在那边的空间点",为读者提供真实且虚幻的体验。正是在此基础上,邵燕君教授认为"异托邦"作为一种"反位所的场所"为大众提供了另类想象空间,在不反抗主流文化的前提下,又可以满足自身的反抗需要。[①]"幻想空间"的建构也是为了迎合读者的阅读需要,为读者满足心理需要提供了投射的空间。克苏鲁的世界观是借助繁复的内容与设定为读者创作出"超真实的世界",一片能够满足读者反叛需求的"异托邦"。[②] 这也引出了"幻想崇高"内部隐含的问题,其存在依托于"异托邦"的构建。那么一旦脱离幻想,这一"崇高"的主体性也随之崩塌,崇高体验又将何去何从?此悖论式的崇高体验恰如哲学上的"缸中之脑"命题所提出的质疑,"真实与快乐要选择哪一个",网文选择了后者。"幻想崇高"消散之后,主体随之消解,但是"剩余快感"留存在读者心间。

三、置身多元——本土化现象成因之探析

对克苏鲁神话元素本土的接受与变异现象进行描述之后,我们需要进一

---

① 参见邵燕君《从乌托邦到异托邦——网络文学"爽文学观"对精英文学观的"他者化"》,《中国现代文学研究丛刊》2016 年第 8 期,第 16—31 页。
② 参见[法]M. 福柯《另类空间》,王喆法译,《世界哲学》第 2006 年第 6 期,第 52—57 页。

步探寻"本土化过程中为何发生变异"。可以认为,在国内网文的语境中,价值观念、媒介环境、故事重构这三重维度都参与了本土化过程中的接受与变异,对于克苏鲁神话元素的接受自开始便是"变异的接受"。

(一)青年精神焦虑与社会价值观

在探讨网络文学的当下书写时,不可忽视的是网络文学的接受者构成。1995—2009 年间出生的"Z 世代"构成了网文阅读市场上不容忽视的生力军。中国社会科学网《2021 中国网络文学发展研究报告》的调查显示,"2021 年起点读书 APP 的新增用户 95 后占比超 60%"[①]。可见,"Z 世代"的读者对当下的网络文学的接受发挥着重要作用。而当我们从文化场域中观察"Z 世代"的青年时,可以发现在积极奋进之余,精神上的焦虑也困扰着这些青年群体。正如法兰克福学派学者哈特穆特·罗萨在考察现代社会境况后所指出的:"尽管(或正是因为)我们有了更好的技术和更多的可能性,我们的生活从来都是不受控制的。人们越来越常感觉到生活是失控的,越来越常体验到无力感。"[②]由于当下社会生活中"加速主义""功绩主义"等观念,以及当代社会的高度流动性的影响,网络文学的接受者大多在日常生活中体验到生活的不确定性与不可控性。于是近年,网络空间中也出现了"发疯文学"的表达,其传递的同样是青年群体在面对现实的挫折与不如意时所进行的精神上的自我安慰。

正是在这一背景下,克苏鲁神话元素在网络文学书写中的传播与青年群体的精神焦虑有着密切的关联。当克苏鲁神话元素进入网络文学的书写场域时,它所具有的含义不再是最初的"反科学"的批判,网文作家所描绘的重点不是对科技的批判,而是突出强调了克苏鲁神话元素中"疯狂"的内核,书写出了一种对不可知性的忧虑与迷恋。由此,读者的精神焦虑及象征性的克服被嵌入故事行文之中。一方面是在具有克苏鲁神话元素的小说中往往有着如此的预设:世界的真相与日常处于两个截然不同的状况之中,前者对后者有着支配性的影响,然而身处日常的众人只能被动接受着影响,故事的主人公跳脱了日常世界,在一次又一次意外事件中接触到了世界新的"真实"而被迫不断接受

---

① 社科院文学所网络文学发展研究报告课题组:《2021 中国网络文学发展研究报告》,2023 年 9 月 25 日,https://www.cssn.cn/wx/xslh/202212/t20221231_5576959.shtml。

② [德]哈特穆特·罗萨:《不受掌控》,郑作彧、马欣译,上海人民出版社 2002 年,第 2 页。

世界观的重构。如《诡秘之主》的作品中主人公克莱恩接触到"魔药"的真相，以及后续故事中了解到的隐秘的历史，对故事中的人物和阅读的读者都形成了心理冲击。这种叙事建构的对日常生活的颠覆体验，与青年群体的精神焦虑形成了呼应，因而也形成了焦虑的移置，激活了读者的代入体验。而另一方面，故事的主人公又并不会屈服于这些意外事件带来的世界观冲击，而是在不断的修炼过程中逐步克服了世界的不可知性，形成了如上文所描述的"幻想崇高"的体验。这也意味着对精神焦虑的象征性克服所提供的"剩余快感"能够为网文读者提供"可控性"的精神慰藉。

此外，在青年精神焦虑之外，社会价值观作为主流的文化影响了绝大多数的网文读者，对于社会正义、平等公正等价值观念的认同在潜移默化间构成了网文读者阅读的"前理解"，也影响了克苏鲁神话元素的本土化情况。在针对具有克苏鲁神话元素网文的某些评论中，常见读者对于主人公伸张正义的行为表示肯定，在此故事角色的行动与读者内心的朴素价值观念达成了一致。网文读者的朴素价值观通过对作家的反馈的方式影响着文本的走向。这种"价值重述"的需要也可以被视为另一种对"可控性"的追求，即对社会价值观的再认与肯定。也正因为读者对网文中由角色呈现或作家表达的价值信念发生情感的"认同"与"共鸣"，才促使角色与读者、作家与读者之间形成更紧密的情感联系，进而使得读者具有期待故事走向，继续"追更"的动力。克苏鲁神话在网文书写中由黑暗基调向光明主题的转向，也正是读者期待的显现，在这穿越黑暗抵达光明的叙事之中，读者内心朴素的价值观念得到了重述。

（二）"后现代"潜能与"数据库消费"

在日本文化学者东浩纪看来，当今的网络媒介营造出了具有"后现代"特质的场域，网络自身通过"HTML"（HYPER TEXT MARKUP LANGUAGE，超文本标记语言）和"网络页面"等技术手段建构起的正是具有"后现代"性质的"超平面世界"，原有的深度叙事也被解构为无数彼此独立的层级。正是在此基础上，在网络环境中书写的叙事也从原有的"大叙事"转向了遍布"拟像"的"数据库消费"。[①] 所谓"数据库消费"即是指当下亚文化的生产并非是全然依

---

① ［日］东浩纪：《动物化的后现代》，褚炫初译，大鸿艺术股份有限公司 2012 年，第 150—166 页。

靠创作者的原创，而是基于消费者审美趣味的导向，对于既有的文化产物的特征进行"标签化"的分解与重组，进而再生产出能够满足消费者需要的文化产品。当我们借用东浩纪的"数据库消费"理论来审视克苏鲁神话元素的本土接受时可以发现，克苏鲁神话之所以能够为本土接受，不能忽视的原因之一即是克苏鲁神话本身具有一种可以转化为"数据库"的后现代潜能，而网文书写的"二次创作"更是利用了这一潜能并将其结合其他文化元素共同再造为新一轮的"数据库消费"。

当我们再度回顾克苏鲁神话体系建构的过程，可以发现克苏鲁神话体系并非一蹴而就，而是洛夫克拉夫特及之后的接续者经过漫长时间跨度，通过众多的中短篇小说的形象建构才得以孕育而出的。这一体系的搭建过程意味着每个故事中描绘的"怪物"与体系之间保持着相对独立的关系。在此意义上可以说，克苏鲁神话体系本身具有的正是"后现代"的潜能，体系在分散的故事碎片间聚合在一起，也随时有可能再度变成碎片形成新的结构。套用东浩纪的"数据库消费"理论也可得出相近的观点：克苏鲁神话体系中的各种"怪物"也相当于数据库的储存单元，创作者可以根据自己的创作需要选取适合于叙事的"怪物"，抑或根据自己的需要再进行新的量身定制。

另外，东浩纪的"数据库消费"理论有一个突出的表现即是"二次创作"的繁盛。网络文学值得注意的不仅有"文学"的部分，还有"网络"这一媒介技术在发挥影响。网络媒介构建了庞大的"共时"场域，将多种文化元素共同呈现于数字平面之上。在网络文学书写中我们可以发现，网络文学在严格意义上并非网文作家的原创，而是可以视为对多种文化产物的"二次创作"。网络文学的作家对克苏鲁神话元素的接受并非只有对原典的阅读一条路径，各种具有克苏鲁神话元素的文化产物的传播同样构成了影响的源泉，网文作家正是在多种媒介的共同影响下得到了灵感与启发，进而将其转化为自己笔下的故事源泉。同时，多种媒介形成的"共时"场域使得克苏鲁神话元素不是唯一的元素，其往往同与之具有相似性的元素进行融合创作，以《诡秘之主》为代表的的创作模式便是一鲜明案例。蒸汽朋克世界观中暗含的对于人的压抑，使得工业社会成为克苏鲁世界观邪神孕育的温床。SCP 基金会的未知与奇特的能力正与克苏鲁世界观中不可理解的特性能够相互呼应。于是"克苏鲁+蒸汽朋克+SCP 基金会"的创作模式便成为网文创作的又一新型"范式"。当克苏鲁神话自身的"后现代性"与网文书写的"数据库消费"的媒介特质结合到一起,网文中的克苏鲁神话元素的应用方呈现出不断被打碎重组,从而演变为无尽的叙事的现象。

(三)"怪物"传统与故事重构

克苏鲁神话对于中国本土文学而言虽属异质元素,但是追溯中国文学的脉络不难发现,在差异中同样有近似之处。克苏鲁神话既可以与中国本土的"怪物"叙事的脉络达成对话,也可以解构网络文学内部的"玄幻"文类或引入现代知识进行组合,从而形成新的故事再创造。

在中国文学史中,对于"怪物"的记述可以串连为一条在不同朝代更迭呼应的脉络。被视为记录上古神话的《山海经》中对众多生灵的描述,既有"怪物"的特征,比如最为人熟知的"西王母","其状如人,豹尾虎齿而善啸"①。在鲁迅的《中国小说史略》中将六朝发端的"志怪"小说作为中国小说的一条重要脉络加以探讨,指出"当时以为幽明虽殊途,而人鬼乃皆实有"②,因而对于鬼怪的叙述大为兴盛。而今天学术界视为"神魔小说"的《西游记》中塑造的众多角色也都保有"怪物"的特质,比如孙悟空、猪八戒、沙僧三人即使化为人形依然留有恐怖的相貌,见者惊呼"一个雷公嘴,一个碓挺嘴,一个青脸獠牙"③。克苏鲁神话尽管致力于渲染"不可明状"的氛围,但是进入图像或文字的媒介之中后,依然表现出"怪物"的特征,如前文所述"莎布·尼古拉斯"形象将黑山羊与宗教恐怖的内容进行混合重组,这同样可视为一种对"怪物"形象的建构,也与中国古代对"怪物"进行叙事的传统构成了呼应。

与此同时,克苏鲁神话不仅作为某种特定的文学类型,同时还有一种成为阐释乃至创作方法的可能,这为网文作家发挥想象提供了空间。客观而言,克苏鲁神话所属的"奇幻"文类在中国的受众面较为狭窄,反而与之相近的"玄幻"文类则在中国的网文市场里占据较大的份额。作为"出圈之作"的《诡秘之主》在起点中文网的分类也并非"奇幻"而是"玄幻",这也正是为了获得更

①　袁珂译注:《山海经全译》,北京联合出版公司 2016 年,第 33 页。
②　鲁迅:《中国小说史略》,上海古籍出版社 2006 年,第 22 页。
③　(明)吴承恩:《西游记》(全二册),黄肃秋注释,人民文学出版社 2004 年,第 974 页。

多受众而对自身文类归属进行了修改。这种文类标签的选择也暗示了某种契机，即在中国网文的本土化过程中，克苏鲁神话元素被"有意误读"为对"玄幻"进行更新的契机。比如在另一部克苏鲁神话元素本土化的成功之作《道诡异仙》中，原本在玄幻小说叙事中对于"三花聚顶，羽化登仙"的缥缈想象在与克苏鲁神话元素的结合中被解构为"三张狰狞大嘴从脑袋里面伸了出来"，"被沥青粘连的羽毛如同尖刺般，硬生生的从血肉中钻了出来"的可怖描写。① 这也表明，克苏鲁神话元素以其"反神话"的特质提供了审视既往玄幻修仙题材的视角，可以将"仙人"解构为"不可名状"的"怪物"，将修仙求道的过程颠覆为直面世界恐怖真实的惊险历程。此外，当我们对构成网文的知识背景稍加考察，可以发现心理学、历史学、神话学等诸多领域的知识都在具有克苏鲁神话元素的网文中呈现。如在机器人瓦力创作的《黎明医生》中，"罗夏墨迹测试""脑叶白质切除术""正选择"等众多心理学与医学知识成构成了故事的肌理，同时将医学知识与克苏鲁神话元素相结合，构造了"异榕病""异婴病"等疾病想象。这也表明，作者可从现代知识中挖掘叙事潜能，引申为新的想象。

网络文学研究者黎杨全教授在 2016 年曾对网文做出如下判断："写作主题与手法日趋狭窄"，"西式奇幻由于不易'代入'而难有较大发展"。② 这些结论虽然适用于网络文学大部分模式化写作，但是这一结论在以《诡秘之主》《道诡异仙》《黎明医生》为代表的文学尝试前便有了商榷的空间。这些将克苏鲁神话元素与中国本土文学传统及现代知识进行重组再造的网文创作突破了原有的"模式化"生产，新的"异托邦"也在叙事间构建而出。

结语：动态新平衡

对克苏鲁神话元素在国内网文书写中出现的变异接受的问题，学界目前

---

① 狐尾的笔：《道诡异仙》第二十一章《得道成仙》，https://www.qidian.com/chapter/1031794030/687815770/。

② 黎杨全、李璐：《网络小说的快感生产："爽点""代入感"与文学的新变》，《海南大学学报（人文社会科学版）》2016 年第 03 期，第 81—88 页。

少有探讨,本文所作也仅是初步的尝试。克苏鲁神话元素进入当代网文书写的现象是网络文学不断开拓新叙事可能的尝试之体现。改写原作黑暗基调为理想价值追求的网文叙事向我们证明了当下的网文书写并非简单的模仿和欲望的宣泄,对于不同元素的重组接纳也是网文作家运用不同于传统叙事的方式探索价值理想的新型表达空间的尝试之显现。既有的现当代文学史已经向我们表明,过度依赖外来元素的本土创作难免东施效颦,而对于外来元素的浅尝辄止则难以为文学发展注入新动力。国内网文对于克苏鲁神话的本土变异正平衡了接受的体现,这种平衡并非静止的,而是在书写过程中在不断地构建"动态平衡"。网络文学的鲜明特征便是内容的进行时,作家与读者都处在不断交互的共时场域之中。本文涉及的作家也大都仍在更新作品,还有许多优秀的作品有待未来创造。这也同样意味着本文对于克苏鲁神话元素本土化现象的探究不仅是对于既有网络文学书写的总结,同时也是一种批评式的介入。我们期待正在进行的网文在未来结出更加丰硕的果实。

(许耀义,山东师范大学文艺学在读研究生,研究方向为媒介理论与网络文艺)

From the Pity of Despair to the Ode to Courage
——Variation Acceptance of Cthulhu Mythological Elements in Contemporary Net Writing

Xu Yaoyi

Abstract: In recent years, the emergence of excellent web writings represented by *Lord of the Mysteries* not only indicates that the Cthulhu Mythos, as an element of Western culture, has been accepted by the domestic web writings, but also the characteristics different from the original Cthulhu Mythos indicate the occurrence of variation. This paper takes this phenomenon of acceptance of variation as the object of study, firstly combing through the origin of Cthulhu mythology and its qualities of "anti-religious horror" and "anti-scientific fantasy", and then analyzing the local acceptance of Cthulhu mythology by combining with the text of the web article and the setting of the story. Then we analyze the three-fold variation of "content reorganization", "bright turn" and "fantasy sublime" in the process of local acceptance with the text and story setting of net literature, and finally we explain the causes of local variation in the context of net literature from the perspectives of value concepts, media environment and genre reconstruction, in order to reveal the causes of local acceptance. Finally, the reasons for the acceptance of local variations are explained from three perspectives: values and cultural consumption and story reconstruction, with a view to revealing the complexity of the factors affecting the creative field of net writing.

Keywords: Cthulhu Mythos; *Lord of the Mysteries*; Variation Acceptance; Net Literature

制造游鱼：新媒体语境下知识产品的技术赋能与传播机制①

赵新　连檀菁

摘要：在新媒体语境下的知识产品强调多种新兴技术元素的交叉联动及知识内容的活性生长力。"制造游鱼"的生态机制，特别关注产品研发方面的交互性、动态性、延伸性、长尾性等整体思维，以及打造传播路径的矩阵化、多元化、个性化、场景化等。其技术突破口就是改变过去的知识产品从产品到少数读者的单向输出模式，通过技术赋能使知识产品成为连接广大读者的"知识更新的蓄水池""知识交换的集市"，这也是融媒型知识产品特有的知识类型、传播机制和增值模式。通过对一种动态性、前沿性的"融媒书"的考察，可以加深对上述问题的认知与判断。

关键词：融合出版；技术赋能；制造游鱼；长尾效应；融媒书

---

①　本文系北京师范大学珠海校区引进人才科研启动项目"新文科视域下统编版语文教材中收录的中华传统诗词与文言文的融合编创和传播路径研究"（项目编号：310432101）的阶段性研究成果。

中国出版历史之悠久，内容之丰富，贡献之深巨，形制之独特，为举世所公认。但在现代汉语中，"出版"的语源大约是 19 世纪下半叶从日本传入中国的，经黄遵宪、梁启超等人在中文著述中使用后逐渐在社会上流传，其基本的学术概念和内涵也逐渐固化下来。[①] 相较而言，"数字出版"与"融合出版"等概念是近些年才出现的新词语。有学者认为在融合视角下，数字出版是指利用数字技术，对内容进行组织创作、编辑加工、销售推广和运营维护的一种内容服务活动。[②] 关于"融合出版"概念较为普遍的理解是"将出版业务与新兴技术和管理创新融为一体的新型出版形态"。[③] 该表述强调出版业务、新兴技术和管理创新等三个层面的融合。上述看法将数字出版、融合出版还原到新兴技术、内容产业、创意产业等更广阔的关联产业情境中，充分说明新媒体语境下知识产品的技术赋能与传播机制已经不同于过去的知识产品。笔者将其命名为"制造游鱼"的生态机制，借此来描述这种整体性、系统性的生态变化现象。

有学者将"融合出版"下的图书出版物统称为"融媒书"，并对融媒书有过初步探讨。[④] 所谓融媒书，指的是以一种基础媒体（主要是纸质媒体）为主，融合一种乃至 N 种其他媒体形式和技术形成的复合载体，也就是采用融媒出版的方式，容纳多种信息介质于一体的新型知识产品。[⑤] 一例典型的融媒书《中华诗词歌汇·学龄前儿童诗词歌汇》《小学生诗词歌汇》等系列图书也正是由笔者从 2019 年起陆续参与主编并编辑出版的图书。[⑥] 该书是目前探索方向较为明晰、融媒技术实现糅合度较高，也非常符合"制造游鱼"生态机制的"融媒书"之一。本文试图通过对该产品的技术思维和增值模式的具体考察，对在新媒体语境下知识产品的生态机制作某种学理研讨和技术预判。

---

① 于翠玲：《"出版"溯源与中国出版活动的演变》，《延安大学学报（社会科学版）》2008 年第 1 期，第 121—125 页。

② 陈丹、章萌、侯欣洁：《数字出版概念的演化与界》，《数字出版研究》2022 年第 1 期，第 38—45 页。

③ 尹琨：《专家审定"融合出版"概念及定义》，《中国新闻出版广电报》2022 年 1 月 25 日，第 2 版。

④ 孙艳华：《三维码融媒书的价值判断与发展策略》，《出版发行研究》2019 年第 10 期；潘俊成、王江涛：《融媒体书：图书出版传播的"新"样态》，《出版广角》2021 年第 2 期。

⑤ 雷萌：《人民出版社人民融媒推出首套三维码融媒书出版内容与技术融于诗情画意》，《中国新闻出版广电报》2019 年 6 月 17 日，第 2 版。

⑥ 人民融媒传播有限责任公司组编：《中华诗词歌汇·学龄前儿童诗词歌汇》，人民出版社 2019 年。

一、技术赋能:融媒知识产品的生产动因和适配环境

(一)数字赋能与出版生态的高度适配性

马克思在《哲学的贫困》中说:"手推磨产生的是封建主的社会,蒸汽磨产生的是工业资本家的社会。"①马克思以此主要说明生产力决定生产关系的观点,同时也说明生产工具的发展对于社会历史发展的决定性作用。标志性的科学成果和主导技术往往具有颠覆性,会对解放生产力和推动文明演进产生革命性影响。英国演化经济学家卡萝塔·佩蕾丝认为,在过去的 200 年间一共发生过五次技术革命,每一次技术革命都形成了与其相适应的技术—经济范式。一个技术—经济范式由一套通用的、同类型的技术和组织原则所构成,是一种最佳的惯行模式,而这些原则一旦得到普遍采用,就成了组织一切活动和构建制度的常识基础。佩蕾丝认为第五次技术革命以 20 世纪 70 年代英特尔的微处理器出现为标志,进入信息和远程通信时代,形成的技术—经济范式包括信息密集型、网络结构、知识成为资本、异质性、多样性和市场细分等"常识"性原则,并逐渐被融入日常生活或组织的"经验规则"之中。② 江小涓教授认为技术与文化关系的演变,经历过技术未赋能、技术加持和数字技术赋能三个阶段。进入 21 世纪,技术与文化的融合进入全新时代,迎来了前所未有的繁荣景象。数字技术提供了迄今为止最大的摄取、生成、存储和处理各种文化元素的能力,文化产业极大提高了效率,文化产品具有了更加多元的形态和更为丰富的表现力。③

从现代工业革命以来的电气化到目前数字化的快速转型,这种生态语境的变化,对知识产品,特别是对图书出版的技术赋能的需要和趋势愈加明显,数字技术赋能与图书出版生态出现了高度适配性。数字技术在打破过去知识

① ［德］卡尔·马克思:《哲学的贫困(节选)》,载《马克思恩格斯文集》(第一卷),人民出版社 2009 年,第 602 页。

② ［美］卡萝塔·佩蕾丝:《技术革命与金融资本:泡沫与黄金时代的动力学》,田方萌等译,中国人民大学出版社 2007 年,第 21—26 页。

③ 江小涓:《数字时代的技术与文化》,《中国社会科学》2021 年第 8 期,第 4—34 页。

产品生产与销售的时空区域限制、扩大知识生产规模、减少实体货架供货成本及销售营销成本等方面极具优势。在工业革命之前，甚至在此之后的很长一段时间，时空距离就是人与人之间的障碍，缺乏快速便捷的交通和通信手段，文化的融合、新理念和新趋势的传播受到了地域限制，从某种程度上说，大多数文化仍是地方性本土文化，这是小范围文化，决定它生长环境的主要是地理位置，而新兴技术克服了过去知识产品生产的物理世界的局限，全球化与万物才真正得以互联互通。物理世界的另一个限制就是物理学本身，比如无线电频谱只能容纳有限的电台，一根同轴电缆也只能传输有限的电视频道。电视每天至多也只能播 24 个小时的节目。所以，广播电视时代的经济学聚焦黄金节目(大热门)来吸引大批观众：它用惊人的效率将一个热门节目传送到数百万人面前；但是，相反的事情它却做不到——比如将数百万节目传送到同一个人面前。但在宽带时代的经济学完全实现了逆转，"一对一"或"多对一"的信息转播得以实现，甚至完全针对个人兴趣推送的信息成为可能，比如头条日报的内容分发模式。有学者认为过去几百年的娱乐经济学实质是资源太少而使用者太多，"内容和渠道是相对匮乏的"，在"匮乏的世界"就热衷于打造"头部产品"或"热门产品"的"稀缺性"；而现在随着网络传播和零售的兴起，我们正进入一个"丰饶的世界"，丰饶世界就需要分散产品，无奇不有、无所不包的细微细分市场日益突出，甚至有许多"冷门商品"也经久不衰。同时，新兴技术强大的搜索引擎可以随时随地"帮我们找到它"。可以说，电视广播与互联网的竞争，并非两类产业或企业之间的竞争，而是两个时代之间的竞争。[①] 目前互联网技术正在潜移默化地渗透到我们日常生活的方方面面，其在新媒体语境下能提供极其丰富的知识产品，其规模化、多样性和个性化远超过去的知识产品技术赋能。

新的数字原生消费者正在花费越来越多的时间在线社交、游戏和购买。随着数字化在我们的日常生活中占据主导，特别是近几年新冠疫情加速了从线下到线上的转变。而多种重大颠覆性创新趋势、多种技术正在同时进化和

---

① ［美］克里斯·安德森：《长尾理论：为什么商业的未来是小众市场》，乔江涛、石晓燕译，中信出版社 2015 年，第 160—164 页。

融合，并且随着成本下降，这些技术正在接近临界点，从而释放出跨部门跨地域的需求，并催生更多创新。比如2021年出现的国际热词"元宇宙"，以及美国OpenAI于2022年11月30日公开发布研发的聊天机器人程序ChatGPT，引起海啸般的科技震动。

在互联网技术语境下，必须善用颠覆性技术对融合出版的培育与研发，以技术赋能来增强人类能力的智能，坚持多种技术的联动、共享的大局观是十分必要的。融媒书的研发和传播路径，必须立足技术赋能，充分发挥技术与人类合作的潜在之美，这两种优势的结合如何造就高度的适配性，也就构成了融媒型知识产品的常识基础和技术前提。

（二）技术取径：互联互动与借势生长

人类第一次真正拥有了一个全球互联的知识体，互联网逐渐会变成知识产品的"血液"体现在知识生产和知识流通之中。互联网已经成为全球信息与知识的存储、交换和创造的载体，成为知识信息的栖息地、传递与交换之地。互联网信息化的本质在于"促进信息或数据的广泛流动、分享和使用"，而信息的本质特征之一就是：信息交换。信息的使用存在边际收益递增性，即信息/数据只有在流动、分享中才能产生价值；流动的范围越大，分享的人群越多，价值越大。而互联网是迄今为止人类看到的信息处理成本最低的基础设施，互联网天然具备的全球化、开放、平等、透明等特性，使得信息/数据在工业社会中被压抑的巨大潜力爆发出来，转化成巨大生产力，成为社会财富增长的新源泉。新媒体语境下知识产品的技术赋能与传播机制首先应该以遵循互联网信息化的本质为前提，这也是融媒型知识产品与新兴技术环境适配性发展的重要特征之一。

实际上，传统图书出版就是一种具有典型的知识交换信息的知识形态，只不过与人类几千年的传统出版史相比，互联网的历史反而是短暂而迅捷的。造纸和印刷术使信息获得成本大幅降低；无线电和电话使信息由纸媒传播转化为电传播从而突破了文字形式；微电子和现代通信技术则开始获得和使用全面、完整、系统的数据，向智能化迈出重要一步。信息技术的不断突破，都在逐渐打破信息（数据）与其他要素的紧耦合关系，增强其流动性，以此提升使用范围和价值，最终改进经济、社会的运行效率。最前沿的技术和最具创新性的商业模式往往是共同演进的,成功的创新商业模式才能最终把技术创新的价值最大化。而新媒体就是目前信息处理成本最低且最为便捷的基础设施或者平台,这理应成为在新媒体语境下知识产品的一种借势生长的生态圈。

近 20 年来,中国宽带通信网络、智能终端、互联网、芯片、传感器和 RFID 产业发展迅猛,并在企业和人群中广泛安装、渗透,为信息化奠定了坚实的基础。随着移动互联网技术的深入发展,以及人类数码技术、人工智能技术的日新月异的进步,基于无线互联网的智能手机、智能眼镜、智能手表等可穿戴设备,以及基于云计算的大数据体系,帮助消费者实现了沟通的"瞬间连接"。中国在媒体融合发展顶层设计方面,"四网融合"的"信息高速公路"已经初步搭建起来。"四网融合"包括电视网、电信网、互联网、移动网。网络的发展使得"融媒"成为社会构建媒介化性质的主要力量。

融合出版的本质就是平台化、规模化。融媒知识产品具备了集内容、平台、终端"三位一体"运营模式的基础,可以向平台运营商或知识服务商转型。融媒发展过程中所需的技术、市场、产业三项基本条件已经具备,而知识产品经营者可以在人力、宣传、内容、功能等方面进行整合,实现"资源通融、内容兼容、宣传互融、利益共融"的融媒体发展优势。融媒知识产品得以生产的基础设施已经成熟,并且构成了极强的生产动因,为"制造游鱼"的生态机制理顺了新的知识类型需求、新的传播渠道以及增值模式。

(三)制造游鱼:融媒产品的信息传播机制和增值模式

如前所述,在工业革命之后的很长一段时间里,大多数知识产品存在于物理世界中,在具体的地理位置空间限制下,观众因为太分散而限制了市场规模,各种资源总是稀缺的。在这样"匮乏的世界",盛行大热门经济或大热门文化,其思想逻辑很简单:就是把稀缺的资源分配给最"值得"的东西——也就是最流行的东西,赋予它们最优先的地位。[①] 但是现在,这一切已经开始改变,随着新媒体技术的勃兴及各种知识信息交换的日益频繁,基于不同的精神共鸣或趣味趋向的人形成独特的"部落",人们的文化趣味日益分散,定义不同受众

---

① [美]克里斯·安德森:《长尾理论:为什么商业的未来是小众市场》,乔江涛、石晓燕译,中信出版社 2015 年,第 19—35 页。

市场的不再是地理位置等物理世界,而是共同的兴趣爱好。从物理空间到虚拟空间演进过程中,互联网(社交网络)大大提高了个性化需求聚集的可能,社会上的小群体特色需求就有了发展的社会和文化基础。尼葛洛庞帝所描述的"沙皇退位、个人上场"①,正成为社会、经济、文化领域的普遍景观。

2016 年,面向个人的各类收费知识产品和互联网平台大批涌现,互联网知识经济是作为信息和知识的载体的互联网在发展到一定阶段后的自然产物,它影响着我们每个人。有别于互联网上大部分内容都以免费的形态存在,互联网知识付费相较之下甚至完全颠覆了以往的获取知识的习惯。同时,过去诸种经济文化生活中的热门与冷门、主流与非主流、中心与边缘之间的界线,因为互联网的出现正变得越来越模糊。

美国学者安德森提出的"长尾理论"认为,"我们的文化和经济重心正在加速转移,从需求曲线的少数大热门(主流产品和市场)转向需求曲线尾部的大量利基产品和市场"。② "长尾理论"为我们提供了一个崭新的视角,在资源共享条件下,品种越多,成本越低。新媒体语境下的融媒型知识产品的研发和传播路径特别关注"长尾理论"的启示,它特别强调的实践操作理念(也包括具体方法)就是力求做到:一个内容多种创意、一个创意多次开发、一次开发多种产品、一种产品多个形态、一次销售多条渠道、一次投入多次产出、一次产出多次增值,也就是考虑在更多的长尾资源中寻找价值点,可以使知识产品在不同终端平台形成各类产品,增加知识的多渠道性、多样性和传播供给能力。笔者则用"制造游鱼"这一比喻加以形象的说明。"制造游鱼"在于使知识产品在融媒技术的环境生态下成为不断生长的"游动的鱼",简言之就是使知识产品利用技术赋能在不同的网络平台和传播渠道中不停地游动、不断地吸收各种路径的养料、不断增长能力,成为一个可持续稳健生长的"游鱼"。观察近些年中外图书出版市场上某些有特色的融媒型知识产品个案,可以说明这种生态机制得以运作的具体实践成果及遭遇到的实践难题。

---

① [美]尼葛洛庞帝:《数字化生存》,胡泳、范海燕译,海南出版社 1997 年,第 269 页。
② [美]克里斯·安德森:《长尾理论:为什么商业的未来是小众市场》,乔江涛、石晓燕译,中信出版社 2015 年,第55 页。

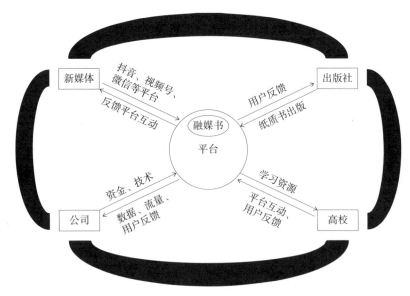

图 1　新媒体语境下知识产品的交叉联动关系

二、个案分析：融媒型知识产品的理念探索及技术更新

世界范围内早期的"融媒"（convergence media）知识理念及其实践探索，如美国麻省理工学院媒体实验室创始人尼古拉斯·尼葛洛庞帝（Nicholas Negroponte）于 1978 年提出的"媒体融合"的概念。他使用了一幅简明的文氏图，描绘了"融合"的蓝图，即"三圈交叠"模型，用三个圆圈分别代表印刷出版业、电脑业和广播电视业。这三个圆圈逐渐重叠交叉，表示印刷出版业、电脑业、广播电视业这三个产业有相互融合的趋势，并且这三个圆环重叠的部分将会是发展最快的。美国马萨诸塞州理工大学伊契尔·索勒·浦尔教授于 1983 年出版的《自由的科技》，是第一部把"融媒"概念当作媒体业内变革力量来展开叙述的著作，提出了"传播形态融合"（the convergence of modes），指出融合有业态和形态之分，各种媒介趋于功能一体化的融合趋势。"媒介融合"概念自此在世界领域开始了传媒领域的革命性转变。①

———————————

① 刘颖悟、汪丽：《媒介融合的概念界定与内涵解析》，《传媒》2012 年第 1 期，第 73—75 页。

在提出"融媒"概念的初期设想阶段，美国制作了一例著名的融媒型知识产品，即美国教育部 1984 年前后投入巨资 365 万美元打造的新型教育节目《咪咪的旅途》，美国公共广播系统播出了这个电视节目，霍特—瑞恩哈特—温斯顿出版公司出版了配套的书籍和电脑软件，银行街教育学院的教师们则提供了教学方面的专门技术，由此该节目实现了"把三种媒介结合在一起"或称"多媒体形式"，把以前"孤立"的媒介形态、技术聚合起来了。① 可以说，此产品已经具有融媒型知识产品的某些典型特征，比如融合多种介质并寻求多渠道的传播模式，追逐经济效益的增值模式也是其中之义。

（一）中国学界关于"融媒"理念的认知及技术实践简况

中国学术界对"融媒"概念的认知是在逐步推进中的。崔保国先生对此概念的较早介绍是在 20 世纪末，国内学者普遍认为，2005 年才是媒介融合概念真正的"引入之年"。在 2004 年至 2005 年，中国人民大学的蔡雯教授发表《融合媒介与融合新闻——从美国新闻传播的变化谈起》一文，她在研究富布莱特项目时，重点关注了美国新闻业与新闻学院的变化，也最早向国内引入媒介融合的概念。② 国内融媒知识理念的革新迅速引起技术实践的变革。

在图书出版领域，积极适应融媒技术理念和新技术条件，陆续出现一系列比较典型的融媒型知识产品。如 2010 年，中国轻工业出版社推出了由近 100 位真正的骑车爱好者共同编写的《骑车游北京》一书，书中设置了数十个二维码，通过二维码可以实现图书、手机上网的实时互动，涉及文字、图片、视频等内容，这是国内推出的首部使用多个二维码的纸质互动类图书。新媒体技术在政治主题类出版物上的应用也逐渐增多，如人民出版社在 2015 年 3 月于政治类图书出版中较早地研发出了一种新形态图书——"多媒体互联图书"或视频书，将全国两会记者会实录、政府工作报告利用"视频图文版"呈现出来；2021 年解放军出版社出版发行《星火燎原全集》（融媒书，全 20 册），取得很好的社会效益和经济效益；中宣部主题出版重点出版物"中国科技之路"丛书之《北斗导航》（航天卷），由国防工业出版社 2022 年出版，书中融入了大量音视

①　［美］尼尔·波兹曼：《娱乐至死·童年的消逝》，章艳、吴燕莛译，广西师范大学出版社 2009 年，第 127—131 页。

②　刘颖悟、汪丽：《媒介融合的概念界定与内涵解析》，《传媒》2012 年第 1 期，第 73—75 页。

频技术、沙画工艺、VR 技术、H5 长图等，并通过二维码的形式将数百兆的原创音视频资料呈现给读者，该书也是北斗导航科普领域的首部融媒书。

当然，我们认为融媒知识产品大多还是处于其发展历程的第一阶段，即融媒 1.0 版，以纸质图书出版为主，图书附有插画、彩图等，扫描二维码可以听全书，甚至还能欣赏精彩的纪录片或 AR、VR 全景式展现，这是融媒发展从"相加"阶段迈向"相融"阶段的初始形态，虽然此类图书克服了过去知识产品附录的简单二维码，但是图书的内容与技术元素尚有清晰界限，"你就是你，我就是我"。

由笔者参与主编并编辑出版的融媒书《中华诗词歌汇·学龄前儿童诗词歌汇》《小学生诗词歌汇》，从技术层面来讲，是一套在典型的新媒体语境下生成的融媒书，也就是处于融媒型知识产品发展历程的第二阶段，即融媒 2.0 版。开始真正把内容与技术元素高度融合在一起，让技术把内容元素充分挖掘出来，使内容更加丰富完整、更加具有活性生长力，"你中有我，我中有你"。在此阶段，图书已经开始尝试打通传统图书出版网、互联网和影视网等多种媒体形式的互联空间。另外在图书内容上，融媒书更充分考虑到了小读者的心理特点，寓教于乐，综合使用了文字、图片、绘画、音乐、动漫、游戏等元素来呈现传统古诗的无穷魅力。特别是针对少儿图书市场，比如《学龄前儿童诗词歌汇》等融媒型知识产品采用了新一代的体验媒介如 VR、AR、MR 等技术形式，主要是通过技术赋能营造出虚拟世界，或者优化现实世界的场景，使读者获得身临其境的感受。尽管"3R"的技术基础都相通，但是它们在支撑硬件和带给消费者的体验模式之间仍然存在差别，所以针对不同的知识内容、目标群体及技术实现要求，可能得采用不同的技术形式。[①]

（二）制造游鱼："融媒书"的实践操作方案及技术难题

《中华诗词歌汇》系列丛书最重要的后期价值之一就是充分利用大数据挖掘用户潜力。沉淀用户、培育用户，然后根据用户需求研发知识产品并提供相应的知识服务。"融媒书"使数据分析可以从读者或观众接触到内容的第一时

---

① 中国社会科学院工业经济研究所未来产业研究组:《影响未来的新科技新产业》,中信出版社 2017 年,第 271—302 页。

间就开始。《中华诗词歌汇》系列丛书跟实体书店出售的纸质书的一大区别是利用互联网技术可以观察手机数据,然后将数据转化为"可再生资源",着眼于为"制造游鱼"提供多种不同的生产条件和传播路径。其实,电商每卖出一件知识产品,都会留存一条详尽的数据记录。因为可以用电子化的形式保留每一笔销售的明细,电商得以清楚地掌握每一件商品到底卖给了谁。此外,依托互联网这个平台,电商还可以根据每一个消费者的鼠标点击记录点赞数、每件商品的口碑效应、读者的网上搜索记录,所有这些记录形成了一个关于消费者行为的实时数据闭环。通过这个闭环中源源不断产生的新鲜数据,通过详细地收集与分析数量庞大的用户群体对作品的评价和互动行为数据,电商可以充分地分析和理解读者和观众的意见与建议。这样,数据研究得越深越广,可能获得的有效的准确的信息越多,从而可以有效地确定接下来生产知识产品的方向。未来这种图书生产模式可能更利于吸引知识用户、沉淀用户,也能更好地定位后期的知识服务,如提供知识培训、课程训练和各类知识选拔赛等。电商可以更好地洞察消费者,更及时地预测其需求的变化,经营者和消费者之间也因此产生了很强的黏性。经市场研究团队进行认真的田野调查,过去的商品营销销售在产品上市之前实施"过滤器"作用,决定哪些东西能够上市,哪些东西不能上市,这其实是"事前过滤";而靠着新兴技术推荐和搜索技术能够鉴别特定兴趣领域内已经存在的东西,突出那些精华(也就是中肯、有趣、新颖的东西等),压制甚至忽略那些糟粕,这实际上是"事后过滤器",也能比较精准地反馈市场的心声,从而使信息传播的成本几乎可以忽略不计,人际沟通和社群组织的成本大幅降低,营销的边际成本也无形地得以降低。①

　　借助二维码或者更前沿的科技手段在传统书籍中编辑植入音频、视频及其他网络内容,读者在阅读时,用手机"扫一扫"功能就可以收听收看这些音视频,或利用网站、数据库与图书内容,甚至与其他读者实现互动。使传统书籍由原来的单一图文形式,走向了文、图、音频、视频及网络的结合,具有了移动化、社交化、视频化的功能。

---

　　① [美]克里斯·安德森:《长尾理论:为什么商业的未来是小众市场》,乔江涛、石晓燕译,中信出版社 2015 年,第 133—135 页。

更值得关注的一则设计方案是，读者在使用此套融媒书的同时，可以在知识产品运转的后台记录其他读者对具体的内容文本进行的再解读、再创造，而其他读者创造的新评价或反馈意见，甚至该读者自己的作品也可以与其他读者或社会大众形成"倒流"，就使新的知识内容在后台数据中得以呈现。比如读者自己创造的曲谱、音频、视频，或者某位歌唱家或歌手的反馈意见和演唱的新作品都可以收集回传到"后台"，同时大数据可以统计分析出哪一首诗或哪一位歌手是最受欢迎的，互动环节中是否产生了其他具有音乐潜力的新歌手等。这样，融媒型的知识产品便成为连接广大读者的"知识转换平台""知识更新的蓄水池"或"知识交换的集市"；同时也就改变过去的知识产品从产品到个别或少量读者的单向输出模式。读者购买了相应的知识服务就可以看到后台"择优而选"出的读者反馈信息或新的知识内容，融媒型的知识产品作为"知识中转站"，也就帮助读者和知识服务平台产生了良性互动。

融媒书会充分利用新媒体矩阵化的宣推引流作用，始终放在交互式、多矩阵化的数字媒体角度考量问题。如各种新媒体平台往往通过互动形式吸引受众持续阅读，甚至受众之间也可以通过网络媒体进行交流和互动。著名的音频品牌APP，如喜马拉雅、三联中读、优酷、B站等着眼于将出版、音频、营销等多重功能合而为一。目前许多极具创意创新的内容更多依靠当前的短视频社交软件平台运营，它们种类繁多且方便快捷，可以尝试注册抖音短视频、火山小视频、西瓜视频、快手短视频、优酷视频等几个平台账号（特别是微信视频号可以与微信公众号进行适当的相互链接），以此来吸纳流量和吸引粉丝，同时通过抖音官方速推的方式，充值置顶，让更多的用户看到宣传小视频。这也是未来的融媒型知识产品特有的信息传播机制和增值模式。故此，充分利用新媒体平台来强化"制造游鱼"的生态思维，才能推进融媒书稳健持续的研发和传播，也才能获得不断的社会效益和经济效益。

毫无疑问，在借助新兴技术进行融媒型知识产品生产的时候，因为是新事物，所以肯定会遇到许多意想不到的困难。如在目前的技术阶段，采用"3R"技术，因为其包含的文、图、视频、音频等多种介质，所以通常必须借助APP应用程序才能运行。但APP自身体量大会导致读者下载和安装速度慢，如果"3R"自身画面清晰度和运转速率低也会影响阅读体验，手机软件与安卓系统

(Android)和苹果系统(iOS)等操作系统的匹配兼容度会影响使用体验,后期维护 APP 的费用和产品的可持续开发,特别是针对青少年目标群体开发的系统而言,如何保证 APP 后台始终健康有序运转,防止出现跳转"黄赌毒"等不健康网络信息,都是进行融媒型知识产品生产必须认真考量的问题。当然,截至目前,融媒书的研发推进进度较慢,也与如何克服上述诸多技术难关的问题有很大关联。

总之,"移动为先,云为先"的宽带经济时代,既需要技术能力,也需要思维方式的转变,以此建设出一个更加重视人类体验的、跨各种新媒体的流动的融媒型知识产品。美国学者瑟尔斯博士(Doc Searls)把上述现象称为"消费主义"向参与性"生产主义"的转变,如果说消费主义经济是一种由生产者控制的系统,那么生产者对消费者有绝对优势。而新媒体技术时代往往把生产工具交给消费者,比如我们熟知的典型的用户自创式的维基模式,"人人都可以是作者",融媒书得以稳健生长,这就顺应了新兴技术的发展态势。[1]

另外在新媒体语境下,消费者购买的"融媒书"可能不是单纯的知识,而是装有知识的"房间",或者说是一种产品化、格式化、工具化的"容器"。"融媒书"对知识内容本身的要求并没有发生变化,强调知识内容的精准性或权威性,始终坚持"内容为王"也不为过时;但是融媒书作为知识产品的知识载体、结构、产品形态、用户关系均已被颠覆或再造。所以,融媒书不仅有现实技术生产的动因,也有一种在新的文化价值理念方面的生成逻辑和观念革新。当然,未来随着新媒体技术的发展和融媒知识理念的革新,如何打造融媒 3.0 版甚至更高版本的知识产品,尚需不断去创新内容、革新技术。至于融媒书这种独特的融媒型知识产品,未来能否最终形成人类出版史上具有革命性和标志性的图书样态,则有待观察。

(赵新,北京师范大学中国优秀传统文化研究与传播中心副研究员;连檀菁,北京师范大学珠海校区 2020 级文理学院中文系本科生)

---

① [美]克里斯·安德森:《长尾理论:为什么商业的未来是小众市场》,乔江涛、石晓燕译,中信出版社 2015 年,第 71—73 页。

Making Fish: Technology Empowerment and Communication
Mechanism of Knowledge Products in the Context of New Media

Zhao Xin   Lian Tanjing

Abstract: In the context of new media, knowledge products emphasize the cross linkage of various emerging technological elements and the vitality and growth of knowledge content. The ecological mechanism of "making fish" pays special attention to the overall thinking of interactivity, dynamism, extensibility, and long tail in product research and development, as well as creating a matrix, diversification, personalization, and scenario based dissemination path. The technological breakthrough is to change the one-way output mode of knowledge products from products to a small number of readers in the past, enabling knowledge products to become a "reservoir of knowledge updates" and a "market for knowledge exchange" connecting the vast number of readers through technological empowerment, This is also the unique knowledge type, dissemination mechanism, and value-added model of financial media based knowledge products. . By examining a dynamic and cutting-edge "financial media book", one can deepen their understanding and judgment of the above issues.

Keywords: Integrated Publishing; Technology Empowerment; Making Fish; The Long Tail; Integration Book

集体记忆研究的三种取向：
身体实践、谣言散播与媒介叙事

贡巧丽

摘要：集体记忆中的"记忆"并非独立于物质基础而存在，群体成员所共享的记忆是在其不断调用的过程中被识别的，这一过程实现需借助于一定的介质，身体、谣言与媒介构成了集体记忆研究最为重要的三大场域，这就不同于当前单向度的媒介记忆研究。记忆的本质是人的身体化，基于个体身体感知的现实体验将成为风险传播研究的重要转向。谣言在传播过程中通过一定策略唤起相关集体记忆来与现实情境互为补充，实现另类意义建构。新闻与集体记忆通过创伤性情感唤起与协商性认同建构来完成集体记忆形塑，新媒体技术的演化创造出新的记忆景观，其去中心化的话语结构带来的一系列问题值得进一步研究。

关键词：集体记忆；身体实践；媒介叙事

最初的集体记忆（collective memory）研究是精神分析学和心理学领域的一个分支，被视为纯粹的生物反应。一直到 20 世纪 70 年代末，社会学和人类学等领域才开始关注集体记忆研究,并因此融入社会文化因素。在集体记忆研究不断丰富的同时,也有学者质疑这是一种"学科杂糅、无固定范式、无研究中心"的领域,而国外大量相关研究成果却日益铺垫这一领域的魅力所在。集体记忆中的"记忆"并非独立于物质基础而存在,不是抽象不可知的,群体成员所共享的记忆是在其不断调用的过程中被识别的,①这一过程实现需借助于一定的介质,身体、谣言与媒介构成了集体记忆研究最为重要的三大场域。

一、身体感知与集体记忆:最直接的现实记录

哈布瓦赫将集体记忆定义为"某一社群成员对往事的共享过程和现实结果,群体意识及社会交往对该记忆的提取与延续是集体记忆得以传承的必要条件",成员个体是记忆的主体,其对现在的体验在很大程度上取决于过去的经历,而这种经历必然涉及回忆和身体。②

(一)身体是记忆的"载体"

不论是哲学领域还是人类学领域都曾围绕"身体"(body)展开言说。尼采认为人化的过程就是记忆化的过程,这一记忆的过程以身体为起点,正是因为有了个体记忆,才能承诺与权衡,才能生成理性,才能生成根本意义上的人性与人类社会;③福柯认为社会中各种各样的组织形式和实践内容都围绕身体展开,对身体的规划过程使得历史的传承、社会的发展与权力的斗争密码昭然若揭,"语言是对事件的追记,思想是对事件的解散,身体则是事件被铭写的表面"④。因此,始于群系成员社会经验总和的集体记忆,必然深深沉浸在身体和历史复杂的连接地带,在这一连接地带中,身体刻写了历史记忆。涂尔干、布尔迪厄等学者将这一人类学传统转向个人的身体实践和训练,实践的反复逐渐内化进身体之中并成为习性,但这一习性不仅仅是身体性的,也是认知形式

---

① Olick, J. K., & Robbins. J. . "Social Memory Studies:From ' Collective Memory' to the Historical Sociology of Mnemonic Practices." *Annual Review of Sociology*,1998(24):113–119.

② [法]莫里斯·哈布瓦赫:《论集体记忆》,毕然等译,上海人民出版社2002年,第33—41页。

③ [德]尼采:《权力意志》,张念东等译,中央编译出版社2005年,第22—29页。

④ Michel Foucault. *Language*,*Counter-Memory*,*Practice*. Cornell Unirersity Press,1980,p. 148.

之一。布尔迪厄用实践一元论克服身体和意识的二元对立，特别是祛除意识在认知和实践中对身体的压制，身体和意识在此交融。[①]

生命哲学和文化人类学的部分学者揭示了人类记忆超越自然生理的社会本性与实践根源，这正是集体记忆应有内涵。记忆的本质是人的身体化，空间意义上各器官组合的血肉之躯是人类身体的现实表征，但是人类身体并非孤立存在，而是整合肉体与心灵、躯体与环境、主体与客体的"身体场"和"知觉场"。身体感知不仅意指诸如疼痛之类的肉体感应，还包括恐惧、美感、怀旧感等心理感受；除此之外还有某种在认知和实践活动中难以被察觉和表达的超感觉。如将现实世界中横向或纵向的多重记忆与感知要素相结合，就会生成特定的认知、经验、定律乃至信仰。[②] 正如梅洛-庞蒂所言，人类一切的知觉、经验、思考和回忆等，都与身体要素、身体功能、身体结构密切相关。[③] 身体除了能够选择某些有用记忆，"还能排除事件之外的其他记忆"，因为"大脑的运转就是对已存记忆的编排，想象（visualize）和幻想（hallucination）由此而生"。

（二）身体如何"记忆"

身体感知是记忆的前奏，身体打通过去与未来的边界，某一时刻的身体总是位于我们过去行为的终止点，用特定形象固化过去表现（representation）。纯粹的认知只是一种理想，认知具有绵延的属性，或延展范围或拓展深度，或从表象拓展至本质，而共同构成记忆。记忆通过体化（incorporating）实践与刻写（inscribing）实践在身体中积累和沉淀，前者依托个体亲历事件的某种身体举动传达信息，后者则是在个体发出信息后用照片、录音、索引等储存和检索信息的现代化手段捕捉和保存信息。但是哈布瓦赫认为文本和认知并非记忆得以流传的方式，身体实践作为一种独特的文化种类，能够将习惯记忆和认知记忆相结合。行为"重复"是体化实践发生的前提，像所有习惯性身体操练（act）一样，它被储存在一种机制里，是一种自发行为的封闭系统，并悄然成为身体

---

① 汪民安：《身体、空间和后现代性》，江苏人民出版社 2005 年，第 19—23 页。

② George Lakoff & Mark Johnson. *Philosophy in the Flesh*. New York：Basic Books，1999，p. 22.

③ ［法］莫里斯·梅洛-庞蒂：《知觉现象学》，姜志辉译，商务印书馆 2001 年，第 297 页。

的构成部分。①

习惯不仅是一种符号,习惯性行为(embodied experience)会受到语义模型的影响,用语言形象比照的社会给个人的身体和行为赋予意义。被简化为符号的身体,作为适应性极强的表达心理范畴的载体具有重要意义。尽管储存文化的身体实践是相对非正式的举措,却与较为正式的纪念仪式活动具有相同的重要特征,因为纪念仪式也是通过身体操演得以保持的,预示着身体自动化(bodily automatisms)的价值范畴是每个群体关注所在,沉淀于身体之中的习惯性记忆是对过去最完好的保存。② 哈布瓦赫将身体视为社会建构的产物,"建构"这一术语具有双重含义,既包含话语或知识层面的社会建构,也包含具体实践层面的文化赋予,在经由社会建构的过程中,实践与行为逐渐被同化为认知模型。

(三)基于身体感知的风险传播研究转向

身体具有空间延展性,它体验感觉的同时又驱使行动。尤其是在风险已成为核心表意元素的现代社会,人们的身体体验构成最直接的风险感知经历,感知和行动就被定位在这个具有空间延展性身体的一个个互相连接的确定点上。这就与当前风险传播研究的建构论观点不同,尽管新闻媒体被视为风险释意与知识解读的关键环节,但不同于建构论解释路径默认社会个体一定是某一媒体的接收对象,由此开始一系列的问卷量化调查,无异于是真空环境中的自我言说。人们对于风险的感知始于不愉悦的身体体验,当这种体验不断累积就会激起人们防护、逃跑、反抗等身体行为。再来回顾此前发生的一系列环境抗争事件不难发现,媒体报道或人际传播只是一种信息流通的过程,由风险引起的人们生命特征与心理感受的变化才是真正的认知与实践动因。与此同时,我们的记忆把风险事件的连续流动性,凝聚成可以被感知的性质,记忆将过去延伸至当前,我们在实践的过程中又会按照相同的比例去布置未来,这也将是风险传播研究的一种重要转向。

---

① Kansteiner,W. "Finding Meaning in Memory:A Methodological Critique of Collective Memory Studies." *History& Theory*,2002,41(2):181—182.

② [法]昂利·柏格森:《材料与记忆》,肖聿译,华夏出版社1999年,第186—192页。

二、谣言与集体记忆：一种歪曲式的建构方式

谣言通常会制造出生动而有力的形象，根植于文化观念和情绪中得以延续，再伴随激发人们记忆的事件出现和消失。[①] 动机、认知、记忆和意象是社会心理学在谣言研究中关注的重点，[②]个体的认知结构和记忆在谣言传播中的特殊效用显著。谣言研究始于控制实验法，从个体认知出发，与集体无意识相关。

（一）谣言与集体记忆研究追溯

1.奥尔波特：脱离社会语境的实验室谣言评述与回忆

奥尔波特（Allport）以控制实验的方式对谣言进行研究，提出感觉、记忆、描述是个体评述谣言的三个步骤，除了个体对某一事物首次感知，在其他环节都被简化为道听途说。这三个步骤并非彼此独立，已有记忆会影响我们的现实感知，而记忆源于感知，同时也取决于语言表达对头脑场景的描述，描述则是前两阶段的关系函数，在受到个体词汇量储备和描述意图影响的同时，也与社会情境变量相关。在选择性忘却与主观歪曲共同作用下会极大改变事物原有的含义，情绪、习惯、文化习俗等方面在其中发挥效用，使回忆成为一种具有创造性的意识建构，不再是初始意识的几何增减与机械复制。[③] 相较于个体记忆，谣言是一种"标准化"的记忆生产，多个连续的个体记忆对同一基本素材的处理而生成群体记忆，借助于想象和口头表达的个体记忆会保持原始感知的基本形态。但是，奥尔波特研究囿于实验室中，是脱离历史文化语境的单一测验，割裂了个体记忆的社会性与继承性，忽略了谣言本身就是人们在生活、文化、历史中的经历和陈述。

2.勒莫：谣言是集体记忆投射的影子

一则谣言的历史首先记录的是某一社群的交互与传播能力。勒莫受柏格

① ［美］安德鲁·斯特拉森等：《人类学的四个讲座：谣言、想象、身体、历史》，梁永佳等译，中国人民大学出版社 2005 年，第 83—87 页。

② Robert H. Knapp. "A Psychology of Rumor." *The Public Opinion Quarterly*, 1994, 8(1): 22—37.

③ ［美］奥尔波特：《谣言心理学》，刘水平等译，辽宁教育出版社 2003 年，第 26—38 页。

森蚁巢社会性结构隐喻的影响,提出了"幼虫—蛹—出茧"三段式的社会关系图谱。勒莫用菲律宾地区的拉普拉普鱼谣言事件来阐释这一昆虫三段式的社会结构隐喻。(见表1)拉普拉普鱼以部落首领名字命名,是由于该首领的壮举在社会记忆中留下印记,人们对这一印记的追忆是一种个人记忆,是蛹的外壳,是社会延续性的保障。谣言在其中把一个既被知晓又被忘却的往昔行动重新现实化,这就意味着揭示谣言不仅要在谣言产生的社会背景中寻找原因,还要将同为社会背景的神话叙事结合起来,让集体记忆储存的材料来阐释事件的前因后果(幼虫)。用蚕蛹这一正在孵化的存在比喻社会环境,表明某一组织中的个人意识包含了集体意识的潜在性,蛹的外壳多细孔内外可相通,同样,社会实在性也是类似组织,消息不断从一个层面渗透到另一个层面,蚕食社会实在的本真含义,在潜移默化之中将幻想注入集体实在之中,进而形成人们的想象(出茧)。①

表1　勒莫:幼虫—蛹—出茧三段式的谣言传播过程

幼虫阶段	蛹阶段	出茧阶段
神话	现实	想象
社会记忆	个人记忆	表象
传染	孵化	爆炸

3.哈布瓦赫:谣言是一种被重构的集体记忆

哈布瓦赫提出记忆并非简单的重复活动,会因我们不同的生存处境而唤醒不同的观念系统。再完整的记忆也不可能复原事物原貌,这也为谣言生发提供了可能。近些年不少学者抓住"集体记忆的本质是立足现在而对过去的一种重构"这一论断,开始将哈布瓦赫的集体记忆理论应用于谣言研究,并在充分论证的基础上得出"谣言就是一种被激活和再建构的集体记忆"观点,将"过去"范畴具象化为神话、故事、传说等内容。涂尔干也曾从集体意识(conscience collective)层面对谣言进行论断,指出谣言现象不是谣言传播者的集合,而是社会集体意识的一个面相(visionary rumor),因为我们常确信谣言迷人

---

① [美]奥尔波特:《谣言心理学》,刘水平等译,辽宁教育出版社2003年,第13—38页。

且富有想象力。① 这与哈布瓦赫提出的"社会个体是集体记忆得以存续的聚合体"的观点一致，个体记忆中的那些社会性因素才是关键所在。就社会层面而言，谣言是一种集体性的偏执与幻觉，这种视角常见于社会相对稳定时期的谣言分析，谣言始于人群间的相互交流，而实验中的社会变量、集体记忆与传播机遇则是促进谣言形成的工具。谣言通常被视为社会变迁的一种副产品。

（二）谣言是对社会现实的另类重构

谣言并非记忆的简单重复，而是在特定背景下被重新建构的某种传说。奥尔波特指出谣言在表层信息之下往往隐含着更深层次的表意功能。谣言在传播过程中为了唤起相关集体记忆来与现实情境互为补充，简化（leveling）、锐化（sharpening）和丰富（adding）是其惯用策略。同样，个体记忆作为认知过程中的活跃要素不是一成不变的，从最初的个体感知到最终的刻画描述，不可避免地会将原始感官、过去的记忆和当前情绪混合在一起，主观歪曲和有选择的忘记都会改变事物原有含义，②集体记忆便在此基础上被重新建构。

谣言并非总是与危害社会相勾连，它是一种另类的意义建构（sense making）与社会问题解决（social problem-solving）方式，这就关涉谣言产生背后的社会动心与集体记忆调用，因为符合人们已有认知框架的谣言才会让人感觉"合理"，才能唤起更多人的关注和参与。Bordia 将谣言视为通过一群人的智慧来谋求某一事件的满意答案，这一过程需要通过群体关注、信息分享、模型评估与问题解决四个阶段，以达到假象真理（illusory truth）的效果。③ 在社会转型期与风险环境所引发的对抗性社会事件之中，谣言已成为"弱者的武器"，成为民众自发解决问题的方式之一，④以另类方式影响事件进程，改写集体记忆。在我国，具有民族主义色彩的谣言能够迅速拨动公众神经，例如在此前的南海仲裁案事件中，一些并不存在却与现实相应景的邦交历史杜撰文迅速传遍网络，抵制美货、抵制日货、抵制韩货的风潮迅速被掀起。

---

① ［法］弗朗索瓦丝·勒莫：《黑寡妇——谣言的示意及传播》，唐家龙译，商务印书馆 1999 年，第 157 页。

② ［美］奥尔波特：《谣言心理学》，刘水平等译，辽宁教育出版社 2003 年，第 33 页。

③ Hasher, L, Goldstein, D., & Toppino, T.. "Frequency and the Conference of Referential Validity." *Journal of Verbal Learning and Verbal Behavior*, 1977(16); 107—108.

④ 胡泳：《谣言作为一种社会抗议》，《传播与社会学刊》2009 年第 9 期。

(三)有关谣言研究的传播学逻辑转向

媒介效果研究的鼻祖"魔弹论"就是源于一则"火星人侵入地球"的谣言，并因此形成"刺激—反应"式的研究范式，谣言也因此成为考察社会舆论的一种变量。但是谣言的影响并非仅在舆论场之中，从集体意识(conscience collective)到集体行为(collective behavior)一定程度上验证了谣言的演进路径。谣言不是彼此孤立的个体在黑暗角落里的自我言说，而是以一种集体方式开展的话语交易(collective transactions)。① 谣言通常带有强烈的情感元素而能够迅速发酵和传染，使人们陷入一种群体无意识而匆忙采取行动。② 有关谣言研究的传播学视角不能仅仅停留在舆论引导层面，而应放之于整体的社会文化大背景之中，从个体不确定性间的信息交易转向整个社会的集体记忆投射。③ 谣言除了具有情绪宣泄作用，其更重要的意义是认知层面(social cognition)的求知欲望、风险防范、因果归因等，这便涉及对集体记忆的征调与借用。集体记忆能够帮助个体平衡现实认知，通过对谣言的"信息交易"充分地对社会问题进行发酵与讨论，形成谣言与我们认知框架间的同化(assimilation)，最终成为我们记忆的一部分。④

三、媒介与集体记忆：以新闻生产为记忆实践核心

不同于个体记忆，社会共同体并没有一个共同的大脑，集体记忆只是一种隐喻，需要借助一定的媒介才能实现。Erll 认为记忆天然具有媒介属性，集体层面的记忆需依托一定的媒介而实现对共同过往知识和阐释的建构与流传。⑤

---

① Shibutani, T. . "Improvised News: A Sociological Study of Rumor." Indianapolis: Bobbs Merrill, 1968, p. 17.

② [法]古斯塔夫·勒庞：《乌合之众：大众心理研究》，冯克利译，中央编译出版社 2005 年，第22 页。

③ Furedi, F. . *Culture of Fear: Risk-Taking and Morality of Law Expectations*. London: Cassell, 2002, p. 147.

④ DiFonzo, N., & Bordia, P. . *Rumor Psychology: Social and Organizational Approaches*. American Psychological Association, 2007, p. 241.

⑤ Erll A. *Memory in Culture*. New York: Palgrave Macmillan, 2011, p. 261.

（一）新闻与集体记忆研究范畴：叙事记忆、视觉记忆和机构记忆

1.新闻与叙事记忆

新闻媒体如何形塑公共记忆是以新闻生产为记忆实践的核心议题。Zelizer 认为新闻与集体记忆研究主要涉及三个面向：新闻与叙事记忆、新闻与视觉记忆和新闻与机构记忆。新闻与叙事记忆研究的重心并非事实层面的真假评判或道德层面的高低立断，而是作为我们认知历史工具之一的新闻叙事（narrative）如何建构集体记忆。[①] 同时，Zelizer 指出新闻业关注的重点是"此时此刻"发生的事实，这就容易割裂历史与新闻报道的联系，进而忽视新闻叙事对集体记忆的形塑作用。[②] Gillis 则指出，大众媒体在报道当下的同时也储存了过去，被中介（mediated）的过去就成为强化认同的合理化权力资源。Edy 分析 1965 年洛杉矶爆发的瓦茨骚乱事件发现，新闻叙事参与"过去"记忆的建构主要包含常规纪念日报道、历史类比式报道、历史语境式报道三种方式。[③] 可见新闻报道往往通过凸显往事的意义来增进人们对现实的理解，如 Schudson 所言，纪念活动一旦启动，就会进入加速轨道，并按照自身的逻辑和力量运转，也因此常被嵌入当下事件的解释之中，再生产当下所需的认同体系，建构起一种新的道德共同体。但需警惕媒体报道会游刃于夸大集体记忆的边界，忽略对集体记忆的形塑与维系。[④]

2.新闻与视觉记忆

个体记忆离不开现实情境，相较于理性分析与文字堆砌的图像叙事，能够在感官上触发社会公众对现实的思考，或唤醒某种情感记忆应有的历史想象。Kansteiner 将奥斯维辛集中营的历史图片作为社会记忆索引，发现在超越人性极限的恐怖面前，经由图片转喻所激发的想象胜过直接的道德话语言说。进

---

① Kitch, C. . "Anniversary Journalism, Collective Memory, and the Cultural Authority to Tell the Story of the American Past." *Journal of Popular Cultural*, 2002(1):44.

② Lang, K. & Lang, G. E. . "Collective Memory and the News." *In Communication*, 1989(11):125-127.

③ Edy, Jill A. . "Journalistic Uses of Collective Memory." *Journal of Communication*, 1999, 49(2):71—79.

④ Kitch, C. . "Twentieth Century Tales: Newsmagazines and American Memory." *Journalism & Communication Monographs*, 1999, 1(2):121—132.

而在受众与图像之间生发一种体验式关联,联系自身记忆与情感体验,实现了从旁观者到带有社会情感印记的目击者转变。① Barbara 进一步指出图片承载着摄像记者的视觉想象与主题表达,这并非偶然的心理活动表述,而是源自政治无意识的自然决策,所以新闻报道永远不是中立的。集体记忆具有公共属性,新闻记者的摄影作品依托其视觉表现所激起的集体记忆,浓缩当代世界历史的政治公共属性。② 但现实和记忆的复杂与暧昧关系会使人们陷入一种黑白分明的偏见之中,或隐匿记忆中的灰色真实或放大记忆中的彩色光晕,而模糊过去某种处境中人们特殊经验和行为的可辨识轮廓,被边缘化的集体记忆不能进入集体认知的公共领域,这就转向新闻图像叙事的伦理学问题。

3.新闻与机构记忆

专门化的社会机构是现代社会集体记忆生产与再生产的主要机制,提供公共信息的新闻媒体是集体记忆叙事与建构的主体。机构记忆是将依靠话语与视觉符号展开的记忆实践,与作为社会运行机制的新闻业自身所具有的历史、权威和价值相连接。一方面,机构化媒介作为一种象征性的记忆竞技场,承携着群体资源、权力、叙事能力及话语契机,决定哪些"声音"能够被大众传媒生产和扩散从而进入公众视野。只有经由媒体呈现的个体记忆或亲历者的共同记忆(common memory)才有机会触及一般公众,进而成为"共享记忆"(shared memory)的一部分。另一方面,机构化媒介作为独立的文化创造者,借助文化生产者的专业力量,通过文本和叙事的方式展开记忆实践。但是媒体机构作为一种阐释社群(interpretive community),其文化权威并非朝夕建构或静止不变,而是在一个个"热点时刻"(hot moment)的叙事过程中不断调整与捍卫。③ 此外,媒体机构建构权威不仅仅是凭借叙事实践对外界施加影响,更是通过社群叙事共享紧密关联集体记忆,建立统一的价值标准、信仰体系与集体认同感的过程。

---

① Kansteiner, W. "Finding Meaning in Memory: a Methodological Critique of Collective Memory Studies." *History & Theory*, 2002(2): 181–185.

② Barbara A. Misztal. *Theories of Social Remembering*. Maidenhead & Philadelphia: Open University Press, 2003, p. 119.

③ Meyer, O.. "Memory in Journalism and the Memory of Journalism: Israeli Journalists and the Constructed Legacy of HaolamHazeh." *Journal of Communication*, 2010, 57(4): 720–723.

（二）新闻与集体记忆形塑：创伤性情感唤起与协商性认同建构

集体记忆并非抽象的概念想象，它通常发生于特定的社会框架中，与特定的记忆语境和事件相关。Alexander 指出事件本身不是造成集体创伤的根源所在，创伤是社会中介化（socially mediated）的产物，当社群成员认为他们遭遇某种在其集体意识中留下骇人听闻、不可磨灭印记的事件，且这一事件从根本上改变其未来身份性质并无可挽回，文化创伤就此发生。[①] Smelser 将文化创伤定义为压倒性、侵入式的事件，被认定为会威胁或击垮特定或整体文化体系的核心要素。文化创伤是一种渐进式的情感唤起过程，是一种中介化的表征，来自人们的意义赋予。当文化创伤和历史利益相勾连，其创伤性地位就需要不断地维持与再生产。新闻报道有助于确立创伤性事件，印刷与图像媒介生产出流通于全球各地的记忆话语，无论是中韩慰安妇事件还是南京大屠杀惨案都在受众的认知和情感层面打下烙印，成为被后世再度征用的历史事实与符号资源。此外，新闻报道也通过聚焦当下赋予过去的创伤事件以当代相关性（contemporary relevance），激活文化创伤的同时，传递某种相应地情感及身份认同。[②]

Hall 从社会心理学视角出发指出认同是一种周期性的变动过程，是运用语言、历史及文化资源而成为（becoming）某一主体的过程。这一过程需经由符号表意与关联，符号进一步成为我们感知社会关系与实践的现实印记。[③] 新闻报道就是一种有效的"符号表意工具"，为社会个体认同提供极为必要的意义情境或背景，个体记忆的产生与重构、集体记忆的共享与认同与此密切相关。新闻报道对于集体记忆的影响主要表现在两个方面：一是事件本身的性质及其相对独立位置的稳定性，Luminet 指出新闻热点的瞬间记忆（flashbulb memory）产生与事件的惊人程度相关，惊人程度越高就越会给人留下鲜明记忆与持久认同；二是事件论述在一定社会情境及政治场景下进行，尽管媒体是事

---

① 李红涛，黄顺铭：《"耻化"叙事与文化创伤的建构：〈人民日报〉南京大屠杀纪念文章（1949—2012）的内容分析》，《新闻与传播研究》2014 年第 1 期，第 41—45 页。

② Silverstone R. . "Omplicity and Collusion in the Mediation of Everyday life." *New Literary History*, 2002, 33(4): 773—776.

③ Hall, S. . "Introduction: Who Needs 'Identity'." In Hall, S. and du Gay, P. (Eds.). *Questions of Cultural Identity.* London: Sage, 1996, pp. 11—16.

件论述主体,仍会受到社会文化和权利结构的制约,会使某些观点的表达更容易产生共鸣,也就是所谓论述机会机构(discursive opportunity structure)。①

(三)新闻与集体记忆研究延伸:新媒体技术创造新的记忆景观

不论是个体记忆生成还是集体记忆形塑都与记忆技术相关,并受制于特定的社会—技术实践。新媒体技术的持续演进为新的记忆空间和记忆实践的生成提供了可能。博客、Facebook 等社交媒体成为各国人民缅怀殉职军人及遇难者的新平台,也因此衍生出网络纪念这一新兴的记忆形态。这一记忆实践在传播形态、传播速度、辐射范围等方面都与传统媒体大不相同。首先,社交化媒体以个人"记忆机器"的面貌,改变着人们提取和储存记忆的方式,培育出更加独特的个体文化记忆或数字时代的中介化记忆,真实与虚拟间的断裂得以弥合,拓展言说与行动空间的可能性取代真实与否的论争。② 其次,新媒体日渐成为一种独立的记忆渠道,有着与主流意识形态官方叙事并行或冲突记忆结构。Robinson 比较了卡特里娜飓风的相关报道,发现网络空间公民记者围绕个人经验进行集体记忆书写,并未套用主流媒体的叙事机制。③ 最后,社会个体依托开放的新媒体平台成为集体记忆生产者,稳固的地缘关系与庄重纪念仪式的神圣性正在削减,互联网环境中的海量信息与复杂关系以漂泊的身体实践维系,在众声喧哗中弱化社会价值谱系系统。精英群体唤起与创造集体记忆的霸权地位被削弱,陌生人之间的相遇与熟知变得更加容易,族群重构与社会关系维系中的大众书写模式正在进行新的集体记忆形态建构。④

结语

集体记忆研究的传播学取向是最为基础且不可忽视的路径,有学者将新

---

① Becky L. Banasik. "On the Creation and Maintenance of Collective Memories:History as Social Psychology." *Collective Memory of Political Event*:*Social Psychology Perspective*,1997(1):5.

② Gibson,P. L & Jones,S. "Remediation and Remembrance: 'Dancing Auschwitz' Collective Memory and New Media." *Essachess*,2012(5):24.

③ Robinson,S.."If You Had Been With Us:Mainstream Press and Citizen Journalists Jockey for Authority over the Collective Memory of Hurricane Katrina." *New Media & Society*,2009,11(5):799.

④ 胡百精:《互联网与集体记忆建构》,《中国高校社会科学》2014 年第 3 期,第 98—103 页。

闻报道视为以"当下"为中心的记忆实践，新闻媒体对过去的追忆并非通过机械的信息检索，而是动态的、建构性的过程，而淡化或替换事件主题的记忆蚕食（cannibalization）现象也存在其中，这就触及记忆形塑的伦理问题。① 更应引起注意的是，媒介技术的持续演进正在造就新的记忆景观，主流媒体和精英社群的叙事权力逐渐分散至普通民众之中，去中心化的话语结构是否会带来碎片化的集体记忆，是否会触及民族和国家的凝聚力，当信息危机发生时是否会造成数字化遗忘等问题有待进一步展开深入研究。

（贡巧丽，文学博士，河北科技大学文法学院网络与新媒体系副教授）

---

① Zelizer. "Cannibalizing Memory in the Global Flow of News. On Media Memory：Collective Memory in A New Media Age." *Palgrave Macmillan*，2011，p. 263.

Three Approaches to Collective Memory Research:
Body Practice, Rumor Spreading and Media Narration

Gong Qiaoli

Abstract: The "memory" in the collective memory does not exist independent of the material basis, the memory shared by the members of the group is recognized in the process of its constant invocation, and the realization of this process needs the help of a certain medium, body, rumor and media constitute the three most important fields of collective memory research, which is different from the current one-dimensional media memory research. The essence of memory is the embodiment of human being, and the real experience based on individual body perception will become an important turning point in the study of risk communication. In the process of spreading, rumor can arouse relevant collective memory to complement the real situation and realize the construction of alternative meaning. News and collective memory complete the formation of collective memory through the construction of traumatic emotional arousal and consultative identity, and the evolution of new media technology creates a new memory landscape, a series of problems caused by its decentralized discourse structure deserve further study.

Keywords: Collective Memory; Body Practice; Media Narration

社会治理与基层传播：
1980年代的广播与日常生活①

杨毅

摘要：广播在当代中国的社会治理与基层传播中发挥了不可替代的作用。1980年前后，收音机的普及使广播从有线体系中分离出来，成为主导性的大众媒介，深嵌入普通民众的日常生活之中。广播在1980年代的重要作用，不仅包括其自身作为大众媒介在政治动员中的宣传教育作用。笔者还深入社会结构层面探讨其与社会主体发生的深层互动，还原了广播通过日常生活在基层传播中实现的社会治理作用。在娱乐消费相对匮乏的条件下，广播不仅实现了信息流动，也带给听众重新理解现实图景的可能，由此成为民众在新时期重建日常生活的媒介路径。

关键词：广播；社会治理；基层传播；日常生活

---

① 本文系北京市社科基金规划项目"北京历史文化题材文艺作品创作研究"（项目编号：21WXA002）的阶段性成果。

一、有线广播、广播喇叭与收音机

　　早在新中国成立初期，政府就把广播系统当作国家制度层面建设的重要内容予以强调，通过"发布新闻、传达政令、社会教育、文化娱乐"的任务，来配合国家意识形态和各项工作的宣传动员，①但当时收听广播并非像今天这样轻而易举，而是一项颇具挑战的技术工程。按照广播事业局副局长梅益的说法，全国仅有49座人民广播电台和89部广播机，且分布和使用很不合理。全国收音机的数量为一百万架至一百一十万架，主要分布在东北、华东、华北等地区的大城市中，普通民众所有的只占很小的一部分。② 因此，通过建立广播收音网的方法来组织民众的群体性收听行为，成为当时推广和普及广播的有效途径。1950年3月召开的全国新闻工作会议就重点讨论了建立全国广播收音网的事项："新闻工作会议认为，应在全国建立广播收音网，以便使人民广播事业在确实的群众基础上发挥应有的宣传教育作用。"③1950年4月，新闻总署署长胡乔木发表《新闻总署发布关于建立广播收音网的决定》，正式决定在全国范围内建立广播收音网，认为"无线电广播事业是群众性宣传教育的最有力的工具之一，在我国目前交通不便、文盲众多、报纸不足的条件下，作用更为重大……许多地方机关和部队设立了专门收音员负责收听和传播人民广播电台的广播内容，获得了良好的效果"④。这也是新中国成立后第一个由中央政府公布的有关无线电广播的政令，并且在当日由中央人民广播电台播报。此后，全国各地掀起了开展建立收音网的工作热潮，充分利用无线电广播进行群众性宣传教育。经过各级努力，从省市到区县相继建立了广播站或广播小组，通过广播大会等形式组织群众集体收听，工厂、机关、团体、学校及各阶层人民都

---

① 赵玉明主编：《中国广播电视通史》，中国传媒大学出版社2006年，第198页；《当代中国》丛书编辑部编：《当代中国的广播电视》上卷，中国社会科学出版社1987年，第60页。

② 梅益：《我国人民广播事业概况》，《人民日报》1950年4月25日，第3版。

③ 《中央人民政府新闻总署召集全国新闻工作会议》，《人民日报》1950年4月23日，第1版。

④ 胡乔木：《新闻总署发布关于建立广播收音网的决定》，《人民日报》1950年4月23日，第1版。

被动员起来收听广播。①

　　1955 年后，国家把广播工作的重点放到发展农村广播网上来，在收音网的基础上重点发展有线广播，特别是农村广播站和广播喇叭。1955 年 8 月，全国农村有线广播工作座谈会召开，梅益在讲话中强调发展农村有线广播是建设农村广播网的主要方向。1955 年 9 月，中央广播事业局下达《关于今明两年在全国有条件的省、区逐步建设农村有线广播的指示》。1955 年 12 月，在北京召开的第三次全国广播工作会议提出："1956 年全国将增加有线广播站 900 多个，带有喇叭 45 万到 50 万个，其中 80% 将设在农村。到 1956 年底，全国农村将有 1800 多个广播站，136 万多个喇叭。有的省份将达到村村、社社都可以听到广播。1962 年全国农村有线广播站将达到 5400 多个，带有喇叭 670 多万个，全国所有的村庄、农业合作社和一部分农民家庭，都有了收听广播的工具，可以经常听到北京和本省、本县的广播。"②在 1954 年底，全国共有县广播站 101 座，中小城镇广播站 705 座，有线广播喇叭 49 854 只。到 1965 年底，县级广播站增加到 2365 座，广播喇叭 8 725 455 只，超过了同期 800 万台收音机的社会拥有量。1976 年底，全国建成县有线广播站 2503 座，安装有线广播喇叭 113 246 412 只，远超同期收音机的社会拥有量，97% 的人民公社、93% 的生产大队、86% 的生产队通了有线广播，农户安装广播喇叭的达 60%。1984 年，全国共有广播喇叭 8602.9 万只，其中城市用户喇叭达 137 万只。③ 这些数据表明，在新中国成立后的很长时间，有线广播已经成为普及广播的重要工具，更作为重要的政治任务纳入国家制度和文化的主导力量。

　　沙垚指出，有线广播喇叭进入乡村社会主要分为四个步骤："一为建立县

---

　　①　相关报道有《河北察哈尔广设收音网 不少地方领导机关重视收音工作》，《人民日报》1950 年 6 月 6 日，第 3 版；《东北各省及各主要城市普遍建立广播收音网在传达政令等方面已收到效果》，《人民日报》1950 年 7 月 16 日，第 3 版；《华东军政委员会发布指令普遍开展广播工作要在秋收前建立全区广播收音网》，《人民日报》1950 年 8 月 15 日，第 3 版；《开封与乌兰浩特广播电台开始播音》，《人民日报》1950 年 10 月 21 日，第 3 版；申锡龄：《沈阳某工厂人人都爱广播站》，《人民日报》1951 年 5 月 14 日，第 3 版。

　　②　《第三次全国广播工作会议提出发展农村有线广播网的规划》，《人民日报》1955 年 12 月 25 日，第 1 版。

　　③　《当代中国》丛书编辑部编：《当代中国的广播电视》上卷，中国社会科学出版社 1987 年，第 367 页。

区广播站,二为解决基层广播站的技术问题,三为架设广播线路,四为安装广播喇叭。"①比如,黑龙江省肇东县城关区利用县城区文化馆广播站开展收听工作。到 1950 年底,已经发展了 441 家安有扩音喇叭的听户,基本听众有 2500人。扩音喇叭的分布是相当普遍的,从大街的商铺到偏僻小巷的住户,平均每个市民小组有一个喇叭。收听广播的方法是,由文化馆广播站用收音机收听到消息以后再用扩大器播送到各听户。②

有线广播体系曾在当代中国的广播系统中扮演了非常重要的角色。在广大的农村地区,无线广播由于技术等原因很难成为普及的主要手段,只能借助"有线广播尝试着以技术的方式去解决无线广播推广过程中遇到的困难和弊端"③。左荧认为,有线广播的优越性在于以下几个方面:一是"比较其他收听工具便宜而且管理起来比较方便";二是"除了可以转播中央台和当地地方台的重要节目以外,还可以供当地领导机关直接向当地人民进行宣传鼓动";三是"可以有效地排除敌台的影响"。④ 作为国家文化体制的重要机构,广播电台充当意识形态领域宣传的有力工具,在民众的日常生活中扮演了不可替代的作用。从播出到收听,广播电台构成了新中国具有支配性质的声音政治,以贴合时代的政治主题成为最具大众化普及化的文化传播体制,并由此建构了社会主义的听觉文化。国家利用广播的目的主要是对群众进行宣传教育,比如"大跃进"时期广播的基本任务就是"宣传过渡时期的总路线和国家的建设计划,鼓励、教育和组织广大人民积极参加社会主义建设和社会主义改造事业,并逐步提高其政治觉悟和文化水平"⑤。每天,伴随着歌曲《东方红》的旋律开启新一天的广播,接着是《新闻和报纸摘要》,以及晚间的《各地人民广播

---

① 沙垚、张思宇:《作为"新媒体"的农村广播:社会治理与群众路线》,《国际新闻界》2021 年第 1 期,第 120—137 页。

② 马玉泉、郝郆庭:《黑龙江省肇东县城关区很多群众都听上了广播》,《人民日报》1951 年 1 月 31 日,第 6 版。

③ 沙垚、张思宇:《作为"新媒体"的农村广播:社会治理与群众路线》,《国际新闻界》2021 年第 1 期,第 120—137 页。

④ 左荧:《发展农村有线广播是建设农村收音网的方向——对今明两年在全国有条件的省、区逐步建设农村有线广播的指示的说明》,载赵玉明主编:《风范长存 左荧纪念文集》,中国传媒大学出版社 2005 年,第 49 页。

⑤ 赵玉明主编:《中国广播电视通史》,中国传媒大学出版社 2006 年,第 225 页。

电台联播节目》，最后以《国际歌》结束全天的播音。这种高度政治化的节目内容暗示出个人生活纳入了集体主义的想象之中，更意味着个体对国家政治的高度认同。固定时间内循环往复的节目播出将民众的日常生活与国家层面的部署紧密相连，仿佛人们听到广播就立刻置身于仪式化和秩序化的严整规范之中，这就在传播的意义上塑造了强大的国家共同体。正如伊尼斯指出的，"电子媒介的主要用意并不在于通过广播电视提供娱乐和信息"，"电子通信的速度与距离扩大了社会组织的规模，极大地提高了文化和政治领域集权化和帝国主义的可能性"。① 这种高度计划的文化体制建立起的广播系统，不仅在全国范围内确立起中央到地方各级的广播体系，而且实现了特定年代里对人的全面掌控。

　　直到 1978 年前后，这种高度"一体化"的传播格局才随着国内电子信息产业的恢复而有所转变。随着对国外先进技术和设备的引进，中国内地收音机、录音机、电视机等新兴电子媒介的产量得到较大发展。以收音机为例。早在 20 世纪 20 年代的上海就出现了外商销售的收音机，随后华商也涉足收音机制造业，并逐步形成本国的无线电工业。② 1953 年以后，收音机生产的规模、样式和质量不断提升，但真正普及还是在 1970 年末。1970 年代以前，收音机的增长趋势较为缓慢，个别年份还有下降的情况。1970 年代以后，半导体收音机的数量以较快速度增加。1978 年，全国共有收音机 7546 万台，相比 1973 年的 1800 万台明显增加，且同期广播喇叭的数量开始出现下降的趋势。1979 年，收音机产量达到 1387.5 万台，其中半导体收音机占 96%。③ "从市场销售情况看，像台式、落地式高级收音机和小巧便利携带的小型半导体收音机都是供不应求的商品；刚刚进入群众消费领域的钟控式收音机、收录两用机、薄型收音

　　① ［美］詹姆斯·凯瑞编：《作为文化的传播："媒介与社会"论文集》，丁未译，中国人民大学出版社 2019 年，第 124 页。

　　② 参见姜红《西物东渐与近代中国的巨变：收音机在上海（1923—1949）》，上海人民出版社 2013 年，第 21 页。

　　③ 中华人民共和国工业和信息化部编：《1949—2009 中国电子信息产业统计》，电子工业出版社 2011 年，第 41 页。

机等新型品种,也受到了消费者的喜爱。"①1980 年,收音机的社会拥有量已经超过广播喇叭的数量,两者出现明显的此消彼长的变化。1981 年,收音机的社会拥有量为 1.49 亿台,平均每百人 14.9 台,在耐用消费品中仅次于手表的数量,位列第二,远超电视机 1500 多万台的社会拥有量和 1.6 台的每百人拥有量。② 1995 年,收音机和录音机的数量共有 5 亿台之多,达到近几十年的顶峰。③

广播喇叭和收音机的这种此消彼长的数量变化,折射出 1970 年代末发生在中国内地的媒介变迁。伊尼斯说:"从一种传播形式主导的文化向另一种传播形式主导的文化迁移时,必然要发生动荡。"④街头林立的广播喇叭正逐步为民众自行购买的收音机所取代,背后则是带有操控性甚至强制性的有线广播体系越来越多地受到具有相对自主性的个体收听行为的挑战。民众通过自行购买收音机的方式来改善自己的日常生活,从而将国家计划生产的电子工业产品转换为日常生活中的家用电器和耐用品。这种消费热潮的出现,意味着广大民众开始主动寻求更加丰富的物质文化生活。人们在家中使用收音机来收听广播,从而将遥远的声音传入相对私人的家庭和个人空间,成为听众获取信息乃至重新理解现实世界的重要渠道。虽然电台播出的内容依旧处于国家严格的审查制度之下而无法自主选择,但由于人们可以自行购买和使用收音机,这至少使得消费和收听行为本身比以往有了更大的自主性。总之,从长期主导社会的具有强制性的有线广播体系到具有相对自主性的收听行为,广播自身的媒介变迁既表现在广大民众日常生活的层面,也成为 1980 年前后发生在电子媒介领域的重大变化,背后则是正处于转型的中国社会正在经历的文化体制的调整。

当然,从广播喇叭到收音机的转变并不是一蹴而就的。事实上,广播喇叭的数量虽然在当时持续下降,且低于同期收音机的数量,但并没有完全丧失作

---

① 蔡玉琦:《以满足用户需要为目的 发展广播电视产品生产》,《人民日报》1979 年 11 月 15 日,第 6 版。

② 国家统计局编:《中国统计年鉴 1981》,中国统计出版社 1982 年,第 440 页。

③ 赵玉明主编:《中国广播电视通史》,中国传媒大学出版社 2006 年,第 583 页。

④ ［加］哈罗德·伊尼斯:《传播的偏向》,何道宽译,中国传媒大学出版社 2018 年,第 183 页。

用,相反是要求"整顿、提高、发展农村有线广播网","在架设专线有困难的地区,县调频广播台可以同有线广播结合起来,既照顾群众收听,又可以为乡(社)广播站传送节目"。① 1980 年代广播的实际状况是无线广播和有线广播并存,两者在互补与延伸中共同构成国家主导的广播体系。也正是这两者的有机结合才使得广播最大程度地深入全国的地域空间,全方位地提升覆盖面和传播效果,使广播深嵌到民众的日常生活中发挥不可替代的作用。

二、广播的社会治理与基层传播

如何理解广播的社会治理? 如果说社会治理是庞大而复杂的系统工程,需要"以系统性、复杂性思维和复杂网络方法对社会治理的机制、组织和控制等问题进行新的思考和把握"②,那么广播的社会治理则要考虑到社会主体之间如何借助广播媒介发生协调互动。换言之,作为大众媒介的广播在实现政府与民众信息流通的同时,也对人们日常生活产生重大影响。这就意味着我们不应只把广播的功能看作"自上而下"的单向度的传输,而应深入社会结构的层面考察政党、作者、受众等主体借助广播实现的动态交互过程,充分考虑到广播媒介在协调主体间发挥的平台优势。本文关注的问题是,广播是如何利用自身的媒介特征参与中国 1980 年代的社会治理的,又是如何深入社会基层影响广大民众日常生活的?

正如上文指出的,收音机的普及使得无线广播成为信息传播的主要手段,结合此前已经形成的有线广播网,共同构成 1980 年代广播这种大众媒介的技术前提。1983 年 3 月,第十一次全国广播工作会议确定今后实行中央、省、市、县"四级办广播、四级办电视、四级办混合覆盖"的方针,提出"在最近三五年内,除了少数人口稀少的边远地区以外,做到县、乡、队都通广播,户户人人都

---

①　广播电视部党组:《关于广播电视工作的汇报提纲(摘要)》,载《浙江省新闻志》编辑委员会编:《浙江省新闻志》,浙江人民出版社 2007 年,第 1037 页。

②　范如国:《复杂网络结构范型下的社会治理协同创新》,《中国社会科学》2014 年第 4 期,第 98—120 页。

能听到广播"。① 这种从国家到地方层层推进的传播格局几乎全方位地覆盖到各个层面，不仅极大提升了广播的收听率，更意味着个体被纳入国家的规划之中。广播如此受到重视，源于其在社会治理中的首要作用是国家主导的宣传教育。1983 年 9 月，广播电视部党组向中央提交的汇报中指出："宣传工作是各级广播电视机构的中心工作。技术工作、行政工作和思想政治工作都要为宣传工作服务。"同年 10 月，中央以文件的形式规定"各级党政部门要学会利用广播电视来宣传政策和开展各项工作，学会使用广播电视来宣传群众和组织群众"②。这个在新中国成立以来包括更早时候就已经成为广播最重要的功能，在新的历史时期仍然发挥其主导作用，特别是在国家发生重大事件或政策调整时体现的尤为明显。比如适逢国家领袖去世或者"粉碎四人帮"等重大事件发生，人们总是最先通过广播获取到消息，进而产生强烈的情感共鸣。这种收听模式延续广播大会等主导民众听觉经验的传播方式，从国家到地方建立起的传播格局几乎全方位地覆盖到各个层面，不仅极大提升了广播的收听率，更意味着个体被纳入国家的规划之中。

从收听方式来说，收听广播通常不是纯粹私人性质的活动，而是以集体或家庭为单位进行的群体性收听。听众不仅包括家庭或集体内部的成员，也不排除外来民众的参与而聚合起的新型社会关系。比如当重大新闻事件发生或者遇到人们喜爱的节目播出期间，收音机可能会吸引周围的亲朋好友甚至陌生人前来收听。虽然收音机本质上是个人的消费品，但在当时通常不仅被个人享有，还常常在公共或半公共场合中使用。这使得广播带有某种程度的公共性，但又不同于此前完全纳入集体主义的规划之中。正是这种介于公共和私人之间的收听方式，使广播从国家主导的公共机构转变为社会化、家庭化和个人化的媒介。就以家庭为单位开展的收听活动而言，广播不仅以节目内容规划着人们的时间安排，还影响到家庭的空间形态。收音机在家庭中俨然被看作重要的电器产品而被摆放在较为突出的位置，但由于大多数家庭住房面积较小，很少有专门的客厅或提供娱乐的居室，收音机被摆在书桌、立柜或床

① 李建刚：《技术变革与广播媒介转型》，中国传媒大学出版社 2011 年，第 77 页。
② 广播电视部党组：《关于广播电视工作的汇报提纲（摘要）》，载《浙江省新闻志》编辑委员会编：《浙江省新闻志》，浙江人民出版社 2007 年，第 1034 页。

头等生活起居处,在普通民众的日常生活中占据重要的空间。常见的情景是全家围坐在收音机的周围,而并未表现出明显的人际区隔。这种以家庭为单位的收听行为,将国家主导的宣传教育和民众自身的娱乐休闲结合起来,把国家发生的重大事件以广播节目的形式传达给听众。这就在社会治理的层面上实现了双重改造:既改变了此前有线广播外在于家庭和个人的传播方式,使广播以日常化的方式被接受,又将家庭的私人生活空间转变为民众主动接受教育的场所。因此,广播在深入日常生活的同时,也潜移默化地影响了人们对现实世界的理解。

在收听过程中,人们通常是全身心集中注意力收听,还会因此而排除其他活动。在当时,收听广播不像今天完全是生活中的偶发行为。在深受听众喜爱的节目热播期间,很多人提前根据报纸或广播中发布的节目预告,来选择自己喜欢的内容准时收听,这使得收听广播成为需要事先准备的活动。在这种带有仪式性的收听行为中,广播的节目内容尽可能地被听众接收,从而有了听众自主解读节目的可能。尽管广播电台的所有制和它播出的节目内容仍处于国家严格的审查制度之下,但节目内容的解读方式及其在人们生活中的实际作用却是由具体的收听者实现的,并且会随着节目的持续播出而再生产出来,深刻影响人们的生活和实践。这意味着人们在收听广播时并不完全处于被动接受的状态。听众既是媒介的接收者,也是信息传播过程的主体要素,还是有组织的受众群体。虽然广播的功能并未发生转变,但1980年代的广播和此前那种有组织的收听活动相比,还是带有相对更多的自主性。人们可以根据自身的喜好自行选择节目收听,还会聚集起特定人群收听。总之,广播不仅没有脱离日常生活,反而因其特定的时空结构而建立起生活中的认同感。

这个时期的广播在节目内容安排上也表现出逐渐丰富的特点。当时能够引起听众较大反响的节目主要有两类。一类是定期播出的节目,包括每天、每周或特定时间会准时播出的固定栏目,比如中央人民广播电台的《新闻和报纸摘要》《各地人民广播电台联播节目》《国际新闻》等国内外新闻类节目;播讲或介绍中外优秀文学作品的《小说连续广播》《阅读与欣赏》《文学之窗》,以及根据小说改编成的广播剧;还有音乐、戏曲、曲艺、电影、话剧等专题性的文艺节目。这些节目让听众准时收听广播变得重要。另一类是不定期播出的节目,包括时政新闻、讲话讲座、文艺晚会或国内外音乐会的实况录音,等等。比如 1978 年 8 月,《对农村广播》栏目播送《新时期总任务讲话》,《学习》栏目重播《学习新宪法广播讲座》;1979 年 4 月,中央台选播 1978 年得奖的优秀短篇小说;1980 年 2 月,播送前天在首都体育馆举行的《歌曲之友》音乐会的实况录音。这两种类型的节目基本涵盖了当时广播电台播出的最重要节目,结果是使民众收听广播的行为更加日常化,增强了广播在人们生活中的地位。

"在中国,广播于 20 世纪 70 年代开始普及。在当时,广播的主打内容和听众最常收听的是戏曲、广播剧和小说连续广播节目。广播在很多地方被叫作'戏匣子'。80 年代开始,更多的人选择广播来收听新闻。"[1]1982 年,一项针对北京市居民收听广播情况的调查显示,听众最喜爱的广播节目依次为《新闻和报纸摘要》《小说连播》《戏曲音乐》。"尤其在农村,由于报纸发行少,文化水平低,电视机普及率低和播出时间短,广播就成了人们了解国家大事的最主要渠道。"[2]《新闻和报纸摘要》在每天早上 6 点半和 8 点半准时播出,不仅成为人们获取新闻的最重要渠道,更会使听众拥有瞬间掌握国家大事的体验,获得见证国家历史命运的崇高感。而对于《小说连播》这种文艺节目,由于每天中午 12 点半准时且连续播出,人们通常会按时收听,以免因错过播出时间而无法收听到完整故事。每当新一期的节目播出时,人们都会待在家中认真收听节目,生怕错过那些精彩的故事。当每天的节目结束,人们又开始期待接下来的故事,因此通常会持续收听直至整个故事完结,甚至会期待下一部作品的播出。在广播节目的这种时间安排和收听节奏中,听众形成和节目同步的时间体验。广播在人们的生活中被赋予周期性的时间组织形式,不再是此前作为日常生活中的外来者,而成为人们生活中的规划者乃至组织者,最终深嵌于民众的日常生活之中。虽然此前的广播也通过节目安排发挥时间上的调节机制,但 80 年代广播的这种新型组织形式,告别了有线广播年代里那种外在且强加于人的管理组织模式,在取消强制性的同时又深化了人们对广播的接受,从而更好地发挥广播的作用,真正实现了广播在基层的有效传播。

---

① 李明伟:《知媒者生存:媒介环境学纵论》,北京大学出版社 2010 年,第 154 页。
② 宋小卫:《对北京听众收听情况的调查》,《现代传播》1983 年第 2 期,第 44—46 页。

　　更重要的是，人们在同样的时间里共享着相同的节目内容，在各种身份阶级的听众之间达成了无形的联结，从而在时间的层面上生成了共同体想象。广播虽然在跨越等级的同时也会带来新的问题，但至少在表面上消弭了阶级、种族、性别、城乡之间的区隔。美国学者在研究处于黄金时期的广播时指出，广播在建立现代国家意识中起到关键作用："广播从技术、文化上，用共同的语言，通过半官方半私人的形式，面向整个国家播音，谈论事关整个国家的事情。这呼应着日后本尼迪克特·安德森的论断。"广播建构起类似民族国家的"想象的共同体"，实则是在广大民众中形成共享的历史经验。这种历史经验"不仅积极发挥着凝聚'共时性'体验的力量，而且沟通、生成着这一经验的意义"。希尔穆斯说："广播不仅对其时代的主要社会张力做出回应，而且通过在音乐、喜剧和叙事剧中直接对观众的情况发言，使得这些张力成为其所建构的话语世界的内容。"①广播所具有的"同时间性"的组织形式，不仅在人们的日常生活中发挥了调节机制，还在现实的层面上建构起对共同体的想象。广播在深入日常生活的同时，围绕特定时期收音机消费与使用形成的物质文化史、广播的节目内容及收听方式形成的听觉文化史，共同纳入广播媒介建构的对国家共同体的想象之中。正是在这种彼此渗透的复杂交织中，广播在日常生活中发挥了基层传播的治理功能。

　　从 1980 年代中期开始，由于电视机的增多和人们娱乐方式逐渐的多元化，收音机不再占据家庭的中心地位，其收听方式也因此有所转变。泛家庭化的群体性收听行为不复存在，收听广播也不再是需要提前准备的事情，而变成生活中的偶发行为。对于大多数人来说，收听广播只是消磨时间的方式，或是充当生活的背景音，很可能因为其他事情的出现而随时被打断。这导致广播仅是人们日常事务中无足轻重的事物，很大程度上失去了时间调节的组织机制，也无法像以前那样在基层传播中发挥特有的治理功能。显然，当收音机成为唾手可得的事物时，它曾经在生活中占据规划者和组织者的地位已然不再。

---

　　①　［美］米歇尔·希尔穆斯：《广播与想象的共同体》，王敦、程禹嘉编译，载《文化研究》第 32 辑，社会科学文献出版社 2018 年，第 51—59 页。

三、广播与现实图景的重构

探讨 20 世纪 80 年代广播发挥的重要作用,要充分考虑到社会整体及其文化形态的转型。如果说收音机的普及使广播成为深嵌民众日常生活中的大众媒介,更好地发挥广播在社会治理与基层传播的作用,那么这种物质层面变迁的本质是"物质、知识与精神构成的整个生活方式"①的文化形态的转型。这种文化形态的转型不仅包括广播电视等电子媒介的兴起,还包括国家的政治、经济、文化各领域正在发生的重大转型。在这个过程中,围绕广播的诸多问题既是特定时期文化转型的表征,也是反映和促进文化转型的媒介。广播为人们提供了感知现实变化的素材,人们会有意无意地获取到此时国家正在经历的变革的信息。通过节目内容,广播不仅使民众解读出时代变革的现实图景,还会反过来使人们主动适应现实发生的变化,由此成为广大民众在新时期重建日常生活的媒介路径。

首先,在娱乐消费相对匮乏的条件下,广播成为人们获取外界信息的最主要方式。上述的广播节目成为人们了解国家大事的最主要渠道,不仅实现了广播在不同主体间的信息流动,也成为民众接受和感知外在世界的重要渠道。特别是当国家重大事件发生时,广播会具有明显的社会与文化功能,听众不再是社会发展的旁观者,相反他们仿佛直接参与到国家历史的发展之中,而获得前所未有的使命感。这时期,广播在大量播报国内新闻时事的同时,也增加了《国际新闻》《国际时事》《世界各地》等节目,开始关注国外资讯;还有针对特定群体的《青年节目》《少年儿童节目》,以及数量众多且受欢迎的文艺类节目。这些都满足了广大民众想要获取外界信息的强烈需求,包括民众对西方和异域世界的好奇。广播由此充当了人们放眼世界的窗口。

与此同时,收音机不仅是普通民众用来接收信息的重要工具,而且几乎是唯一能够获得不同于官方提供的信息的媒介。在很多地区,收音机甚至可以

---

① [英]雷蒙德·威廉斯:《文化与社会》,吴松江、张文定译,北京大学出版社 1991 年,第 19 页。

接收到来自港台和海外的无线电信号。① 现有资料表明,在邓丽君流行音乐的传播过程中,广播起到了重要作用。流行音乐在中国大陆民众中的传播正是人们无意间通过半导体收音机实现的,②其传播渠道是澳洲或台湾的广播电台。例如,台湾的"中央广播电台"从 1979 年开始便开辟面向大陆听众的广播节目《邓丽君时间》,每周播出 6 次,每次 25 分钟。③ 人们通过广播接触到邓丽君的歌曲,生成了完全不同于此前中国大陆革命歌曲的听觉经验,普通听众因其舒缓优美的唱腔产生了强烈的审美体验,④不仅带来情感层面的人性启蒙和身体层面的感官革命,还对"建构健康的公共文化、公共领域、培育新型主体性"⑤产生了一定影响。

其次,听众会从节目中人物的性格特点和故事情节的发展中汲取有益于自身的资源,以此来反观自己的生活。当人们听到作品里人物的言谈举止,会

① 不仅在东南沿海,内陆地区也可以接收到境外的信号。黑龙江林区的听众回忆说:"苏联的好几个中文台信号特别强(当时称为敌台),声音也特别清晰,一点杂音也没有。说句实在话,我还是在苏联台里第一次听到那时对我都是陌生的名字:老舍、田汉、夏衍、赵树理、田间等大作家、大诗人,才知道中国不只就那么几个作家。"柳邦坤:《听广播》,《从大森林里来》,北方文艺出版社 2008 年,第 46 页。

② 有网友回忆道:"大约是三十年前的夏天,一个不经意的夜晚,我和我的几个知青朋友,怀着一份好奇,躲在农场对面的小树林里,拉长了半导体收音机天线,通过短波信号收听'敌台'。凌晨时分,一个来自异域的声音开始在中国西南农村的一隅悄悄漫延。'澳洲广播电台,各位听众,在接下来的时间里,邓丽君小姐将把一首情歌《在水一方》献给大家,希望你能喜欢'。"(霜冷长河:《一水隔天涯——邓丽君逝世十周年祭》,转引自赵勇、祝欣《邓丽君、流行音乐与 20 世纪 80 年代的批判话语——当代中国大众文化价值观生成语境分析之一》,《文学与文化》2014 年第 1 期,第 8—19 页)还有人是从台湾的"中央广播电台"里听到的:"张俊明回忆,开始一段时间,每当他听到'中央广播电台,自由中国之声为大陆同胞广播,现在是为您歌唱'时,心中就一阵紧张,毕竟是'收听敌台'。"(马多思:《偷听邓丽君的日子》,《中国周刊》2013 年第 2 期,第 128—135 页)乐评人李皖说:"在邓丽君歌声疯魔般地从台湾向整个东南亚扩散之际,内地人对此一无所知、足足有近十年之久。直到有一天,在半导体收音机的中波或短波里,在一段快速急转的旋律下——'这里是自由中国之声'的宣示之后,出现了邓丽君这仨字。"(李皖:《邓丽君与靡靡之音》,http://www.soomal.com/doc/10100004069.htm)叶匡政的回忆印证了这个说法:"当时的台湾方面倡导对大陆的软性宣传,于是委托'央广'特别制作了'邓丽君时间'栏目,每周一到周六晚 8 点播出,25 分钟,内容全是邓丽君的新闻或歌曲。这档节目通过'央广'短波,向大陆播放。"(叶匡政:《1980,从"敌台"中幽会邓丽君》,http://blog.sina.com.cn/s/blog_489ab6b00100ba4x.html)

③ 马多思:《偷听邓丽君的日子》,《中国周刊》2013 年第 2 期,第 128—135 页。

④ 参见陶东风《20 世纪七八十年代之交流行歌曲的传播语境与接受效应——以邓丽君为个案的考察》,《现代传播》2019 年第 3 期,第 78—84 页。

⑤ 陶东风、杜安:《回到发生现场与本土文化研究的超越——陶东风教授访谈》,载《文化研究》第 35 辑,社会科学文献出版社 2019 年,第 144—155 页。

不自觉地联想到自身的处境,向往美好的爱情,甚至会获得生活的智慧和战胜苦难的信心。很多根据当代文学改编的作品,如《许茂和他的女儿们》(1980年)、《平凡的世界》(1988年)、《穆斯林的葬礼》(1989年)等现实主义题材小说,会使听众跟随主人公的成长共同经历命运的浮沉,形成对现实问题的看法,再反过来审视自己的生活。普通听众对文学作品的解读不同于专业的评论家,而是以生活化的方式看待作品的各种要素,将小说的故事情节与自身所处的现实境遇联系起来。两者的关系不是断裂或对抗,而是彼此呼应。很多听众给节目写信表示,他们在小说中同样看到了自己,希望自己也能成为像主人公那样勇于拼搏、不甘平凡的人。尽管听众对节目内容的参与依旧是单向度的,无法参与节目本身的制作,但在收听过程中却生成了某种参与感和主动性。广播特有的日常化的叙事策略,以及播讲者对自身声音技术的处理,都带给人们审美的感受,促进了听众对作品的自主化解读。这种自主化的解读使人们从广播中获取到对自身和现实世界的重新感知,进而反过来重新理解人与现实的关系。当人们对现实生活特别是正在经历的变化有了新的理解和认知,会因此更好地投入到现实生活中去。

这种广播与社会现实的互动关系体现在以下三个方面。首先,听众会根据节目内容的变化来感知国家此时正在经历的社会变革信号。比如,在"文革"刚刚结束后,人们从广播中听到了被禁锢已久的节目,听到郭兰英、王昆、王玉珍演唱的歌曲,会有种激动无比甚至热泪盈眶的感触。① 每当新的节目及其内容的出现,人们都会感受到改革开放进程中社会不断突破和创新的举措。其次,广播不仅是反映社会变革的媒介,其自身也是社会变革的结果。如果没有改革开放的实施,收音机便难以被普通民众购买到,人们也不会收听到如此

---

① 听众回忆道:"我们前晚听到了郭兰英唱的老歌儿,昨晚又听到了王玉珍演唱的《洪湖水,浪打浪》,今晚王昆又出来了,每一个被打入冷宫的艺术家的名字出现,我们就欢呼一阵。"(柳邦坤:《听广播》,《从大森林里来》,北方文艺出版社 2008 年,第 49 页)作家王蒙说:"粉碎'四人帮'后不久,当收音机里传出诗歌演唱朗诵会上王昆、郭兰英、王玉珍的歌声的时候,多少人的眼泪湿透了襟衫。后来,我们又听到了列宁喜爱的歌,听到贝多芬的《命运》交响乐,听到了《刘三姐》和《花儿为什么这样红》。"(王蒙:《我收听了〈梦幻曲〉》,《王蒙文集》第九卷,华艺出版社 1993 年,第 395 页)

丰富的节目内容。围绕广播发生的媒介变革显然要深入中国社会在 1980 年代经历的整体转型中去看待。最后，当广播的节目内容成为人们日常生活中的重要组成部分，进而反过来影响人们对现实图景的重构，使人们通过广播参与到现实生活中时，客观上也参与并间接推动了社会变革。这成为广播推动现实发展的媒介路径，即人们不仅会根据广播的内容感知到现实的变化，其自身也是社会变革的表征，还会反过来推动现实本身的发展。其结果是，人们通过广播感知到正在发生的社会变革，与广播自身的媒介变革相互交织，最终体现在人们的日常生活层面——这些共同构成了 1980 年代转型期社会独有的文化景观。

四、结论

如果说从有线广播到收音机的转变，体现出 1980 年代中国社会在基层传播的媒介变迁，那么广播进入日常生活并与现实的彼此互动则成为其推动现实发展的媒介路径。整个过程乃是特定时期的社会结构、文化转型与媒介变迁之间相互作用的表征和结果。就其结果而言，广播使听众不自觉地将自身经历投射到国家发展的历史进程之中，彻底改变了此前有线广播年代被强制纳入集体主义的规划中，而重新构造自我身份与时代发展之间的民族国家共同体想象。听众不再是旁观者，也是国家大事的亲历者和见证者，更是自身生活的主宰者。广播不仅是人们用来接收信息的工具，更会在自主化解读中成为人们重构现实图景的可能。人们从中获得对现实的全新感知，并以此作为自身生活的启蒙与向导。这种启蒙不会立刻演变为某种明确的政治观念，但通常会形成比政治观念更为宽泛和日常的生活体验。

本文指出广播在人们日常生活中的重要作用，并非要刻意突显媒介自身的能动性——这不仅会陷入技术决定论的陷阱，更忽视了媒介在具体社会历史语境下的作用。事实上，1980 年代的广播不仅没有改变其在社会治理与基层传播中的首要作用，反而因其日常化的方式，从内在加强了这种功能。当广播真正融入家庭之中成为人们的消费耐用品,其自身携带的政治功能便会潜移默化地影响人们的思想观念,这反而会在现实的互动中更好地发挥广播在社会治理上的作用。从这个角度说,广播既成为民众在新时期重建日常生活的媒介路径,也成为国家有效实现基层传播的重要手段。

（杨毅,天津大学冯骥才文学艺术研究院讲师）

Social Governance and Grassroots Communication:
Broadcasting in the 1980s and Daily Life

Yang Yi

Abstract: Broadcasting plays an irreplaceable role in social governance and grass-roots communication in contemporary China. Around 1980, the popularity of radio separated radio from the cable system and became the dominant mass media, which was deeply embedded in people's daily life. The important role of broadcasting in the 1980s not only includes its own publicity and education as a mass media in political work. We also go deep into the level of social structure, discusses its deep interaction with social subjects, and restores the role of broadcasting in social governance through daily life in grassroots communication. Under the condition of relatively lack of entertainment consumption, broadcasting not only realizes the flow of information, but also brings the audience the possibility to re understand the realistic picture, which has become the media path for people to rebuild their daily life in the new era.

Keywords: Broadcasting; Social Governance; Grassroots Communication; Daily Life

在物流网络与生活场域之间："寻亲胶带"快递的行动逻辑①

李琦　卢亚霞

摘要: 在快递行业迅速发展的当下,物资移动与文本传播得以重新相融。借此契机,快递箱与"寻亲胶带"相接合,共同构建了"寻亲胶带"快递这一具有媒介功能的公益传播介质。一方面,快递箱指向媒介本体的物质形态,其移动属性与节奏特质赋权"寻亲胶带"快递穿梭于物流网络中,完成契合寻亲行动的跨时空实践。另一方面,"寻亲胶带"及于其上的公益信息成为特殊的符号文本,通过视觉"刺点"的隐喻机制与公益修辞的定义框架,在接收主体的生活场域中产生一系列的行为互动与劝服行动。在此过程中,寻亲启事凸显公益价值,物质形式支撑内容传播,公益符号文本与媒介技术物质性相得益彰。

关键词: "寻亲胶带"快递;物质性媒介;公益传播;跨时空实践

① 本文系湖南省教育厅语言文字应用研究专项课题(项目编号:XYJ2021GA01)的研究成果。

一、问题的提出与研究方法

近两年,中通、韵达、京东与天猫超市等诸多快递上都出现了一种新的胶带形式——"寻亲胶带"①。此种"寻亲胶带"的使用或由少年儿童慈善救助基金会联合宝贝回家志愿者协会发起,或由快递驿站网点、淘宝电商自行参与,区别于普通胶带,其上赫然映现着走失人员的相片、相貌特征描述与走失地点等具有公益性质的寻亲信息。承携了影像与文字等内容的"寻亲胶带"附着于快递之上,在各地流转,并为各类社会主体所接收。

显然,"寻亲胶带"快递不仅凸显公益性质,且具有传播特质。而公益传播正是"针对社会生活中的公益问题,通过符号系统,借助各种信息传播媒介,表达一定的价值观念,使为数众多、分布广泛的受播者得到感染,并增殖其行为价值,推动公共利益实现的过程"②。由此,"寻亲胶带"快递的投送与接收活动即可归结为服务于公共利益的信息传播行为。那么,针对"寻亲胶带"快递这一新兴公益传播介质,我们主要想探讨以下问题:如何从传播的物质性来解读"寻亲胶带"快递的本质,其具有何种独特的媒介意义?穿梭于物流网络中的"寻亲胶带"快递如何完成自身的跨时空实践,又何以契合寻亲行动?"寻亲胶带"快递如何渗透至社会主体的生活场域,与人频频互动,影响人们的日常行动,并在微观实践上动员人们参与公益传播?

为解决上述问题,本文主要采用质性研究方法,关注"寻亲胶带"快递本身的形态构造与特质,并探讨社会主体围绕这一公益传播介质产生的一系列理解与实践,从多种渠道获取经验性材料。一方面,我们对曾收到过的"寻亲胶带"快递进行物质构造解读与文本分析。另一方面,我们以"寻亲胶带"快递、"希望胶带"快递、"寻人启事胶带"快递等为关键词,在微博、小红书等社交媒体上进行搜索与联系,在微信、QQ 等社交平台上发帖招募,共获取曾收到过"寻亲胶带"快递的公众样本 10 个(01—10 号),并通过"寻亲胶带"上的二维

---

①　"寻亲胶带"又称"希望胶带""失踪儿童胶带"等,目前学界尚未对其予以概念界定,本文便沿用新闻报道中的名称。

②　张艳:《浅析自媒体时代的公益传播扩散》,《国际新闻界》2009 年第 10 期。

码、"守护者" APP 与 CCSER 预警平台（China's Child Safety Emergency Response，中国儿童失踪预警平台）公众号获取寻亲家庭的联系方式，最后共联系到 5 位寻亲家庭成员（11—15 号）。我们对以上渠道获取的访谈对象，通过微信、小红书与电话联络等方式进行访谈，每位对象的访谈时长介于 30 分钟至 1 小时之间。针对前一类访谈对象，我们的访谈焦点集中于"'寻亲胶带'快递产生的一系列理解与实践行为"；针对后一类访谈对象，我们则聚焦于"有关寻亲行动的时空轨迹与生命故事"。

二、作为行动者的媒介：快递箱与"寻亲胶带"的接合

"整个媒介史，研究者一直试图给媒介下定义"①，不同的流派、范式从不同的角度出发阐释媒介，使其概念产生了广阔的外延。但无论媒介讨论的切入口如何转换，一个毋庸置疑的事实是，"媒介"这一概念始终与"传播"二字紧密相连。反论之，"任何以传播为基础的社会互动必然伴随着对媒介的阐释、理解与使用"②。以往的传播学研究常常将传播视为"文本性的、精神性的、非物质性的"③。近年来，随着社会科学的"物质性转向"，新的媒介与传播研究呼吁要"把物的流动、交通运输以及地理等内容涵盖进来"④。

快递箱作为一种物，恰是在交通运输中完成自身的移动叙事。在快递箱的包装、投送、运输、配送与接收过程中，物被传递与传播，社会互动亦由此建立。同样作为一种物，"寻亲胶带"不仅依靠自身固有的黏性发挥作用，且对于印制其上的寻亲信息而言，其扮演着符号承载者的角色。由此，无论是快递箱抑或是"寻亲胶带"，在广义上都可视为媒介。但游离于快递箱之外的"寻亲胶带"与未装置"寻亲胶带"的快递箱皆非本文所分析的对象。从物与物的关系来看，快递箱与"寻亲胶带"的接合，形塑了一个共具物质意义与符号意义的

---

① 李沁：《沉浸媒介：重新定义媒介概念的内涵和外延》，《国际新闻界》2017 年第 8 期。

② 戴宇辰：《媒介化研究的"中间道路"：物质性路径与传播型构》，《南京社会科学》2021 年第 7 期。

③ 丁方舟：《论传播的物质性：一种媒介理论演化的视角》，《新闻界》2019 年第 1 期。

④ 王鑫：《物质性与流动性：对戴维·莫利传播研究议程扩展与范式转换的考察》，《国际新闻界》2020 年第 9 期。

媒介。"一个接合就是在一定条件下将两个不同的要素形成一个统一体的一种连接方式"①,基于此,本文将快递箱与"寻亲胶带"这两种要素所型构的整体视为一个媒介,并将这一整体称为"寻亲胶带"快递。两种要素在特定语境下相互作用、彼此互嵌,致使"寻亲胶带"快递这一媒介在显现明显物质属性的同时,其文本属性亦毫不示弱。

一方面,"物质性指物体的物理存在属性,即该物体在特定情况下可以用于某种目的或发挥某种效能的特征"②。"寻亲胶带"快递这一媒介的物质属性在技术与物、物与物、物与系统的相互关系中凸显出来。首先,胶带的形象映现可供性为个体简短的寻亲启事刻印于其上提供了物质载体。借由技术,公益信息的符号内容得以在胶带上整齐地排列、归档,化零散为统一,这是其实现规律性传播、针对性传播与广泛性传播的前提。其次,胶带的黏性使其可附着于其他物体之上。快递箱的封口需求与胶带的黏合功能相适配,粘贴在快递箱上的"寻亲胶带"不仅发挥了自身固有的物质属性,并与快递箱的物质属性相接合。最后,快递箱的容纳性使其成为物件运输的可选项。黏附了胶带的快递箱在物流系统基础设施的支持下,一直处于运输的情境中,从而具有了流动的特质。打印技术、胶带的信息承载功能与黏合特质,以及快递箱的容纳性与流动性,这些物体的物理存在属性各自发挥效能,将胶带形塑为"寻亲胶带",再将"寻亲胶带"转化为流动的"寻亲胶带"快递。

另一方面,"寻亲胶带"及其上的寻亲信息集中凸显了"寻亲胶带"快递的符号意义。毋庸置疑,媒介的符号性并非完全来源于信息内容。快递箱本身的尺寸、色彩、印花与新旧程度,胶带的形状、透明度与粘贴方式等皆是"寻亲胶带"快递符号含义的构成要素。但我们基于"寻亲胶带"快递与普通快递的物质构造对比与组成要素对比,认为两者之区别重点在于胶带的形态。所以,我们提出"寻亲胶带"及其上的寻亲信息更偏倚媒介的文本性,亦更突显媒介的符号价值。"寻亲胶带"具有显现的视觉效果,走失亲人的照片、姓名、年龄、走失地、走失时间与相貌特征等内容被模块化地排列其上,明显地传递着信

---

① 邹威华:《斯图亚特·霍尔的"接合理论"研究》,《当代外国文学》2012 年第 1 期。
② 孙萍:《媒介作为一种研究方法:传播、物质性与数字劳动》,《国际新闻界》2020 年第 11 期。

息,且寻亲的文本内容指向具有社会积极意义的公益主题,嵌入了动员社会资源帮扶公益群体的情感框架。此外,媒介文本的产制并非简单的信息再现,而是牵涉社会制度的运作过程。胶带上走失人员的信息内容须由寻亲家庭、公安部门、中华少年儿童慈善救助基金会或宝贝回家志愿者协会授权,"寻亲胶带"上的二维码勾连的是 CCSER 预警平台与儿童防走失平台创办的"守护者"APP,走失人员一旦被系统认定为"已找到",平台与 APP 上涉及隐私的寻亲信息即会随之隐匿。公共权力的参与为媒介文本注入结构要素,不仅佐证后者的合规性与合法性,更彰显一定的社会秩序。

"'媒介'的不同特性影响不同要素在其中的'共在'和彼此嵌和、互构,并最终形成其特有的'媒介逻辑'。"①快递箱与胶带共同构成的快递载体,以及"寻亲胶带"的符号信息,分别集中指向媒介的物质性与文本性,两者的接合实践促就"物质和意义彼此共同形成"②,构筑起"寻亲胶带"快递独有的媒介特质。进而论之,我们将"寻亲胶带"快递视为媒介,不仅认为其完成了物质传递与信息传播的功能,而且更重视其"自身生命历程和社会互动的能动性"③。物与媒介本就是实践中的积极行动者,其以自身的要素特质表现出独有的行动逻辑。

"寻亲胶带"快递的物质性赋权使其自由穿梭于物流网络,并在运输的一系列过程中途经多个节点,最后到达接收主体的生活场域。而"寻亲胶带"快递的文本性则为其附加了符号价值,使其在接收场域产生一系列视觉劝服与微公益动员行动。简言之,在物流网络中,真正发挥作用的物是快递箱,在此,我们将胶带与快递箱视为彼此共构的同一物质载体。而在生活场域中,积极行动的则是物指向的符号,即"寻亲胶带"及其指向的信息文本。由此,"寻亲胶带"快递这一媒介流动于物流网络与社会场域间,并非完全是受人操控的客体,而是影响人们行为活动的主体。在流动与互动中,"寻亲胶带"快递勾连起物、符号、技术、时间、空间与人的复杂缠绕与多元实践,进而达成其公益传播

①　钱佳湧:《"行动的场域":"媒介"意义的非现代阐释》,《新闻与传播研究》2018 年第 3 期。

②　Christopher N. Gamble, Joshua S. Hanan and Thomas Nail. "What is New Materialism?" *Angelaki*, 2019(6):111-134.

③　黄顺铭、李晓昱:《"寄件请扫码!":电子快递单的移动叙事》,《新闻与写作》2022 年第 9 期。

的使命。

三、物流网络中的跨时空实践:快递箱的流动属性与节奏特质

大城市与小城镇、快递驿站与分拣到户、跨省运输与同城配送……如今,通过物流系统的运作,快递包裹可以更为精细化、系统化、高效率与低成本的方式流通至各地。"快递行业日均服务用户超过 5 亿人次。"①投寄快递与接收快递成为人们日常生活中常见的行为活动。甚至可以说,物流网的产生与发展重构了社会的基础设施,并创造了一种新的生活方式。毋庸置疑,在物流网中,快递箱必不可少。成本低廉、轻便、容纳度高、便于运输的属性,使快递箱成为物件包装与配送的重要物质,而胶带的黏合作用保证了快递箱在运输过程中的封闭状态与稳定状态。物流网与快递箱、快递箱与胶带的相互需要实现了粘贴"寻亲胶带"的快递箱在物流网中的自由流动与积极实践。

从集合配送网络来看,粘贴"寻亲胶带"的快递箱在同一时间的某一个点集中发出,却可以在不同时间抵达多个接收点,呈现出点-面状的流动特征。"流动性作为一个范畴,涉及联系(各种关系的缔结)、距离(空间和位置)以及运动(流动过程中的伴随性)。"②"寻亲胶带"快递的流动不是简单地将快递箱从 A 地运往 B 地的过程,而是牵涉寻亲家庭、走失人员与快递接收者之间的主体联系,快递运输轨迹与寻亲家庭开展寻亲行动的路径之间的时空关系,以及快递的运作逻辑与寻亲的行动特性之间的结构关系。

走失人员的走失方向无法确定、走失路径无法测量,身体处于不稳定的移动状态。寻亲家庭进行的寻亲行动,其目标亦具有模糊性,整体上跨越了较长的时段和距离,但特定时间范围内能够到达的地域位置相对有限。

　　我妈妈是 2009 年在徐州的一个小镇上走失的。她的腿脚不好,而且

---

① 中华人民共和国国家邮政局:《〈"十四五"邮政业发展规划〉解读》,2021 年 12 月 31 日,https://www.spb.gov.cn/gjyzj/c100009/c100013/202201/291b19f6eb2b4b5c919412f913508beb.shtml。

② 王鑫:《物质性与流动性:对戴维·莫利传播研究议程扩展与范式转换的考察》,《国际新闻界》2020 年第 9 期。

不是当地人,说话有点口齿不清,当时大家感觉她是迷路了。刚开始,以为她最多会走失在周边城镇,我们就在附近贴传单,找了一个多月也没有找到。所以我感觉她应该到别的城市去了。2022 年我们联系到她的时候,她在新疆吐鲁番。①

小孩走失的时候只有两岁,就觉得他估计不会走得很远,但是当时我们把全村和周围的村镇都找遍了,都没找到。后面我们又去南宁、桂平和贵港找了,也没有找到。其实,寻亲是没有方向、没有目的地的,我们去也只是碰碰运气。有更多的人多提供线索的话,就还是有希望。②

快递箱的跨时空流动与寻亲信息的跨时空传播、走失人员的跨时空移动、寻亲家庭的跨时空行动相契合。快递箱以物载物,承携着印制寻亲信息的胶带在物流网中移动,其行动轨迹勾勒出公益信息的传播路径。“寻亲胶带”上的公益信息在点-面状的辐射网络中,分散至全国各地,扩大了传播范围。因路途远近、地域位置不相一致,快递箱到达的时间和空间及其指向的接收主体亦会不同。从访谈样本收取“寻亲胶带”快递的地点来看,媒介到达之处并不囿于某一时空,而是遍及广东、四川、河南、浙江与重庆等多个省份和直辖市。不同的公众会在不同的时间、不同的地点看到不同的寻亲信息(除却寻亲家庭成员的其他社会主体在个人所处的时空条件下接收媒介、读取信息)。在此意义上,“寻亲胶带”快递这一媒介拓展了传播的影响节点与时空界限。同时,从宏观的物流网络上观之,所有粘贴“寻亲胶带”的快递箱在发出时,其行动路径具有随机性。使用“寻亲胶带”的快递驿站或电商会全覆盖、无差别地包装与投送快递,而非刻意挑选接收位置与接收主体。快递箱寄出与接收的时空随机性,一方面适配走失亲人走失方向的不确定性,另一方面符合寻亲行动所诉诸的“多一个人看到,就多一份希望”③的目的。

---

① 据 2022 年 11 月 19 日,笔者与第 11 号样本“茹”的微信访谈记录。
② 据 2022 年 11 月 26 日,笔者与第 13 号样本“赖”的通话访谈记录。
③ 据 2022 年 11 月 26 日,笔者与第 13 号样本“赖”的通话访谈记录。

对于寻亲家庭来说，"寻亲胶带"可能是一种寄托。我在收快递的时候关注到胶带上的寻亲信息，那么别人也可以在收快递的时候关注这些寻亲信息，如果有任何一个人可以认出上面走失的孩子，这个胶带就起到了作用。①

从快递箱的运行逻辑来看，其经历投放、运输、配送与接收等多个环节，不仅实现了远距离的时空跨越，且在多个节点与快递员、接收者等社会主体产生关系联结，由此"存在着空间、时间与能量消耗的互动"②，也就具有了属于自身的行动节奏。具体而言，快递箱在物流网中的出发与到达，会产生两种节奏。第一种节奏，便是快递箱在接入的物流系统中的运输过程。每个快递箱都会经历相似、重复的运行步骤，在系统上留下自身移动的时间轴与方向线。因涉及快递箱的存放、转运与再移动，运输过程往往最耗时，因此也成为快递箱在物流网络中最主要的运输节奏。

然而，"寻亲胶带"快递被接收者签收，并不代表快递箱彻底完成了自身的移动任务。快递箱从到达接收者到离开接收者，仍存在着一个相对短促的过程，这便是快递箱的第二种节奏。如果说快递箱的第一种节奏凸显的是其跨时空流动的能力，那么第二种节奏则彰显出其短暂停留所产生的力量。配送服务的不断优化使得快递箱可更为精准地投放到个体的日常生活场域。在这一场域中，"寻亲胶带"快递与人们进行着深入的互动与交流。人们拿取、观看、拆解与处理快递箱的一系列行为便是快递箱另一种相似、重复的运行步骤。相较于配送系统，快递箱在日常生活场域里的行动流程与行动轨迹具有更多可能性。粘贴"寻亲胶带"的快递箱以自身所附着的"寻亲胶带"要素，改变了以往民众使用普通胶带时在接收场域的停留时长与个人节奏，使得拿取快递的公众在日常行为中对"寻亲胶带"快递箱进行观审与互动。

我觉得快递几乎是现在每个人都会接触到的东西，而且大家在收到

---

① 据 2022 年 10 月 10 日，笔者与第 08 号样本"张"的小红书访谈记录。
② Lefebvre, H. Rhythmanalysis. *Space*, *Time and Everyday Life*. UK：Continuum，2004，p.15.

快递的时候或多或少都会去看几眼快递盒，所以相较于其他地方，在快递盒上，这些信息能被大家看到和注意到的几率更大。包括我自己，几乎每天都要接触快递，在拿快递、拆快递的时候，不可能不看两眼的。①

概而言之，"寻亲胶带"快递这一媒介以自身的物质性，即快递箱的流动属性与节奏特质，在物流网络中完成契合寻亲行动的跨时空实践。粘贴"寻亲胶带"的快递箱借由物流网的基础设施与运输逻辑有节奏地到达异质目的地，既对"寻亲胶带"上的信息进行随机性的时空迁移，契合着走失亲人与寻亲家庭移动的目标模糊性，又在人们的日常行动场域形成短暂停留，驱使人们与其进行互动，从而产生深度对话的可能性。

四、生活场域的微公益动员："寻亲胶带"的视觉劝服与框架形塑

借由物流网的运输，"寻亲胶带"快递抵达接收场域。"行动者一旦进入某种场域，就会表现出与该场域相符合的行为，以及该场域中特有的表达代码。"②作为与日常生活缔结的物质，"寻亲胶带"快递从到达接收者手里的那一刻开始，便与后者进行着紧密的互动。在生活情境与生活习惯中产生身体实践交流，便是这一公益传播介质在社会主体的生活场域中最为主要的行动逻辑。

以往，与快递箱共在的胶带常常沦为边缘物，默默承受着被忽略、撕毁与丢弃的命运。通过要素置换，"寻亲胶带"替代普通胶带，成为快递上的视觉"刺点"，"能够将观审者的注意力从'展面'的平庸中打断或者剥离"③，进而将其视觉位置从边缘迁移至中心。"展面"即"画面中那些相对比较工整的图像

① 据 2022 年 10 月 7 日，笔者第 04 号样本"王"的微信访谈记录。
② 田北海、耿宇瀚：《生活场域与情境体验：农民工与市民社会交往的影响机制研究》，《学习与实践》2014 年第 7 期。
③ Metcalf, A. Graphic and Explicit. "Photography, Punctum and Architectural Apperance." *Athens Journal of Architecture*, 2016, p. 287.

元素"①,而"刺点"则是"一些特殊的文本,或文本局部,其特点就是试图打破常规"②。人们日常拿取的常规快递由普通胶带与快递箱等工整、平常的要素组合而成,缺乏视觉注意的聚焦点。当普通胶带置换成"寻亲胶带",则打破了快递文本的常规构图,"寻亲胶带"由此成为具有"破坏性"的视觉"刺点",并一跃成为整个画面的注意力中心,能够更为轻易地获取观审者的第一眼关注。于此,真正发挥作用的不再是快递箱,也不是具有黏合作用的胶带,而是附着符号价值的"寻亲胶带"及其文本属性。

> 我刚收到这个"寻亲胶带"快递时,觉得它非常新奇,让人不得不去关注它,我认为这也是这种传播形式的优势。③

> 我在拿快递的时候,就很明显地关注到上面的"寻亲胶带",觉得非常特别,以前我在快递驿站拿了快递之后就会当场拆开,把快递箱和胶带一起丢掉,但是我把这个快递拿回家了。④

在夺取接收主体的第一眼关注之后,作为视觉"刺点"的"寻亲胶带"以其上更为具体的寻亲信息获取了人们更多的注意力。寻亲启事镶嵌在一个刺痛人心的情感识别框架中,发挥着自身的影响力。换言之,"寻亲胶带"上的公益信息"为观审者提供了意向的性质和修辞"⑤,不仅规定了寻亲启事作为接收者的视觉观看文本,更通过隐喻将寻亲启事的画外意义延展至更为广阔的个体生命经历,以及预防拐卖、践行公益与阖家团圆等社会议题。接收主体在观看内容时,既关注到信息要素,亦联想到画外隐喻,在限定的框架中产生共情,从而驱动自己做出相应的公益行动。

---

① 刘涛:《符号抗争:表演式抗争的意指实践与隐喻机制》,《中国地质大学学报(社会科学版)》2017 年第 4 期。

② 刘涛:《符号抗争:表演式抗争的意指实践与隐喻机制》,《中国地质大学学报(社会科学版)》2017 年第 4 期。

③ 据 2022 年 10 月 10 日,笔者与第 07 号样本"王"的微信访谈记录。

④ 据 2022 年 10 月 20 日,笔者与第 10 号样本"陈"的微信访谈记录。

⑤ 刘涛:《元框架:话语实践中的修辞发明与争议宣认》,《新闻大学》2017 年第 2 期。

　　因为我身边也有亲人走失的案例，所以我看到这种"寻亲胶带"还是比较感同身受吧。不管是走失的孩子还是寻亲家庭，其实都很可怜。我还是想尽自己的一份力去参与，也算是做公益。[①]

　　寻亲胶带是一种公益传播形式，其存在能够唤起人们对走失儿童、被拐卖儿童的关注，也有利于找回走失儿童，具有社会意义。所以，我觉得这种形式可以多推广，我也会尽自己的力量去传播。[②]

　　快递箱上的"寻亲胶带"以自身形塑的观看语法与情感框架对其观审者予以劝服，并将公益参与的动员形式从宏观的精神鼓舞层面落实到驱动人人付诸实际行动的微公益层面。微公益具有四个特征，即参与者"微"、活动渠道"微"、参与活动的内容"微"，以及活动的目标"微"。[③] 快递接收者在生活场域接收"寻亲胶带"快递，并由此阐发相关的公益行动，便属于微公益的范畴。具体而言，"寻亲胶带"快递对接收主体形成了三种微公益动员。

　　首先，"寻亲胶带"改变了人们拿取快递、拆解快递与处理快递的方式，其以自身附着的符号意义一改以往普通胶带的命运，从被丢弃的垃圾升格为被记录的档案。部分接收主体会选择完整保留"寻亲胶带"，并有意识地记录寻亲信息，自觉投入到公益事业当中。

　　我会尽量完整地撕下整个胶带，因为像平常一样骑缝割划胶带，会把胶带上这些孩子的脸划破，不忍心。[④]

　　如果"寻亲胶带"撕下来后没有损坏，我会选择将其保留下来，并粘贴

---

①　据 2022 年 10 月 9 日，笔者与第 05 号样本"陈"的小红书访谈记录。

②　据 2022 年 10 月 10 日，笔者与第 06 号样本"李"的微信访谈记录。

③　刘绩宏：《利他网络与社交网络的拟合——关于微公益信息传播效果的改进》，《新闻界》2011 年第 8 期。

④　据 2022 年 10 月 10 日，笔者与第 07 号样本"王"的微信访谈记录。

在家里某个显眼的地方。①

其次，"寻亲胶带"激励社会主体参与现实的公益行动。大部分"寻亲胶带"文本上的二维码连接着 CCSER 预警平台公众号，这一公众号不仅提供走失儿童的信息，还设置捐款等其他公益参与形式。除却参与"寻亲胶带"直接指示的公益行动，即关注走失人员的信息，人们还会产生其他伴随性公益行为，如在公众号上为困难儿童捐款。

> 我扫了"寻亲胶带"的二维码，发现能在公众号上给孩子们捐款，我就捐了款，也算是做了公益。平时，我也会在其他平台上以捐款的形式参与公益行动。②

最后，在快递箱与胶带的物质效用逝去时，"寻亲胶带"能够动员人们记录与再传播其信息内容。接收"寻亲胶带"快递的公众将快递箱与胶带当作垃圾处理，但会将胶带上的寻亲信息仔细浏览并拍摄下来，上传至个人社交媒体账号，实现文本的再流动。

> 收到"寻亲胶带"，我一般不会立即处理掉。我会仔细看一遍上面的信息，然后把相关的内容拍摄下来，再上传到社交媒体平台。③

> 我把胶带上的信息上传到我的小红书上，就是考虑到我的小红书账号有更多的粉丝。平时，我会在小红书上发一些日常生活的动态，一般会有很多人评论。这条"寻亲胶带"快递的动态，也有很多人点赞、评论，或者转发。我想，更多人参与进来，对信息的传播也有好处。④

---

① 据 2022 年 10 月 10 日，笔者与第 06 号样本"李"的微信访谈记录。
② 据 2022 年 10 月 7 日，笔者与第 03 号样本"袁"的微信访谈记录。
③ 据 2022 年 10 月 9 日，笔者与第 05 号样本"陈"的小红书访谈记录。
④ 据 2022 年 10 月 20 日，笔者与第 10 号样本"陈"的微信访谈记录。

相较于前两种劝服方向，符号文本的再传播因其低成本，成为更多接收主体的选择。同时，对"寻亲胶带"的物质收录及产生的相应公益行动，皆为个人在自身的生活场域中对符号信息的自我接收与自我消化，"寻亲胶带"的影响亦仅折射于单个节点。而符号文本的再传播则帮助寻亲信息从单个社会节点出发，向围绕节点所建构的关系网络进行扩散，从而产生第二次微公益动员。

普通个人社交媒体账号的粉丝或好友，一般由与自己关系较为紧密的线下群体与线上群体共同构成。个体节点及其建构的关系网络凝结了虚拟社交圈与现实社交圈，属于强连带的凝聚子群，即"行动者之间具有相对较强的、直接的、紧密的、经常的或者积极的关系"①的子集合。在以个人为中心型构的强关系网中，群体间共享的信息多为日常生活的行为活动。由此，接收者对胶带文本的共享行为并非纯粹的信息再现，而是勾连起整个日常生活的场景、情感与行动。

> 快递盒的胶带不是普通的，真的好用心啊！前几天网购了点粉条吃，这个店家用的胶带不是普通的，是这种上面有走失孩子信息的……他们家的粉条好好吃啊……越看越泪目，哎……②

同时，"寻亲胶带"指向的主题将接收主体的日常信息分享活动嵌套于公益传播的行动框架之中，人们在符号文本的再传播中，会产生相应的情感认同与价值认同。

> 这些公益活动有温度、很暖心，第一次收到，第一次看到还是希望发出去，以尽绵薄之力。③

生活场域的情境设定，附加"寻亲胶带"的符号文本价值，为个人在社交媒

---

① 刘军：《社会网络分析讲义》，社会科学文献出版社 2004 年，第 153 页。
② AAA 乱七八糟分享商小初（第 09 号访谈对象"李"的小红书账号）于 2022 年 3 月 6 日发布的小红书动态。
③ 狗粮是甜的（第 05 号访谈对象"陈"的小红书账号）于 2022 年 4 月 15 日发布的小红书动态。

体中生产内容、发布动态提供了素材,公益信息亦在接收主体的日常分享行为中实现了再扩散。另外,"在社交媒体平台上,信息如流水,关系为管道。没关系,没传播"①。相较于在其他平台中随意被刷到的寻亲信息,那种具有关系联结的社交媒体平台上的寻亲信息分享,会因个人与关系群体间的信息可达率、信息接收率与信息认同感较强,而更易引发围观与认同。面对个人所发布的"寻亲胶带"快递的相关动态,平日互动较多的粉丝或好友会发表评论或转发——"扩散""你好有爱心""我也收到过这种快递"……由此,强关系网络的部分成员在日常社交和动态分享中,亦进一步参与了微公益传播。

简而言之,在进入具体的社会主体生活场域之后,"寻亲胶带"快递这一媒介的符号价值得以凸显。作为视觉"刺点"的特殊文本,"寻亲胶带"对接收主体予以视觉劝服与框架限定,而"人们的日常生活围绕着媒介重新形塑"②,在微观实践中积极参与公益行动。

五、结语

"寻亲胶带"快递以自身的物质效能与符号价值,在物流网络与生活场域中表达媒介物语、开展媒介行动,积极达成自身的公益传播使命。我们将"寻亲胶带"快递这一物质媒介视为行动者,目的在于重视物的自身逻辑与社会生命,但这并不意味着媒介能够脱离使用个体的内在能动性而独自发挥作用。"寻亲胶带"快递以自身的物质性与符号性改变着人们的身体习惯与接收行动,而社会主体亦依据自我能动,对"寻亲胶带"快递做出一定的理解与实践。由是观之,正是物与人、媒介属性与生活场景的相互融适,实现了不同主体间的有机联动。

此外,在考究"寻亲胶带"快递这一公益传播介质产生的积极作用的同时,我们亦不能忽视媒介文本的传播效果问题。"寻亲胶带"快递的确可在一定程

---

① 胡百精:《健康传播观念创新与范式转换——兼论新媒体时代公共传播的困境与解决方案》,《国际新闻界》2012 年第 6 期。

② 马丽丁娜、朱丽丽:《数字文化 10 年研究:技术、日常生活与在地实践》,《传媒观察》2023 年第 3 期。

度上使接收主体与其产生互动,并获得一定的注意力投注。但一时的视觉刺激与对寻亲信息的长时记忆、短促的互动过程与生活中持续性的刻意关注并不能等量齐观。我们置身于一个由效率驱动的结构化的世界,人们可能会乐于参与那些不需要消耗太多时间和精力的项目,比如"寻亲胶带"的物质收录、符号文本的再传播与公益捐款等简单的公益参与行为。但当社会主体在围绕"寻亲胶带"快递完成一系列微公益行动之后,"寻亲胶带"上的公益信息是否会随着快递箱与胶带的物质失效而逐渐被人们所遗忘?在宏观数据上,"寻亲胶带"快递这一公益传播形式所产生的实际效果究竟如何?这些问题仍需我们进一步探讨与思量。

(李琦,湖南师范大学新闻与传播学院教授、博士生导师、副院长;卢亚霞,湖南师范大学新闻与传播学院硕士研究生)

Between the Logistics Network and the Field of Life: the Action Logic of "Tracing Tape" Express Delivery

Li Qi　Lu Yaxia

Abstract: With the rapid development of the express delivery industry, material movement and text dissemination can be re-integrated. Taking this opportunity, the express box and the "tracing tape" are combined to form a public welfare communication medium with media function. On the one hand, the express box points to the material form of the media object, and its mobile attributes and rhythmic characteristics empower the "tracing tape" express to shuttle in the logistics network, completing the practice cross time and space in line with the tracing action. On the other hand, the "tracing tape" and the public interest information on it become special symbolic texts, which generate a series of behavioral interactions and persuasive actions in the life field of the recipient through the metaphorical mechanism of visual "prick point" and the definition framework of public interest rhetoric. In this process, the advertisement highlights the value of public welfare, the material form supports the content dissemination, and the materiality of public welfare symbol text and media technology complement each other.

Keywords: "Tracing Tape" Express Delivery; Material Media; Public Welfare Communication; the Practice's Cross Time and Space

短视频时代的流行音乐发展探究①

谢林玲

摘要：流行音乐又被称为通俗音乐、大众音乐，是一种典型的媒介文化形态，其欣赏方式也伴随着媒介的变化而发生转变。随着智能媒体时代的到来，短视频成为流行音乐主要的传播媒介与欣赏载体，流行音乐的欣赏方式由原来单纯的"听"转向了"视听一体"的体验。创作方式也由传统的"企划先行"转到了"歌曲先行"，并产生了"副歌优先"的创作方式。短视频已经成为一种常态化现象，构建了一种新型的媒介景观，创新了音乐的传播路径，提高了音乐的传播效率，但是这种裂变式的视听音乐传播与欣赏方式，以及"歌曲先行""副歌优先"的创作方式也为流行音乐的发展带来了一些争论与思考。

关键词：短视频时代；流行音乐；创作方式；发展思考

短视频以短小精悍、内容丰富、创作过程简单、门槛低、富有娱乐性、互动性强等特点，迎合了当前人们快节奏生活方式下的碎片化阅读习惯，在用户之

① 本文系江西省教育厅科学技术研究项目"基于 MIR 技术的中国传统乐器音响数据库构建研究"（项目编号：GJJ211024）的阶段性成果。

间形成了"病毒式"的传播效果。根据 2023 年 3 月 2 日中国互联网络信息中心发布的第 51 次《中国互联网发展状况统计报告》显示,截至 2022 年 12 月,我国使用短视频的用户已达 10.12 亿,占整体网民的 94.8%,比 2021 年增长了 7770 万;网络音乐用户 6.84 亿,占整体网民的 64.1%,比 2021 年减少了 4526 万。据极数数据报告介绍,短视频平台已经成为新增用户的首选音乐媒介类型,以抖音、快手为代表的短视频平台成为用户聚集的新中心,大量用户从传统数字音乐平台向短视频平台迁移。① 可见,短视频已经成为当下流行音乐主要的传播媒介与欣赏载体。技术赋能让原本专业化的视频制作简单化,人人都能成为艺术家,参与到短视频的制作之中,成为短视频的生产者与音乐的传播主体,从而构建了一种新型媒介景观,创新了视听一体化的音乐传播路径,转变了流行音乐既有的欣赏方式与创作方式,呈现出视听化、碎片化、流量化的特点。与此同时,短视频裂变式的视听传播与欣赏方式,以及"副歌优先""歌曲先行"的创作方式,也为流行音乐的发展带来了一些争论与思考。

一、由"听"到"视听一体"的欣赏方式的转向

流行音乐又被称为通俗音乐、大众音乐,是一种典型的媒介文化,其特点是通俗易懂,音域较窄,既便于表演也便于娱乐,具有娱乐性、商品性、流行性、时尚性、传播手段的科技性、很强的参与性及商业化运作机制等属性,与传统高雅、严肃的音乐相比,它能用最简单的音乐形式表达较为复杂的人类情感,自诞生之时起就与最新的传播媒介保持紧密的联系。从纸媒时代的报刊与音乐共存,到广播时代音乐与电台共存,再到多媒体时代网站与音乐合作的进一步深化,媒体平台和流行音乐一直互融共生。② 因而,流行音乐的欣赏方式也是基于传播媒介的变化而发生转变的。唱片、磁带、CD、MP3,以及网络音乐平台 QQ 音乐、酷狗音乐等都是流行音乐"听觉性"的主要存储载体与聆听媒介。

---

① 李豪悦:《音乐行业回暖明显 大量用户迁移至短视频平台》,《证券日报》2023 年 2 月 25 日,第 A03 版。

② 刘小波:《符号互动与泛符号化:流行音乐的传播机制研究》,《现代传播》2022 年第 8 期,第 105—111 页。

随着 4G、5G 网络技术的发展迭代与移动智能媒体时代的到来,短视频成为当下流行音乐主要的传播媒介与欣赏载体,流行音乐的欣赏方式也由"听"转向了"视听一体"的体验。

每一种新媒介的出现,都在拓宽音乐边界、增强音乐传播的影响力,也在训练受众的感知能力。媒介不仅决定音乐的存在方式,也影响受众的情感和生活方式,以及认知世界的视域。① 短视频的出现决定了流行音乐"视听一体"的存在方式,虽然基于视频的这种音乐视听文化早在电视、电影时代就已实现,典型的就是音乐 MV 的出现,但是早期的音乐 MV 制作都需要高昂的成本、强大的技术团队来分工合作,很难由个人独立完成,一般是作为音乐专辑的宣发推广来使用,所以其并不构成音乐欣赏方式的主体,对于音乐的欣赏仍然以"听"为主。而进入短视频时代,技术赋能让原本专业化的视频、音乐制作简单化,人人都能成为艺术家,参与到短视频的制作中,成为短视频的生产者与音乐的传播主体。以抖音短视频平台来说,为了更好满足不同年龄、不同层次的用户对短视频制作的需求,其专门推出了一款简单、易学的视频制作软件"剪映"。人们可以根据自己的喜好通过手机拍摄、剪辑影视片段、添加音乐或者翻唱歌曲,再上传分享到短视频平台。就当前短视频制作的内容来看,音乐之于短视频最显性的运用便是 BGM(Back Ground Music,背景音乐)。短视频用户可以使用已有音乐、原创音乐或者改编的音乐来配合短视频的内容,根据自己对视频内容的理解与感受,选择适合的音乐;也可以根据对已有音乐的理解,制作相关的视频内容进行输出,从而获得成就感和归属感。如 2023 年电视剧《狂飙》引发收视热潮,网友通过对剧中人物高启强的部分视频剪辑,并选用张杰于 2015 年推出的歌曲《听》作为 BGM,内容与歌曲高度融合,使得该歌曲爆火于短视频平台,随后该歌曲被运用于各种视频内容之中,引发了现象级的传播。在视听共现融合的作用下,背景音乐的主体性得到了增强,不断地被复制、模仿、转发,奠定了背景音乐作为音乐的传播方式,扩大了音乐的使用率,提高了音乐的传播范围。

短视频的发展还给予流行音乐创作者更好的作品宣发平台和自由创作的

---

① 陆正兰、魏云洁:《新媒介环境下的音乐视觉转向》,《中州学刊》2018 年第 10 期,第 143—147 页。

空间。无论是专业音乐创作者还是业余音乐爱好者,创作的音乐作品都可以在短视频平台上自主发布。抖音平台推出"看见音乐计划"和"抖音音乐人亿元补贴计划",快手音乐有"寻找宝藏音乐人""破晓计划"等音乐人扶持计划,等等。这些都为音乐人的成长提供了良好的平台,成为音乐作品的孵化器,在这一开放状态下,大量的流行音乐依靠短视频得以迅速产出。根据对相关公司的采访,音乐人可以在一天甚至更短的时间内制作完成一首爆款的"神曲"。而这些"神曲"大多出自新兴音乐人之手,制作成本相对较低,很多素人随着歌曲的爆火,也随之被观众追捧。如原创音乐人梦然的歌曲《少年》一经推出即火遍全网,其励志的词曲和朗朗上口的旋律,再配上相关的视频内容,引来无数人的转发、翻唱,被不同的人群在不同的场合用不同的版本进行演出,人民日报、新华社等官方媒体也都使用该歌曲作为短视频的背景音乐。

可见,技术赋能让短视频成为当下流行音乐主要的传播媒介与欣赏载体。与以往的视频媒介相比,短视频和受众之间更具有互动性,短视频传播形式中,不仅声音得以被媒介传播,动态的、视觉化的图像又在感官维度进一步增加音乐观众进入文本情境的可能。① 人们只要通过简单地"刷"短视频就能满足音乐需求,它是一种直观的、无需思考的娱乐行为,既能满足视觉冲击,也能满足听觉上的需求。短视频成为人们日常生活的一部分,构建了一种新型媒介景观,创新了视觉音乐的传播路径,实现了视觉与听觉同时在场的聆听方式。当技术对"视觉盛宴"的打造趋于常态之后,声音视觉化的表达呈现出"声临其境"的画面感和即视感,不断融合、交互和联动的新媒介,赋予声音更多的艺术性和变现能力。② 在技术不断进步、发展的未来,音乐传播的形态将会随着媒介的变革而变化,而当下基于短视频等媒介形式下的音乐传播将使视觉和听觉在技术的嫁接下共现,人们聆听音乐的方式也将从听觉向视听合一的方向发展,睁大眼睛聆听音乐将成为常态。③ 也正是短视频这种向"视听

① 段鹏:《论短视频时代音乐传播的视觉化转向》,《现代传播》2022年第1期,第45—49页。
② 谢辛:《声音的视觉化 从抽象动画电影到"互联网+声音 BGM"观念延伸》,《北京电影学院学报》2018年第5期,第54—62页。
③ 黄晓音、邱子昊:《技术赋能与情感互动:抖音平台的视觉化音乐传播研究》,《西南民族大学学报(人文社会科学版)》2019年第8期,第156—161页。

一体"的传播与欣赏方式的转变,引发了流行音乐创作方式的转向。

二、向"副歌优先"与"歌曲先行"的创作方式的转变

音乐娱乐产品的消费者本身就是目标,或者说他们是真正的同一种机械过程的产物,而这一过程决定流行音乐的生产。① 流行音乐的商品属性致使其生产过程面对的就是普罗大众的消费者,以其娱乐性、情感共鸣抓住消费者内心的需求。而移动媒介将时间与空间"碎片化"了,在这样碎片化的媒介使用方式下,用户期待在更短的时间内获得情绪表达与情感满足。② 正如抖音短视频有着黄金前三秒法则,视频前三秒要将最精彩的看点全部抛出,快速吸引人们的眼球,短视频前三秒,每秒必争。③ 短视频时代的流行音乐依赖于短视频,这就决定了它不能写得太有门槛,必须第一句就让人上头,抓住用户的耳朵。歌词要通俗,制作也不需要太精良,要求的就是短、平、快,否则用户可能会觉得有距离感,所追求的并不是比谁更有新意,而是比谁更有套路。因为谁更有套路,谁就能让听众听起来更顺,更能引发听众的情感共鸣,也就更容易在十几秒的视频里脱颖而出并抓住用户。由此也就产生了"副歌优先"的新型创作模式,即先写出两三句歌曲高潮的副歌部分并制作成 DJ 版、清唱版、搞怪版等多种不同的版本投放到短视频平台,或者作为短视频内容的 BGM,又或者由歌手进行演唱,在获得较好的反响之后,再去补全整首歌曲并发行。因而经常会出现"刷"短视频时听到一个特别抓耳的 BGM,但是却搜不到一首完整的歌曲的情况。如抖音音乐人花姐发行的歌曲《此情一直在心间》就是副歌先出,其忧伤的歌词与极度抓耳的旋律引起了听众强烈的情感共鸣,继而被迅速地在短视频平台上翻唱、配乐等,获得了较好的反响之后才发行了完整版。而短视频平台所具有的社交属性也推动了这一创作模式的盛行,音乐人程响最近在个人视频号上发布了一段十几秒的歌曲 demo(录音样带)与用户互动,邀请用

---

① ［德］阿多诺、辛普森:《论流行音乐(下)》,李强译,《视听界》2005 年第 4 期,第 58—59 页。
② 朱婕宁:《可见的音乐:短视频时代音乐媒介化现象归因与反思》,《南京艺术学院学报(音乐与表演)》2022 年第 5 期,第 198—202 页。
③ 谢敏:《抖音算法与爆款短视频打造研究》,《传媒》2022 年第 12 期,第 52—54 页。

户对歌曲进行评价、命名，这一行为拉近了创作者与用户之间的距离，为歌曲带来了"精准产出"与更好的传播效应，但这种创作模式也让当前的流行音乐呈现出了一种"碎片化"现象。

　　短视频时代流行音乐的整体制作模式由传统的"企划先行"转向了"歌曲先行"。传统唱片时代更多代表的是一种精英文化，音乐专辑的制作需要投入大量资金，既耗时又耗力。一张专辑的制作少则一年，多则需要三五年。首先需要根据歌手的特质与音乐制作团队、企划宣传团队沟通协商来定位专辑的音乐风格，然后再确定歌曲的制作，最后进行宣发。短视频时代，流行音乐的传播效果、点击量、评论量等数据表现不仅透明，而且能实时更新、反馈。所以音乐公司会根据数据的反馈按套路创作歌曲，然后投入到市场里去观察数据表现，好就继续产出，不好就果断放弃，周而复始地打造动辄几十亿的高播放量歌曲。直接用市场去验证，并迭代经验，缩短了歌手的培养时间，音乐公司也能使利益最大化。也正是由于这种原因，致使短视频时代的流行音乐创作套路都太过密集，大量同质化的歌曲被生产出来，很多歌曲听起来都很相似，没有辨识度，继而也导致了很多歌红人不红的现象。是谁唱的并不重要，只要歌曲能"火"，带来流量就行，以前都是通过歌手来搜索歌曲，现在往往需要通过歌曲来搜索歌手了。短视频社交属性的核心逻辑就是要拉近与用户之间的距离感，为了贴近用户，音乐公司常常会选择一些路人缘比较好的素人来进行演唱，公司的目的是要掌握短视频歌曲的制作规律，不需要像传统唱片时代那样花费较长的时间去培养一个人。根据大数据的测算，什么类型的歌曲搭配什么样的人声会带来"流量"，找一个这一类型的新人即可。一些音乐公司的主业就是专门做各类热门歌曲的定制，他们根据大数据的反馈对用户的喜好进行分析，监测歌曲的整体流行趋势及可能会火的热点，进而实现"有的放矢"地精确产出。由此也不难发现，当下主流歌手的专辑发行量正在逐渐减少，虽然偶尔也发行一些单曲或者专辑，但是在一时的传播度和流量上却远远不及那种量体裁衣的短视频歌曲。以往那种一个歌手需要依靠发好几张专辑才能慢慢建立起自己风格的模式，在当下的流行音乐界已经越来越少了。

　　有舆论认为短视频时代流行音乐出现的这种"副歌优先""歌曲先行"的创作方式，对于音乐来说就是一场灾难，音乐被"碎片化"了，创作越来越不完整,价值观的表达也越来越肤浅。"流量"成了衡量内容价值的标准,创作者只能迎合算法喜好来生产内容,不免就会产生越来越多的快餐音乐,出现更多的"音乐裁缝"和"裁缝歌曲",继而常常出现被人诟病的"抄袭"现象。而那些精雕细琢、倾注创作者心力的优秀音乐作品则可能会在这些海量的短视频音乐数据中被湮没,形成一种劣币驱除良币的"格雷欣法则",长此以往,对于流行音乐的发展来说必然会造成一种伤害。如 2021 年罗聪发行的所谓原创歌曲《简单的幸福》几乎是照搬了许嵩的歌曲《有何不可》,在被网友"呛声"之后,不仅不承认抄袭,还说自己现在比许嵩更火。2018 年李袁杰的原创歌曲《离人愁》在当年各类短视频及音乐平台上持续霸榜,后来也被扒出该歌曲是用多首歌曲拼凑而成的,特别是使用了周杰伦的《烟花易冷》、许嵩的《清明雨上》以及任然的《山外小楼听雨》,而且在《明日之子》节目中李袁杰也自爆一点音乐知识都不懂。这不免会给大众传递出流行音乐不需要门槛的假象,以及对音乐版权的漠视。

著名音乐制作人张亚东说,"音乐是有门槛的,请大家尊重音乐"。流行音乐的学习者是否要具备一定的音乐能力,答案是肯定的,我们可以把它称为 musicianship of popular music(流行音乐的音乐素养),它是流行音乐从业者应具备的基本音乐能力。[1] 音乐创作是对自我探寻、自我寻宝的一个过程,如果失去了原创性的根基,那最终导致的是我们会失去艺术。音乐作品同其他艺术作品一样,贵在独创和个性,任何廉价的模式变化,都将严重损害其价值。[2] 科技的发展为流行音乐的创作插上了腾飞的翅膀,提供了更为宽广的平台。做音乐变得简单了,但是做出好的音乐却依然不简单。短视频时代的流行音乐创作更多体现的是一种个体私人化的情绪表达,当听众的情绪刚好与之产生共鸣时,或许能短暂地沉浸其中,然而一旦情绪抽离,这类音乐也就随之而去。音乐制作人、歌手高进曾在短视频中反问道:"当下的流行歌曲有没有能火超过三个月的?"这一反问充分凸显了在短视频时代流行音乐的生存周期都较为短暂的事实,短视频流行音乐成为一种"阅后即焚"的音乐形式。这

---

① 郭昕:《用耳朵学习——流行音乐的自学传统与学院化教育》,《人民音乐》2019 年第 1 期,第 88—91 页。

② 于润洋:《对流行音乐应取冷静的分析的态度》,《中央音乐学院学报》1993 年第 3 期,第 3—5 页。

种短、平、快的流行音乐创作方式是时代使然,它可以畅销一时,但却并不一定能长远,浪潮不一定都是好的,时间在做检验与筛选。无论时代如何变化,真正的音乐创作者们依然要坚持做一些经得起时间检验、有一定价值的歌曲。对于流行音乐来说,每个时代都会遇到不同的问题,资本运作与音乐本身也从来都不是完全对立的,但不可避免地会发生阶段性矛盾,希望资本在赚钱的同时,也能思考到流行音乐的发展与未来。如果当一首歌曲的生命周期变成了只有一个月或者更短的时间,那么再批量化的产出,也没有办法挽回听众的心。虽然量产的越来越多,但是距离大众真正的精神追求却越来越远。这就要求有社会责任感的音乐家肩负起历史的使命,做一个人类文化发展长河中的淘金者,让那些残渣、泥沙被冲刷掉,而把闪光的金粒献给人民。[①] 亦如歌手许嵩所说:"面对碎片化的音乐环境,去接受和尊重这种新的影音传播方式,但是仍然要保有自己的音乐追求,媚俗或者媚雅,都是不自然的。"好的音乐创作应该是遵从自身的直觉,是发自本心的,而不是研究了市场后的一种投机行为。无论时代如何发展,人们对音乐美的追求依然不会变,音乐还是音乐,是人们感受与欣赏美的载体。正如罗大佑所说,"音乐不会死,有人的地方就有音乐"。只有那些真正以"内容为王",将自己的心声和态度融于作品中去塑造的经典音乐,才会在时间的洗礼中再次脱颖而出。

三、短视频时代下流行音乐发展中的思考

短视频裂变式的视听传播与欣赏模式,以及"副歌优先""歌曲先行"的创作方式,对于流行音乐的发展来说是一把双刃剑。好的方面在于适应了当前人们碎片化的阅读习惯,音乐的传播变得更加高效,对于音乐产业的革新带有启发性的意义,歌曲也能实现"精准产出"与"精准传播"。技术赋能和生产权力下移,让原本专业化的视频、音乐制作简单化,没有太多专业性的限制,人人都能成为艺术家,成为短视频的生产者与音乐的传播主体。基于短视频这种"视听一体"的欣赏载体,不仅给流行音乐传播提供了更为宽广的路径,也给欣

---

①　蔡松琦:《流行音乐和声技法》,上海音乐出版社 1997 年,第 4 页。

赏者带来了更好的体验与互动。但令人担忧的是，短视频这种"视听一体"的欣赏载体和如此裂变的传播模式是否会导致如 Theodor Wiesengrund Adorno（阿多诺）所说的"雾化地听"与"倾听的倒退"？阿多诺使用"雾化地听"来描述现代社会中人们对音乐的听觉体验的异化状态，认为商业化和大众化的媒体文化导致了音乐的社会化和消费化，使得人们的听觉经验变得模糊、混杂和失去创造力。大众受到商业市场的操控，纯粹的艺术可能被剥夺，人们只能接受被商业化产品决定的音乐。他还用"倾听的倒退"来表达对音乐审美体验退步的担忧，认为在现代社会中，音乐被作为消遣和娱乐工具来对待，而不再被视为独立的艺术形式被认识和欣赏，这种倒退的听觉体验导致人们丧失了对音乐的深入理解和批判性思考的能力，只是停留在感官享受的层面。阿多诺的意图是唤醒人们对被商业市场包裹的大众化音乐的批判意识，呼吁恢复对音乐艺术的本质和独立性的尊重。短视频内容讲究的是短、平、快，打造的是一种强视觉化的"眼球经济"，通过呈现一幅幅视觉景观，给用户带来稍纵即逝的快感。单个的短视频虽然短小，但是短视频具有的"成瘾性"却消耗着用户更长的观看时间，从而也挤占了用户的其他时间，比如用来单纯听歌的时间。在大量信息冲击之下的人很难安静下来获得冥想式的、深层次的音乐体验，他们容易接受的是具有感官冲击力、很容易理解的音乐作品。[①] 短视频这一娱乐载体正好满足了大众的需求，这也很好地解释了为什么当下各类数字音乐平台的用户在向短视频平台迁移的问题。而面对这种视听化、碎片化、流量化的流行音乐，我们需要重新审视音乐，回归对音乐作为文化和思考力量的重视。

在后现代社会中，我们的生活、身体、时间，也包括思维及喜好，都是碎片化的。从 1 小时到 20 分钟，到 1 分钟，再到 15 秒的短视频，内容以只读信息点的形式被碎裂重构，一套基于冲击性强弱与视觉体验优劣的标准成为衡量内容好坏的金科玉律。[②] 移动短视频属于一种新媒介形态，并且具有较强的社交

---

① 修子建：《新媒体时代的音乐状况》，《南京艺术学院学报（音乐与表演）》2002 年第 3 期，第23—26 页。

② 胡泳、年欣：《自由与驯：流量、算法与资本控制下的短视频创作》，《社会科学战线》2022 年第 6期，第 144—165 页。

属性,直接影响参与用户的价值观、社会认同感和生命意义。① 而在当代流行文化的诸多形态中,流行音乐无疑是流行最广、接受人群最多的文化形态,也是对普通人生活方式和思想观念乃至整个社会精神氛围和精神结构产生最大影响的流行文化样式。② 随着全民短视频时代的来临,视频伴随着音乐时刻占据着人们的视觉与听觉。尤其对于儿童及青少年来说,在他们还不具备判断和选择能力之前,短视频中所包含的画面与音乐就已将所谓"流行"输入到他们的视觉与听觉之中。而流水线、批量化的产出,再加上各类"魔改"的短视频音乐可能就成为他们的所谓"审美标准"。如抖音音乐人小潘潘用"夹子音"演唱的《黄梅戏》(原唱慕容晓晓),或许会让没有分辨能力的听众误认为黄梅戏就是这样的。以传统音乐作为噱头,却又将传统音乐本身所具有的精髓抛却,不免造成传统音乐的一种异化现象。再比如抖音神曲《学猫叫》,其律动的节奏、上脑的旋律,以及模仿儿童的"嗲式"唱法,在短视频平台上获得了"病毒式"的传播,以至于在儿童群体中也被广泛模仿和传唱,但是其歌词所表达的内容又显然与儿童群体并不相符,这种成人流行音乐吸引了孩子们的注意力,正在逐步侵蚀孩子们的音乐世界。在当今短视频成为流行音乐主要的传播媒介与欣赏载体之时,这种强大的意识形态控制方式无疑值得警惕:"爱听"的音乐或许本身就是危险的。③ 正如著名作曲家谷建芬老师在谈及创作《新学堂歌》的背景时所说的,她突然发现"当下的孩子们没有歌听了"。

平台的大数据在服务我们的同时,也在将我们禁锢,根据用户喜好的分发与推荐,同一内容反复出现,很容易形成"信息茧房",造成接受音乐信息的窄化与扁平化。如果长期陷入这种为了迎合平台流量而创作的比较粗糙的、同质化的音乐中,儿童或者青少年的艺术鉴赏、思想情操等方面显然会受到消极的影响。歌手李健曾说,"流行音乐虽然是大众的、流行的,但它依然也需要有一定的艺术性,如果仅仅从不同的采样器中处理一些 loop,填点旋律,配上三

---

① 董玉芝:《技术赋能与身体传播:移动短视频戏仿实践的价值重构》,《现代传播》2020 年第 11 期,第 27—32 页。

② 王彬:《流行音乐呼唤新的研究方法和阐释模式》,《音乐研究》2005 年第 4 期,第 67—72 页。

③ 王楷文:《创造"元宇宙":旧曲改编与短视频声音秩序的构建》,《天府新论》2022 年第 4 期,第 152—160 页。

四个和弦，说一些似懂非懂、不置可否的话语，事实上就不具有一点艺术性"①。它既然是一种艺术，人们就有权用艺术所应有的一般特性和标准来衡量它、审视它，以便认清它作为一种特定的音乐艺术门类所具有的特殊品格。② 流行音乐固然大部分不过是快餐文化，但快餐文化同样需要高质量，关切它是百姓的要求，更是音乐家、社会学家和管理者的责任。③ 也正如著名华语填词人林秋离所说："通过自己创作的微薄之力，尽到个人对社会的一些贡献。"面对短视频时代流行音乐对大众审美的冲击，最根本的解决途径依然是要提高对大众的音乐审美教育，特别是青少年的音乐文化修养。审美趣味得到了提高，低劣粗糙的音乐市场也就会相对减小，音乐历史的发展历程已经雄辩地证明了音乐本身始终都在创造着自己的听众。低层次"热歌"的流行局面不可能靠听众自发转变，只能通过不断产出更专业、更好的音乐作品，吸引大众愿意重新为音乐投入专门的聆听时间。好的音乐会提高大众的审美，而审美的提高又会再一次督促更好的音乐作品产出，如此方能形成一种良性的循环模式。单纯为了迎合资本和流量打造的歌曲，可能一时的流行度很广，大家也都能赚到钱，但最终毁掉的是那些原本热爱音乐的人对音乐保有的那份初心。

新媒介的出现必然会给流行音乐发展带来不同的机遇与挑战，就如同录音、广播、电视的出现打破了音乐的时空限制，人们不再是只有去现场才能听到音乐，音乐飞入寻常百姓家。虽然当时对剧场的现场演出产生了一定的冲击，但同时也刺激了现场演出水准的提高。时代的发展犹如在沙中淘金，精品必然会被留下，只是为了迎合流量与市场化流水线创作的流行音乐只能说是在这个时代轻轻地来过。著名作家余华先生说："短视频现在非常火，但是有一天肯定要被取代，然而阅读却不会被取代。很多人的时间花在短视频或者电视连续剧上。在技术高速更新的时代，时髦的东西未必能够长久。反而是原来那种很笨拙的拿着书一页一页阅读的方式会更持久。"音乐的发展亦是如此，短视频作为当下流行音乐主要的传播媒介与欣赏载体，亦如唱片、磁带、

---

① 编者注：loop，音乐术语，指编曲当中的小节循环。
② 于润洋：《对流行音乐应取冷静的分析的态度》，《中央音乐学院学报》1993 年第 3 期，第 3—5 页。
③ 金兆钧：《是我们改变了世界还是世界改变了我们——中国流行音乐的世纪末批评》，《人民音乐》2001 年第 2 期，第 25—28 页。

CD 等媒介载体一样终会过去,迎接它的将是下一个音乐工业的迭代与发展。但音乐依就还是音乐,依然是人们欣赏美、追求美的独立载体。音乐是如此奇特的一门艺术,她通过听觉直接感染人的心灵,听众的情感仿佛被一股洪流裹挟着前进。音乐产生的巨大能量足以震撼人类的整个身心世界。[1] 正如音乐评论家李皖所说:"听音乐就是听音乐。对于那些真正的音乐和歌,我喜欢在难得的内外俱寂时刻,打开音响,让它挟着无法吐露的喜悦和悲伤,带走我的一部分生命。"[2]

结语

梅塞尼认为,新的技术必然引发社会和人的变革,它既为人类创造机会,提供新的可能性,也会制造矛盾,从而产生新的问题。[3] 短视频时代对于流行音乐的发展来说是一把双刃剑,既为流行音乐提供了更为宽广的发展平台,也为流行音乐的发展带来一些困境与挑战。面对这种短、平、快的影音传播方式,在尊重与接受的同时,音乐人仍需要从中寻找到平衡点,持续产出符合时代需求的高质量音乐作品。虽然说流行音乐的创作套路一直都在,但是优秀的音乐人更愿意在套路中寻求陌生化并且去雕琢自己的作品,去探索音乐具有新意、个性化的一面,努力创做一些可以经得起时间检验的作品。亦如俗话所说"戏法人人会变,个人巧妙不同",只要秉承音乐的本质,其作品也必将会成为一个时代的经典。亦如"音乐教父"罗大佑在 2022 年的金曲颁奖礼上所说,"老人家都没有停下,你们年轻的音乐人、制作人凭什么停下? 大家一起加油!"[4]

(谢林玲,井冈山大学艺术学院讲师,主要从事计算机音乐、新媒体艺术研究)

①　蔡松琦:《爵士乐与现代音乐》,《星海音乐学院学报》1993 年第 Z2 期,第 60—71 页。

②　李皖:《MTV——非听觉的艺术》,《人民音乐》1993 年第 12 期,第 22—24 页。

③　刘千才、张淑华:《从工具依赖到本能隐抑:智媒时代的"反向驯化"现象》,《新闻爱好者》2018 年第 4 期,第 13—16 页。

④　廖睿灵:《短视频把音乐作品"带火了"》,《人民日报(海外版)》2021 年 7 月 21 日,第 008 版。

Audiovisual, Fragmented, Streaming:
Exploration of Popular Music in the Age of Short Videos

Xie Linling

Abstract: Pop music, also known as popular music or mainstream music, is a typical form of media culture, and its appreciation has evolved with the changes in media. With the advent of the smart media era, short videos have become the primary medium for the dissemination and enjoyment of pop music. The way pop music is appreciated has transitioned from purely "listening" to a "audio-visual" experience. The creative process has also shifted from the traditional approach of "planning first" to "song-first" giving rise to a mode of creation that prioritizes the chorus. Short videos have become a normalized phenomenon, constructing a new media landscape, innovating the pathways of music dissemination, and enhancing the efficiency of music communication. However, this explosive audio-visual music dissemination and appreciation model, as well as the "song-first" and "chorus-priority" creative approaches, have also sparked debates and aesthetic reflections on the development of pop music.

Keywords: Short Video Era; Popular Music; Creative Process; Developing Thinking

穿越障壁之间

——图像的四重凝视机制

葛依婷

　　摘要：从安德烈·巴赞"影像就是本身"到拉康"我所看到的却不是我想看的"，图像直面观者本身，以其凝视性直刺景框外的另一世界。凝视作为观者与图像之间的一种观看行为，介入了二者之间充满对抗性与异质性的动态过程。观者与图像之间颠倒莫测的主客体定位，提示着一种占据与反占据、抗争与服从、强力与软弱的对位机制。在图像与观者纠缠的视线闪回中，凝视着敞开与遮蔽之间的隐秘情境。本文从人对图像的想象凝视出发，阐明图像如何对观者进行幻觉性建构，然而，反刺凝视在此亦为观者提供了逃离图像连续性构制的断裂所在，暗示图像对人的凝视是一种能指性的空位，从而结构起二者在凝视这一视姿中的双向互动，最后在"元凝视"——对凝视的凝视这一多重场景中重回凝视问题本身。穿越障壁之间，观者在凝视之中，看到是自我与图像的叠加物。

　　关键词：图像；凝视；想象凝视；反刺凝视；能指凝视；元凝视

19 世纪以来随着平版印刷术和摄影的推广,视觉经验以铺天盖地的形式占据着人类的感官,当今时代是一个图像充溢而迅猛膨胀的时代。正如安妮·弗莱伯格所说:"不管是'视觉的狂热'还是'景象的堆积',日常生活已经被'社会的影像增殖'改变了。"①图像爆炸的后现代时期产生了巨大的视觉性压力,在现代社会生活着的人们被无所不在的图像所簇拥环绕。图像已经不是一个可以根据外部样式进行观看的零度客体,我们浸没其中,在其中生活。概言之,"我"不在图像面前,而是在图像之中。这也提供了重新审视图像的可能性——人类主体性变迁、视觉经验建构、图像本体存在等命题再次携带衍生意义进入理论研究视野之中。观看图像是人类正常的文化行为,但随着图像地位的现代性转变和视觉这一行为的再度玩味,凝视图像走向了后现代的理论场域,被作为日常生活经验中的超验主体进一步考量。

凝视(gaze)是视觉实践行为之一,从字面上指向"观看的延长",较早在萨特与拉康那里进入理论视域,成为 20 世纪西方文论和文化研究的关键词之一。萨特看到了凝视的可易位性,主体认识到被观看的他者同样也是主体,而拉康进一步将观看与凝视相区分——观看属于主体,凝视处于对象之位,观看与凝视的这一分裂表达出在视觉领域中主体性的裂变本身。此外,与普通的"看"或"观察""扫视"不同,凝视指向更为深入的意图,"是携带着权力运作或者欲望纠结的观看方式"②。凝视是一个纠合着欲望、差异与认同的多重场域,其中暗示着看与被看的辩证法以及主客体的建构机制。正如齐泽克所说:"在我观看客体时,客体永远都在凝视我。而且是从一个我无法看到的地方凝视我。"③对凝视的研究不仅要考察凝视这一行为如何被描述,更要揭示这一行为在发生瞬间所生发出来的运作机制本身。

在图像与观者的场域中,图像天然构建的便是图像内外双重世界的相互指认。图像内部的平面世界以其异质性幻化出一幅新世界图景,无论呈现出

---

① ［美］安妮·弗莱伯格:《移动和虚拟的现代性凝视:流浪汉/流浪女》,载罗岗、顾铮主编:《视觉文化读本》,广西师范大学出版社 2003 年,第 327—328 页。

② 陈榕:《凝视》,载赵一凡等主编:《西方文论关键词》,外语教学与研究出版社 2006 年,第 349 页。

③ ［斯洛文尼亚］斯拉沃热·齐泽克:《斜目而视:透过通俗文化看拉康》,季广茂译,浙江大学出版社 2011 年,第 189 页。

的画面是什么,都指向对观者的号召与诱惑——"似真实"图像引导对真实的反观,"非真实"图像回望着基于真实的幻想天地。图像的存在依赖观看这一行为得到确认,在图像诞生之初便预设了与这"平面脸"相对的那张立体面孔的驻足凝视。而反过来,观者也依仗观看这一姿势成为观者本身,在图像与观者彼此凝视的时刻,二者在对方的存在中确定并形成自身存在。当我们去看某幅图像时,在其平面反光中我们能看见自己的身影,最终我们看到的是一个折射的叠瓦。

一、人对图像的想象凝视

对凝视的探讨首先需要从视觉行为进入,在视觉场域中进行话语阐释。正如我们在拉康那里看到,幼儿痴痴凝视着镜像另一端的身影时,他的身体无力操控自身,被体验为支离破碎和尚未统一的碎裂身体。他几乎凝聚成一双肉身的眼睛,在与镜像对视的那一奇妙时刻——他被想象性的他者秩序捕获了。主体从根本上来源于自我的异化形成,观者正是进行观看的那一想象性主体,依赖于异己的镜像而产生,具有反身的虚质性。拉康提出:"镜像阶段是一出戏剧,其内在的冲力从欠缺猛然被抛入预期之中——它为沉溺于空间认同之诱惑的主体生产出一系列的幻想,把一个碎片的身体形象纳入一个我称做整形术的整体形式中——最后被抛入一种想当然的异化身份的盔甲之中。"①这个小小的观者在纯粹的观看中将自己看作一个他者,镜子中的是一个与自我相似的像,这是他的身体,又不是他的身体,自我与他者形成一种想象性的误认关系。质言之,混沌主体破碎了,在一片空无的缺位②之中被异质性他者介入。镜像阶段的这种认同对于自我体认是至关重要的,镜像的这一诱捕促成了自我的形成。没有经历过镜像捕获的主体,亦即没有自我的主体,永

---

① 〔法〕雅克·拉康:《镜像阶段:精神分析经验中揭示的"我"的功能构型》,载《视觉文化的奇观:视觉文化总论》,吴琼译,中国人民大学出版社2005年,第5页。

② 根据拉康的理论,S所代表的"主体"(subject)在本体论上是为"空",它从不在场,是一个应该存在但从未出现的空位,是以不在的存在而来到的,换句话说,是被存在的疑问而拆解的主体。在与他者相遇、并进行语言交往之前,主体只能处于无意识的含混状态。

远无法将自身知觉为一个完整存在的整体。然而，这一镜像又毕竟是"异化"的他者存在，婴儿是在一个出离其自身的位置上获得这种主人性的，换句话说，自我是镜像的效果。

镜像阶段是想象界秩序的范式，从根本上是主体的自我与镜像、自我与他人以及自我与世界之间的关系结构。事实上，我们不必将"镜像"钉死在物理意义上水银构成的反光镜成像，这是一种本体逻辑上的哲学隐喻。这个被认同的他者起初是镜子中那个婴儿"我"的镜像，也可能是其他人的面容或是玩伴的行为和游戏，甚至是物恋意义上的一个物像。"如果我处在另一个孩子的位置上，那么当他挨打时，我就会哭；如果他想要什么东西，那么我也会想要，因为我处在他的位置上。如此我便被困在了一个从根本上相异于我的，外在于我的形象之中。"①

由此，图像在作为物恋对象的层面，占据着抽象与实体的双重位点。图像既可能是有关于观者的"镜像"——道林·格雷在凝视中迷恋于画像里的"我"，这个与他长相一致的画中人以永恒之美诱惑格雷，格雷认同并最终屈服于这一欲望，画中人衰老，而格雷容颜永驻，喻指着观者被图像的欲望捕获，纯粹意义上的主体与他者互换，甚至他者比主体更像主体，画像比观者更像人；也可能是迥异于观者的"镜像"——基督创制的肖像图像②奇迹般地治愈了阿布加（Abgar）五世的沉疴，他在看到圣手帕图像的一刻，图像发挥神圣力量，直接作用于观者的身体之上，这一神圣图像也作为他者进入基督教徒的自我及世界体认之中。无论图像指向的内容是什么，在对图像本体进行辩证分析之时，乃是从内容到形式倒行，重新使形式变得可见。图像在其自身的本体呈现中等待着凝视，等待进入他者的那一位点，它作为客体的魅惑结构，构建主体的幻觉活动。图像造成自我的丧失，同时又强化着自我。在观者凝视图像的那一瞬，他被图像迷住了。

---

① ［美］达瑞安·里德尔：《拉康》，李新雨译，当代中国出版社 2014 年，第 20 页。
② 曼迪罗圣像（MANDYLION），或叫作圣手帕。据记载，王阿布加（Abgar）五世重病，他请求基督前来为他治疗，基督没有前去，而是将一条毛巾铺展于脸上，印上他的面部特征，将这条毛巾送给阿布加。一收到毛巾，国王的病就痊愈了。这个圣像被安放在圣礼拜堂（St. Chapelle）内，法国大革命时失踪。

　　这种凝视迷恋并非完全被动，它与匮乏有关，是观者欲望的表征，也导致观者在凝视的过程中滑向欲望之维。"凝视是一种欲望的投射，是一种与想象中获得欲望满足的过程。但凝视本身所印证的只是欲望对象的缺席与匮乏。……凝视所诱发、携带的幻想，是欲望的投射，观看主体希望沿着缺席（欲望对象的匮乏）到达在场（欲望的满足）。"①在急速发展的现代社会中，笛卡儿式的"我思"主体②被挤压排空，意识的确定性之前是怀疑、未定与不可知，即一团拉康式的"无意识"主体："无意识的主体显现了出来，而它的思想是在它获得确定性之前的。"③当下的主体是这重维度之下的异化主体与匮乏主体。

　　图像的存在与完满进一步制造观者及所处世界的匮乏。在凝视纷纭的各式图像时，观者设法将图像所指涉的完满纳入自身的欲望之中，认同（更多是想象性误认）并接受图像所呈示出的幻景，但欲望在短暂的眩晕弥合后会再次立刻产生，将自我献祭成图像的新一轮能指。这种对美好客体的欲恋能够愈合现实匮乏的伤口，从而唤起观者的情欲，凝视的这一行为就成为实现欲望以获得满足感的方式的重要部分，幻想来自对欲望的想象性满足。观者在凝视时被誊写到图像上，从匮乏中生出欲念，最终将图像的欲望融入自体欲望之中。

　　例如广告图像，拥有商品的模特处在安适环境之中，露出满足的微笑。观者认同的与其说是商品本身，不如说是这一满足的幻想性实现。凝视不仅是主体看向他者的单向流动，而且是"作为欲望对象的他者对主体的凝视，是主体的看与他者的注视的一种相互作用，是主体在'异形'之他者的凝视中的一种定位"④，凝视是一道相互的视线，其中也存在着他者欲望对主体的捕获。质言之，凝视与其说是主体对自身的认知和确证，不如说是观者向图像欲望之网的沉陷。欲望有其自身机制，想要填充匮乏的渴求实质上是利用替代品的真

① 戴锦华：《电影理论与批评》，北京大学出版社 2007 年，第 185—186 页。

② 在笛卡尔这里，主体根本上指的是人作为一种自思的、能思的意识主体，人的主体以一种透明的、具备自我意识的形态存在。由此，笛卡尔提出了确证主体性的存在公式"我思故我在"（cogito ergo sum），人们常常将其称为"我思"（cogito）主体，在一定程度上代表着现代西方的"自我"（ego）概念，主张意识或思想的自足性与自明性，这种主体观奠定了近代以来西方哲学的基础导向。

③ ［英］肖恩·霍默：《导读拉康》，李新雨译，重庆大学出版社 2014 年，第 90 页。

④ 吴琼：《视觉性与视觉文化—视觉文化研究的谱系》，《文艺研究》2006 年第 1 期，第 84—96 页。

实客体去追逐那一"最为真实"的想象客体,在满足的增补链条中,观者又落入新一轮的匮乏与弥合。正如德里达所说:"增补总是增补。人们总希望从一个增补追溯到源头:必须知道,在源头也有增补。"①主体永远处在欲望与缺失的生发与追逐之中,而源头本身无法企及,并始终缺席,由此只能以替补的方式不断滋生各种替代物和代偿者。在此意义上,观者成为一个"离心化"的主体,一个在欲望的纠合中找不到出口的主体,一个永远等待填充的主体。"他"不再占据确凿的凝视位点,以此作为透视法投射的基准位置,而是化为因欲望、意志的变动而变动的缺口空间,永远指向无法满足的匮乏。但事情往往并不如此简单。

二、图像内外的反刺凝视

一方面,观者既将自我投射于图像之中,在匮乏中寻求欲望的弥合,另一方面又能够意识到那一方的平面仅仅只是图像。观者既是凝视的参与者,又作为可能撕裂图像连续性的逃逸者出现在每一次凝视之中。在凝视的过程之中,一方是想象性认同的顺从,另一方是噪音、骚扰与间离。在面对图像的捕获时,观者并非迷离在此,在视距和刺点(punctum)的惊醒之下,也许能够直刺图像作为异托邦设置的事实,这正是反刺凝视发生的逻辑——在图像凸起的微刺之中,凝视唤起伤口携带的疼痛体验,从而使观者隐约触碰到不可置疑的真实世界存在。

在观者与图像相互凝视之时,时间在此滞留,视线来回穿梭在眼睛与图像之间,保留一定的空间距离。为何这段距离如此重要?正如布洛在《作为艺术因素与审美原则的"心理距离说"》中提到距离的复杂作用:"否定的、抑制性的一面——摒弃了事物实际的一面,也摒弃了我们对待这些事物的实际态度;也有其肯定的一面——在距离的抑制作用所创造出来的新基础上将我们的经

---

① [法]克里斯蒂安·麦茨等:《凝视的快感:电影文本的精神分析》,吴琼译,中国人民大学出版社 2005 年,第 109 页。

验予以精炼。"①朱光潜也认为："'不即不离'是艺术的一个最好的理想。"②这段距离(包括时间距离和空间距离)是主体与对象过分亲和的分离之可能,在镜像阶段中,自我与他者几乎不可分割,两者有如浑融形成的泥塑,割裂一方便等同割舍去自己的一部分。但是,观者与图像之间的这一实质性的距离,切入了真实与"似真"的界限,能够提示着一种分离的象征——即使无法真正分割,也能作为警示提醒着观者事实上的匮乏,警惕图像的欲望如何作为异质体永恒介入主体的空位。

1954年,美国现象学家汉斯·乔纳斯在《高贵的视觉》一文提到,视觉是"理想的距离性感官"③,观察主体不需要接近或实际碰触观察对象,在凝视图像时无需进入与它的关系中,因此能够中立地把握客体。事实上,主体难以单纯站在客观对象之外对其进行凝神直观,以一双"纯洁之眼"静静打量一米外的那一平面图像,采用绝对公允的态度对其进行游离性评价。在与图像对上眼的那一瞬间,犹如拉康的三界理论:一,我看到了另一个;二,我看到另一个在看我;三,他知道我在看他。④ 观者携带的纵时记忆在一个电光火石的时刻与图像含蕴的历史结构相撞,与面前这一图像有关的所有认知与情感一霎时进入了观者之中。观者只能看到他能够理解的东西,在理解的时刻,图像确凿地回望着观者,凝视这一胶着的视线犹如脐带将两者牢牢牵扯在内。但乔纳斯的观点仍然为我们提供了一种旁逸的视角,在观者与图像之间的这一地带并非真空,即使观者在极端认同中将他者幻化成主体,但他仍能知道,自己并非图像。当观者凝神陷入图像的双眼之中无法自拔时,二者之间有一道微风吹过,观者即刻如梦初醒,在战栗与沉溺的危机中死而复生。

观者逃逸的另一可能位点在于真实界的突入,在罗兰·巴尔特那里,他用"刺点"形容图像中的伤痕要素:"照片上的刺点,是一种偶然的东西,正是照

---

① 　[英]布洛:《作为艺术因素与审美原则的"心理距离说"》,载朱立元总主编、张德兴主编:《20世纪西方美学经典文本·第1卷·世纪初的新声》,复旦大学出版社2000年,第354页。

② 　朱光潜:《西方美学史》(上卷),人民文学出版社1979年,第17页。

③ 　[法]克里斯蒂安·麦茨等:《凝视的快感:电影文本的精神分析》,吴琼译,中国人民大学出版社2005年,第6页。

④ 　[法]罗兰·巴尔特:《显义与晦义:文艺批评文集之三》,怀宇译,中国人民大学出版社2018年,第315页。

片上的这种偶然的东西刺了我。（而且也伤害了我，令我痛苦）。"①这个令人惊醒的刺痛是私人性的发生时刻，作为一个出其不意的尖点划开图像的表象，使图像返身于在场与缺位、真实与想象、历史与记忆之间。罗兰·巴尔特提到了一张美国黑人的全家福，图片中的黑人一家打扮得犹如上流社会白人，举止优雅和柔。触动巴尔特的是其中妹妹（或女儿）的一双带襻儿的老式皮鞋，联结某个温情的往事年代。但不久他发现这一照片的真正刺点是她脖子上的项链。他想起父亲的妹妹也有一根这样的细金链，而她终身未嫁，过着悲惨生活。这一刺点与巴尔特记忆中某种潜在的东西对上号，以一种隐蔽的方式在凝视的时刻反刺了巴尔特已经定位的老式皮鞋。刺点并非以清晰明了的方式运行，它尖锐，但受到抑制，在平静的图像之下无声地呐喊。巴尔特形容说："像一道将发未发的闪电。"②

这样混沌且锐利的刺点从根本上来说是非透明的，它无以名状，也无法表征，在一个陌生的区域等待着观者的探询。刺点在发生的时刻伤害了观者，也将观者从想象性的满足中暂时解放出来——它是无法被象征化的抵抗性剩余物。刺点处在画面之内，同时也是画面之外某种微妙的东西，它携带着的力量"好像图像把欲望导向了它给人看的东西之外了"③。在刺点惊醒过后，观者能够看到图像的欲望机制如何分明地显露出来，它是画皮背后的獠牙狰狞，直露而赤裸，尽管在此之前它几乎不引人注目。

比如，在一些经过处理美化后的图像中，我们能看到其中面目白皙优美、体态纤长流畅的人像，并往往显示出优渥与美好的生活状态，他们的身体本身以及所营造出的"中产生活"诱惑着观者被压抑的无意识认同，这一连串相似的图像塑造出对"理想身体"及"理想生活"的体认，观者将图像制造为自身幻想的实体，当观者流露出图像的欲望时——他几乎成为图像的复制品。然而，放大、凝视，在一些并未完美编辑的图像背后，我们直面刺点，大他者终于在这里露面。图像中不起眼的背景扭曲或者不成比例的五官眉眼，变形的身体和歪曲的边框在可见物的边缘翘起真实之物的伪装，细节的不合拍和画面的失

---

① ［法］罗兰·巴尔特：《明室》，赵克非译，中国人民大学出版社 2011 年，第 34—35 页。
② ［法］罗兰·巴尔特：《明室》，赵克非译，中国人民大学出版社 2011 年，第 70 页。
③ ［法］罗兰·巴尔特：《明室》，赵克非译，中国人民大学出版社 2011 年，第 77 页。

真显示出实在与幻想的缝合。画面的平静祥和是一副再"真实"和"自然"不过的场景,然而那些被制造出的变形的、游离的刺点无法进入实在,成为不可思议甚至恐怖的表征。图像里是真人与实景,但无法想象其肢体和空间是如何拉长、窄化、扭曲成诡异的形状。观者以为自身在面对着另一种可以实现的同质真实,在凝视的过滤中,发觉一切是幻觉,在连续性的背后是失真的断裂地带。

重要的并非图像编辑是否完美,不管这些"不成功的修饰"是否修缮,它暗示的是图像背后的欲望运作逻辑——这些图像并非至高的欲望本身,它们仍是大他者的欲念流露,背负着另一重匮乏,增补的链条仍旧存在并运转。欲望客体永远处于迷失状态,并且永远这样被渴望。刺点是这样的一瞬间,它瓦解了原本被视为"给定"的真实,也瓦解着既定的整体结构。在刺痛与清醒后,我们终于意识到,图像是以何标准制造观者,以及图像承付的欲望是什么。在更多情况下,刺点以更隐性的象征存在,不同的细节惊醒不同的观者,发见刺点是一场私人性的发生时刻,这是观者与图像角力并逃逸的可能机会。反刺凝视图像的时刻,就是这一机会兑现的时机。观者既在又不在被定位的那一观看位置移动,与图像的时空客观距离阻绝着完整认同的发生,在观者被异化的自我与图像之间插入裂变之可能;而图像清晰面貌底下涌动着的多态混沌,在刺点划破正态凝视之时从这一切口涌流而出,逆动翻转曾有的感知,反向指认图像最为尖刻而真实的面貌。观者与图像和谐完好的互动转为跨越边界、相互发起的争斗。值得指出的是,主体在场的还原是在这一冲突中得到确认的。在反刺凝视中,观者在与图像的相互凝视中反思自身的真实存在——图像何为,我们如何在对自我的指认中理解与审视图像的存在意义。

三、图像对人的能指凝视

达·芬奇提供了一种图像"俘获并拘禁"观者的说法:"如果你热爱自由的话,那么你就不要解开我的面纱,因为我的面纱就是热爱自由的地牢。"在图像与观者照面的时刻,图像打开被遮蔽的状态,观者也随即失去了自己的自由,失去了唯一支配自己的权利。皮格马利翁看出了他那尊雕像的生命,对它爱慕不已，雕像的复活似乎验证生与死不过物质的不同形态。一旦图像被制造出来，它就成了能够独立存在的东西，既可以成为人们爱慕的承载，也允许替代真实的身体。1794 年的《普鲁士国家的一般邦法》（*Allgemeines Landrecht für die Preußischen Staaten*）规定："假如某人被判犯了谋逆罪，因为逃跑逃避了肉体的惩罚，或者在执行判决前就死亡了，那么就应该除了其他名誉和财产的制裁之外，也在他的肖像上完成对丧失的躯体惩罚的处决。"图像由无机的物质构成，但观者对图像往往有更多期待，相信在色彩与线条等的组合中有更加全新的东西，并意味深长。图像的这一力量将观者推向了两难困境——要么放弃对图像的观赏，要么舍弃自己的自由。

公元前 8 世纪中叶，罗马东部的普勒尼斯特城出土了一枚衣襟别针。这件文物上刻有以下文字"MANOIS MED FHE FHAKD NVMASIOI"（马尼奥斯为努莫里乌斯制作了我）。这枚胸针将制造者、持有者与它自己放置在了平行的三者结构之中，以第一人称口吻表明自己奇妙的生机与活力，同时显示出了自己的双重身份：既是被创造出来的客体，又是独立自主的主体。法国艺术家妮基·圣法勒于 20 世纪 60 年代初创作的一系列破坏性图像进一步唤醒艺术品的主体意识，这些图像布满创伤性精神回忆，她感到应该将图像前的自己看作"另一个我"。在这一过程中，图像历经"我"的痛苦与巨恸，并作为内核创口说话——"你是我"①。概言之，这类图像暗示它们并非存在于二维平面之上的死物，它从被创制出来时便逸出制造者的意图而独立诉诸意义与价值，并进入图像自身的历时序列与共时谱系，返身作用于观者之上，暗藏其自身充沛灵性与丰富阐释的可能。图像的这种神秘力量制造出一种似是而非的生命结构：虽然是由制造者通过物质创制，但却充满异变与可能，具有跃出原初意图的生命力量，有其自身的意义与欲望。

---

① 1960 年圣-法勒创作出绘画装置《你是我》，画面呈现的是一枚石膏塑造的血红色月轮和八件用于施暴的东西（屠刀、刀片、锤子、枪等），圣-法勒借助这一装置回溯早期被父亲性侵的创伤记忆，圣-法勒与图像都进入暴力与血腥的经验之中，"我"和"你"，谁是圣-法勒，谁是图像？"是"这一关联词将二者划上了复杂的理解等线。

圣-法勒：《你是我》

　　在人物图像中，这一感受更为清晰——图像不是被看，它也在凝神回视观者。扬·凡·艾克的《包着红头巾的男子》与达·芬奇的《蒙娜丽莎》，二者目光深邃悠长，似乎无论观者从哪个角度来观看画中的人像，都会与他的目光相遇，无论观者向哪里移动，图像都用凝视框定观者的眼眸。值得注意的是，图像正在注视着自己——空间内不同位点的观者统一感受到人像的目光。图像注视着单个的人，也同时也注视着所有人，空间内最左边和最右边的观者都能领受图像的凝视，这几乎是不可想象的。图像的积极自主性超越了经验的维度，不依赖观者所处的位置与距离，同时凝视着所有人。进而言之，里尔克在

《远古阿波罗裸躯残雕》一诗中写道："像一颗星那样辉耀：因为没有一个地方不在望着你。你必须把你的生活改变。"①阿波罗的雕像无头无肢，残留身躯，这是对目光联系着的眼睛的拒绝，却进一步指认凝视的存在。在壮美闪耀的身躯上，凝视无处不在，从遍体的每一毛孔反射至观者眼中，以冷静沉思的姿态反视并警醒观者——"你必须把你的生活改变"，被表现的身躯永恒持有凝视与生命的力量。布雷德坎普在此提醒道："图像不是忍受者，而是关系到知觉的经验和行动的生产者。"②

扬·凡·艾克：《包着红头巾的男子》

---

① ［奥地利］莱内·马利亚·里尔克：《里尔克精选集》，绿原等译，北京燕山出版社2005年，第114页。

② ［德］霍斯特·布雷德坎普：《图像行为理论》，宁瑛、钟长盛译，译林出版社2016年，第283页。

然而,图像的这一凝视更多是在能指场域中进行的。尽管观者对图像产生感情,图像在某些时刻似乎与人没什么两样,甚至比人更像人,但是,这些近似移情的体验更多发生在想象与关系之中。借助索尔·克里普克的"严格指示词"和拉康的"能指"①概念,我们能进一步看到在图像与观者之间,凝视这一机制的异质维度。克里普克提出,"让我们从准技术的角度来使用一些术语。如果一个指示词在每一个可能世界中都指示同一个对象,我们称之为严格指示词。否则就称之为非严格的或偶然的指示词"②。借助于"可能世界"的概念,克里普克认为,严格指示词所指称的对象无需必然存在,它没有任何确凿的含义,人们在确定严格指示词的指称对象时,不是依据名称固有的含义,而是存在于名称使用者与实在对象之间的因果性历史链条。由此观之,呈现出来的图像具有感知真实性,但它在真实存有的意义上处于亏空状态,指涉是虚假的,未必享有观者所匮乏的欲望,它占据的是不在场的在场之位,决定这种伪装满足是二者之间的能指话语链条。

正如拉康指出:"能指一开始就是和意义分离的,能指的特性在于其自身并不拥有一个具体的意义。"③能指作为符号的外壳是空无的,正因其空无,所以想成为什么,就能够成为什么。狄伦·伊凡斯补充说道:"正是这些无意义又牢不可破的表记(能指)决定了主体,表记的效果作用在主体上,就形成了无意识,因此也构成了整个精神分析的领域。"④这意味着,图像作为主体,并不需要拥有某些实证属性,无需在它的物质形式中找到根据,而是通过它自身的阐释行为,在图像与观者之间新建一种剥离所指的主体性关系,从而开辟出新的能指性现实。图像不是在单层意义上适应"某个"欲望,而能在能指场域中被无限阐释,它在一切位点都能对应着不同观者的欲念。图像在场,内容不在

---

① 拉康从索绪尔那里借用了"能指"这一术语。在索绪尔那里,"能指"是符号的语音元素,表示所指的"声像","能指"与"所指"是相互依存的。而拉康认为"能指"优先于"所指",是象征秩序的构成性单位,本身是差异系统中无意义的物质元素,即没有所指的"能指"。这些无意义的"能指"不可摧毁,并在主体身上构成无意识效果。

② [美]索尔·克里普克:《命名与必然性》,梅文译,上海译文出版社 2005 年,第 29 页。

③ Jacaues Lacan. *The Seminar of Jacques Lacan: Book Ⅲ, The Psychoses 1955-1956.* New York and London: W·W·Norton&Company, 1993, p. 199.

④ [英]狄伦·伊凡斯:《拉冈精神分析辞汇》,刘纪蕙、廖朝阳、黄宗慧、龚卓军译,巨流图书公司 2009 年,第 313 页。

场,这种不在场的在场就是能指发生之地,它排除了意义,只有效果本身。

在《景观社会》中,居伊·德波将景观成立的逻辑定为"出现的就是好东西,好东西就会出现"①。图像本身的内容并不重要,重要的是它指涉着"好",暗示人类在一种极端的匮乏与缺失下,如何将图像想象性塑造成"是其所是"的样子。因此,当观者凝视图像时,图像是满足观者欲望的客体,然而在凝视的回转中,我们能看到凝视两端更具破坏性的等级存在。从图像凝视来说,图像作为永恒缺位的"相关物",是拥有主体组构性匮乏之物的能指,永远阻抗着主体的完满,阻滞观者完全实现自我。

四、凝视对凝视的元凝视

借助米歇尔的"元图像"概念,我们得以进入"元凝视"之中。米切尔提出:"当一个图像出现在另一个图像之中时,当一幅图像呈现一个描绘的场景或一个图像出现的场景时,如一幅画出现在影片中的墙上,或电视节目中出现电视机道具时,元图像就出现了。"②换句话说,元图像在对图像的呈现中反映出图像的本质。以此观之,当凝视作为对象出现在凝视之中,在凝视的内外世界作为嵌套式的自我指称构建出多重凝视现场时,凝视的"视"转为视觉思维的"内视",元凝视就出现了。

在一些影片中,我们作为观者观看凝视这一行为的进行,并往往是在被观看者不知情的情况下进行的暗中"窥视"。例如菲利普·诺伊斯执导的《偷窥》和希区柯克的《后窗》,前者在对女性身体的偷窥中享受性欲的快感,后者则是在窥视中识破一起凶杀案件。观众能看到《后窗》中的杰弗瑞在腿断无法行动的时刻,如何带着好奇与欲望长久凝视着被观看者,他几乎忽视自己这边的真实世界,将一切欲望投向另一边窗内发生的各种事件。当他窥视的时候,观者正在见证这一场景的发生。杰弗瑞是一个偷窥者,但此时他又成为一个呈现场景、引发欲望的暴露者。看与被看的异变、偷窥与暴露的对位,不是位

---

① [法]居伊·德波:《景观社会》,张新木译,南京大学出版社 2017 年,第 6 页。

② [美]W. J. T. 米切尔:《元图像》,陈永国、兰丽英、杨宇青译,中国民族文化出版社 2021 年,第 23 页。

于视线两端的极点,而是以光谱的链接将二者紧密相连。以当下的时间为定位点,观者正在第一现场凝视第二现场中凝视的发生,既能看到凝视的主体,也能看到凝视的对象。第二现场是同时空的、不知情的凝视,而第一现场是异时空的、演员已预知观者存在的知情凝视。作为中间者的演员将窥视定位在一个不被人知—广为人知的叠瓦状态。

在杜尚的装置《给予》中,这种元凝视以一种超真实的现场感被呈现出来。当真实时空的观者通过那个木门上的小孔进行凝视时,他是一个纯粹的、行动中的主体,一展无遗地窥视木门内的裸女身体。然而,一旦被镜头前的凝视捉住,落入"窥视"被发现的羞愧中,就成为一个超验凝视的客体,他的自由被另一重观者削弱,形成对自我可能性的固化与异化。当他进行第一现场凝视时,他处于主客合一的原初状态,而一旦被第二现场的凝视捕捉,就成为一个堕落的客体,一个自我物化的客体。凝视与凝视之间存在着一系列相互攻击与颠覆的交叉关系。同时,《给与》中的第一现场与第二现场都在真实时空内发生,但二者处于分离状态,第一现场看不到第二现场的内部场景,能看到便是凝视作为现场主体最为直观的呈现。

此外,有些元凝视不仅发生在现场内部,以凝视作为观察事件。它还能够穿破现场之间的壁垒,打开凝视本身,让凝视不仅面对第二现场的观者,同时也挑逗着第一现场的观者。换句话说,发生在第二现场的凝视借位越过第一现场,将凝视作为凝视的发生场所,凝视在这里不仅成为事件呈现,而是作为图像主体在视线的多重跃迁中颠覆单一视角。《疯狂》杂志的第 257 期封面中,一个男孩儿正在以经典暴露狂的姿势打开他的风衣,他身边人那惊恐和目瞪口呆的表情使得凝视固化下来作为客体被凝视。风衣里面是什么?裸体海滩的地点设置使得这一切变得微妙起来,这个经典姿势暴露的可能是袒露性器官的裸体,但这势必不会让裸体海滩的裸体观者感到如此震惊,甚至一位母亲惊恐地捂住孩子的眼睛,正在跳起打排球的人惊得几乎停滞在半空;男孩的身体可能有所畸形,在我们所看不到的风衣里面,或许有着非正常身体的异变与残缺,比如男性性器官的阉割或多出一套女性性器官。这或许是观者如此诧异的可能性之一。

但是,最讽刺的也许是,一切都没发生——一切都很正常。这个男孩的风衣里面是最普通的短袖和短裤,短袖上写着"暴露狂反对裸体"的口号。暴露狂所需要的欲望满足在一个裸体被允许,并再正常不过的裸体沙滩中沦为匮乏与缺位,它所依赖的裸体成为暴露欲望的阻碍与抑制。此刻,暴露狂是全场唯一一个好好穿着衣服,却要求隐秘性趣味的人。凝视的欲望被悬空和切断,构建为另一次匮乏,并同时愚弄着第一现场和第二现场的观者。凝视所传达的信息处在一个游离的、纯粹差异的位点,图像内在生长与组织的意义不断被破碎、被分解,并成为主体。这种在遮蔽与解蔽之间的凝视是多重的,它向内注视又向外投射,最终意识到自身语境何在。

理查德·威廉姆斯:《疯狂》杂志,第 257 期封面

理查德·威廉姆斯:《疯狂》杂志,第 257 期封面

五、总结

法国哲学家雅克·朗西埃在《图像的命运》一书中,设想图像的终结如何成为一种身后的历史计划——"这个计划具有两种大型的形式,而且再次相互结合在一起:纯艺术,即设想为其表演不再呈现图像的艺术,而是直接将思想实现为自我满足的感性形式;或是在自我消除中实现自我的艺术,这种艺术消

除图像的差距,以便将艺术程序等同于某个整体处于行动中的生命形式,不再把艺术和劳动或政治分离开来。"①朗西埃设想新的图像尺度将破除意义统摄的再现体制与意识形态秩序,重新组合其内部的意义序列和可见形式,以凸显图像更为自由的主体性探索。

在今天,图像已经成为基于并超越物质性力量的无处不在的实体,如凹面镜般,聚焦、反射、扭曲人类的欲望与价值,其中的凝视是一种构成性的力量,使视线两端的观者与图像转变为被构造的自然。本文从观者与图像的关系出发,总结图像中的四重凝视机制——在对图像的凝视中,图像出其不意地抓住并侵入观者,将他永远变成了一个客体,观者将这一客体化的结果认定为自己的身份。但是,观者仍然在不可定的既定位点伺机而动,等待着破除图像的幻象,在撕裂与碎片后见诸图像的真实——图像凝视显露的欲望与意义是伪装的充盈满足,是能指机制构造下的主体异位剥离,图像爆炸后其实是一片白茫茫的虚无。在多重元凝视的现场,在对凝视进行凝视的复现当中,图像以及生发出的意义永恒破碎游离,在跌宕中等待着观者新一轮的匮乏与想象满足。事实上,经由诸多理论者的发展扩延,凝视已然成为一个广阔复杂的理论术语,还包括更为丰富的权力互动与含义沉浮,这四重机制远远不足以周延凝视全域,关于图像、关于凝视,还有诸多阐释与互动的空间。

布雷德坎普提出:"必须让图像得到生存权利,为了让其在自由自主中迎来自我,而不是当做'我'的代理人。"②观者凝视,凝视的是图像;图像凝视,凝视的是观者。绝对的他者便是绝对的同者,同一性与互异性在观者与图像之间,借由凝视这一行为不断交叉扭结。或许,图像本身就是平行于人的一种生命之物,它不想作为圣像被仰视,也不想作为欲望对象被曲解,在"好景观""坏商品"的隐喻之后,只想重回原本自如、自在的摇曳状态。

(葛依婷,江西南昌人,南开大学文艺学专业,文学硕士,研究方向为当代哲学理论及图像学理论)

---

① [法]雅克·朗西埃:《图像的命运》,张新木、陆洵译,南京大学出版社2014年,第24页。
② [德]霍斯特·布雷德坎普:《图像行为理论》,宁瑛、钟长盛译,译林出版社2016年,第191页。

Passing through the Barriers
——the Quadruple Gaze Mechanism of Images

Ge Yiting

Abstract: From André Bazin's "the photographic image is the object itself" to Lacan's "what I look at is never what I wish to see", the images face the viewers directly, piercing the other world outside the frame with their most gaze-like nature. As a viewing behavior between viewers and images, gaze intervenes in the dynamic process full of antagonism and heterogeneity between the two. The unpredictable subject-object positions between the viewers and the images suggest a counterpoint mechanism of occupation and counter-occupation, resistance and submission, strength and weakness. In the flashback of the entangled gaze between the images and the viewers, gaze structures the hidden situation between openness and obscuration. This article starts from people's gaze of the imaginary on images and explains how images construct illusions for viewers. However, the gaze of the contra-punctum here also provides viewers with a break in the continuity structure of the images, suggesting that the images gaze on people is a signifying vacancy, thus structuring that in the gaze gesture, two-way interaction between viewers and images. Finally, we return to the issue of gaze itself in the multiple scenes of "meta-gaze"—the gaze of gaze. Passing through the barriers, viewers see a imbrication of their selves and the images in gazing.

Keywords: Images; Gaze; Gaze of the Imaginary; Gaze of the Contra-punctum; Gaze of the Signifier; Meta-gaze

样板戏对"文革"美术模式的影响与整合①

穆海亮

摘要:样板戏对"文革"美术产生了全面而深刻的影响,所谓"文革"美术模式其实就是样板戏影响下的美术模式。这种模式表现为,以向心构图、环境烘托与仰视视角实现"高大全"的审美理想,以"红光亮"的主导色调承载那个特定时代充满"阳光感和幸福感"及斗争哲学的意识形态功能,以造型的戏剧化、构图的情节性和动态感来追求美术作品的"画外之画"。这导致"文革"美术风格的模式化、单一化及美术家创造性、审美个性的丧失,却也在一定程度上体现着打破诗画界限的尝试,对增强绘画的表现力和丰富戏剧舞台语汇并非全无益处。

关键词:样板戏;"文革"美术模式;影响;整合

引言:样板戏影响"文革"美术的时代动因与艺术逻辑

"文革"时期文艺作品的"样板化"有其内在逻辑,这既是题材表现单一化

---

① 本文系国家社科基金重大项目"数字媒介时代的文艺批评研究"(项目编号:19ZDA270)阶段性成果。

的必然结果,也是内容主旨政治化的必然要求。但是,艺术创作最宝贵的品格在于独创性、个性化,因而所谓"样板"当然在一定程度上是违背艺术创作的基本规律的。样板必然意味着艺术风格的高度模式化,"文革"时期的样板戏和美术创作都是如此。就这种高度模式化的审美风格及其体现的创作原则来看,样板戏与"文革"美术之间呈现出一种相互影响、相互渗透,而终究是以样板戏为主导的复杂关系。

这种复杂关系从三个层面得以体现。其一,样板戏借用美术技法。样板戏出于塑造"高大全"的英雄形象的需要,刻意追求人物塑造的雕塑感,因而有意无意地将"文革"美术及雕塑中的某些技法挪用过来,诸如"三结合"这样的文艺创作的通用准则,最初也是"大跃进"时期由美术界傅抱石等人肇其端,进而在"文革"时期延展至样板戏的。其二,样板戏影响美术风格。鉴于"文革"期间样板戏无与伦比的政治地位和社会影响力,相对"文革"美术风格对样板戏的渗透,样板戏对"文革"美术的影响印迹是更加显而易见的,样板戏的创作准则、审美风范都在美术作品中得到彻底落实,这充分体现出样板戏在"文革"文艺风格中的主导作用。其三,样板戏与"文革"美术审美同构。从更普遍的情况来看,在统一的政治原则和创作原则的统摄之下,样板戏与"文革"美术自然而然地呈现出审美风格和艺术技法上的相通和互渗,二者的关系既是相互影响,更是审美同构。比如,众所周知的"红光亮"既是样板戏最基本的舞台呈现格调,也是"文革"美术最显而易见的整体美学风貌,这其中自然有样板戏的巨大影响力向美术界的辐射,同时也是新中国成立之初美术界就出现的"红光亮"的思想苗头被极端强化的结果。

在这三种关系中,此处重点探讨的是第二种,即样板戏对"文革"美术模式的影响与整合。当样板戏被确定为一切文艺创作的根本范式时,其影响在创作的整体环境、作品的呈现风格,以及创作者的主观意图中都有着鲜明体现。从根本原则看,既然样板戏"不仅是京剧的优秀样板,而且是无产阶级文艺的优秀样板,也是无产阶级'文化大革命'各个阵地上的'斗、批、改'的优秀样板"①,那么对样板戏的学习借鉴就不仅是艺术创作问题,而且事关创作者的政

---

① 《欢呼京剧革命的伟大胜利》,《红旗》1967 年第 6 期。

治立场和态度。在这样的环境下,一方面美术界学习借鉴样板戏的创作经验就理所当然地成为"常态",成为深入生活、投入阶级感情、改造自身思想的重要途径,画家不仅经常特意在"创作谈"中表明对样板戏的敬重和学习,"文革"后期美术界甚至还围绕如何学习借鉴《杜鹃山》展开"讨论",而且是否符合样板戏的审美特点成为检验美术作品成功与否的重要标准。另一方面,我们也应该承认,就当时的文艺实践看,单就艺术技法而言,样板戏确实在某些方面值得借鉴。实际上,早在京剧现代戏被定为"样板"之前,美术界就已经意识到学习京剧现代戏的必要了。1964 年京剧现代戏观摩演出大会期间,叶浅予就认识到京剧改革问题与美术界国画问题很相近:

> 国画在反映时代面貌时代精神的创作实践中,存在着旧笔墨和新内容的矛盾,出现过两种情况:一种是像国画不像生活,一种是像生活不像国画,这和京剧表现现代题材出现过的情况很相似。京剧的表演程式和现代生活有很大矛盾,这次会演基本上克服了这个矛盾,其克服之道,关键是演员的思想革命化和工农兵生活基础。国画创作要做到真正出社会主义之新,关键问题也在于思想革命化和工农兵生活基础。①

叶浅予的话具有一定的代表性,说明美术家在主动或被动地寻求迎合时代的策略时,确实从京剧现代戏中获得了某些启示。当这样的文化内因与"文革"时期的政治气候相结合,样板戏审美风格对"文革"美术的全面影响甚至整合就理所当然了。在某种程度上可以说,如果美术史上所谓"文革"美术模式确实存在的话,那么它其实就是样板戏影响下的美术模式,或者说是样板戏模式在美术中的运用和体现。

一、"高大全"理想下的美术技法:向心构图、环境烘托与仰视视角

简而言之,"文革"美术(以及样板戏)模式就是"三突出""高大全""红光

---

① 叶浅予:《京剧现代戏的启发》,《人民日报》1964 年 7 月 21 日。

亮"的三位一体,最终服务于塑造无产阶级英雄形象的根本任务。"三突出"是文艺创作的根本原则,"高大全"是英雄形象的基本特征,"红光亮"是文艺作品的风格色调。"三突出",即在"在所有人物中突出正面人物,在正面人物中突出英雄人物,在英雄人物中突出主要英雄人物",这是于会泳为江青炮制出来,后经姚文元改定的,从其正式发布起,就不单单是样板戏的创作准则,更是"无产阶级文艺创作必须遵循的一条原则"①。坚持"三突出"及其衍生出的诸多"三字经"("三陪衬""三特定""三铺垫""高起点""多层次""多波澜"等)原则,目的就是要突出和实现英雄人物的"高大全"。样板戏中的主要英雄人物始终居于舞台中心位置而辐射全场,配角多角度、分层次围绕在主角身旁,成为凸显红花的绿叶;反面角色以暗、黑、丑的形象反衬英雄人物的伟岸和英勇;外在环境则主要起到烘云托月的表现功能。

于是,在《智取威虎山》中杨子荣乔装打入匪窟,作为一个"外来者",却始终居于中心位置和最高处、最亮处,众匪徒只能始终将视线聚焦于他,而作为"东道主"的匪首座山雕要么被置于舞台阴暗的一角,要么紧紧围着杨子荣转。该剧"打虎上山"一场,舞台上壮丽的林海雪原景观显然是为烘托杨子荣的英雄气概而出现的。《红灯记》中李玉和赴宴时已成俘虏,可作为暂时胜利者的鸠山在一旁畏畏缩缩,被李玉和高高在上、威风凛凛的气势完全压倒。《沙家浜》中的郭建光、《奇袭白虎团》中的严伟才、《杜鹃山》中的柯湘、《海港》中的方海珍等英雄形象,都是在完全相同的舞台逻辑下树立起来的,大义凛然、智勇双全、高大完美是其共有特征。

这一模式迅速在美术界推广开来,不仅直接表现革命英雄和伟人的绘画作品必须把"三突出"作为最高准则,而且对"人民"的塑造也呈现出明显的"高大全"倾向。其技法策略大致有三。

其一,在构图方面,注重四周向中心的聚焦和中心对周围的统摄,我们不妨称之为"向心构图"。塑造伟人形象的作品往往采用这种技法。《在大风大浪中成长》(油画,唐小禾、程犁)、《铜墙铁壁》(油画,张自嶷)及《唤起工农千百万》(油画,方增先,图1)等塑造毛泽东形象的名作,在构图上都有相似的层

---

① 《努力塑造无产阶级英雄人物的光辉形象》,《红旗》1969 年第 11 期。

次感。以《唤起工农千百万》为例，一面鲜艳的红旗作为背景，青年毛泽东立于
画面中心，右手抚案，左手握拳，目光如炬，直视前方；而围绕在毛泽东身边的
工农群众或坐或蹲，身体略向中间倾斜，成众星捧月之势，使中间的毛泽东成
为精神支柱和力量之源。如此构图所达到的效果，就如阿恩海姆所说的："至
于空间中的中心位置，则是通过各种不同的力向这个位置上的奋求倾向被揭
示出来的。这些力一旦达到这个位置时，就在这个位置上停止，或开始在这个
位置上'发号施令'。"①

图 1　《唤起工农千百万》，油画，方增先，1968 年

　　其二，注重以特殊环境来烘托人物。原广州军区美术训练班的主要收获
《我是"海燕"》（油画，潘嘉峻）就典型地体现出使普通战士"高大全"的倾向，
其最主要的艺术技法就是环境烘托。该画描绘的是女战士冒雨检修电话线路
的情景，以自然环境之恶劣反衬女战士与暴风雨搏斗的"海燕"形象："天色的
阴暗，暴雨的倾注，雷电的闪光等等，都描绘得真实、自然，给人物形象以有力

---

　　① ［美］鲁道夫·阿恩海姆：《艺术与视知觉》，滕守尧、朱疆源译，四川人民出版社 1998 年，第
517—518 页。

的烘托。恶劣的天气所构成的艰苦环境,与人物镇定自若、勇敢乐观的神情和姿态,形成了鲜明的对比。经过作者精心刻划(画)的面部,在冷色调的天空衬托下,显得格外响亮突出。同时还运用了虚实的对比,使画面层次分明,主体突出。"①

其三,多用仰视视角。为了突显英雄人物的高大,仰视视角在"文革"绘画中被广泛运用。前述《我是"海燕"》就比较成功地将环境烘托与仰视视角结合起来。《在大风大浪中前进》(油画,唐小禾)表现毛泽东畅游长江的场景,但并未刻画毛泽东在水中的矫健身姿,而是让毛泽东立于船头,一群革命小将簇拥在周围,而画家似乎是站在船下水中,仰望着领袖手指的方向,这样的毛泽东形象当然更显高大威武。《女委员》《虎门民兵》(油画,汤小铭)并不是表现英雄,但同样采取仰视视角,以凸显女委员的稳重从容和男民兵的魁梧坚毅。

单就借鉴样板戏技法、塑造高大全的英雄形象而言,《为我们伟大祖国站岗》(油画,沈嘉蔚,图2)或许可称为"文革"画中的集大成之作。该画歌颂在中苏边境瞭望塔上执勤的边防战士。从构图来看,人物动作明显舞台化;从视角来看,画家巧妙利用了哨楼高耸的特点,采用仰视原理,将视线几乎与哨楼底边齐平,从而压低周围景物,刻画出战士们顶天立地的形象和压倒一切的气势;从环境烘托看,将人物置于广袤、辽远的天地之间,又是在高耸险要的哨楼之上,人物的英雄气概跃然纸上。在该画的创作谈中,沈嘉蔚特意谈及样板戏的直接启发,从中我们可以看出他是如何塑造主要英雄人物的:

> 再次学习了革命样板戏的创作经验,我注意调动了一切手段来突出主要英雄人物,把英雄人物刻划(画)好。这幅画只有三个人物,三位保卫祖国的英雄。战士是主角。为了突出他,除了需要加强对形象本身——从脸、全身动态到整个外形——的塑造之外,还听取学习班许多同学的意见,把他完全安排在明亮的天空背景前面,使人一眼便注意到他;强调了

---

① 王悟生:《暴风雨中的"海燕"》,载上海人民出版社编:《美术作品介绍》第1辑,上海人民出版社1973年,第24页。

画面的透视缩减,让了(瞭)望塔上每一根水平线条的消失方向都向着战士;利用了倾斜的铁梯同塔顶的平台,在视觉上形成一个三角支撑,既使战士如同凌空屹立在祖国大地之上,又使构图具有稳定感。并采纳了同志们的意见,把栏杆降低了三分之一(实际是到胸口),结果效果很好,既没有失去安全感,又大大地突出了人物。①

图 2 《为我们伟大祖国站岗》,油画,沈嘉蔚,1974 年

---

① 沈嘉蔚:《塑造反修前哨的英雄形象》,载《美术资料》第 9 期,上海人民出版社 1975 年,第 36 页。

二、"红光亮"的功能运用及其意识形态表征

　　样板戏特别注意用红色渲染革命色彩,烘托战斗豪情,朝霞满天、红旗招展的意象屡见不鲜;凸显人物时喜用十分强烈的侧光和正面的追光,既使英雄红光满面,更能增加人物的雕塑感,因而色调明快响亮,人物威风凛凛。"文革"美术作品居于画面中心的英雄形象也总是面色红润,连阴影都不允许出现冷色调,画面效果细腻饱满,边缘光滑,整幅作品阳光灿烂,色彩明亮,体现着昂扬乐观的主观情绪。这种"红光亮"的风格色调自新中国成立之初的《开国大典》(油画,董希文)就已露出苗头,明快响亮也是"十七年"时期月份牌式年画的基本格调,而到"文革"美术中达到极致,其中有些作品因此而成为时代经典。

　　唐小禾的《在大风大浪中前进》之所以被视为"文革"前期美术集大成之作,很大程度上就是因为其"红光亮"的风格典范。该画用色纯度很高,人物的脸、腿、手的亮部大都用的是朱红和土红,服装和环境的色彩鲜艳而明亮,没有丝毫灰暗的感觉。今天看来,这种画风固然显得过于浓烈,但在当时一片"红海洋"的整体审美中似乎也并不太刺眼,而这种色调也跟画作表现的武汉盛夏炎炎烈日的户外感觉相协调,所以画面整体给人一种简洁明快之感。后期"文革"画作的典范《毛主席视察广东农村》(油画,陈衍宁)从构图到色泽都将"高大全""红光亮"落实得相当彻底。走在前面的毛泽东处于画面的正中心,高大魁梧,引领众人健步向前,两侧和身后的农民错落有致,目光朝向毛泽东,体现出"紧紧围绕""热烈拥戴"的内涵。毛泽东的浅色衣服被旁边的深色调子衬托得十分突出,又与天空的几抹白云形成呼应。人物的面部采用了侧光,气色红润,精神饱满,在周围绿意盎然的映衬下更显朝气蓬勃。

　　总体来看,"文革"美术的色彩运用相对单一,但其表现强度并不弱,这其实主要归功于两点。一是环境的简单和构图的合理。阿莱什经过大量实验证明:"任何一种色彩,当把它置于某种复杂的环境之中的时候,其丰富性和完美性就会大大减少。某一种绘画构图的良好秩序,也能够使其中每一种色彩的特征稳定下来。如果艺术陈述是稳定的话,它还能按照需要,使得其中每一种

色彩的特征,都变得鲜明突出。"①《我是"海燕"》画面的色彩运用比较单纯,主要是天空和大海的蓝色、军装和树叶的绿色、脸庞和领口的红色,但由于其环境和构图相对简单,人物的面部轮廓、神情、精神面貌就充分体现出来了。当然,"文革"美术中的"红海洋"使这样的做法走向极端,也就另当别论了。

二是对亮度的强调与发挥。阿恩海姆认为,"色彩与色彩之间的差别更多的是取决于它们的亮度,而不仅仅是取决于它们的色相"②。《矿山新兵》(中国画,杨之光)被视为中国画中的人物画探索走向成熟的标志之一,该画就在吸收西洋画明暗关系的基础上,借用强逆光来强调对象的体面关系,笔触圆润,色调明亮,凸显了矿山女工的飒爽英姿。欧洋的中国画《新课堂》(图3)描绘了一个粉衣少女站在绿色秧田边学习知识、解答试题,在人物塑造和光色使用上都借鉴了样板戏的做法,以实现题材选择、艺术语言和"文革"对美术创作的要求之间的契合。在该画的创作谈中,欧洋提及学油画出身的她是如何"学习样板戏革命精神,参加国画创作尝试"的,其中所谈最主要的就是对亮度的强调:

> 我们社会主义的天,是明朗的天,是阳光灿烂的天,因此,反映社会主义的画面,一定不能灰暗。那种陶醉于笔墨趣味,把画面搞得又黑又乱,只能歪曲社会主义新面貌。画面的色调如何,的确体现了时代气息,特别是反映青少年的题材,更应使画面朝气蓬勃,好像早上八、九点钟的太阳……我在画《新课堂》时,在色调处理上,立足一个"亮"字,千方百计使画面明亮、鲜艳,千方百计使主人公突出。③

---

① 阿莱什:《关于色彩的审美现象》,转引自[美]鲁道夫·阿恩海姆《艺术与视知觉》,滕守尧、朱疆源译,四川人民出版社1998年,第499—500页。

② [美]鲁道夫·阿恩海姆:《艺术与视知觉》,滕守尧、朱疆源译,四川人民出版社1998年,第500页。

③ 欧洋:《一代新人在成长——创作中国画〈新课堂〉的体会》,载上海人民出版社编:《为我们伟大祖国站岗》,上海人民出版社1976年,第23—24页。

图 3 《新课堂》,中国画,欧洋,1973 年

"文革"美术不管是描绘英雄、伟人还是普通民众，色彩的"强烈明快"都是基本美学准则，因为不管是出于真诚还是故作姿态，画家都必须说："兴旺发达的革命事业，阳光灿烂的人民，当然要用最明亮的色调来表现！"①

从实际效果看，"红光亮"对"文革"美术的整合在一定程度上帮助画家找到了迎合时代的表现途径，也在突显人物的精神面貌、丰富美术的技术语汇方面取得了一定的收获；而另一方面，"红光亮"的主导色调承担着显而易见的意识形态功能，是将"十七年"时期年画中的农民趣味、"文革"中的斗争哲学与贯穿于那个时代的"阳光感和幸福感"②的审美格调相结合的产物，烙上了深深的时代印记。

三、"画外之画"："文革"美术的戏剧化、情节性和动态感

"文革"美术模式受样板戏影响的另一个突出表现，是造型的戏剧化、构图的情节性和人物的动态感。绘画作品原本以表现静态并列的生活图景为其特点，而在样板戏的影响下，"文革"美术作品往往呈现出以静带动、追求"画外之画"的特征，构图上倾向于包含持续动作和情节的场面。这在"文革"人物画中体现得最为鲜明。

《生命不息，冲锋不止》（水粉画，何孔德、严坚，图4）的题材带有纪实性，刻画了珍宝岛自卫反击战英雄战士于庆阳的形象，其构图的最大特点就是富有情节性。画作直接呈现出来的，是头上绑着绷带的于庆阳紧握冲锋枪在冰天雪地中向前冲去，身后担心的卫生员冲着他挥手高喊。画作选取的是最能激发观者想象力的一刹那，通过这一画面，观者能够想象：在此之前，报国心切的于庆阳是何等坚决地推开为他包扎伤口的卫生员；此时，其顶天立地的形象几乎就要冲破画面；在此之后，他又将何等英勇地冲向敌阵。该画构图强调的就是"冲锋不止"的动势，这正是在样板戏的启发之下，激活了绘画语言更强的表现力。

---

① 犁牛：《红心描出革命画，亲人欢笑敌人惊》，《解放日报》1974年3月6日。

② 刘骁纯：《作为视觉趣味的"红光亮"》，载邵大箴、李松主编：《中国现代美术理论批评文丛·刘骁纯卷》，人民美术出版社2010年，第86页。

图 4 《生命不息，冲锋不止》，水粉画，何孔德、严坚，1969 年

　　如果说《生命不息，冲锋不止》主要是以动感十足的构图突破了画面的静态呈现，从而扩充了画面的时间容量的话，那么《毛主席视察抚顺》（油画，吴云华）就是在"三突出"的构图原则下拓展了画面的空间容量。该画的构图本身同样具有强烈的动作性：老矿工手拿指挥旗，请领袖检阅自己的工作；复员军人右手抚胸，身体前倾，做出请战的姿态；女矿工捧着煤块，展示工作成果；身后山坡下的矿工正满怀豪情地赶来向领袖汇报。居中的毛泽东容光焕发，十分满意地登高远眺，随着毛泽东的目光延伸开去，观众的视线就被引出了画面之外，似乎看到了画面上没有交代出来的更加广阔、沸腾的矿山场面。当时就有论者注意到了这种处理方法使"画面的有限空间变成无限"的重要意义：

　　　　任何巨大的画幅，它的画面总是有限的、静止的，不能包罗万象，把前后时间和左右环境的什么事物都搬到画面上去，这是绘画艺术所无法容纳的。但是作者可以通过巧妙的构思，在意境上达到突破空间的效果，由观众的想象去补充画面上所未交代的东西，做到画外有画。①

1973 年举办的"户县农民画展"中，业余画家刘志德的《老书记》（图5）颇引人注目。作者在谈到创作体会时，也特别强调了学习样板戏的创作原则与经验：

> 在画面上，我画了这位老书记读了大半本的书中夹着一支铅笔，有关章句已勾了红道道，和他擦着火柴，忘了点燃烟斗的情景，表明他勤于学习，勇于实践。我还大胆运用革命样板戏环境烘托、借景抒情的艺术手法，在这位干部面前画了块已用铁链捆好准备抬走的大石头，以及松木杠子。从画面上看，虽然只有一个人，但石头、铁链、木杠却烘托出他是刚同群众一起参加了劳动，使人一看就知道这是一个心不离群众，身不离劳动的基层干部。②

这样的处理就通过生活中的一个瞬间折射出人物此前此后的系列活动，又通过对一个人的刻画带出了其周围的活动环境，既使人物性格的呈现更加立体化，又以点带面地暗示了其所在群体的劳动场景，从而实现了时间和空间的拓展与互通。

实际上，实现时间艺术与空间艺术的贯通是有着充分的美学根据的。莱辛在《拉奥孔》中认为，绘画和雕塑等空间艺术通过事物来描写活动，而文学等时间艺术通过活动来描写事物。在指出诗的动态感和画的静态感之后，莱辛更认识到绘画作品突破空间限制，体现动作性的可能性："绘画在它的同时并列的构图里，只能运用动作中的某一顷刻，所以就要选择最富于孕育性的那一顷刻，使得前前后后都可以从这一顷刻中得到最清楚的理解。"③这一"顷刻"

---

① 吕蒙：《团结战斗的集体》，载上海人民出版社编：《美术作品介绍》第 1 辑，上海人民出版社 1973 年，第 6 页。
② 新华社记者：《在革命样板戏的光辉照耀下——革命文艺工作者畅谈学习革命样板戏的体会》，《人民日报》1974 年 7 月 28 日。
③ ［德］莱辛：《拉奥孔》，朱光潜译，人民文学出版社 1988 年，第 83 页。

图 5 《老书记》,农民画,刘志德,1973 年

不能是"顶点",因为"到了顶点就到了止境,眼睛就不能朝更远的地方去看,想象就被捆住了翅膀",而"最能产生效果的只能是可以让想象自由活动的那一顷刻了"。① 就这一点而言,上述画作对"顷刻"的抓取是有一定表现力的。

---

① [德]莱辛:《拉奥孔》,朱光潜译,人民文学出版社 1988 年,第 18—19 页。

小结：样板戏影响下"文革"美术的收获与歧途

综合上述分析，关于样板戏与"文革"美术风格的互渗，尤其是样板戏对"文革"美术模式的深刻影响，我们可从以下几个方面理解。其一，"三突出""高大全""红光亮"造成了"文革"美术风格的模式化、单一化和画家独立审美特性的缺失，这极大地限制了美术创作的创造性、个性化、多样化发展；其二，"十七年"时期就已在美术界露出苗头的"红光亮"到"文革"期间成为压倒一切的主流色调，如果说这一模式在"文革"前还体现着知识分子迎合时代需要与农民审美趣味的话，那么其在"文革"时期的绝对统治地位，则是将知识分子情调消除殆尽的农民乌托邦观念占据文艺舞台主流的表征；其三，样板戏与"文革"美术相互影响，绘画表现出动态的情节性，样板戏也追求静态的雕塑感，这在一定程度上体现着打破诗画界限的尝试，对增强绘画的表现力和丰富戏剧舞台语汇并非全无益处；其四，"红光亮"风格统摄下仍然出现一些比较成功的画作，这说明"红光亮"并非完全不可取，它应该有资格成为众多风格中的一种，其在"文革"期间的根本问题，是成了主要的"样板"而剥夺了其他风格的生存空间；其五，相对于戏剧舞台上样板戏的一统天下，"文革"美术模式并不完全是铁板一块，还存在诸如《永不休战》（油画，汤小铭）这样的画作，一反"红光亮"的整体模式，而以"冷灰暗"的色调塑造鲁迅的战斗形象。

（穆海亮，陕西师范大学新闻与传播学院教授）

The Influence and Integration of
Model Opera on the "Cultural Revolution" Art Mode

Mu Hailiang

Abstract: Model opera has a comprehensive and profound impact on the "cultural revolution" art, the so-called "cultural revolution" art mode is in fact the art mode under the influence of the model opera. This mode is manifested as achieving the aesthetic ideal of "high, large, and comprehensive" through centripetal composition, environmental contrast, and upward perspective, carrying the ideological function of the specific era full of "sunshine and happiness" and struggle philosophy with the dominant color tone of "red, light, and brightness", and pursuing the "picture-outside-picture" of art works with the dramatic design, plot and dynamic composition. This led to the stylization and simplification of the art style during the "cultural revolution", as well as the loss of creativity and aesthetic individuality among artists. However, it also reflected an attempt to break the boundaries of poetry and painting to a certain extent, which was not completely unhelpful in enhancing the expressive power of painting and enriching the vocabulary of the theatrical stage.

Keywords: Model Opera; "Cultural Revolution" Art Mode; Influence; Integration

面向存在本身的物导向本体论

——以贫困艺术研究为例

李卉

摘要：从波普艺术到极简主义艺术，视觉符号性的物突破重围来到物的独立层面，观者感知物，看到了物，打开了物的多重面相，但还没看进（seeing-in）实在物的存在。当代物导向艺术发展中贫困艺术突破了以波普艺术为代表路线和以极简主义艺术为代表的路线，成为物导向本体论最具代表性的艺术类型，与OOO（Object-Oriented Ontology 物导向本体论）形成一种互文关系。贫困艺术最大的特点是反字面主义的，无法直接透析的艺术物成为一种反人类中心主义、反还原主义、反分类形式主义的复合物。贫困艺术真正将物导向艺术推进到最后一步，思考物的存在性问题，也就是物之物性如何展开的问题。解决这个问题的办法是援引哈曼所建立的物的四重性模型，观者可以在RO-SQ的张力中间接接触到多于其组成部分，少于其效果的物作为一个整体不断涌现。如果不将贫困艺术的物建构起四重性的框架，观者将陷在物中要么迷失自己，要么丢失了物。

关键词：物导向本体论；贫困艺术；物的四重性

　　沿着杜尚现成品艺术开启的反体制道路,波普艺术让普通生活之物进军艺术展览厅。但波普艺术保留了图—底关系,物被发现,物堆积、附着平面之上,等待着视觉的隐喻阐释机器揭示其作品的意义。因此,波普艺术始终与物本身分离,它所表示的物性还是一种图像符号性,掩盖了物的活力。相近时期的极简主义可以说是按照现代艺术媒介性逻辑的极端推进,打破了图—底关系,径直追问物自身,依靠观者的具身体验来赋予艺术意义。此时,物既独立又被动。极简主义式的物导向艺术仍是在主客二元框架内构建物的世界,它所要强调的是物的复杂性与不稳定状态。从波普艺术到极简主义艺术,视觉符号性的物突破重围来到物的独立层面,观者多方位感知到物,打开了物的多重面相,但还没看进(seeing-in)实在物的存在。20世纪60年代末意大利兴起的贫困艺术(arte povera)是对现代艺术的彻底反叛,它"拒绝与文化制度和社会制度对话,在尊重传统期望的情况下,去追求表现那些突然发生的,没有预见的事物本身,也就是,在一个制度无处不在的世界上以一种非制度的方式生活"①。

　　从根本上说,贫困艺术是一个评论家和策展人的理论,而不是一组实践者的指导原则,任何对贫困艺术的定义都是偶然的和零碎的。贫困艺术不等于贫穷、廉价,"贫困"二字更贴近反传统高贵艺术形式的大众、通俗的含义,但贫困艺术又不同于波普艺术着眼商业、传媒的时尚流行。当代物导向艺术的三大艺术主流,波普艺术聚焦在文化消费之物,极简主义的雕塑是工业材料、无机物,贫困艺术有结合两者的趋势,在作品中融合两者,既拉入社会文化之物的符号性,又重视物的自然特性,并且纳入了有生命的自然物,企图在更大的

---

①　Germano Celant. "Arte Povera:Appunti per una Guerriglia." *Flash Art*, No. 5,1967. Reprinted in English as "Arte Povera:Notes for a Guerilla War." *Arte Povera = Art Povera*. Trans. Paul Blanchard, Milan: Electa,1985,pp. 35-37.

关系范围中重新认识物。这与 OOO（Object-Oriented Ontology 物导向本体论）①的支持者坚持认为物总是比它们的感知、理论或使用更为根本，②并更进一步将分析扩展到主客关系的人类中心主义之外的路径一致。所以说贫困艺术成为 OOO 最具代表性的艺术类型，这中间形成一种互文关系，突破了以波普艺术为代表的路线，和以极简艺术为代表的路线。OOO 阵营最早的四人核心成员是：格拉汉姆·哈曼（Graham Harman）、列维·布莱恩特（Levi Bryant）、伊恩·博格斯特（Ian Bogost）、蒂莫西·默顿（Timothy Morton）。哈曼的物导向哲学、布莱恩特物的民主理论、博格斯特的生活艺术理论、默顿的生态理论都支援着 OOO 的发展，可为贫困艺术的物导向艺术提供理论支撑。

一、反字面主义：破除元语言的魔咒

意大利贫困艺术被归为后极简主义的一个分支，一方面它与美国后极简主义艺术有着紧密的关联，另一方面，它是对早期极简主义艺术的反叛，其最大的特点是反字面主义。OOO 是从弗雷德《艺术与物性》中提取的"字面主义"（literalism），而书中弗雷德称极简主义艺术是字面主义艺术（literalist art）③，是清晰易读没有任何深度的、毫无保留的物。由此而来，OOO 的开创者哈曼称所谓字面主义"指的是一种教条，或者通常是一种未明说的假设，即一件艺术品或任何物体都可以通过描述它所拥有的品质来得到充分的阐释，这最终意味着描述它与我们或其他事物之间的关系"。极简主义艺术经典名言：

---

① 格拉汉姆·哈曼（Graham Harman）1997 年首次在论文著作中使用"物导向哲学"一词，1999 年的"物导向哲学"会议上首次公开使用这一术语。OOO 借用了计算机科学中"object oriented"一词，在计算机科学领域这一术语指的是面向对象的编程语言，2006 年阿登·埃文斯（Aden Evens）以"物导向本体论"为题的论文，讨论的是计算机编程对哲学的影响，与 OOO 理论实际内容并没有任何联系。2009 年列维·布莱恩特（Levi Bryant）才在真正意义上首次提出"物导向本体论"的说法，2010 年 4 月亚特兰大的佐治亚理工学院举行了第一届 OOO 会议。

② Thomas Lemke. *The Government of Things : Foucault and the New Materialism*. New York : New York University Press, 2021.

③ 中文版《艺术与物性：论文与评论集》中翻译为"实证主义"。［美］迈克尔·弗雷德：《艺术与物性》，张晓剑、沈语冰译，江苏美术出版社 2013 年。

"你看到的就是你看到的。"①这句话表明,除了观者所看到的,不存在任何其他的东西,艺术物是至高的、绝对理想化的存在,任何其他的情感附加都是干扰,迫使现代主义的自我指称进一步进入实证主义(positivist)信念的死胡同。"这意味着极简艺术家或许根本没有考虑到感知的反省性,对于真实或实在事物知觉经验上的复杂性估计严重不足,也就是对于'特定的在场'所表达的意思不甚了然,最终导致将极简主义的物性追求被解读成只是寻求制造同语反复的视觉物而已。"②这种对极简主义艺术物性的解读正是被许多艺术评论家诟病的地方,而贫困艺术不存在这一误读误解的风险,"皮斯托内托与其他'贫穷(困)艺术'艺术家都注意到极简主义,并且着意避免他们认为其中所包含的理想化意图……他们希望将他们的艺术置于当下的世界,而非以理想的形式来观看"③。显然,极简主义艺术字面主义的理想化物恰恰是贫困艺术所反对的冷漠的、理性的、形式简约的类型。

首先,字面主义预设了万物完美的陈述与物是同构的(isomorphic)。其次,这种字面陈述可以是概念描述、逻辑推论、故事叙述或是数学形式表达,最后物被圈定,成为手术台上的"死物",可被解剖分析,抽离生命只剩下休谟所强调的一束束物质属性,物等同于物的性质集合。而"'贫困艺术'这一术语最初并不是指艺术材料的'朴素',也不是指对消费时代的社会学批判,而是指'穷尽'人们对世界的经验这一概念"④。贫困艺术的核心不是它是什么,给物下一个定义,而是物能生成什么,它的潜在能力的开放性,混沌境域的不可穷尽。的确,对于OOO来说,一个物体"不仅展示了特定的品质,而且还暗示了一些更深层的东西的存在,一些隐藏的和不可接近的东西,一些实际上无法展

---

① 弗兰克·斯特拉(Frank Stella)这句著名的声明出自 1964 年 2 月与布鲁斯·格拉泽(Bruce Glaser)、唐纳德·贾德(Donald Judd)的谈话,并发表在《艺术新闻》(Art News,1966,pp. 55–61)。这声明一直困扰着极简主义艺术家这一代人,直到 1975 年罗伯特·莫里斯(Robert Morris)在与杰克·伯纳姆(Jack Burnham)的谈话中,似乎仍在回应这一声明:"你做什么就是你做什么。"(Maurice Berger. Labyrinths:Robert Morris. Minimalism,and the 1960s. New York:Harper & Row,1989,p. 25)

② 肖伟胜:《极简主义物性追求的意识现象学内涵及其剧场化效应》,《文艺争鸣》2022 年第 5 期,第 107 页。

③ [英]安德鲁·考西:《西方当代雕塑》,易英译,人民出版社 2014 年,第 160 页。

④ Carolyn Christov-Bakargiev. Arte Povera. London:Phaidon Press,1999,p198.

示的东西。"①贫困艺术的物导向不是让观者直接把握一个本质，而是在撤退中间接体会具有独立性的实在物的一种变化着的趋势。所以贫困艺术被纳入反形态运动（antiforme）阵营，被称为系统艺术（systems art）、控制论艺术（cybernetic art）或者过程艺术（process art）等。如果说极简主义艺术家习惯运用精确的数学计算、精美的几何模型定制完美作品，表达概念上万物秩序的完满，让观众看到的是没有情感没有温度的死物。那么，与之相反的贫困艺术恰恰就是不可圈定的、留有生命痕迹的灵物，用最少的语言转换制造最强的美感张力。"正是指称符号的富余让艺术作品以魔幻而神秘的方式显现。"②

　　受杜尚现成品艺术的影响，艺术家参与艺术制作过程成为非必要条件。艺术制作试图抹除艺术家"手"的痕迹，可以雇用助手共同完成艺品，或交给工厂定制。波普艺术的"零度物"，极简主义艺术的工厂流水化生产系列，已然走向"艺术家之死"的道路。而贫困艺术家所使用的材料虽是现成之物，但艺术家负责手工装置。"手展现'对思维所言说的东西'，仅就此而言，手是一种'符号'。只有手接受到了思想的馈赠。"③这里，由艺术物有艺术家能动性的参与可以看出，贫困艺术效应的生成源是一种拥有复杂网络的蜂群集群。艺术家的意图总被认为是与其他物竞争、联盟的，艺术家的想法就像扔进池塘的鹅卵石，或是通过电线、神经网发送的电流，与其他电流振动、融合、影响和被影响。需要确证的是贫困艺术的物导向不否定人的存在，一如 OOO 认为人也是物的另一种存在，人对物的侵袭和物与物的纠缠并无区别，两者之间不陈述为决定与被决定的关系。拓展至艺术领域，一致的是，海德格尔在《艺术作品的本源》中对艺术的定义是："真理之自行设置入作品。"④显然，艺术不是或者说不全是人主观可操控的，艺术本身就存在一种"被规定性"，一种来自"存在本身真理"的规定性。

　　其中，这些物的选择最大的特点在于保留了它可识别的身份，艺术物呈现的不是定制的、抹除"手"痕迹的、无差别批量生产的模型，而是具有唯一性的

---

①　Graham Harman. *Art and Objects*. Medford：Polity Press，2019，p. 47.
②　［德］韩炳哲：《非物：生活世界的变革》，谢晓川译，东方出版中心 2023 年，第 110 页。
③　［德］韩炳哲：《非物：生活世界的变革》，谢晓川译，东方出版中心 2023 年，第 113 页。
④　［德］海德格尔：《林中路》，孙周兴译，商务印书馆 2015 年，第 71 页。

个体。这样正如亚里士多德在《形而上学》中所说:"当一个定义制造者来界说任何个体,他将自认他的定义必然常被推翻;因为要界说这样的事物是不可能的。"①而且"这个现实世界为了我们的观察而显现其自身,但却隐藏在我们的直接的经验话题中"②。我们对物的直接经验是任何思想的第一来源,并且根据思想理论意味着要对直接经验进行构成性分析,但是我们不可能根据某种确定性对直接经验进行清晰明白的完整分析。可见,不存在完美陈述可以穷尽如此丰富且独一无二的个体。贫困艺术用非传统的材料与含混的形式追求原初能量(primary energy)的不确定性与丰富性,对物的认知比唐纳德·贾德(Donald Judd)在《特定物品》(Specific Objects)中承认艺术可以是任意的物体,追求物之理想模态向前更进一步,贫困艺术丰富生动的个别具体物压倒了极简主义简约理想的共相之物。

反字面主义除了源于亚里士多德的个体的不可定义,还蕴含着胡塞尔对物与性质之间同一性的质疑。胡塞尔区分了感觉物与感觉性质,回避物是原始感觉的堆积。"《逻辑研究》确立了意向性是由物化(objectification)③行为组成的。人类不会遇到原始感官数据,然后把一个实体网格强加到原始数据上;我们的意识行为总是远远超越呈现在我们面前的夸张、摇摇欲坠的表象,并延伸到将这些表象统一起来的难以捉摸的物体。"④作为字面主义的极简主义艺术的物导向更类似于将物作为表象的感知,物是具备现象性特征的某种东西,某种隐藏了统一的"无限"的一部分。但充满活力的物本身不是原始颜色和声音的叠加,而是意识总是瞄准但从未触及的统一对象物。所以,作为反字面主义的贫困艺术本身是物的聚汇,而不是一种表象也不是一组表象。大理石、生菜、铜丝、棉花、水、器皿不等于它可能产生的所有可能的表象。因为这些表象对于观者来说仍然只是表象,而这样的表象不可能取代物本身,并取代它在世

① [古希腊]亚里士多德:《形而上学》,吴寿彭译,商务印书馆1997年,第155页。

② [英]阿尔弗雷德·诺思·怀特海:《过程与实在:宇宙论研究》,杨富斌译,中国城市出版社2003年,第6页。

③ Objectification(客体化,对象化,物化)指意识活动对其客体、对象、物的原初构造。Objektivierung/Vergegenständlichung/Gegenständlichung在胡塞尔这里是同义词,都可翻译为Objectification。

④ Graham Harman. *Guerrilla Metaphysics*:*Phenomenology and the Carpentry*. Chicago and La Salle,Illinois:Open Court Publishing Company,2005,pp. 31-32.

界上的劳作。感官的物质显然是我们不断探索统一对象的固定锚。因为它本身从来不是我们意识的直接目标:"我所看到的不是颜色的感觉,而是有颜色的东西,我不是在听音调,而是歌曲。"在这个世界中,物总是远远超出了感觉似乎明确告诉我们的一切。可以说每一种意图都是一种物化的行为,或者在这种行为中有其基础。当然,哈曼借用胡塞尔的意向性理论,旨在禁止将物与性质划等号,不意味着认同意向性的物化洞悉了一切,因为OOO支持者一致赞成物的"隐秘角落"留存着意向性之外的剩余物。都灵贫困艺术大师乔瓦尼·安塞尔莫(Giovanni Anselmo)对物可见与不可见原初能量的模拟,朱塞佩·佩诺内(Giuseppe Penone)对物触摸和知觉的探究,吉尔伯托·佐里奥(Gilberto Zorio)关于物的社会转型式炼金术操作,马里奥·梅尔茨(Mario Merz)对虚拟数字——抽象物的关注,通通回避了对物做字面主义的感知简化处理,物应该呈现的就是它神秘且丰富的原貌。同理,观者在看贫困艺术时首先需要排斥将物简单化为字面主义式原始感觉的堆积。需要注意的是,这并不排除艺术作品也可能传达某些字面上的真理,但这确实意味着任何仅仅传达这些真理的东西都不是艺术作品。

字面主义的语言是一种科学语言,是高度简化,总是用固定字面属性描述事物的语言。因此"字面主义在审美中不仅满是缺陷,而且陷入巨大的失败"①。贫困艺术要求观者通过与它永恒的敌人——不是丑,而是字面主义的——作对比来把握美。从中可看出贫困艺术对物偶然性、暂时性、多样性、不可穿透性的把握,物的内容之晦暗并不只是你看到的,也无法用语言还原,直接的剖析是让艺术遭遇亵渎。而且,艺术作品的创作摒弃了自然与工业、精神与物理、可见与不可见等二元性,而是在更大的系统中展示这些对立概念之间的重要交换。除此之外,艺术家们还从他们的调查中排除了所有似乎是数学上的反映、表现或语言习惯,以获得一种全新的称为"贫穷"的艺术。库奈利斯的作品《无题》(12匹马)在展览期间,直接在画廊里展出了12匹活生生的马,"强调反对任何关于雕塑对象是一种离散的形式,一种技术加工的东西,或

---

① [美]格拉汉姆·哈曼:《新万物理论:物导向本体论》,王师译,上海文艺出版社2022年,第75页。

一种话语结构的假设。相反,它坚持语言的先验模式,非话语结构,以及非技术的,非科学的,非现象学的艺术惯例"①。通过 OOO 的视角来分析贫困艺术,可以得出这样的结论:在贫困艺术中所涉及的对象——石头、树、人、布、铜丝、玻璃等——正在用一种替代语言的方式书写相关各方之间的关系。

然而,从艺术接受的角度看,在观众体验新物体的互动时,解释叙事的过程是必要的吗? 回答是:在既定的制度语言的限制下解释对象仍然是一个滑坡,因为将物从其上下文中分离出来以描述一种看不见的体验是具有挑战性的。可能,艺术品的制造者和观众都必须使用字母或符号形式的语言,以传达比预期更多的信息。如果意味着它是一种主宰性语言(master language),对它所谈论的内容具有"元"的地位,那么没有一种话语是真正客观的。贫困艺术的"第一个任务是废除一种元语言的可能性的想法,这种元语言可以解释事物,同时不受它们的污染"②。默顿声称后现代主义是"无元语言"而且"一切都是隐喻的","这个项目的最终目标似乎是在历史之外建立一个奇怪的中转休息室,在那里,各个时代的人物、技术和思想都在一种温和、半幸福的混乱状态中穿梭"。③ 观众永远会对这些艺术物充满新的想法。OOO 所推崇的奥尔特加(José Ortegay Gasset)的隐喻才是艺术物显现自身的方式,这样观众约摸可以触及物晦暗的一面。

二、置身"三反"原则的复合物

由上可知贫困艺术是一种反字面主义的物导向艺术,无法直接透析的艺术物成为一种复合物(compound)的存在。这里的复合物有三个原则:反人类中心主义、反还原主义、反分类形式主义。首先,贫困艺术的物导向暗含的前提是人与物本就是一个世界,位居同样高度,都是拥有行动能力的行动者。其

① Hal Foster, Rosalind Krauss, Yve-Alain Bois, Benjamin H. D. Buchloh, David Joselit. *Art Since 1900: Modernism Antimodernism Postmodernism.* London: Thames and Hudson Ltd, 2016, p. 585.

② Timothy Morton. *Hyperobjects: Philosophy and Ecology after the End of the World.* Minneapolis · London: The University of Minnesota Press, 2013, p. 2.

③ Timothy Morton. *Hyperobjects: Philosophy and Ecology after the End of the World.* Minneapolis · London: The University of Minnesota Press, 2013, p. 4.

次,贫困艺术的物是反向上还原与向下还原的,具备独立自主性的行动者。最后,物的独立性不需要通过与人的敌对来证明,物的社会符号含义不至遮蔽物本身的自然属性,且自然属性不代表物的全部。

安塞尔莫 1968 年的作品《会吃的结构》,在一大一小两块大理石中间夹着一颗生菜,用铜丝将它们捆绑起来,但是当生菜随着时间流逝,逐渐枯萎衰败,生菜残渣又会从这一束缚中挣脱,掉落在地上,意味着生命真正结束,而生菜下面堆积的锯屑又早已暗示着生菜的最终结局。石头吞噬了生菜的生命吗?还是生菜自生自灭?这里大理石、生菜、铜丝各自为阵形成一个看起来怪异荒诞的结构,两块大理石依靠铜丝的力量可以"吃"生菜沙拉。似乎大理石真的有能力决定生菜的生命,但随着时间流逝最终生菜自己枯萎,与大理石一起掉落,又似乎是生菜决定了大理石的起落。通过它们的相互作用,它们对彼此产生了双向的影响。但很明显,大理石并没有耗尽生菜的现实,生菜也没有遇到石头的全部现实。换句话说,不仅人类是有限的,更普遍的是物也是有生命限度的。大理石以一种"大理石"的方式遇到生菜,同样,生菜以一种"生菜"的方式碰上石头,万物之间的相遇都是如此,它们似乎有着类似人类意识的痕迹。正如默顿所说:"这意味着,当一物'翻译'另一物时——当它以因果方式影响他物时——它对他物做的事情类似于我作为一个人在对他物采取行动时所做的事情。"[1]同一批作品《会喝的结构》也能看出对人类中心主义的否定,在一个装有水的容器中放入棉花,棉花吸收水分,貌似棉花像人一样将水喝完了。显而易见的,观众无法避免将一切拟人化。需要警惕的是,贫困艺术中无论是植物、惰性材料还是水,都不适用鲍德里亚所认定的物的"拟人主义"(anthropomorphism)——将物放在人的对立面,以人为中心的模拟一说。毋宁按本妮特的"人格化"思路,认为《会吃的结构》《会喝的结构》"也许值得去冒一下人格化(anthropomorphize)的风险(迷信、自然神化、浪漫主义),因为奇怪的是,它与人类中心主义背道而驰:人与物之间产生了共鸣,我不再在非人类的'环境'之上或之外"[2]。简·本妮特(Jane Bennett)的这一观点与 OOO"追求

---

① Timothy Morton. "An Object-Oriented Defense of Poetry." *New Literary History*,2012,43(2):205 - 224.

② Jane Bennett. *Vibrant Matter:A Political Ecology of Things*. NC:Duke University Press,2010,p. 120.

将物作为自主物的模型,而不仅仅当作人类可触及的现象"①相契合。美国生命唯物主义学者本妮特虽然不是 OOO 的核心成员,但她的一些观点与 OOO 不谋而合,所以哈曼称她为 OOO 的"同路人"②。由此,"人与物之间产生了共鸣",取消了人与物之间的单向度的输送,这种单向度包括人对物的数据分析,也涵盖物对人的异化。我们应该理解 OOO 所说的本质不能停留在人类意识的"意义",物是现实存在的。虽然我们与物的接触能在某种程度上说明它们对我们的意义,但这仅仅证明我们对"隐藏在物中的非人类因素"不够关注。

　　OOO 从存在层面揭橥物是无法被还原为自身组成部分(反向下还原)或自身在他者中产生的效应、关系(反向上还原)的东西。它是"比其组成部分或其在世界上的效应总合都多出来一些东西,它比前者浅一些,比后者深一些"③。换言之,物在不迷失于关系效应网络的同时依旧保留自主性。一方面,我们从一件艺术品物理构成(向下还原)的描述中几乎得不到什么;另一方面,如果我们用艺术物如何影响或如何受其社会背景影响(向上还原)的相关描述来取代它,同样也严重地错过了重点。因为如果它真的是一件艺术品,那么它一定是盈余的,能够产生许多其他可能的效果,并且艺术物无论是哪种类型,都是不可改写的。所以,作为后极简主义的贫困艺术有两种明显的倾向:一方面,它拒斥极简主义简单地将艺术重返于物之物理表象;另一方面,排斥如波普艺术那样将物还原到社会性存在的符号。贫困艺术物的反还原主义,其根本在于让物成为自己,成为一个可以决定自身命运的独立行动者。可以说,贫困艺术追求的是一种扁平本体论,核心是物的民主(the democracy of objects)。"在天体物理学中,李·斯莫林(Lee Smolin)提出了一个理论,即每个黑洞都包含一个自己的宇宙。通过类比,我们可以说,每一个物体不仅有一个空洞的盾牌保护它不受外部事物的伤害,而且它内部也有一个爆发的地狱般的宇宙。

---

　　①　Graham Harman. *Guerrilla Metaphysics:Phenomenology and the Carpentry*. Chicago and La Salle,Illinois:Open Court Publishing Company,2005,p. 17.

　　②　[美]格拉汉姆·哈曼:《新万物理论:物导向本体论》,王师译,上海文艺出版社 2022 年,第228 页。

　　③　[美]格拉汉姆·哈曼:《新万物理论:物导向本体论》,王师译,上海文艺出版社 2022 年,第34 页。

该物体是一个黑匣子,黑洞或内燃机通过释放其动力和废气进入世界。"①贫困艺术的基本单位就是一个个类似黑洞的、拥有"民主权"的复合物,而且石头与沙粒、树与铜丝、人与破布在物之"可靠性"方面并没有什么不同的。相应的,贫困艺术物导向的反还原主义对现代哲学的人类中心主义基础来说也是一种冒犯。

同时,作为反还原主义的独自行动者的艺术物,又与形式主义艺术在整体与部分的关系上不相同。格林伯格的形式主义更关心的是作品前景元素之间的水平关系,而不是作品前景和背景之间的垂直关系。按其说法,艺术似索绪尔的语言意义理论,是内在无意义元素之间纯粹差异关系的函数,强调一种整体论的模式。各元素不具备独立性与意义,意味着艺术不可分割,但是贫困艺术中某一单一部分是可以解读的,它们扮演着各自的角色。贫困艺术所依靠的物的扁平本体论与现代形式主义的自主性按照截然不同的两种方向发展,现代形式主义是要在艺术元素中取其最大效果的整体之和,贫困艺术更关注艺术元素部分——艺术物的行动者——之间的张力。

更进一步,贫困艺术的物导向是要在以康德哲学为基础的形式主义原则之上,破除分类形式主义(taxonomical formalism),一类是人与物的分类(自然科学与人文社科的分类),另一类是人类世界与艺术世界的分类(艺术自律与他律)。贫困艺术所要建立的是独立的,既不是人类世界,也不是其他物体,而是他们的联合,允许艺术界内其他一切自由结合,破除旧形式主义艺术自主性或者说自律性带来的封闭式内循环。贫困艺术"摒弃了分类的立场(如波普、欧普或初级结构),专注于那些不为我们受过良好教育的感知增加任何东西的姿态,这些姿态不反对作为艺术的生活,也不导致自我和世界的独立层面的创造,而是作为社会姿态本身存在,作为生成性和综合性的解放,旨在人与世界之间的认同"②。

科学自然主义和社会相对主义两种相反的认知思维模式一直盘踞当代哲学领域。这两种操作都体现了相关主义的自负,本质上就是相关主义的双面

① Graham Harman. *Guerrilla Metaphysics*:*Phenomenology and the Carpentry*. Chicago and La Salle,Illinois:Open Court Publishing Company,2005,p. 95.

② Carolyn Christov-Bakargiev. *Arte Povera*. London:Phaidon Press,1999,p. 194.

镜。自然科学家坚信脱离人类生活的物,但那是被人类剥削而挖掘出的物。
科学研究关心的不是物本身,而是通过人类的聪明才智发现、发明的物。同
样,人文主义者只相信世界是为了人类文化利益而建构的物体系,挖掘文化的
特定形式。从波普和极简主义的物导向艺术可看出艺术家对物的选择中两种
截然相反的取舍。显然,对波普艺术家和极简艺术家来说人与物存在天然的
屏障,人的社会性与物的自然性之间的划分是不证自明的,对物进行分类成为
第一要义。贫困艺术则暗含万物皆可成为艺术的理念,不管是工业材料还是
天然物质都能纳入艺术创作,人造物与自然有机物之间不存在隔阂。"贫困艺
术家们通过并置人造材料(霓虹灯管、玻璃、布料)与天然有机材料或元素(植
物、动物、土、火、水),将自然与文化联系起来。"①贫困艺术家佩诺内1969年开
始的第一件《树》系列创作,被雕刻出树结节的木材作为自然材料和工业材料
的结合是人类体力劳动和异化的工业劳动之间新关系的隐喻命题。赛兰特评
论佩诺内的作品说"我们的文化已经把一种思维方式和另一种思维方式分开,
把人与自然分开。我不认为两者能有如此明显的区别;有人的材料,也有石头
和木头,他们共同构成了城市、铁路、街道、河床和山脉。从宇宙的观点来看,
他们之间的区别是无关紧要的"②。

　　另外,针对人类世界与艺术世界的分类,我们可以明确表明任何一件艺术
品都不应该被认为是它所处环境的全部。但是,我们也不能因此将任何一件
艺术品与它周围一切事物分开。哈曼认为关系中情境涉及作品的整体情况和
旁观者两个方面,需要保持物的自主独立性不意味着去除旁观者。反而观者
的参与才能真正激活艺术物,因为世界有一种无穷无尽的深度,永远不会直接
呈现出完全可触及的形式。所以说"出于同样的原因,为什么艺术品只有在作
品的情境和观者都被排除在外的情况下才具有自主性,这是不清楚的"③。安
塞尔莫最开始从事绘画,但是他意识到绘画将观者排除在外,"你独自面对自

①　Carolyn Christov-Bakargiev. *Arte Povera*. London:Phaidon Press,1999,p. 18.
②　Germano Celant. *Giuseppe Penone*. Milan:Electa,1989,p. 19.
③　Graham Harman. *Art and Objects*. Medford:Polity Press,2019,p. 57.

己的情绪,而不是真正地去分享它们"①,因此后来转向创作物的装置艺术。如果没有观众的戏剧参与,艺术将成为字面上看起来的陈述和对象之外,什么都不是的东西。事实上,人并不是艺术品情境的主要组成部分,而是作品的组成部分。伊瑟尔的错误之处在于,他声称情境必须被理解为一种"效果""事件",而不是"物"。"因为他太过于关注近几十年来人们对用动词取代所有名词、用动态事件取代所有物质的执念。"②

单一看来,复合物的独立自主性(自足性)似乎是矛盾的存在,为什么自主的、丰满的艺术物需要依赖人的存在。"答案是,我们在人类作为艺术的组成部分和作为艺术的特权观众之间划出了一个重要的区别。艺术品的自主性并不意味着即使所有人类都灭绝了,它们仍然是艺术品,就像如果宇宙中所有的氧气都被吸走了,只有氢还能算作水一样。它的意思是,尽管是每件艺术品的必要成分,但人类观者不能充分地掌握他或她作为成分的艺术品……艺术品实际上是由我自己和我之外的独立物体组成的复合物,常识认为这是艺术品。这种复合物单独地超过了这两部分,构成它一部分的人并不能完全了解。"③复合物对艺术自主性的坚守,支持形式主义反对将艺术物置身庞大的情境关系,从而维护艺术的自主性、物的独立性。与艺术物无关的情境整体需要被规避,而观者的参与不能被牺牲,因为离开观众,作品是不完整的,艺术物还需抵达脱离整体情境的深度。显然,这是反对鲍德里亚的物体系,即将万物关联的理论,认为物必须限定在某一"具体、特定"的范围内。贫困艺术的物是"这一个"而不是其他任何什么东西。

三、物的四重性与 RO-SQ 的争执

贫困艺术的缘起是"目前我们需要的不只是沉默的立方体、空无一物的画布和闪光的白墙。我们烦死了冷漠的广场和单调的'幕墙'摩天大楼……(还

---

① Giovanni Anselmo in conversation with Andrea Viliani, in *Giovanni Anselmo: Where the Stars are Coming*…, ed. Gianfranco Maraniello and Andrea Viliani, Turin: Hopefulmonster, 2007, p. 211.

② Graham Harman. *Art and Objects*. Medford: Polity Press, 2019, p. 70.

③ Graham Harman. *Art and Objects*. Medford: Polity Press, 2019, p. 45.

有)像空空的冷藏肉柜而不像居住房间的室内环境"①。这里提出的问题是像极简主义艺术那样,只留下结构简单,消除一切手工痕迹,甚至隐藏艺术家任何情感价值的物就是物本身吗?需要思考的是极简主义所表现的物导向艺术是否彻底完成了对物的审视,物之物性真正得以彰显了吗?只能说极简主义的物导向艺术达成的是物的独立,让物不至于坠入海德格尔的工具分析论的深渊。而贫困艺作为反字面主义复合物的存在,才真正推进到最后一步,需要思考物的存在性问题,也就是物之物性如何展开的问题。无论如何,我们既需要知道不同的特征是如何在一个物中结合在一起的,也需要知道它们如何从那个物中解放出来。解决这个问题的办法是援引哈曼所建立的物的四重性模型,这样物与物的联系、物内部的联系都将得到解决。物的四重性能贴切解释贫困艺术物导向的实在性的终极问题。这个模型"存在两种物和两种性质:实在物、感觉物、实在性质以及感觉性质。实在物和实在性质可以独立存在,而感觉物和感觉性质只能作为与其他实在物的关联物而存在,无论实在物是否为人类。由于物无法脱离性质存在,性质也无法脱离物存在,因此我们只有四种可能的组合"②。戏剧性发生在物的四重镜像结构的紧张关系中,从四重对象极点转向两者相对形成的四种张力:时间(time)、空间(space)、本质(essence)、理形(eidos)。

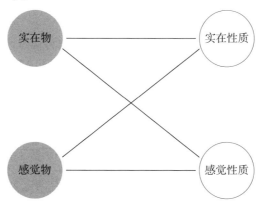

---

① [美]H. H. 阿纳森、[美]伊丽莎白·C. 曼斯菲尔德:《现代艺术史》,钱志坚译,湖南美术出版社 2020 年,第 647 页。

② [美]格拉汉姆·哈曼:《新万物理论:物导向本体论》,王师译,上海文艺出版社 2022 年,第 148 页。

物的四重性逻辑前提是艺术物作为物是统一的同时又拥有丰富的性质。布莱恩特说："如果存在是单义的，那么它就不会以不止一种方式来表达那些存在。例如，存在并不分为表象和实在。因此，在'真正的实在'方面，不存在由柏拉图的形式、巴迪欧的多重性、德勒兹的虚拟、柏格森的绵延、尼采的权力意志、唯物主义者的物质等组成的真实现实；而在表象方面，则是表象、一致的多重性、实际、空间、权力的凝聚或对表象的思考。"①因为"围绕在我们周围的能量，以及我们自己，并不是结晶的，不是一劳永逸的"②。安塞尔莫只有通过石头、铜丝、生菜、海绵、水、器皿的装置来展示这种能量的可感知痕迹。其目的是呈现突出偶然性而非统一性的物质情境。《会吃的结构》《会喝的结构》激发了观众对动态可见和不可见能量的意识，使艺术物能够抵抗形式和解释性的封闭。但是物的四重性表明：第一，用科学分析或心灵直接感知事物并不意味着捕捉到它的全部现实；第二，更重要的是，一个实体的存在与任何与它打交道的人之间存在着不可逾越的鸿沟，无论是理论上的还是实际的。"归根结底，事物和我们与它们的相遇之间的裂痕并不是人类、外星人或动物'思维'的偶然产物，而是在任何关系中自动发生的。"③对柏格森（Henri Bergson）和杜里舒（Hans Driesch）来说，物在原则上是不可计算的，因为总有一些东西无法量化、预测和控制。柏格森称之为"生命动力"（élan vital），杜里舒用"生机"（entelechy）④一词。

物的"生命动力""生机"注定要跨越物与物，人与物之间的鸿沟是不可能跨越的。按照海德格尔的说法，物在自然科学的精确算法下沉沦，只有通过艺术一条道路才能使物之物性得以显现。海德格尔将自然有机物排除在自己研

---

① Levi R. Bryant. "The Ontic Principle: Outline of an Object-Oriented Ontology." *The Speculative Turn: Continental Materialism and Realism*, Levi Bryant, Nick Srnicek and Graham Harman, ed. Melbourne: re. press, 2011, p. 269.

② Giovanni Anselmo in conversation with Andrea Viliani, in *Giovanni Anselmo: Where the Stars are Coming*…, ed. Gianfranco Maraniello and Andrea Viliani, Turin: Hopefulmonster, 2007, p. 211.

③ Graham Harman. *Art and Objects*. Medford: Polity Press, 2019, p. 20.

④ "entelechy"隐德莱希，源自希腊语ἐντελέχεια或拉丁语 entelecheia，本意为"完全实现"，是古希腊哲学家亚里士多德的哲学用语之一，指神秘的神、世界的第一推动者。后面莱布尼茨也用这一术语指单子的能动力量，指向灵魂。杜里舒用这一术语表示"生机"，其实都暗含一种泛灵论和泛神论的传统。

究范围之外,研究自然物的特权属于自然科学家,他所要研究的是非自然物。海德格尔的物性理论在贫困艺术这儿失效了,贫困艺术所涉及的物的内涵远远超过海德格尔的物性,沿着哈曼的 OOO 才能真正阐释贫困艺术的物的认识问题。哈曼宣布"格兰特和我显然有一个共同点,那就是倾向于把无生命的世界当作哲学的主角,但不是以主流自然科学所能接受的任何形式"①。OOO 宣示知识关心的是感觉物(sensual objects,简称 SO),而只有哲学、美学、艺术可以通过隐喻的方式间接接触(indirect sort)实在物(real objects,简称 RO)。同样,SO 与 RO 之间存在不可逾越的鸿沟,所以像极简艺术那样企图通过简单的感性直观,从 SO 抵达 RO 之真理性存在是不可行的。因为依据贫困艺术物导向的三大特点——生命力、过程性、不可还原性,可知在贫困艺术中范畴直观对物的普遍性特征的间接现实访问比感性直观更重要。RO 与实在性质(real qualities,简称 RQ)可以独立存在,SO 与感觉性质(sensual qualities,简称 SQ)只能作为其 RO 的关联物而存在。

这里极简主义的艺术物似乎弄错了方向,它的错误在于将 SO、SQ 作为独立存在的东西,并认为 SO、SQ 可以上升到 RO、RQ 的层面。当然,贫困艺术的物导向不否认 SO、SQ 的存在,因为它需要通过可直接把握的 SO、SQ,间接接触到 RO、RQ。所以说哈曼对美的定义是"作为 RO-SQ 的分裂,在实在物与其感觉性质之间打开了一条裂缝"②。贫困艺术重视感觉层面与实在层面的对接,观众参与在其中极其重要。安塞尔莫(Anselmo)、梅尔茨(Merz)、佩诺内(Penone)和佐里奥(Zorio)等艺术家的贫困艺术作品于 1967—1968 年相继问世,他们不再满足于单纯的现实表现,将感觉层面与实在层面割裂,他们的目的是直接呈现观众与物共在场域中的张力。"从知觉上来说,物之走出自身即物之当下(present)在场(present)显现(present),亦即物在知觉场域中持留,与知觉者和知觉域(horizon)共现或共在(copresent)。"③在《会吃的结构》《会喝

①　Graham Harman. "On the Undermining of Objects:Grant,Bruno,and Radical Philosophy." *The Speculative Turn:Continental Materialism and Realism*. Levi Bryant,Nick Srnicek and Graham Harman,ed. Melbourne:re. press,2011,p. 25.

②　Graham Harman. *Art and Objects*. Medford:Polity Press,2019,p. 34.

③　程赟:《重返生活世界——作为发生现象学美学的气氛美学及其艺术阐释》,《马克思主义美学研究》2023 年第 2 期,第 29 页。

的结构》作品中,一方面,贫困艺术中一种非个人的能动性随着有机组织的机体而自动产生,无差别地分布到所有物中;另一方面,观众要通过物的内向性找到自己。

奥尔特加认为艺术就是 RO-SQ 之间的张力,哈曼吸纳奥尔特加的理论又把这种张力称为"空间"。可知,艺术的美学效果是从这种"空间"张力产生的。RO-SQ 的"空间"张力既非是物理意义上的绝对容器,亦非简单的不同个体之间的关系场所,而是关系与非关系的场所。如果我们没有与艺术物相遇,我们也不是与艺术物完全没有关系,因为我们是有机会成为这个艺术作品的观众的。但是,即使我们进入了展厅,看到并体验到了艺术物,我们也不可能耗尽它的 SQ,所以说这个关系又是不完全的。这种关系与非关系之间的张力也就是艺术的"空间"场所,由此观者与物的戏剧性得以产生,并以戏剧性为连接点为艺术审美留有一席之地。可以看到,与极简主义艺术用空白的立方体制造物的空间不同,贫困艺术不是简单地与观者的身体相关联,以创造一种可测量的建筑空间意识,而是提供了一种积极填充"空虚"空间的无形力量的瞥见。"一方面,空间中的任何东西都远离我们并位于其自身的私有之地,但与此同时,它们又和我们属于同一个空间舞台,彼此间隔着确定的距离,而想要克服这个距离,我们就需要消耗一定的能量。"①贫困艺术家关注观众与物之间的空间游动体验,为的是强化观众世界与物自身环境空间之间的连续性。观者对这个物的认知存在于他穿过这个物的运动之中,艺术聚焦在观者穿梭在整个作品过程中的发现。所以,安塞尔莫在创作的同时,也用摄影来记录艺术物之外的活动,这些作品要求观众在画廊的真实空间中积极调动自己的精神能量,在物的时间尺度上参与物的活动。

相应的,RO 和 SQ 只有在相遇时才会有退缩与融合的趋势。在这种情况下,SQ 从物当前的 SO 中剥离出来,似乎围绕着一个退缩的 RO,一种看不见的万有引力使它们屈服于自己的意志。在安塞尔莫的作品中 RO 的不可见性使得它不可能连同 SQ 一起被压缩成一个失去物之光晕的死物,而这在无聊的日

① [美]格拉汉姆·哈曼:《新万物理论:物导向本体论》,王师译,上海文艺出版社 2022 年,第 145 页。

常体验中经常发生。与 SO 的直接接触不同,这里有一种暗示,暗示了潜藏在深处沉默的物,它模糊地融合了大量的 SQ。作为一个笼统的术语,可以用"诱惑"(allure)这个词来形容退缩的 RO 与可接近的 SQ 的融合。"诱惑是一种特殊的、断断续续的体验,在这种体验中,事物的统一性和它的多样性之间的亲密联系某种程度上部分瓦解了。"①因此,与贫困艺术反字面主义的复合物同步的是 RO 的非单一性,RO 参与的是异质的组合。在这种组合中,代理(agency)没有单一的位点,没有策划者,而是分布在各种各样充满活力的物质中。在组合中物并不是按照零件的固定顺序,而是按照参与者所行使的某种选择自由重新加工成为 RO。"由此体现出基于万物参与、新颖生成和增强关系的涌现美。"②

因此,声称物完全由它们的上下文定义,而没有任何未表达的私有剩余的意义是可疑的。对 SO 的体验始终是第一位的,尽管随着时间的推移,"感知的开放性和不可预测性"让 SQ 不断发生变化。③ 但 RO 始终存在。艺术家在制作新艺术品时,会探索通过制作这种类型的艺术品来体验它们,而不关注它们各部分的总和以及它们对人类思维的影响的意义。"涌现整体的许多部分并不预先存在于整体中,而是实际上由整体产生的。"④这是我们在任何特定环境中体验新的普通物和艺术品时尝试使用的方法。通过对未定义的解释保持开放的态度,相信有可能间接接触隐藏的 RO,以及它们如何在环境中交流和存在,而不需要我们对所遇到的一切事物的强烈需求的主导干预。观者可以在RO-SQ 的张力中间接接触到多于其组成部分,少于其效果的物作为一个整体不断涌现。如果不将贫困艺术的物建构起四重性的框架,观者将陷在物中,要么迷失自己,要么丢失了物。

---

① Graham Harman. *Guerrilla Metaphysics：Phenomenology and the Carpentry*. Chicago and La Salle, Illinois：Open Court Publishing Company, 2005, p. 143.

② 张忠梅：《定位艺术的内涵、形态及其审美特征研究——虚拟艺术之后的公共艺术实践》,载《西南大学学报(社会科学版)》2023 年第 4 期,第 229 页。

③ 敬毅：《异质时空与辩证影像：当代艺术中的慢速实践》,《天府新论》2023 年第 4 期,第 154 页。

④ Manuel DeLanda. *A New Philosophy of Society：Assemblage Theory and Social Complexity*. London：Continuum, 2006, p. 37.

结语

海德格尔在工具分析论中,对在手状态(vorhandenheit)和上手状态(zu-handenheit)的区分,将物置于"两个世界"(a two-world),认为只有两个地方可以找到物:要么它们在原始遮蔽的地方默默地执行它们的劳作,要么它们在显现存在的当下闪闪发光。以物为导向的贫困艺术不同之处在于,每个物都有两面性,但我们应该谈论的不是"两个世界"的理论,而是一种以雅努斯的两副面孔为标志的双面理论。海德格尔推崇艺术物,对焦于只有在艺术中,物之物性才得以显现,构建了一个来源于生活并区别于生活的艺术领域。这显然将SO与RO、SQ与RQ分别扔在两个对立世界,艺术作为一种理想范式打开了实在领域。换句话说,仅仅认为一个物以两种形式存在是不够的,物首先是它本身,其次才是物在其他关系中的表现。以物为导向的贫困艺术较之于以往的物导向艺术,最大的获胜标识是艺术所展示的只是物的某种生活方式之一,物的生命在其中流转,观众被诱惑与之共舞。物的四重性也立足于一个世界,RO不高于SO,SQ与RQ同等重要。在贫困艺术中"人的身体行为和姿势是与物本体的世界进行接触的方式"①。这已经证明SO与RO同时被体验,无所谓先后,不可偏废,贫困艺术是一种类似戏剧的综合性审美模式。

以波普艺术和极简主义艺术的物导向视角来看贫困艺术的发展,直击贫困艺术的反驳、成长的基点。波普艺术限制我们的感官,沉溺消费市场,符号化的物体系成为庞大的社会性的网络;极简主义艺术解放观者的感官,强调具身化体验,以"你看到的就是你看到的"为标语。以此为生长点,贫困艺术既要求解放观者身体,又反对简化的体验,揭示并陶醉于一种持续的困惑状态,在这种状态下,曾经看似显而易见、毫无争议的公认思想和无处不在的物变得长期不稳定。因此,反字面主义成为贫困艺术的首要要义,将具有非人转向当代性的艺术物定位于独立个体的、深度与广度统一的复合物是必由之路。在物的四重性结构分析下,艺术物在RO-SQ争执中整体涌现。一言以蔽之,根据

---

① [美]任海:《物导向艺术与当代艺术中的审美物》,《山东社会科学》2021年第1期,第50页。

OOO,贫困艺术的美学意义就是反字面主义的复合物在 RO-SQ 的空间张力中产生的戏剧性效果。

（李卉,西南大学文学院博士研究生,研究方向为西方文艺美学）

Object-Oriented Ontology to the Being Itself
——Arte Povera Study as an Example

Li Hui

Abstract: From pop art to minimalism art, visual symbolic objects break through the barrier and come to the independent level of objects. Viewers perceive objects, see objects, and open the multiple aspects of objects, but they have not yet seen the existence of real objects. In the development of contemporary object-oriented art, arte povera breaks through the line represented by pop art and the line represented by minimalist art, becoming the most representative art type of object-oriented ontology and forming an intertextual relationship with OOO. The greatest feature of arte povera is anti-literalism, and the art-objects that cannot be directly analyzed become a compound of anti-anthropocentrism, anti-reductionism and anti-categorical formalism. Arte povera truly advances the object-oriented art to the last step, thinking about the being of object, that is, how to unfold the objecthood. The solution to this problem is to invoke Hamann's quadruple model of object, in which the viewer can indirectly come into contact with more of its components and less of its effects as a whole in the tension of RO−SQ. If the objects of arte povera are not constructed into a fourfold structure, the viewer will be trapped in the objects and either lose themselves or lose the objects.

Keywords: Object-Oriented Ontology; Arte Povera; Fourfold Structure of Object

图像中的劳动呼声：
野夫木刻《建筑第一声》的声音叙事

黄月婷　张晴

摘要：劳动呼声是工人在劳动过程中发出的声音，最终表达出的是一个关于"工人阶级"的概念。二十世纪二三十年代，以劳动呼声为主题的声音叙事在野夫创作木刻版画《建筑第一声》前后已广泛流行，并为此提供叙事的理论依据与图像资源。野夫通过劳动场景再现劳动呼声，并通过劳动呼声召唤工人加入一个新的、行动型的建设现代都市的现代主体，以工人的打桩劳动作为表现建筑第一声的视觉场景，不仅是关注到这一时期上海摩天楼的建造活动，更是隐含着工人阶级是现代世界之创造者的艺术观念。

关键词：劳动呼声；工人阶级；现代木刻；图像的声音叙事

一、引论

声音是现代都市生活中不可忽视的听觉经验，也是现代都市生活中最有力的刺激。二十世纪二三十年代，伴随着现代传播媒体与技术的发展和有声电影观念的普及,声音成为一种新的、听觉的现代性媒介,也成为现代木刻的表现对象。声音叙事自然也成为研究中国现代木刻的一个重要视角。关于中国现代木刻的声音叙事,研究主要集中在声音的视觉呈现问题,关注声音如何被表达、如何被聆听,以及声音在现代民族国家的想象、现代主体的建构、现代都市生活等方面的作用。① 这些研究显示,中国现代木刻所表现的两种声音:个体或共同体的声音和现代科学技术所创造的声音。这两种声音是二十世纪中国所形成的新的听觉文化,前者是在抗战环境下所产生的叙事主题,后者指向现代都市的工业化活动。

图 1　野夫:《建筑第一声》,《生活知识》1935 年第 4 期

---

① 关于中国现代木刻的声音叙事研究,参见唐小兵《〈怒吼吧! 中国〉的回响》,《读书杂志》2005年第 9 期;吴雪杉《召唤声音:图像中的〈义勇军进行曲〉》,《美术学报》2014 年第 6 期;吴雪杉《汽笛响了:阶级视角下的声音与时间》,《美术研究》2016 年第 5 期;艾姝《图像宣传、声音转向与现代文化——新兴木刻运动早期的"标语画"与口号》,《文艺研究》2019 年第 10 期;刘坛茹、刘京晶《歌唱与说书:抗战木刻版画的听觉想象》,《艺术学界》2022 年第 1 期;李萍《图像如何被聆听? ——对古元 1940 年代几幅木刻作品的声音解读》,《文艺理论与批评》2022 年第 2 期。

　　与上述两种声音不同,野夫木刻《建筑第一声》中所刻画的"嘿……嘿……嘿罗呵!"是工人在劳动过程中所发出的一种集体的、组织性的、合作性的劳动呼声。劳动呼声在现代化的工业活动中是被淹没、被忽视、被压抑的声音。如何从现代都市中挖掘出劳动呼声,并通过劳动呼声建构工人阶级,使之成为建立现代民族国家的主体力量,是野夫木刻的声音叙事的中心问题。野夫的这幅木刻创作于1933年,最初以《"嘿……嘿……嘿罗呵!"(建筑之第一声)》为题参加1934年3月14日至29日在法国巴黎第八区博埃蒂街30号比利埃美术陈列室举办的"革命的中国之新艺术"展览。① 1935年,野夫将标题更改为《建筑第一声》参加第一届全国木刻联合展览会,并将其发表在当年11月出版的《生活杂志》第四期上(图1)。② 从标题的变化和画面内容可以看出,野夫将劳动呼声视为建筑第一声,并以工人的打椿劳动作为表现建筑第一声的视觉场景,这构成本文研究此画的切入点。目前学术界对野夫木刻《建筑第一声》关注较少,本文尝试从声音叙事的角度研究此画,并进一步探讨声音对工人阶级的建构作用,以及声音对艺术家个体理解现代都市的影响。具体而言,本文以野夫的《建筑第一声》为研究对象,试图讨论以下三个问题:第一,野

---

　　① 　根据鲁迅1934年1月5日写给姚克的信中所附的《木刻目录》可知,野夫有六幅作品参加"革命的中国之新艺术"展览,分别是木刻版画《灾民》《一九三三年五月一日(上海泥城桥)》《都会的早晨》《"嘿……嘿……嘿罗呵!"(建筑之第一声)》《回家》及石刻版画《母与子》。此外,根据鲁迅1933年12月4日写给陈铁耕的信、1933年12月5日和1934年1月5日写给姚克的信、1934年1月17日的日记可知,鲁迅原计划于1933年12月4日至15日完成"革命的中国之新艺术"展览的木刻作品征集工作,最后于1934年1月17日完成。鲁迅最后"以中国新作五十八幅寄谭女士",这里所收集的木刻作品总数与"革命的中国之新艺术"展览"(展品)目录"中的木刻作品总数相吻合,其相较于鲁迅1934年1月5日写给姚克的信中所附的《木刻目录》多出三幅,分别是《列宁》《两个劳动者》《音乐家》。可知,这三幅木刻是鲁迅于1934年1月5日至1月17日期间收到。据此可以判断,野夫的木刻版画《"嘿……嘿……嘿罗呵!"(建筑之第一声)》的创作时间应该是在1933年12月15日之前。参见鲁迅《致姚克》,《鲁迅全集》第13卷,人民文学出版社2005年,第1—4页;鲁迅《致陈铁耕》,《鲁迅全集》第12卷,第508—509页;鲁迅《致姚克》,《鲁迅全集》第12卷,第511—512页;鲁迅《日记二十三(一九三四)》,《鲁迅全集》第16卷,第429页;金志平《"革命的中国之新艺术"展览说明书》,载北京鲁迅博物馆鲁迅研究室编:《鲁迅研究资料(7)》,天津人民出版社1980年,第160—163页。

　　② 　唐弢在《全国木刻联合展览会印象记》中提到:"创作方面,最可注意的是野夫的许多作品,这位作家的成绩很平匀,题材的剪取也仿佛经过相当的考虑,如建筑第一声,马路如虎口,出丧等。至于水灾,大肚盐(见本刊),悲哀等几幅,虽然是从连续画里描出来的,但那刻画的精妙,画意的有力,手法的熟炼,在在都说明他是一个很有希望的木刻作家。"据此可知,野夫木刻是以《建筑第一声》为题参加第一届全国木刻联合展览会的。参见唐弢《全国木刻联合展览会印象记》,《申报》1935年10月17日。

夫为什么要刻画劳动呼声，而劳动呼声又何以成为二十世纪二三十年代声音叙事的主题？第二，图像如何表现劳动呼声？第三，在野夫的图像叙事中，劳动呼声何以成为建筑第一声？

二、工人阶级的建构：以劳动呼声为主题的声音叙事缘起

二十世纪二三十年代，上海是中国工人阶级的主要聚集地。1919 年前后，上海工人阶级人数达 51 万余人，占全国 200 万产业工人的 1/4 以上，到 1933 年，上海工人已占全国工人总数的 53.27%。[①] 上海工人阶级集聚程度高，有利于工厂培养和促成工人尤其是产业工人的现代化，使之成为社会结构中极为重要的社会力量。1925 年，上海爆发了五卅运动，其后（1926—1927 年）紧接着就爆发了三次工人武装起义。上海工人运动为中国知识分子信仰马克思主义思想提供了现实基础。五四运动以后，工人阶级作为建立新型的现代民族国家的主体力量被摆到时代叙述的显要位置。以苏俄为师，试图在中国实行马克思主义的现代性方案的知识分子积极投身于动员工农群众参加现代民族国家的社会运动之中。然而，上海工人阶级内部由于地缘祖籍、性别构成、职业收入、技术熟练程度、教育程度、适应城市生活的程度不同而存在分层与差异。[②] 上海工人阶级与农村的联系紧密，他们主要关心改善自身的经济情况，使得知识分子在实际动员工作中面临困难。[③] 因此，如何唤醒和促进工人的阶级意识，使之成为建立现代民族国家的主体力量，是这一时期知识界和文艺界的使命要求。

在这样的历史大背景下，劳动呼声作为建构工人阶级的听觉媒介，成为知识界和文艺界关注的对象。在 1920 年代的知识界，吴稚晖最早提出"杭育"一词，描述上海工人在劳动过程中发出的一种帮助他人的有力声音。[④] "杭育"

① 忻平：《危机与应对 1929—1933 年上海市民社会生活研究》，上海大学出版社 2012 年，第 94 页。
② 裴宜理：《上海罢工：中国工人政治研究》，刘平译，江苏人民出版社 2001 年。
③ 费正清、费维恺：《剑桥中华民国史 1912—1949 年下卷》，中国社会科学出版社 1994 年，第 53—57 页。
④ 吴稚晖：《校读终了的"杭育"（一）》，《科学周报》1924 年第 2 期。

一词提出以后，曾一度成为劳动呼声的代名词。① 1933 年 11 月 19 日，《江南正报》刊载的短文《"杭育"与"咳呵"》指出："他们不单是装束上和行动上有特殊的表现，就是发出的声音，也特别不同……在上海一带，我们可以常常听到'杭育！''杭育！'这就是他们声音的表现。"② 到 1934 年 6 月，叶流发表在《新诗歌》杂志第一期的文章《略谈歌谣小调》则明确提出"劳动呼声"这个术语，并将其定义为工人在劳动过程中，为了配合人体内的生机作用而下意识地发出只有音而无意义的"咳""嗳""哼"一类的声音。③ 同年 9 月 1 日，鲁迅发表在《申报》的《门外文谈》也指出，"杭育杭育"是"在未有文字之前……连话也不会说的……我们的祖先的原始人"在一起"抬木头"时所发出的劳动呼声。④ 鲁迅认为，即使没有文字和语言，当某个"原始人"叫道"杭育杭育"，"大家也要佩服，应用的"。⑤ 这里显示出：第一，劳动呼声是工人在劳动过程中发出的声音，它是工人阶级的身份标识；第二，劳动呼声是工人在劳动过程中无意识发出的一种与劳动节奏相适应的声音，它是工人在劳动过程中的生理反应的显现；第三，劳动呼声不仅从生理上适应劳动的节奏，调节工人的动作和呼吸，减轻工人的疲劳，而且也在集体劳动中组织、统一工人的共同动作，因此是一种集体的、组织性的、合作性的声音；第四，按照鲁迅的论述，劳动呼声作为"前语言"⑥的声音经验，尚未进入语言系统中能指-所指的符号关系。这说明劳动呼声是劳动工人所普遍具有的身体经验。以这种共同、共享的身体经

① 例如冰《"杭育"的意义》，《民国日报》1924 年 5 月 12 日；小藩、德征《"杭育"之意义若何？》，《民国日报》1924 年 8 月 2 日；琛《杭育与教育》，《教育与社会》1930 年第 1 期，等等。

② 阿文：《"杭育"与"咳呵"》，《江南正报》1933 年 11 月 19 日。

③ 叶流：《略谈歌谣小调》，《新诗歌》1934 年第 1 期。

④ 华圉：《门外文谈：七、不识字的作家》，《申报》1934 年 9 月 1 日。

⑤ 华圉：《门外文谈：七、不识字的作家》，《申报》1934 年 9 月 1 日。

⑥ 根据心理学的相关研究，"前语言的发声"（prelinguistic vocalizations）不是符号，而是一种本能的、有效的口头表达方式。而"前语言阶段"（prelinguistic phase）是儿童说出第一个有符号意义的单词之前的一个时期，他们在这个阶段依赖身体动作和哭、笑来传达需要和情感。参见拉瑟斯、瓦伦丁《当代心理学导引 第 7 版 上》，尤瑾、张钊等译，陕西师范大学出版社 2006 年，第 389 页；谢弗等著：《发展心理学 儿童与青少年 第 8 版》，邹泓等译，中国轻工业出版社 2009 年，第 361 页；琳恩·R·马罗茨、K.艾琳·艾伦：《儿童成长教养图》，岳盈盈、翟继强译，商务印书馆 2018 年，第 48 页。有学者也有探讨劳动呼声与"前语言"的关系，参见康凌《有声的左翼：诗朗诵与革命文艺的身体技术》，上海文艺出版社 2020 年，第 142 页。

验为基础,劳动呼声可以为工人阶级的建构提供认同基础。

二十世纪二三十年代,在野夫创作《建筑第一声》的前后,以劳动呼声为主题的声音叙事在文学领域中已广泛流行。1920 年代,最早将劳动呼声写入诗歌的是石樵的《杭育》,于 1924 年 4 月 13 日发表在《民国日报·觉悟》。1933年至 1934 年,左翼诗歌以一类特殊的象声词来模拟工人的劳动呼声,比如百灵 1933 年 3 月发表在《新诗歌》杂志上的《码头工人歌》,以"搬哪! 搬哪! 唉哝哟呵! 唉哝哟呵!"来描述工人在码头劳动时的劳动呼声。石樵的《杭育》通过标题显示出对劳动呼声的一种听觉想象,而其开篇的第一节就模拟地记录下城市的交通声音,包括"叮当叮当(马车或包车底铃声)"、"呜啊呜啊(汽车声)"、"踢踏踢踏(黄包车夫底脚足声)"和"亥育,亥育! 杭育!",它们共同构成对贫富对立的叙事描写的声音图景。① 在这种叙事中,劳动呼声被转化为一种苦难的身体经验。与此不同,百灵的《码头工人歌》则将劳动呼声所唤起的苦难经验转化为一种动员力量,"不,兄弟! 团结起来,向活的路上走吧! 搬哪! 搬哪! 唉哝哟呵! 唉哝哟呵!"②值得注意的是,《杭育》和《码头工人歌》全诗每节都以劳动呼声结尾,这种形式的操作将工人日常所面临的不同问题组织到一个高度形式化的感官结构中,通过劳动呼声不断重复唤起工人在过去劳动过程中被形塑的身体经验,促使工人将当下所遭遇的苦难与这种身体经验相关联,以此唤醒和促进工人的阶级意识。③

1932 年 8 月,展宜在《新闻报本埠附刊》发表了《上海苦力曲——杭育曲:贡献给制谱家》,希望制谱家能够将上海工人的劳动呼声谱写成类似《伏尔加船夫曲》的曲子。④《伏尔加船夫曲》的俄文曲名"ЭЙ, YXHEM"是劳动呼声,它是美国无声电影《冤声》(The Volga Boatman)的插曲,在 1926 年上海夏令配

---

① 石樵:《杭育》,《民国日报·觉悟》1924 年第 24 期。

② 百灵:《码头工人歌》,《新诗歌》1933 年第 3 期。

③ 以劳动呼声为主题的左翼诗歌,还有鲁戈:《打谷歌》,《新诗歌》1934 年第 1 期;柳倩:《阻运》,《新诗歌》1934 年第 2 期;等等。有关左翼诗歌中的劳动呼声问题研究,参见康凌《有声的左翼:诗朗诵与革命文艺的身体技术》,上海文艺出版社 2020 年,第 139—146 页。

④ 展宜:《上海苦力曲——杭育曲:贡献给制谱家》,《新闻报本埠附刊》1932 年 8 月 18 日。

克大戏院上映后开始流传。① 此后,以劳动呼声为叙事主题的歌曲在各类宣传刊物上频繁出现。② 1934 年,聂耳为歌剧《扬子江暴风雨》创作的四首歌曲中,就有一首与工人打椿时的劳动呼声有关,刊登在同年《旁观者》杂志的创刊号上。③ 聂耳的《打椿歌》共有三节,其首尾两节重复"拉起来哟,哼唷呵! 放下去哟,哼唷呵! 一天到晚,哼唷呵! 两毛小洋,哼唷呵!"④,它们的音律和节奏急剧紧张,这是对当时工人打椿时的劳动呼声的真实记录。第二节"哎呦! 太阳晒死啰! 肚皮饿死哪! 别人惬意哪!"⑤,歌曲的音律和节奏开始放缓拉长,但此时的音重也逐渐加强,其逐渐积累的情感力量引向歌曲所要叙述的主题:工人阶级的苦难与"别人惬意"形成鲜明的对立。在这样的操作中,聂耳的《打椿歌》为劳动呼声制造出一场真正的听觉事件。对于一般听众而言,这场听觉事件会激发他们对打椿劳动的听觉想象,但是对于打椿工人而言,则会唤起他们关于苦难的身体回忆,并将"诉苦"作为一种情感动员的机制,重塑工人身份的认同。

综上,通过梳理二十世纪二三十年代知识界与文艺界对劳动呼声的认识及相关实践可知,劳动呼声在其中承担三种不同层次的叙事功能:第一,唤起工人对劳动呼声的身体反应;第二,以这种共同、共享的身体经验为基础,模糊或消除工人阶级内部存在的分裂与差异;第三,实现对工人阶级的建构。当然更重要的是,由于劳动呼声与身体经验的这种关联,使得劳动呼声表现出某种视觉性,所以可能成为视觉艺术的表现对象。这对于解释野夫为何要以劳动呼声为主题进行创作具有突破性的意义。

---

① 留生:《一个经典"文本"的确立——中文译配〈伏尔加船夫曲〉的定型及其译者考》,《人民音乐》2016 年第 10 期。

② 例如:《打椿》,《中国童子军第一七七团年刊》1936 年第 1 期;张曙:《筑堤打椿歌》,《好友》1938 年创刊号;冼星海:《打椿歌》,《文艺月刊》1938 年第 5 期;陈昌寿:《打桩歌》,《新影坛》1934 年第 2 期,等等。

③ 1934 年上海百代公司曾灌制了聂耳等人以"森森唱歌团"名义录音的唱片,题为《扬子江暴风雨》,其中包括了《码头工人歌》《打砖歌》《打椿歌》等曲目,为此研究提供声音档案资料。

④ 《打椿歌》,《旁观者》1934 年创刊号。

⑤ 《打椿歌》,《旁观者》1934 年创刊号。

三、图像中的劳动呼声与听觉想象

劳动呼声虽然在视觉上不可见,但是由于与工人的身体经验紧密关联,所以可以通过视觉来传达。劳动呼声是工人在劳动空间中的"身体性在场"[1],无论发声还是聆听,都在空间中占据一定的时间长度。图像通过劳动呼声引发听觉想象,将已经空间化的图像重新纳入时间的进程之中,为图像的声音叙事设置可能性。而劳动呼声在二十世纪二三十年代大量进入文学叙事中,必然也会成为图像叙事的主题。那么,劳动呼声应该如何在图像中给予呈现?以下首先通过四幅以工人打椿时的劳动呼声为主题的视觉图像分析这一时期对此类声音的再现方式,其次分析野夫木刻《建筑第一声》如何表现劳动呼声。

(从左至右)

图 2　《听夯歌儿》,《北京白话画图日报》1909 年第 211 期

图 3　徐濡:《杭育》,《民众生活》1930 年第 12 期

第一幅是 1909 年第 211 期《北京白话画图日报》上刊登的图画《听夯歌儿》(图 2),它提供了一个比较早期的再现劳动呼声的视觉图式。图像的左上方附有一段文字说明:"前几天友人走到顺治门外。茶食胡同东头儿。瞧见路北有一伙子打夯歌的唱得是陕西五更儿。招紧了十几个妇女们都搬来了板凳

---

① 格诺特·波默:《气氛美学》,贾红雨译,中国社会科学出版社 2018 年,第 147 页。

坐在北上坡儿听。这天很大的风。也没把这群听唱儿的刮散。真透着爱听呕。"①图像中描绘了两人一组、共有四个工人进行打夯劳动,几个妇女坐在板凳上,用手指向打夯劳动,表明她们从那儿听到的打夯歌。可见,这种通过劳动场景再现劳动呼声,继而引起群众围观的形式,在这一时期已经成为表现劳动呼声的经典图式。

第二幅是 1930 年《民众生活》杂志第 12 期刊登的摄影《杭育》(图 3)。拍摄者徐濡从远摄的位置拍摄打椿架,使大规模的都市建筑能够进入画面,表现出宽阔的街道上群众围观工人打椿的情形。可以看到,照片中距离观众最近的是一个背对观众、提着篮子的妇女,从后面看到的停下来的妇女使观者的眼光能够不受干扰地审视整个空间,并将其视觉观看的焦点集中于工人打椿的劳动场景:在第三层打椿架上,工人拉着绳索围成一个圆圈,他们身体微微下蹲,弯腰弓背,目视下方的椿顶;第二层,几个工人也围成一圈,微蹲在木架上;地面上,有一排工人拿着铲子正在等待下一步工作,还有一群围观群众正慢慢靠近打椿架,他们把目光都集中在打椿架上正在进行的打椿劳动。在这里,照片正是通过围观群众的姿态来反映他们从打椿架上听到的声音的,尤其是距离观众最近、提着篮子的妇女,她好像是听到了工人"杭育"的劳动呼声才停下脚步。

第三幅是 1933 年发表在《图画晨报》杂志第 45 期以"杭育"为主题的《东门路渡口驳岸打扳椿时摄影》(图 4)。与徐濡的《杭育》相似,这张照片也以都市建筑作为背景,并通过标题提示,这是上海东门路渡口驳岸打椿时的劳动场景。不同之处在于,这张照片提供了从侧面观看打椿劳动的视角,呈现出东门路渡口驳岸打扳椿时的拥挤。由于拍摄者以仰角进行拍摄,使得打椿架上的劳动场景呈现出一种高度的、迅速的,甚至有些震撼的现代感。照片中打椿架上的工人们几乎都是站立的动作,绳索松散地落在打椿架上,而围观群众的目光也几乎都是朝向画面之外,甚至走出画面,表明这里可能刚刚结束打椿工作,所以围观群众也陆续离开现场。此外,照片中处于中心位置的是一位面向观众、身着长袍、戴着墨镜的男性,他的目光正视观众,"观看"代替"声音",使

---

① 《听夯歌儿》,《北京白话画图日报》1909 年第 211 期。

图 4　《东门路渡口驳岸打扳椿时摄影》,《图画晨报》1933 年第 45 期

得观众的观看焦点难以集中于打椿架上的劳动场景,也无法从中听到"杭育"的劳动呼声。

　　第四幅是 1933 年《艺风》杂志第 6 期刊登的摄影《唉……唉育夯育》(图 5),拍摄者潘惠霖。可以看到,照片中拉绳工人都是目视下方,绳索微松垂落,虽然推车工人挡住举椿工人的动作和椿木的位置,但是可以判断出这是拍摄椿木落下的那一瞬间。从画面来看,潘惠霖的《唉……唉育夯育》与张石川导演的有声电影《压岁钱》中"大发营造厂建筑场"(图 6)有相似之处,他们可能

图 5　潘惠霖:《唉……唉育夯育》,《艺风》1933 年第 6 期

图 6　"大发营造厂建筑场",《压岁钱》,1937 年

是选取了同一个场景进行拍摄。影片《压岁钱》呈现了打椿劳动的整个过程：人群之中有一个工人领唱，其余工人围成一个圆圈，在奋力打椿的同时齐声应和着"唉育嘿……嘿育嘿育……唉育嘿"。显然，摄影无法呈现这个过程，它只能捕捉到某个时间断面的劳动场景。这说明声音的转瞬即逝本身难以通过由时间成就的摄影来记录。

通过分析可知，上述图像主要从三个方面传达劳动呼声：第一，通过劳动场景再现劳动呼声；第二，设置围观群众作为劳动呼声的聆听者；第三，通过文字说明或标题突出劳动呼声，比如"听夯歌儿""杭育""唉……唉育夯育"。通过劳动场景再现劳动呼声，在这一时期成为绘画和摄影中的叙事惯例。例如，1924年8月2日出版的《民国日报》刊登一幅绘画《亥育！亥育！杭育！》，描绘了一个拉绳的工人。① 1929年《虞美人》杂志刊登一幅名为《杭唷杭唷》（图7）的艺术摄影，展现四个在江边拉绳的工人。1933年第45期的《图画晨报》用21张照片呈现"杭育"，分别聚焦于"拖""夯""挖""修""汲""推""抬""负""挑""耕""背""拉""运"等劳动场景。② 同年《勇进》杂志第3期的另一幅摄影也以《杭唷！》（图8）为题，拍摄建筑工地上工人抬重的劳动场景。

（从左至右）

图7 宋亮：《杭唷杭唷》，《虞美人》1929年第2期

图8 萍：《杭唷！》，《勇进》1933年第3期

---

① 潘望：《亥育！亥育！杭育》，《民国日报》1924年8月2日。

② 《杭育》，《图画晨报》1933年第45期。

通过劳动场景再现劳动呼声具有一定的合理性。劳动呼声产生于劳动,又指导着劳动。劳动呼声随着劳动的方式、强度、节奏和速度的变化而变化。以工人打桩时的劳动呼声为例,它的节奏通常是"四步一下夯","下一次夯需要两拍的时间","拉绳的声音,虽比打夯的声音沉重,却没有打夯的声音紧张。又因为拉绳是利用胀力,他不受接触面限制,着力点分散,所以,发声徐缓,滑音很少;打夯则不同,它是利用冲力,着力点集中在接触面上,因而发音急剧,就产生了许多滑音。劳动者出力越大,滑音也就越多,夯举得越高,滑音也就更显露"。① 这说明劳动呼声可以通过劳动场景来表现。通过劳动动作可以判断出劳动呼声,并传达出劳动呼声。

通过劳动场景再现劳动呼声的视觉背景有助于解释野夫的《建筑第一声》。从画面来看,这是一段方形石桩,上端系有绳索九根,中段装有把手两只;打桩架上有六个工人拉着绳索围成一个圆圈,但是根据绳索的数量可以判断出有九个工人,他们的身体微微下蹲,弯腰弓背,目视下方的桩顶;打桩架下有两个工人手持石桩的把手,把握石桩落下的位置和方向,另一个工人叉着腰站在木桩后面,正在等待下一步工作。图像中几乎所有的工人因劳动而背向观众或低头朝向石桩,他们的面孔模糊不清,甚至没有差别也无需差别。从这些工人的脸庞可以看到微张的口型,由于劳动过程中的发声急剧、紧张,所以他们的口型表现不明显。此外,野夫木刻也没有设置围观群众作为劳动呼声的聆听者。

那么,野夫是如何表达劳动呼声?野夫木刻版画的原型极有可能来自潘惠霖的摄影《唉……唉育夯育》,然后参照徐濡的摄影《杭育》所表现的打桩工人的劳动动态,并共享着同时期通过劳动场景再现劳动呼声的视觉图式。与这一时期的摄影图像比较,野夫木刻的声音叙事有以下四个突出的特点。第一,现代木刻被认为是最合乎"力"的表现,黑白关系强烈,野夫使用这种独特的艺术语言来表达劳动呼声,使得图像中的劳动呼声所迸发的集体力量得到极大突出。第二,野夫选择打桩劳动过程中"最富于孕育性的那一顷刻"②,将

---

① 晨风:《对于劳动声音的几点体会(经验)》,《文艺杂志》1950 年第 6 期。
② 莱辛:《拉奥孔》,朱光潜译,人民文学出版社 1984 年,第 83 页。

视觉观看的中心聚焦于打椿工人拉着的绳索，绳索的线条直而有力，说明向上引绳拉力大，拉绳工人的声音沉重，建筑第一声可能在这一瞬间从椿基中沿着绳索向上迸发。第三，从弯腰、挪脚到拉绳，再到拉起石椿、落下石椿，是一个在时间中相继展开的持续性动作。野夫有意识地强化了工人的劳动动作，劳动呼声与工人的打椿劳动场景形成一个更加紧密的视觉整体，共同构成一幅"建筑第一声"的图像。第四，建筑第一声由工人在打椿劳动过程中发出的劳动呼声来体现或替代。图像中传达的劳动呼声建构起工人的集体想象，使得他们很容易认同彼此是同一阶级的身份。与其他声音不同，劳动呼声的发声者和聆听者都是身份明确的工人阶级，他们很容易通过图像中的劳动场景聆听到或"看见"劳动呼声。图像中有微张的口型，又有弯腰、挪脚、拉绳等正在进行的动作，工人很容易想象并感受到劳动呼声，听到手持石椿把手的工人喊出"拉起来哟"的领号后，拉绳工人们便在"嘿……嘿……嘿罗呵！"应声之中拉起石椿。紧接着，"放下去哟"的领号唱起，拉绳工人便在一个比较沉重的尾音"嘿……嘿……嘿罗呵！"中放松绳索落下石椿。最后，声起椿落，沉重的石椿一下一下地落在泥地里，"碰！碰！碰！"，伴随着工人短促而高亢有力的劳动呼声。

四、现代世界之创造者：劳动呼声成为建筑第一声

在野夫的图像叙事中，劳动呼声何以成为建筑第一声？这首先涉及何为建筑第一声。1934 年第 3 期的《大众画报》刊登一组摄影《都会的节拍》，其中一幅题为《建筑之先声》（图 9）拍摄了几个工人拉着绳索、围着椿基的劳动场景。这幅照片旁边有一段文字说明："重椿打地基。工人唱着有韵律的劳动歌，把基础一下一下的打实。"[①]在照片中，拍摄者显然也把视觉观看的中心聚焦到打椿工人手里拉着的绳索上，这与野夫木刻有相似之处。尽管无法确认《建筑之先声》的拍摄是否受到野夫的影响，但有一点可以肯定，即它们都希望通过建筑工地上工人打椿的劳动场景唤起人们对建筑第一声的听觉想象。也

---

① 《建筑之先声》，《大众画报》1934 年第 3 期。

图 9　《建筑之先声》,《大众画报》1934 年第 3 期

就是说,建筑工地上的打椿工程可能成为建筑第一声的声音来源。这一点可以从 1934 年《新闻报本埠附刊》上刊载的一首诗歌得到解释:"建筑物愈高。打的椿愈深。我们要创立伟大的事业。怎能不立好坚深的基础呢?"①同年,蕙琴在其文章中也表明这种观念,"不要以为打椿工程是初步的工程,无关紧要,反之,惟有要求这初步工程的深入合理,才能奠定新的基础"②。打椿是建筑的初步工程,也是建筑的重要基础。因此,建筑的第一声可能来自建筑工地的打椿工程。

　　1928 年至 1937 年,野夫在上海活动的期间正是近代上海摩天楼建造的繁盛阶段。③ 野夫 1928 年考入上海中华艺术大学,1930 年 5 月 24 日转学至新华艺术专科学校,后于 1932 年 1 月由上海美术专科学校新制第九届毕业。1930 年至 1937 年间,野夫先后组织参与上海一八艺社研究所、春地美术研究所、野风画会、上海绘画研究社、MK 木刻研究会、野穗社、涛空画会、铁马版画会、上海木刻作者协会等木刻社团活动,而这些社团也基本都设于或者紧靠中华艺术大学、新华艺术专科学校、上海美术专科学校所在的区域——苏州河以北的

---

　　①　羽军:《打椿》,《新闻报本埠附刊》1934 年 5 月 25 日。

　　②　蕙琴:《我们需要打桩》,《汗血周刊》1934 年第 1 期。

　　③　有学者在其研究指出,"从 1928 年至 1937 年,近代上海基本经历了建造业发展至繁盛而后下行至停滞的一个完整阶段"。参见孙乐《"摩天"与"摩登"——近代上海摩天楼研究(1893—1937)》,同济大学出版社 2020 年,第 141 页。

闸北、虹口一带和法租界。① 1930 年代，野夫在上海求学的三所大学都与中国
左翼美术家联盟有着紧密联系，他们的木刻社团同样也是为左翼美术家联盟
开展活动而设立，因而时常于工厂、工人的劳作区及贫民窟等地方写生，以工
人劳动和生活作为创作题材。据此可以判断，野夫 1928 年至 1937 年间在上
海的大致活动范围，并可能关注到这一时期上海摩天楼建造现场。由此可以
推断，野夫在此时期创作的《建筑第一声》很可能就是关注到当时上海摩天楼
的建造活动。

　　1930 年代上海摩天楼建造活动的兴盛，同步于美国城市建设向垂直方向
发展的狂热期，并热衷于报道同时期美国摩天楼的建造情况。上海中文杂志
中最早报道美国摩天楼的新闻照片是 1911 年《东方杂志》第 7 期刊登的《世界
最巨之居屋》，是当时纽约新建的一座高十四层的摩天楼。② 1930 年以前，《东
方杂志》《申报》《青年》等杂志重复报道美国芝加哥的一座高二十二层的摩天
楼。③ 1930 年至野夫创作《建筑第一声》的 1933 年，《道路月刊》《上海画报》
《小世界（图画半月刊）》《中华》《时兆月报》等杂志陆续刊登关于美国摩天楼
的新闻图片，其中纽约 1931 年建成的帝国大厦频繁出现，计有八十五层楼，当
时被称为"世界最高之大厦"。④ 同一时期，《中国摄影学会画报》1931 年第

---

　　① 关于野夫 1928 年至 1937 年在上海的活动情况，参见赵辉《野夫年谱》，《野夫纪念文集》，浙江
人民美术出版社 2017 年版，第 477—508 页。关于野夫在此阶段参加的木刻社团所在区域位置，可参见
《一八艺社的新进展》，《文艺新闻》1931 年第 21 期；《艺术界的没落中 青春美术家跃出》，《文艺新闻》
1932 年第 55 期；《野风画会征求新会员》，《社会生活》1932 年第 4 期。关于野夫此阶段在上海求学的
三所学校所在区域位置，可参见《中华艺术大学成立宣言》，《新闻报》1925 年 12 月 30 日；《上海著名大
学调查录：（乙）私立大学：（五）中华艺术大学》，《寰球中国学生会特刊》，1926 年 4 月；《中华艺术大学
迁移新校舍》，《新闻报》1927 年 3 月 9 日；《学校介绍：专科之部：私立新华艺术专科学校》，《滇声》1934
年第 1 期；《私立上海美术专科学校概况》，《上海各大学联合会会刊》1933 年第 1 期。
　　② 《世界最巨之居屋》，《东方杂志》1911 年第 7 期。
　　③ 例如：《丛谈：摩天屋》，《东方杂志》1905 年第 12 期；《摩天屋》，《申报》1912 年 11 月 10 日；
《童子百科全书：摩天屋》，《青年》1914 年第 9 期；《喜克哥城之巨屋》，《申报》1916 年 11 月 14 日，
等等。
　　④ 例如：《纽约经济区之摩天楼》，《道路月刊》1931 年第 3 期；《世界最高的建筑物（纽约）》，《艺
园》1931 年第 16/17 期；《纽约高楼巨厦之大观》，《北洋画报》1932 年第 751 期；《世界高楼之一》，《小
世界（图画半月刊）》1932 年第 2 期；《睥睨全球美国之世界最高建筑两座》，《上海画报》1932 年第 837
期；《世界上最高的屋子》，《小朋友》1933 年第 574 期；《纽约商业中心区俯瞰最高者为 R.C.A. 大厦计
高七十层》，《中华》1933 年第 19 期；《世界最高之大厦》，《时兆月报》1933 年第 3 期；《纽约一〇二层大
厦为全世界最高建筑》，《礼拜六》1933 年第 515 期，等等。

315 期刊出一幅摄影《上海最高之建筑》(图 10),此为 1929 年建成的华懋公寓。1931 年,四行储蓄会二十二层大厦动工,至 1934 年 6 月完工,取代华懋公寓成为当时"上海最高之建筑"①(图 11)。这些有关美国摩天楼的新闻图片与上海实际都会场景自然会影响民国时人对摩天楼的认识,也必然会开拓他们对摩天楼高度的想象。

(从左至右)

图 10　谢日光:《上海最高之建筑》,《中国摄影学会画报》1931 年第 315 期

图 11　陈绍文:《上海最高之建筑(二十二层楼之四明储蓄会)》,《北洋画报》1934 年第 1074 期

在 1930 年代的上海,摩天楼是近代上海发展的重要象征。1934 年,《申报》刊出一篇题为《谈谈摩天楼》的文章,此文提到上海四行储蓄会二十二层大厦在当时引起人们广泛的关注:"最近上海都市之中。二十二层之摩天楼已告

———————

①　陈绍文:《上海最高之建筑(二十二层楼之四明储蓄会)》,《北洋画报》1934 年第 1074 期。

落成。一时国际饭店。四行储蓄之名。遍传入口。里巷街头。莫不以摩天楼
为谈助。实有妇孺皆知之概。此亚东最高之二十二层摩天楼。确可雄视东半
球。"①朱大可在《摩天大楼的权力政治》中通过《旧约·创世纪》阐释摩天楼建
造的三大内在政治逻辑：建立与上帝相等的霸权（"塔顶通天"）、打造政治威
名（"传扬我们的名"）、实现国家集权（"免得我们分散在全地上"）。② 摩天楼
在近代上海的出现，以其高入云间、垂直向上的高度成为现代都市的中心，并
成为现代人所向往的目标。在 1930 年代上海中文杂志的都市摄影中，对摩天
楼的视觉呈现几乎都是对近代上海发展的歌颂，这可以从"都会的刺激"（图
12）、"如此上海：上海的声光电"（图 13）、"如此上海：上海之高·阔·大"（图
14）等之类的标题和图像判断出来。在这些图像中，拍摄者以仰角的角度拍摄

（从左至右）

图 12 《都会的刺激》，《良友》1934 年第 85 期

图 13 《如此上海：上海的声光电》，《良友》1934 年第 87 期

图 14 《如此上海：上海之高·阔·大》，《良友》1934 年第 88 期

---

① 《谈谈摩天楼》，《申报》1934 年 12 月 18 日。

② 朱大可：《摩天大楼的权力政治》，《中州建设》2003 年第 7 期。

摩天楼或者将摩天楼以倾斜的构图方式进行排版,表现出摩天楼的威力、伟大和崇严。同一时期,在以上海为主题的小说中,尽管摩天楼经常被描述为具有吞噬性力量的"都会的妖怪"①或"巨大的怪兽"②,但却强烈地暗示西方现代性的到来。可见,在一系列的图像和话语实践中,摩天楼被赋予表征近代上海发展的视觉含义,同时暗示着现代世界的到来。因此,对于野夫木刻《建筑第一声》的声音叙事,也需要放在这个社会背景下来审视。

二十世纪二三十年代,由于科学与工程技术的进步,包括钢筋混凝土、混凝土筏型基础,以及各种新的施工技术、施工机械与设备的普遍应用,使得上海的摩天楼得到迅速发展。③ 1925 年《中南画报》第 1 期刊登一幅新海关大楼采用混凝土地桩的施工现场图(图 15),由于"新屋甚高且近黄浦滩地质甚松",所以"用极坚固之水泥钢骨为桩约一千余根"。④ 同年 2 月,《北华捷报》(*The North-China Herald*)报道新海关大楼的基础由四组打桩机进行打桩,每组打桩机桩锤重达 3.5 吨,每根混凝土桩长 50 英尺(约 15 米)、重达 7 吨,共打下 1542 根钢筋混凝土桩,上面支撑钢筋混凝土筏,承载重达 4300 吨的钢结构和 8000 多吨重的花岗石。⑤ 这在当时的远东是独一无二的桩基系统,此后在建筑基础工程中被普遍采用,如《上海百老汇大厦打桩摄影》(图 16)、《中国银行堆栈:打桩机三架在地场工作情形》(图 17)等照片拍摄了这一时期建筑工地上的打桩情形。在上海摩天楼建造进入繁盛发展的 1930 年代,人们对于建筑工地上汽机打椿的机器声音一定不会陌生。问题在于,人工打椿何以替代汽机打椿成为表现建筑第一声的视觉场景?

---

① 刘呐鸥:《都市风景线》,水沫书店 1930 年,第 58 页。
② 茅盾:《子夜》,开明书店 1935 年,第 2 页。
③ 伍江:《上海百年建筑史》,同济大学出版社 2008 年,第 97 页。
④ 《江海关建筑新屋》,《中南画报》1925 年第 1 期。
⑤ 《新阶段打桩》(*Pile Driving in A New Phase*),《北华捷报》(*The North-China Herald*)1925 年 2 月 7 日。

（从左至右）

图 15 《江海关建筑新屋》，《中南画报》1925 年第 1 期

图 16 《上海百老汇大厦打桩摄影》，《建筑月刊》1934 年第 3 期

图 17 《中国银行堆栈：打桩机三架在地场工作情形》，《中国建筑》1936 年第 26 期

1932 年，穆时英发表在《现代》杂志第一期的短篇小说《上海的狐步舞（一个断片）》为探讨野夫木刻的声音叙事提供了一种线索。在这篇小说中，穆时英写道："街旁，一片空地里，竖起了金字塔似的高木架，粗壮的木腿插在泥里，顶上装了盏弧灯，倒照下来，照到底下每一条横木板上的人。这些人吃喝着：'嗳嗳呀！'几百丈高的木架顶上的木椿直竖下来，碰！把三抱粗的大木柱撞到泥里去，四角上全装着弧灯，强烈的光探照着这片空地。"①穆时英在小说中所描述的这一视觉场景与野夫的《建筑第一声》相呼应，他从舞场、陋巷转而描绘建筑工地，钢骨、瓦砾、躺在工地上的士敏土和血迹并置，成为上海都市"造起来了"的主要根源。这种简单、明了的视觉对比是当时描述工人阶级在都市中主体位置的一种常用叙事手法。殷尔游 1928 年发表在《创造月刊》的另一首诗歌《上海：将来？》也试图在这种叙事手法突出"上海，我们的创造"②。在俄国谢门诺夫的小说《纳塔丽亚·塔尔普娃》中，作者甚至描述了一个参加十月革命后的工人如何意识到自身为一切事物创造者的心理过程："在这墙上每一

① 穆时英：《上海的狐步舞（一个断片）》，《现代》1932 年第 1 期。

② 殷尔游：《上海：将来？》，《创造月刊》1928 年第 5 期。

块砖都有着我们的手的痕迹;在上面每一尺高都被我们的劳动所度量过。工厂——这是件东西,因此这也就是我们,世界是建筑在物件和我们的身上!"①就像曹禺于1936年创作的戏剧《日出》结尾中,建筑工地上的工人在合唱,暗示着新的无产阶级力量正在壮大。② 同样值得注意的是,野夫在《建筑第一声》中以工人的打椿劳动替代汽机打椿作为表现建筑第一声的视觉场景,不仅暗示着工人阶级是城市摩天楼之创造者,同时也展示出工人阶级的伟大力量。

(从左至右)

图 18　克莱尔·雷顿:《建筑》,《小说月报》1930 年第 2 期

图 19　路易斯·洛佐瓦:《摩天楼之诞生》,《文化界》1933 年第 2 期

---

　① 冯乃超:《文艺讲座(第一册)》,神州国光出版社 1930 年,第 239 页。

　② 曹禺在《日出》的结尾处写道:"砸夯的工人们高亢而洪壮地合唱着轴歌,(即'出日东来,满天大红! 要想得吃饭,可得做工!')沉重的石硪一下一下落在土里,那声音传到观众的耳里是一个大生命浩浩荡荡地向前推,向前进,洋洋溢溢地充塞了宇宙。"参见曹禺《日出》,上海文化生活出版社 1937 年,第 331 页。

1920 年以前,"摩天人"是城市摩天楼之建造者,"此等匠人之工作。述之令人称奇而战栗。其人能于距地数百尺之高处工作。或于架上。或于秋千。大背力学之公例。人见之安得不称奇叫怪耶"①。但是,"上海及东方各处。以无尖塔。故亦无此等匠人"②。到了野夫创作《建筑第一声》之时,上海摩天楼进入繁盛建造的阶段,中国知识分子已充分认识到工人是推动上海城市发展的人数最多的社会主要动力源。借助声音叙事的力量,通过通俗易懂的木刻版画,使工人意识到他们在都市中的主体位置,也是野夫创作此画的重要目的。如何塑造工人阶级是城市摩天楼之创造者?《小说月报》1930 年第 2 期刊载的克莱尔·雷顿(Clare Leighton)的木刻《建筑》(图 18)与《文化界》1933 年第 2 期刊载的路易斯·洛佐瓦(Louis Lozowak)的《摩天楼之诞生》(图 19)在阐释这个主题方面具有参照意义,前者以工人的仰视角度描绘出摩天楼的高度与壮观;后者则采取平视角度呈现出建筑工地的劳动场景,使工人成为画面的主体形象。与这两幅作品比较,野夫的《建筑第一声》有三点值得强调。第一,野夫在图像中通过劳动场景再现劳动呼声,并通过劳动呼声唤起工人对建筑第一声的听觉想象,充分发挥了声音叙事的跨媒介功能。第二,劳动呼声成为叙事交流的主要媒介,图像叙事的隐含观者则明确指向工人,工人既是劳动呼声的发声者也是劳动呼声的聆听者,他们很容易通过图像中的劳动场景聆听到或"看见"劳动呼声。当工人从图像中聆听到劳动呼声,他们在过去劳动过程中被形塑的身体经验就会被动员起来,以这种共同、共享的身体经验为基础,工人很容易认同彼此是同一阶级的身份。第三,当工人认同工人阶级的身份,工人个体的身体经验和力量就会被凝聚起来,使他们深刻地意识到劳动呼声可能成为建筑第一声,并积极加入一个新的、行动型的建设现代都市的现代主体中,参与现代民族国家的构建。

1933 年,就在野夫创作《建筑第一声》的同一年,茅盾先后在《东方杂志》《申报》发表了《现代的》《机械的颂赞》《都市文学》。茅盾的这些文章大致表明此时期左翼知识分子对于劳动者主体的认识。在《都市文学》中,茅盾首先

---

① 竞夫:《摩天人》,《东方杂志》1914 年第 9 期。
② 竞夫:《摩天人》,《东方杂志》1914 年第 9 期。

从经济角度剖析上海发展的畸形形态,进而指出只描述"消费膨胀"是无法全面展现"畸形发展的上海"的,必须要同时描述"生产缩小"。茅盾强调用描述"生产"代替描述"消费",正是因为描述"生产"可以塑造现代工人的主体性。所以茅盾特别指出,参加生产的工人不能被描述成"一个和生产组织游离的单独的劳动者",而应该"在他的机械旁边","在他所工作的工场",以此实现对现代工人的主体建构。① 在《机械的颂赞》中,茅盾指出现代作家应该重点通过描述机械来表现现代生活的"紧张",因为"机械这东西本身是力强的,创造的美",同时表明人类正在进行亘古未有的"大创造"和"大决算"。② 这就是说,都市中的"机械"的重要性不仅在于它是都市发展的象征物之一,更重要的是,它参与现代工人的主体建构,这是上海城市发展的主要动力源。在《现代的》一文中,茅盾区分两种"现代"的观念:一种是消费生活带来的现代观念;另一种则是 speed,它是指机械工业文明所带来的现代生活的"紧张",也是茅盾所说"新的人类以大无畏的精神急趋于新世界的创造——新生活关系的确立,那样的伟大使命所必须的'猛进'和'魄力';这是一种作战! 这是有计划,有目标的;裂碎了旧的躯体,分娩出新生命新个体来"。③ 也就是说,现代世界的工业文明是"新的人类"以"猛进"和"魄力","急趋于新世界的创造",其中有着对更大的主体的积极召唤。在 1930 年代的上海,摩天楼被赋予表征近代上海发展的视觉含义,同时也暗示着现代世界的到来。因此,在这种对于现代工人的主体性的流行观念下,野夫以工人的打桩劳动作为表现建筑第一声的视觉场景,同样隐含着工人阶级是现代世界之创造者的艺术观念。

五、结语

　　劳动呼声是工人在劳动过程中发出的声音,最终表达出的是一个关于"工人阶级"的概念。劳动呼声不同于其他声音,正在于这类声音的发声者和聆听者都是劳动工人,它是劳动工人所普遍具有的身体经验,可以实现超越语言系

---

① 茅盾:《都市文学》,《申报月刊》1933 年第 5 期。
② 茅盾:《机械的颂赞》,《申报月刊》1933 年第 4 期。
③ 茅盾:《现代的》,《东方杂志》1933 年第 3 期。

统的可沟通性。以这种共同、共享的身体经验为基础,劳动呼声在一定程度上可以模糊甚至消除工人阶级内部存在的分裂与差异。这是劳动呼声在二十世纪二三十年代成为声音叙事主题的主要缘由。上述分析可知,图像通过劳动场景再现劳动呼声,使劳动呼声与劳动场景更加紧密地形成一个视觉整体,劳动呼声作为可见的听觉形式得以呈现。需特别指出的是,野夫的《建筑第一声》使用现代木刻这种独特的艺术语言来表达劳动呼声,充分发挥了声音叙事的跨媒介功能。更为重要的是,野夫通过劳动呼声唤起工人对建筑第一声的听觉想象,由此召唤工人加入一个新的、行动型的建设现代都市的现代主体,参与现代民族国家的构建。这不仅是关注到这一时期上海摩天楼的建造活动,更是隐含着工人阶级是现代世界之创造者的艺术观念。

（黄月婷,同济大学人文学院 2020 级哲学专业博士研究生,主要研究方向为美学、美术研究;张晴,中国艺术科技研究所副研究馆员,主要研究方向为艺术科技融合、美术研究）

The Labor Voice in the Image:Sound Narrative of Yefu's
Woodcut *The First Sound of Architecture*

Huang Yueting　Zhang Qing

Abstract:Labor voice refers to the sounds made by workers during the labor process,ultimately expressing a concept of the "working class". In the 1920s and 1930s,sound narratives centered on labor voice were widely popular, providing theoretical basis and visual resources for Yefu's creation of *The First Sound of Architecture*. Yefu recreated labor voice through labor scenes and summoned workers to join a new,proactive subject in constructing the modern city. By using the visual scene of worker's labor on the pile driving as the representation of the first sound of architecture,the artwork not only focused on the construction of Shanghai skyscrapers during that period but also implied the artistic concept that the working class is the creator of the modern world.

Keywords:Labor Voice;Working Class;Modern Woodcut;Sound Narrative of Images

演讲与诉说:解放区木刻版画的声音叙事①

刘坛茹

摘要:在二十世纪三四十年代的解放区,演讲是党和边区政府进行革命宣传和政治动员的重要媒介,也作为一种经典图式在新兴木刻版画中得到充分彰显。解放区的木刻版画聚焦于声音层面的政治效应,通过演讲和诉说图式,让革命群众从被动的听到主动的诉说,推动抗战动员和政治建设进入新阶段。演讲图式推崇演讲者个人魅力,构成了所谓"卡里斯马"人格情结。诉说图式强调声音感知权力的重新分配,让曾经被剥夺了声音权力的乡村民众也具有了话语权。作为空间媒介的木刻版画,运用了多重修辞方式去表征作为时间媒介的无形声音,从而为建构真正意义上的总体艺术叙事学提供了范例。

关键词:解放区;木刻版画;演讲;诉说;出位之思

现代女作家陈学昭曾于 1938 年访问延安后,写下《延安访问记》一书,深情地回忆了延安的"声音"气氛:不仅充满了歌声和自由的交谈声,还有各种报

① 基金项目:本文系教育部人文社会科学研究青年项目"解放区木刻版画的声音叙事研究(1937—1949)"(项目批准号:19YJC760063)的阶段性成果。

告、大会上慷慨激昂的演讲声。在抗大女生大队成立大会上,毛泽东、贺龙等十几位发言人:"他们个个都像妇女运动专家,而且他们的口才个个都是那么流利。在延安,这是一个奇迹,好像全中国的演说家都集中在边区。"①这并非个例,在抗日战争和解放战争时期,以延安为中心的解放区,到处洋溢着鲜明而独特的声音:歌声、军号声、广播声、演讲声等等。在这些嘹亮的声音中,演讲成为党和边区政府进行革命宣传和政治动员的重要媒介。毛主席、周恩来、刘少奇、朱德、彭德怀等领导人在进行政策传达时,往往首选演讲。毛主席后来回忆说:当时演讲非常多,"三天一小讲,五天一大讲"②。

这在某种程度上,这也是对近代中国把演讲作为开启民智、改良国政的重要途径的延续。梁启超尤为强调"演说"的功能:"大抵国民识字多者,当利用报纸,国民识字少者,当利用演说。"③秋瑾也指出:"开化人的知识,感化人的心思,非演说不可。"④正因如此,演讲已经成为二十世纪三四十年代解放区耳熟能详的听觉经验,并且作为一种艺术题材和主题在新兴木刻版画里,以图像的形式充分表现出来。以往,尽管也有个别成果对解放区木刻版画的声音图式进行研究,但侧重点依旧在革命者声嘶力竭的宣传教导上,而人民群众依旧是沉默的群体,鲜少对他们的主动发声问题进行深度研究。实际上,在以延安为中心的解放区,党和政府不仅注重通过演讲对人民群众进行抗战动员,也尤为注重借助于多种诱导发声机制,让人民群众从被动地听到主动地诉说,由此推动战争动员和政治建设进入新阶段,这都在解放区的新兴木刻版画中得到了充分彰显。

一、演讲图式的"卡里斯马"人格情结

解放区这种热烈的演讲氛围,使得来到解放区的众多美术工作者耳濡目染、沉浸其中。版画家力群和刘岘参加了 1942 年 5 月召开的"延安文艺座谈

---

① 陈学昭:《延安访问记》,中国国际广播出版社 2013 年,第 180 页。
② 习近平:《在全国党校工作会议上的讲话》,《求是》2016 年第 9 期,第 12 页。
③ 梁启超:《传播文明三利器》,载《梁启超全集》(第一册),北京出版社 1999 年,第 359 页。
④ 秋瑾:《演说的好处》,载《秋瑾集》,上海古籍出版社 1979 年,第 3—4 页。

会",聆听了毛主席的讲话,并参与了热烈的讨论。1942 年 5 月 30 日,毛主席又到桥儿沟鲁艺作了报告,美术工作者李琦回忆了当时演讲的情景:"主席穿着带补丁的裤子,边讲边做手势边转动,一会儿转到这边拍拍屁股,一会儿又转到那边去拍拍屁股。"①朱德总司令也很重视文艺工作,曾在春节期间召开的"太行文艺座谈会"发表演讲,很多美术工作者和搞戏剧、音乐的文艺工作者都参加了。对于诸多木刻版画艺术工作者而言,演讲已经成为他们在解放区革命生活的重要组成部分,不仅成为个人提升、改造思想和汲取文化艺术素养的渠道,也成为他们创作取材和凝练艺术主题的不竭源泉,涌现出相当数量的关于演讲的版画图像。

在这些演讲图像里,内容主题多是关于战争动员和解放区政治建设的,符合党和人民的集体利益、情感诉求。画面的焦点往往是作为个体存在的演讲者,他们往往不是一般的群众,而是党和部队、边区政府各种政策方针的制定者、宣讲者和传达者。这就涉及一个公共演讲的修辞学问题。修辞学的本质与演讲有关,就是关于演讲者如何在一个公共空间里,把公共议题传达给社会公众。公共演讲涉及多种修辞手法,但由演讲提供的说服方式,需要诉诸三点:演讲者的性格、听者的情感和演说本身的有所证明,即理性。② 即是说,公共演讲若要取得良好的效果,首要的条件需要演讲者具有较强的人格魅力,如陈平原所言,广场上的演说或大型集会上的政治动员,更依赖会场整体氛围以及演讲者个人魅力,③他们构成了所谓"卡里斯马"人物典型。

卡里斯马(Charisma)原意为"神圣的天赋",出自基督教的《新约·哥林多后书》。马克斯·韦伯在分析各种权威时,用它指称富于创新精神人物的某些非凡素质;美国社会学家希尔斯也将其指向一种可以赋予人们行为、作用、制度、符号及物质客体的特殊素质,因为它们能与那主宰一切的产生秩序的神圣权力之源相接触。在王一川看来,"卡里斯马"意味着赋予社会结构以中心或

---

① 李丹阳主编:《抗战时期的中国文艺口述实录》,中国社会科学出版社 2015 年,第 241 页。
② [古希腊]亚理士多德:《修辞学》,罗念生译,生活·读书·新知三联书店 1991 年,第 24—25 页。
③ 陈平原:《声音的政治与美学——现代中国演说家的理论与实践》,《学术月刊》2022 年第 1 期,第 147 页。

中心价值体系,"卡里斯马是特定社会中具有原创力和神圣性、代表中心价值体系并富于魅力的话语模式。它可以指人也可以指人的素质,但都是在话语系统中。它是活跃的因素,以自身的独特魅力起着示范作用,成为社会结构中举足轻重的或中心的结构要素,也是意识形态冲突中的强有力的权威载体"①。在解放区木刻版画的演讲图像里,演讲者包括党和军队的领导者、具有特殊身份的解放军战士、英雄模范等,他们构成了所谓"卡里斯马"人物典型,保证了演讲的政治效果。

刘岘在 1938 年创作了《巩固团结 抗战到底》的版画,也正是在这一年,他参加了新四军,翌年奔赴延安。这幅版画采取了循环式叙述方式,把不同场景的叙事并置在一起。画面呈扇形结构,最外侧是高空来势汹汹的敌机和水面上逼近的敌舰,民族危亡感油然而生。中间处是由抗日战士组成的环形防御圈,扇面左右两侧是浴血奋战的将士和采矿打铁、加紧备战的工人,以及抬着担架、护送伤员的护士和群众。扇柄处则是振臂一呼、面向群众发表演讲和一个孩子向群众卖报的场景。整个画面由演讲和报纸呈环形向外辐射,这也形象说明了演讲和报刊在抗战时期起着莫大的宣传和动员功能。

1940 年,抗日战争进入敌我战略相持阶段,抗日进步势力和投降倒退势力形成了一个严重斗争的局面。为了扭转不利的抗战局面,毛主席审时度势,发表《中共中央关于目前时局与党的任务的决定》一文,提出必须强调抗战、团结、进步三者不可缺,并在这个基础上坚决执行十大任务,包括:普遍扩大反汪反汉奸的宣传,猛力发展全国党、政、军、民、学各方面的统一战线,广泛开展宪政运动,大大发展抗日的民众运动,等等。

为了宣传落实"十大任务",党和人民群众迅速行动起来,通过演讲、广播和报刊进行广泛传播。版画家们也创作了系列相关内容的主题版画,其中,有部分作品就是通过演讲图式表现出来的。罗工柳创作了《十大任务之五:大大发展抗日的民众运动》(1940),版画采用了民众喜闻乐见的年画形式,画面下部是"十大任务"之五的整段文字表达,上部是对政策文字的图解。远景处,一

---

① 王一川:《卡里斯马典型与文化之镜(一)——近四十年中国艺术主潮的修辞学阐释》,《文艺争鸣》1991 年第 1 期,第 27 页。

座庙宇式的建筑里正有一个模糊的人影挥舞着手臂，似乎在宣讲政策，密密麻麻的群众头影簇拥着，正在聆听；并且，群众队伍里也有一个高站着的人影，挥着手臂，似乎在呼应。近景处，左侧树下是一名女战士和几名妇女站在一起，女战士左手搭在一名妇女的肩膀上，右手指着远处的演讲，似乎生怕这几名妇女听不明白，正在给她们详细讲解。右侧树下，则是一名战士正在给戴着瓜皮帽的地主和几名裹着羊毛巾的群众进行宣传教育。这充分表现了党在宣传工作上的细致周到，既有面对群众的集体演讲，也有面向特殊群众和地主的个体讲解，分工明确，充分体现了动员一切群众、大大发展抗日的民众运动的政策。

1940年，胡一川也根据"十大任务"之三创作了版画《广泛开展宪政运动》（图1）。1940年2月20日，毛泽东在延安各界宪政促进会成立大会上发表了《新民主主义的宪政》的演讲，一方面揭露了蒋介石的所谓实行宪政的欺骗宣传，另一方面强调了人民需要的是新民主主义的宪政，把独立和民主联合起来，实行抗日的民主，没有民主政治，抗日胜利只是幻想。在这幅版画里，一名从背影看形似毛主席的领导者，正在面向台下的社会各阶层民众发表演讲，身前桌子上铺开一张宣纸，书写着"广泛开展宪政运动"的政策文字。在演讲时，右臂向上折弯，大拇指和四指半围成一个圆，放在嘴的右侧，犹如一个小喇叭，正在把宣纸上的政策铿锵有力地宣扬传播出去。其实，早在1938年，胡一川已经创作过一幅《延安抗日群众大会》的版画，演讲者无论从形象装扮还是扬起的手势，都与《广泛开展宪政运动》的演讲者颇有几分相似，同样以背影呈现于观者眼前，观者直面的是齐刷刷认真聆听报告的延安各界群众，甚至还在人群中打出横幅，上写"打倒日本帝国主义""建立抗日民族统一战线"等内容。

抗战动员不仅发生在人民群众中，在党领导的革命部队里，也随着局势的发展，不断进行动员。李少言是抗日战争时期从晋察冀根据地革命队伍里成长起来的著名版画家，从1939年到1941年初，他一直在一二〇师司令部，跟随贺龙师长和关向应政委工作，业余从事版画创作，多次受到贺龙师长的鼓励和指导。在这期间，为了向正在筹备的中共"七大"献礼，李少言创作了一套名为《一二〇师在华北》的大型木刻版画，其中多幅作品以演讲图式呈现。1937年9月2日，一二〇师在陕西省富平县庄里镇永安村举行隆重的"誓师出征，抗日动员大会"。八路军朱德总司令、任弼时主任、贺龙师长等亲临改编出征

图 1　《广泛开展宪政运动》,14.5×11.8cm,1940 年,胡一川

动员大会,宣讲改编的意义。《誓师》(图 2)便反映了这一改编出征动员大会的盛况,站在高台上的贺龙师长一手叉腰、一手挥舞着手臂,正对着台下荷枪站成一排排的八路军战士发表演讲。高台一侧拴着两匹低头吃草的马,一条小路通向远处的天地交接处,似乎预示着部队即将刺破天空的乌云,开赴抗日前线。其实,在改编动员大会召开之前,为了做好战士们的思想工作,先在小组会上进行了深入动员,通过版画《传达》可见一斑。并且,在战斗过程中,由于老百姓不时受到散兵土匪的抢掠和汉奸的造谣,甚为恐慌。《宣传》便绘刻了一名战士站在碾盘上,正对老百姓进行宣讲,安慰大家放心,远处太阳照射出几道金光,正驱散百姓心中的暗霾。

　　如果说这些演讲图像表现的都是在抗战根据地或部队中进行革命动员,

图 2 　《誓师》,9.8×13.5cm,1940 年,李少言

　　那么,罗工柳的《马本斋将军的母亲》(1943)则表现了英雄的母亲不忍心让乡亲们因为保护自己而牺牲,在生死关头,大义凛然、挺身而出,愤怒地挥舞着手臂,怒斥着日本侵略者的残暴罪行。这既是对敌人侵略的揭露和痛斥,也是对人民群众的抗战动员,更会激起百姓们同仇敌忾、一致对外的决心和勇气。

　　除了这些属于抗战动员的演讲版画,在解放区,还有一部分是关于卫生宣传、识字运动等政治建设的演讲版画。例如,王流秋的《宣传卫生》(1943)和郭钧的《讲授新法接生》(1944)都是关于女卫生员为群众讲解卫生知识,或者为妇女们讲解新式生娃方法等的内容。为了提高人民群众的识字能力和文化水平,在解放区和部队里也掀起了识字运动,戚单的《学习文化》(1944)、张怀江的《游击战士学文化》(1948)、杨青的《张治国班的文化学习》(40 年代晚期)都表现了文化知识分子和部队领导向战士和群众讲授文化知识的场景。这些演讲版画在某种程度上不同于抗战动员式的公共演讲,而是在小范围内的集体宣讲、学习。

　　所以,我们会看到,在这些演讲版画里,多数演讲者不仅具有自身的独特人格魅力,如毛主席、贺龙师长、马本斋的母亲等,往往也是政策的制定者,代表着权威和主流意识形态。正是这种"卡里斯马"人格情结,使他们的演讲本身就具有权威性,再通过演讲图像进行传播,就更有利于开展抗战动员和政策宣讲落地。

二、诉说图式的政治感性分配

在抗战动员和政治建设的演讲中,固然需要卡里斯马式的人物,通过其人格魅力和话语权威性,自上而下地对民众进行政策宣讲和号召,但这对于当时以乡土社会为主体的解放区而言,显然是不够的。鲁迅曾用"无声的中国"来指称中国没有真的、切实有效的声音,对于中国广大乡村的农民而言,尤其如此。当鲁迅见到成年的闰土时,曾经聪明机智、见多识广的闰土只是"动着嘴唇,却没有作声",他们之间已经隔了一层可悲的厚障壁。这不单是鲁迅和闰土之间的隔膜,而是"五四"以来的知识分子与广大农民之间的隔膜。从表达媒介角度而言,无论是白话小说还是演讲都未必能够撼动农民的心理围挡,这主要是因为中国农民自有一套话语体系:首先,他们不识字也没有运用文字交流的习惯,如费孝通所说,"乡下人没有文字的需要"①,而是通过声音和腔调等身体性语言表情达意。二是农民对"五四"以来的启蒙之音也并不感兴趣,因为启蒙之音的"理想读者其实只是知识分子,在启知识分子之蒙的层面上是有意义的,但这个声音对农民是无效的"②。农民真正感兴趣的声音是:"在传统上听评书,也听鼓词,也听识字的人读章回小说或说唱脚本,也听口头故事,也听民歌,也看戏。"③除此之外,农民在乡村几乎是沉默的,不掌握任何话语权,"土改前的乡村,能说会道者不是贫苦农民,当权者不须说话就能办事",有文化、能干的人多为地主和中农以上识字的人,话语权仍然掌握在有着文化权

---

① 费孝通:《乡土中国 生育制度》,北京大学出版社1998年,第20页。
② 孙晓忠:《有声的乡村——论赵树理的乡村文化实践》,《文学评论》2011年第6期,第49页。
③ 段崇轩:《马烽、赵树理比较论》,《文学评论》2004年第5期,第69—70页。

力的地主阶级教员手中。① 所以，边区政府要在农村发动群众开展政治工作，当务之急就是想尽办法让农民主动去说，而非单纯被动地听，否则一切政治工作就可能失去了正当性。

虽然说在鲁迅先生的倡导下，作为"中国革命的投枪与匕首"的新兴木刻版画，很早就注意到了"呐喊"的宣传鼓动作用，如李桦的《怒吼吧，中国》和《大众呼声》、黄新坡的《怒吼》和《为民族生存而战》、胡一川的《到前线去》、罗清桢的《大众起来》、江丰的《罢工》等，都通过让人物张口发声，试图打破"无声的中国"，让民众不再沉默。但是，这些版画里呐喊发声的民众，基本都局限在学生、战士、工人、知识分子和城市民众中，鲜有乡村农民的呐喊。这充分说明了其时的革命政治还没有充分认识到农民在中国革命中的重要性，也就自然无法去动员农民发声。

这实际上涉及一个声音感知权力的重新分配问题，可用法国当代左翼哲学家雅克·朗西埃的"歧义"理论予以解释。在社会的治理和秩序稳定问题上，朗西埃沿用福柯的"治安"概念，认为治安是对社会内部既定等级体系、有分与无分权力的确认，即一种感性的分配。如其所言：治安"所根据的乃是身体的'属性'、有名或无名与从他们的口中发出的声音的'话语的'或'声音的'特质，来赋予身体位置与角色。……根据每一个人如其所是的自明性给予其所应得之分。不同的存在方式、行动方式与说话（或不说话）的方式，恰好反映了每一个人的应得之分"②。在这种社会秩序中，拥有话语权的阶层和人士，即有分者，占据统治地位。而被排斥在感性之外的底层阶级，即无分者，则是沉默的群体，没有发声的权力，不具备"可说"的感性。换句话说，他们体现了"具有话语（可资记忆的演说、须被当一回事的话语）者和不具有话语者的区分"③。据此理解，解放区掌握文字的、能够演讲的权威式人物，就相当于有分者和启蒙者；而不认字的、沉默寡言的妇女、农民，则是失语的无分者。

---

① 孙晓忠：《有声的乡村——论赵树理的乡村文化实践》，《文学评论》2011 年第 6 期，第 51—52 页。

② ［法］雅克·朗西埃：《歧义：政治与哲学》，刘纪蕙、林淑芬等译，西北大学出版社 2015 年，第 45 页。

③ ［法］雅克·朗西埃：《歧义：政治与哲学》，刘纪蕙、林淑芬等译，西北大学出版社 2015 年，第 39 页。

　　因此,如何在解放区重新分配声音的感知权力,让农民能够主动发声,成为解放区迫切需要解决的问题。党和边区政府也认识到:要探索中国革命的"民族形式",必须坚持"一切工作在农村",首先就是要解决农民的发声问题。这在木刻版画中得到了鲜明的反映,集中体现在家庭生产会议、男女婚姻、诉苦、民主建设等相关内容的图式中。

　　艾思奇曾在 1944 年撰文《改善家庭关系,建设新家庭》指出,在陕甘宁边区和敌后各抗日根据地的劳动农民家庭里,开始出现一种几千年来中国人民的家庭从未有过的现象:在家庭的内部关系上(父子、婆媳、兄弟、男女之间),渐渐形成一种民主的关系。① 中国社会历来以封建专制占据统治地位,与其相适应的是一种家长专制的家庭等级制度,成为封建社会根深蒂固的统治基础。在新民主主义政治经济条件下,这种家长专制的封建余孽,不仅妨害了家庭关系的真正巩固团结和家庭经济的顺利发展,而且严重妨碍了抗战。所以,必须废除家长等级专制,在家庭内部建立民主关系,让家庭的每个成员对家庭内外事务都有发言权,都能参加民主讨论,这样才能适应抗日战争、民主政治和经济发展的要求,成为建设新民主主义社会的有力分子。

　　当然,这种新式家庭民主关系的建立,不会自然而然形成,不能由孤立的家庭成员从什么书上或报上看了好意见而获得,只能经过群众运动。例如,边区政府发动的制订"农户生产计划"运动,就可以既解决农民生计、抗战经济发展的问题,也可以解决家庭民主政治的问题。但在实施之初,多存在群众不配合、领导消极放任的问题,这就需要工作人员在宣传形式上多创新,首先要反对训话、报告、讲演、官僚式的宣传,这种方式不能启发群众讨论的热情。相反,除了一般的集会演讲扩大宣传,最重要的是到农户家庭里做个别宣传,采用漫谈、拉家常的方式宣传,这样有利于让群众不觉得你与他隔得远,也有利于发现农民的困难问题,由解决问题而引到讨论的中心,达到宣传目的。②

　　焦心河的《商定农户计划》(1938)(图 3)反映的就是干部直接走进陕北农

---

　　① 艾思奇:《改善家庭关系,建设新家庭》,载孙晓忠、高明编:《延安乡村建设资料(一)》,上海大学出版社 2012 年,第 441 页。

　　② 黄静波:《做农户计划的一些经验》,载孙晓忠、高明编:《延安乡村建设资料(一)》,上海大学出版社 2012 年,第 460—461 页。

图 3　《商定农户计划》，15.3×19.2cm，1938 年，焦心河

民家庭，以一种聊家常的方式，与村民们商讨制定农业生产计划。一个头戴硬壳帽的村干部在炕上盘腿而坐，面前是一张小方炕桌，桌子上放着水碗，相邻的炕上放着水壶，显然是百姓用来招待客人的。村干部右手持笔，左手压在桌面铺开的白纸上，正耐心地聆听着坐在桌子一侧的年轻小伙子说话。小伙子摊开手掌，数着手指头，谈论着生产计划；画面右下角的年长者似乎是小伙子的父亲，也微微举起右手，似乎在插话，补充计划；左右两侧，分别是小伙子的妻子和母亲，保持着一种全神贯注、认真倾听的状态。在这幅版画里，村干部作为一个农户家庭的"外来客"，并不显得突兀和格格不入，相反，通过拉家常的方式，已经融为家庭的一分子。村干部持笔铺纸，原本属于高高在上的话语权掌握者，现在耐心倾听，为村民们的口头诉说让位，表征着在农村，纸张文字和口头声音之间、干部和群众之间已经消弭了剑拔弩张的对峙关系，和谐融洽。尤其是整个画面采用了奔放舒朗的线刻手法，背景大量留白，不仅符合农民群众的审美习惯，也有利于营构一种和谐的家庭氛围。画面上端一分为二，规整的方格子窗棂和"泥融飞燕子"的盎然春意，规整秩序中见勃勃生机，与整

个画面的融洽关系相得益彰。

领导干部除了要积极改进工作方法,通过直接深入到农户家里,召开家庭漫谈会进行宣传动员,还必须在不包办的情况下,让农户召开家庭会议,发扬家庭民主,成员相互发言讨论,直待大家意见一致后方才实行。这不仅有利于改造封建社会家长制的旧习气,解决家庭不和的问题,还有利于通过家庭分工、奖励、分红和批评制度,提高全家人的生产兴趣。① 计桂森的《家庭生产会议》(1943)直接表现了一家六口人在窑洞的炕上,热烈讨论家庭生产计划的情景。盘腿坐于中间的老农抽着旱烟,正与蹲在前头的大儿子商量着什么,老婆子、大儿媳和小儿子都在两侧或坐或蹲,认真倾听着,似乎随时会发言参加讨论。甚至连小孙子也没有缺席,正在炕上低着头,认真看着书本。家庭制订生产计划只是第一步,进而需要从户到村。谷虹的《农民订生产计划》(1949)则反映了几户村民在一起商量制订生产计划的场景,画面中间弯着腰的老农正与一位年轻人讨论着什么,年轻人左手指向桌子对面的另一位农民,这位农民弯着手臂,似乎在补充发言。其余农民或坐或站,正在倾听着他们的讨论。尤其需要注意的是,在这几幅制订生产计划的版画里,以往没有话语权的妇女和小孩子也参与了进来。

不过,在这几幅制订家庭生产计划的图像里,虽然也有妇女的参与,但多位于画面的边缘,保持着倾听的状态,依旧是沉默的群体。但这并不意味着其时的妇女受到排斥和歧视,相反,从边区政府建立抗日根据地的那一天起,就尤为重视妇女解放运动的发展,"当前妇女工作的中心问题是妇女解放必须服从民族解放,妇女本身利益的斗争,必须与民族抗日斗争配合、统一起来"②。边区妇女在直接参战、抗战动员和经济建设上,都发挥了很大作用。同时,为了使妇女运动更好地发展,必须打破封建社会男权中心、卑视妇女的观点,提高妇女的社会地位,改善经济条件,实现婚姻自由。1939 年 4 月 4 日,《陕甘宁边区婚姻条例》颁布,规定"男女婚姻照本人之自由意志为原则","实行一夫

---

① 《晋察冀日报》社论:《户计划与家庭会议》,载孙晓忠、高明编:《延安乡村建设资料(一)》,上海大学出版社 2012 年,第 482 页。

② 《晋察冀日报》社论:《边区妇女工作的新认识》,载孙晓忠、高明编:《延安乡村建设资料(一)》,上海大学出版社 2012 年,第 346 页。

一妻制,禁止纳妾",“禁止包办强迫及买卖婚姻,禁止童养媳及童养婚",“男女结婚须双方自愿,及有二人之证婚"。同时强调“结婚之双方得向当地乡政府或市政府请求结婚登记,发给结婚证",“男女双方愿意离婚者,得向当地乡政府或市政府请求离婚登记,发给离婚证"。① 这就从法律条文和制度上“保障女性享受婚姻自主权,而非以‘物’的形式成为男权制社会家庭之间的交易符码"②。古元于 1941 年和 1943 分别创作了两幅《离婚诉》,表现了边区的妇女在获得了婚姻自由后,主动走出家庭,到村组织和区政府里,诉说自己婚姻苦衷,寻求离婚。在第一幅《离婚诉》里,妇女指着占据前景的丈夫,正在向蹲在炕上的可能是村里有威望的老者倾诉,围观的人群除了一侧的婆婆,几乎全是男性。尤其需要注意的是,他们与倾诉妇女之间的距离非常贴近,几乎不存在空间,形成一种强烈的压迫感。这可能在某种程度上昭示了妇女的离婚倾诉,还存在一定的压力,不被大家完全理解。另一幅《离婚诉》则把空间搬迁到了区政府办公室,屋子里只有办事员和诉说的妇女,以及站在一侧的婆婆和丈夫。围观的人群则拥在门外,多了妇女和小孩,并且与诉说的妇女之间有了很大的距离。门的存在,不仅表征了妇女的离婚诉说,已经进入政府机构,受到法律保护,而且女性观众的存在,也在道义上给予了更多的理解和支持。

在边区政府各种政策的召唤下,农民固然有了发声的契机和场合,但对于轰轰烈烈的边区建设而言,还不够,必须通过系列措施引导农民主动去说。1946 年 5 月,中共中央发布《五四指示》,将“减租减息”改为“没收地主土地分配给农民”的政策。1946 年 12 月,边区政府公布了《陕甘宁边区征购地主土地条例草案》与《陕甘宁边区政府土地公债实行办法草案》,它们作为和平土改的指导性文件,规定土地可以自由征购。1947 年颁发的《中国土地法大纲》是各解放区彻底消灭封建性及半封建性剥削的纲领性文件。在这些政策的指导下,掀起了轰轰烈烈的土地改革运动。但是,“由于土地改革在很大程度上并非乡村社会阶级矛盾激化的自然产物,而是外力嵌入和政治动员的结果,所

---

① 陕甘宁边区婚姻调率(民国二十八年四月四日公布),载孙晓忠、高明编:《延安乡村建设资料(一)》,上海大学出版社 2012 年,第 422—423 页。

② 李萍:《召唤、共情与重塑——延安版画中的“新女性”形象解读》,《美术》2022 年第 6 期,第 18 页。

以土改领导者们往往发现,发动农民斗争地主不是一件容易的事情,而必须借助诉苦、算账等手段才能逐步实现目标"①。但这种诉苦,并非农民自然而然地诉说,而是土改工作组要依靠一种强大的宣传和鼓动机制,动员农民主动去诉苦。

例如,培养积极分子、树立诉苦典型;诉苦之前,帮助苦主"总结出几点令人最愤恨的罪恶,使群众听到后能引起高度的仇恨而参加斗争";诉苦过程中,训练其"悲哀表情,说到地主欺压农民时,要有奋(愤)恨之态度,能成为一个能感动人的演员来感动农民",等等。② 诉苦必须在民众聚集的场合公开进行,包括家庭会诉苦、小组会诉苦、村民大会诉苦等,"家庭诉苦提高觉悟、打消顾虑,以小组诉苦扩大范围、激发仇恨,以大会诉苦营造氛围、促发行动"③。夏风的《控诉》(1949)就是一家人围坐在桌前举行的诉苦会议,中间站起来的妇女正在比划着什么,仿佛已经陷入痛苦的回忆里,画面中左边的男性家庭成员们抬着头,正在聚精会神地听着;画面右边的女性家庭成员,一位右手捂着脸在哭泣,坐在对面的妇女正在安慰她,小孩见自己的母亲哭了,连忙拽住母亲后背的衣服,想让母亲抱他。在这幅版画里,之所以让妇女诉苦,这也是"苦主"的有意选择。因为妇女在家庭中的地位低下,容易产生苦感,并且,妇女感情脆弱,容易流泪、容易哀情,诉起来即哭泣,能以泪引泪。林军的《吐口水 诉仇恨》(1948)描绘的则是在炕上进行的小组会诉苦,围观者背对着观众,通过围观者视线引向了诉苦主体。他表情激愤,嘴巴张开似乎在说话,右手举起,作握拳状,悲愤难抑。彦涵的《诉苦》(1947)(图4)以郝家庄的残垣断壁、被遗弃的土房为背景,一群姿态各异的农民围绕着诉苦主体。只见诉苦者衣衫褴褛,右手捂着眼睛潸然泪下,但举起的左手,仿佛坚定了诉苦的决心。围观群众大多情绪低落,面色凝重,显然是为他的情绪所感染而产生了共鸣。

可以说,在土地改革中,动员农民主动诉苦,目的不仅在于使农民获得土

---

①　李里峰:《土改中的诉苦:一种民众动员技术的微观分析》,《南京大学学报(哲学·人文科学·社会科学版)》2007年第5期,第99页。

②　李里峰:《土改中的诉苦:一种民众动员技术的微观分析》,《南京大学学报(哲学·人文科学·社会科学版)》2007年第5期,第101—103页。

③　李里峰:《土改中的诉苦:一种民众动员技术的微观分析》,《南京大学学报(哲学·人文科学·社会科学版)》2007年第5期,第102页。

图 4 《诉苦》,14.5×20cm,1947 年,彦涵

地,更重要的是让农民认识到贫穷的根源在于受剥削,进而激发其对地主和国民党的复仇心理。谷虹的《诉苦》(1948)描绘的是农民群众批斗地主的场景:诉苦者位于画面中心,背对观者,两腿张开,双手高举,其中一只手上拿着田契,旁边的桌子上放着一张写有"租地"的小册子。画面运用了强烈的明暗对比法,背景的大片白色块,与诉苦者的黑色背影形成鲜明对比,使之成为画面的诉苦聚焦点,从而有效地激发起广大农民对地主的恨和对共产党的爱,在情感上润物细无声地融入党和国家的意识形态框架与乡村治理轨道。

如果说土改运动中的"诉苦"具有一定的诱导性,那么,抗战后实施的民主政治建设,则从根本上保障了人民群众的"说话"权力。1940 年,在抗战进入相持阶段后,为了发展和巩固抗日民族统一战线,建立"抗日与民主的模范区",根据地实施了新的民主政治制度。其实质在于,让根据地的人民群众能够通过选举制度,充分表达自己的意志,把自己信赖的、有能力、有经验、能代表人民利益的人推选到各级领导岗位上去。由于解放区民主政治的主要群众基础是农村,所以能否推动村选,让村民们愿意说话,也便成为民主政治的重要工作。在这方面,边区政府通过采取多种形式,启发群众畅所欲言。例如,

图 5　《提建议》,10×13cm,1942 年,古元

通过不拘形式的"谈心""拉闲话"等酝酿方式,发动共产党员、积极分子、公正人士先讲话,启发有意见的人发言,等等。① 正是在这样的多重举措下,村选中,曾经把话憋在心底的农民终于开始当家做主,踊跃发言,提建议,参与民主政治。古元的《提建议》(1942)(图5)以陕甘宁边区的参议会会堂为主体背景,前景左侧是一位陕北老农,身体前倾,双手数落着,正要走进会堂,就自己关心的问题提出建议。萧肃的《向人民政府建议》(1944)则是在人民政府的窑洞里,坐着的、站着的,都是来反映问题、提建议的人民群众,画面前侧同样是一位陕北老农,左手背在身后拿着烟斗,右手抬起,慷慨陈词,办事员则盘腿坐在炕上认真听着。在这两幅版画里,曾经讷于言、不敢发表意见的老农们也终于当家做主,踊跃向政府提建议、发表意见。张望的《延安居民讨论选举》(1944)则聚焦陕北妇女们的选举权,不同年龄段的八九位女性,簇拥在窑洞的炕上,讨论着选举的细节。石鲁的《民主批评会》(1947)则把场所选择到窑洞

---

①　石林:《选举中怎样检查工作》,载孙晓忠、高明编:《延安乡村建设资料(一)》,上海大学出版社 2012 年,第 199—200 页。

外的空地上,两位干部坐在窑洞门前的桌子旁,正在虚心接受着一位农民的批评,没有一点恼火、红脸,周围都是或站或坐的群众。这充分说明,解放区的选举是"政权干部与人民群众结合起来的整改运动,只有放手的民主,群众才愿意说出心里的话"①。

总的来说,在解放区的乡村建设过程中,不再一味地通过演讲开展工作,而是注重通过各种政策保障和诱导机制,让农民走出一贯的沉默,主动去说,有力保障了乡村政治建设的成功践行。

这在某种程度上,与朗西埃试图通过"政治"概念去消解"治安"概念,对感性进行重新分配的理念相合拍。"政治活动是将一个身体从原先被给定的场所中移动或改变该场所目的的任何活动。它使原本没有场所、不可见的变成可见;使那些曾经徒举喧杂噪音的场所,能够具有可被理解的论述;它让原本被视为噪音的,成为能够被理解的论述。"②在具体表现上就是"歧感",通过增补,使曾经不可见、不可听的纳入感性分配,让"无分者"在"感性的分配"中占领一席之地,从而实现政治的"主体化"。这也就意味着通过重新划定感性的分配秩序,让曾经被剥夺了声音权力的解放区底层民众和乡村农民们,也具有了话语权,可以在一个共同的舞台上,平等发声,获得了政治的解放。

三、演讲与诉说图式的出位之思

在解放区木刻版画的演讲与诉说两类图式的基础上,可以进一步思考的问题是:作为空间媒介的可视图像如何去表征作为时间媒介的无形声音呢?贡布里希便感叹绘画不仅缺乏声音,而且也缺乏人和动物进行交往和互动所依靠的大多数手段。图像表现声音固然困难重重,但也并非没有可能,任何一种表达媒介在不改变其自身媒介特性的情况下,还会克服自身媒介局限,去追

---

① 石林:《选举中怎样检查工作》,孙晓忠、高明编:《延安乡村建设资料(一)》,上海大学出版社2012年,第196页。

② [法]雅克·朗西埃:《歧义:政治与哲学》,刘纪蕙、林淑芬等译,西北大学出版社2015年,第48页。

求另一种媒介的"境界"或效果,即"出位之思"①。解放区木刻版画的演讲与诉说图式,便存在这种"出位之思",通过多种修辞手段,让时间寓于空间中,从而凸显声音的审美效果。

在解放区版画中,出现一类礼堂建筑类风景图像,如刘岘的《陕甘宁边区参议会礼堂》《杨家岭中央大礼堂》(1942)、林军的《我们亲手盖的大礼堂》(1945)(图6)、李少言的《晋绥参议会大礼堂》(1944)、邹雅的《晋冀鲁豫边区政府召开临参会》(1941)等。如果回到历史语境中,这些礼堂建筑在革命历史上具有重要的政治意义。例如,陕甘宁边区参议会礼堂作为陕甘宁边区的最高权力机关所在地,于1941年10月建成,先后召开过陕甘宁边区第二届和其后多届参议会,以及边区劳模大会、文教大会和保卫边区、保卫延安干部动员大会等,成为解放区民主政治建设的象征。延安杨家岭中央大礼堂建于1942年,是1945年中国共产党第七次全国代表大会召开地,这次代表大会确立毛泽东思想为党的指导思想,为党领导人民去争取抗日战争的胜利和新民主主义革命在全国的胜利、成立新中国,奠定了政治上、思想上和组织上的牢固基础。

正因如此,这些礼堂建筑便作为一种人文风景,转化为版画中的视觉符号和审美对象。但很显然,这种转化同时是一个文化渗入和文化建构的过程,"掺入了道德的、观念的、政治的因素,使其具有了自然的、历史的、社会的符号学意义"②。即是说,礼堂建筑也成为建构民主政治"想象的共同体"的重要媒介和视觉隐喻。所以,对这些礼堂图像的赏析,某种程度上就是一个破解视觉隐喻的过程,这也正是以往研究的惯用方法。但是,如果阐释仅仅停留在视觉层面,也有可能窄化或遮蔽了礼堂建筑图像更为丰富的审美意蕴。

这主要是因为从建筑的本质上理解,建筑并非单纯的人工制品,而是自然进入人造领域的延伸。③ 自然可以给人带来多重感官的交互体验,建筑也包含

---

① 刘坛茹、刘京晶:《歌唱与说书:抗战木刻版画的听觉想象》,《艺术学界》第27辑,中国社会科学出版社2022年,第119页。

② 陈永国:《帝国风景·导读》,《视觉文化研究读本》,北京大学出版社2009年,第181页。

③ 〔芬兰〕尤哈尼·帕拉斯玛:《肌肤之目——建筑与感官》,刘星、任丛丛译,中国建筑工业出版社2016年,第47页。

图 6 《我们亲手盖的大礼堂》，13×16.2cm，1945 年，林军

诸多感官体验，眼睛、耳朵、鼻子、皮肤、舌头、骨骼和肌肉同时度量着空间、物质和尺度的特质，[1]它们相互影响且彼此相融。在这五官感觉中，听觉形成并清楚地表达了对空间的体验和理解，但常常忽略了空间体验中声音的意义。在原始的口头文化里，置于中心的声响影响着人类的宇宙感知。作为宇宙浓缩的每一个建筑，也都有它亲切或沉重、吸引或抵制、友好或敌意的声音特征，[2]以此丈量、抚摸着空间，并塑造着人类的想象力，创造着关联与团结的体验。例如，我们的目光在黑暗深邃的教堂中孤独游荡，但声音器官令我们立刻感受到与空间的亲近。一个小镇街道里回响着的教堂钟声让我们深感自己是成长于斯的公民。一条简单铺砌的小道上传来的脚步声激发了我们的情感，因为从周围墙体反射回来的声响让我们与空间做最直接的交流，等等。只是到了现代社会，日益增长的视觉霸权和理性意识的发展，促使现代建筑逐渐从

---

① ［芬兰］尤哈尼·帕拉斯玛：《肌肤之目——建筑与感官》，刘星、任丛丛译，中国建筑工业出版社 2016 年，第 49 页。

② ［芬兰］尤哈尼·帕拉斯玛：《肌肤之目——建筑与感官》，刘星、任丛丛译，中国建筑工业出版社 2016 年，第 60 页。

听觉、触觉等感官融合的状态,转向极端的引人注目的视觉范式。作为图像或影像艺术的建筑复制品,也变成了脱离身体智慧和丰富感官享受的视觉产品。所以,我们对于传统建筑,包括延安礼堂建筑的理解,应该重新回到身体的、声音的情景体验中。

那么,对于版画里的礼堂类建筑图像,如何从声音角度进行理解呢? 首先,不管是陕甘宁边区参议会礼堂,还是杨家岭中央大礼堂,本身就是用于召开会议、发表演讲的场所,对于建筑的声效设计尤为注重。杨家岭中央大礼堂的设计者杨作材曾回忆说:"礼堂建成后,我们才发现大厅的回音很大,影响演出效果。当时也没有测音工具。我只能凭经验,仔细地观察,发现回音是从大拱上部大面积的光滑面上反射过来的。于是我们就将当地通用的炕毡作为吸音材料钉了上去,结果很是见效。"① 二是礼堂作为一种纪念碑性的宏伟建筑,构筑了一个声音的气氛空间。巫鸿曾把从埃及的金字塔到希腊的雅典卫城,从罗马的万神殿到中世纪教堂等体积庞大,集建筑、雕塑和绘画于一身的建筑,称为"纪念碑性建筑"。这些建筑以其特殊的视觉和物质形式强化了权力概念,成为最有威力的宗教、礼仪和社会地位的象征。延安的礼堂也不仅仅是一种普通的建筑,而是民主政治和神圣革命的象征,是巫鸿所谓纪念碑性建筑,但巫鸿并未从声音层面深入阐释这类建筑。而实际上,纪念碑性建筑不仅仅可以"观看",同样可以聆听。因为纪念碑性建筑是"各种声音效果、姿势和仪式活动、组合进宏大的礼仪统一体"②,它尤其容易产生声音效应,如果没有这种效应,纪念碑性反而会减弱。在修道院或者教堂,空间是通过耳膜测量的:歌唱、说白和音乐回荡起伏,类似基础音和变调音之间的回旋。建筑物的体量确保了它们所具有的节奏(步态、礼仪姿势、队形、简约等)与它们的音乐回响之间的相关性。即使没有回声提供一种映射或者现场的声觉之镜,也会落在某个物上,由其在沉闷和活泼之间进行调节:在柔风中叮当作响的铃儿,欢唱的喷泉,潺潺的流水,小鸟和笼中动物的跳动。③ 所以,纪念碑性建筑是一

① 中共延安市委党史研究室:《杨作材回忆设计延安杨家岭中央大礼堂》,《百年潮》2022 年第 8 期,第 75 页。
② [法]亨利·列斐伏尔:《空间的生产》,刘怀玉等译,商务印书馆 2021 年,第 329 页。
③ [法]亨利·列斐伏尔:《空间的生产》,刘怀玉等译,商务印书馆 2021 年,第 330 页。

个充满了声音的气氛空间。按照格诺特·波默的理解,声音是空间中的身体性在场,无论发声还是聆听,都是身体性在场:声音在发射者方面带来了发射者在空间中的身体性在场,在接收者方面带来了接收者处境感受的改变。[①] 所以,在延安礼堂这样的建筑空间里,无论是演讲者还是聆听者,都沉浸在声音和情感的气氛中,更容易塑造出一个形而下的、听觉的、具身的、情感的革命主体和形而上的民族、政治共同体。

由于声音的不可见性,版画在表现声音时会遭遇很大困难,但也并非没有路径。例如,一种方式就是可以用与声音的起源或表演环境相关的各种音乐事物来表达,如作曲家的面容、音乐家的面容、听众的面容、歌剧或芭蕾舞剧的布景、乐器精美的形状、乐谱等,都可以表示一般或特别的音乐、声音。[②] 解放区的某些版画,就是通过绘刻观众的聆听状态,表现出现场演讲效果的。例如,王琦的《听演讲》(1943)表现了一幅群像聆听场景,画面的焦点位置是三个人,左右两侧露出一个耳朵和一个侧脸,他们身后是脸部不全的六个人。整个人物排列呈现一种阶梯或者三角形分布。这几个人的脸部都朝向左侧,从他们扬起的头颅、专注的眼神,可以猜测到他们正处于一种极为认真的倾听状态。王琦创作这幅版画时,已经受命从延安返回战时陪都重庆,虽然远离了延安和战士,但战斗激情不懈,他继续通过版画创作发挥战斗使命。起初王琦也创作了一批反映战士的作品,但由于生活经验匮乏,远不如古元等人的作品亲切。于是,他以重庆生活为源泉,创作了一批反映中国人民抗日战争大后方社会生活的作品,与延安遥相呼应。力群的《听报告》(1940)(图7)则表现了一位正处于哺乳期的女战士,端正而坐,一面抱着孩子在怀里喝奶,一面头扭向右边认真地听着报告,并用笔在搁放于膝盖的本子上迅速记下。其专注的神情,完全沉浸在报告的声音世界中。很明显,这两幅版画的一个显著特点,就是表现了一种专注于声音的聆听状态。法国艺术评论家弗雷德评价法国16世纪绘画时,认为当时的绘画体现出一种专注性状态,画中的每个人都以自己的方式,示范了聚精会神、专心致志于其所为、所听、所思、所感的状态。从这

① [德]格诺特·波默:《气氛美学》,贾红雨译,中国社会科学出版社2018年,第155页。

② [美]丹尼尔·奥尔布赖特:《缪斯之艺:泛美学研究》,徐长生、杨贤宗等译,南京大学出版社2021年,第263页。

图 7　《听报告》,18.6×12.8cm,1940 年,力群

个角度来说,格勒兹的《给孩子阅读〈圣经〉的父亲》(1755)中父亲阅读《圣经》
的行为、全家专心致志的倾听,实际上从根本上说可以被概括为是专注性的
(absorptive)①。他们的聆听可以说是"聚精会神""全神贯注""浑然不觉"。
也正是通过这种专注,间接反映了声音的诱惑魅力,以及解放区的人民群众希
望通过听演讲,积极学习、改造自己,和踊跃参加抗战动员、政治建设的不懈
努力。

　　另外,这两幅聆听的版画体现出一种艺术动势。人们惯常于把绘画,尤其
是具象图像,理解为再现实物。但艺术家们却认为,不可见之物比可见之物更
值得表现,"如果你想成为一名视觉艺术家,那作品中就得有视觉经验的对立

――――――――――――――

① ［美］迈克尔·弗雷德：《专注性与剧场性:狄德罗时代的绘画与观众》,张晓剑译,江苏凤凰美
术出版社 2019 年,第 10—11 页。

存在,具有解释不可见性的可能性"①。所以,老一辈画家便着迷于克服外在的物质性和可见性,去表现"灵动、转瞬即逝的事物","一幅画所能有的最大魅力与生命力,就是表现运动:画家称之为画的灵魂(furia)"。② 由于声音是不在场的实体,是天然的无形物,便具备了成为绘画表现无形物的潜在优势,甚至成为触动艺术动势的诱因。阿恩海姆提出"视觉力场"说,认为动力实际上是对观者的一种期待反应,诱导观者把本该在却并不在画面上的"运动"补足和完成。③ 莱辛也曾提出"最富于孕育性的那一顷刻"④的说法,认为故事的表达需要一个情节发展的过程,"画"只能表达故事里的一个场景。为了克服这一矛盾,必须寓时间于空间,通过静态的"顷刻"情景暗示故事的发展过程,让时间之动势回归。"聆听"这种专注状态就是一种"顷刻"的表现,由聚精会神地聆听的静态画面,可以诱导出视觉动势,创设出一种身临其境的现场聆听情景。这实际上回答了另外一个问题,即当版画中的人物全神贯注于自己的倾听时,是否忘记了画外的观众呢? 答案显然是否定的。这种倾听以强有力的、内聚式的画面统一构成,表面上忘却画外观众的存在,但实际上是一种艺术动势和听觉想象,反而更能够把观众定在画前、吸附其中。

除此之外,解放区的诉说版画还运用了其他一些表现声音的手法。例如,曾被贡布里希称为"合唱效果"的手法:让观者把眼睛从中心事件转向旁人的眼睛,以确信别人也看到或听到了这件事情,并且受到同样的感动。⑤ 在古元的《离婚诉》和诉苦类版画中,诉说的主体虽然是画面的焦点,但诉说的效果往往是通过围观者和倾听者的行色表情予以表现的,以此反衬出诉说的生动性、感人性。

---

① [美]丹尼尔·奥尔布赖特:《缪斯之艺:泛美学研究》,徐长生、杨贤宗等译,南京大学出版社2021 年,第 52 页。

② [美]丹尼尔·奥尔布赖特:《缪斯之艺:泛美学研究》,徐长生、杨贤宗等译,南京大学出版社2021 年,第 54 页。

③ 赵毅衡:《艺术与动势》,《文艺争鸣》2020 年第 9 期,第 69 页。

④ [德]莱辛:《拉奥孔》,朱光潜译,商务印书馆 2016 年,第 91 页。

⑤ [英]E.H.贡布里希:《图像与眼睛:图画再现心理学的再研究》,范景中、杨思梁等译,广西美术出版社 2016 年,第 88 页。

四、结语

　　对于解放区木刻版画的演讲与诉说图式分析,实际上属于跨媒介和门类叙事研究。这不仅有利于解释解放区的革命文艺如何通过多感官发挥政治功能,而且也利于为总体艺术叙事建构提供思路。"叙事学本质上应该是一门研究历史上和现实中运用各类叙事媒介讲述故事的学问,其研究对象应该涵括文学、艺术乃至其他学科中一切具有叙事性质或叙事元素的作品"①,但以往的经典叙事学研究往往有意或无意地忽略了艺术叙事学层面。因此,就需要通过跨媒介的研究方法,对包括木刻版画在内的门类艺术所用媒介和叙事特性进行深刻分析,然后提炼出能够涵盖一切艺术叙事现象的共同特征和共同规律,从而建构起真正意义上的总体艺术叙事学。这不仅可以为艺术批评提供新的理论武器,还可以为文艺创作注入活力,为讲好中国故事提供学理支撑。

　　(刘坛茹,博士,安徽师范大学美育研究中心教授,主要研究方向为跨媒介叙事)

---

　　①　龙迪勇:《试论艺术叙事学的建构》,《天津社会科学》2022 年第 6 期,第 88 页。

Speech and Telling: The Voice Narration of
Woodcut Prints in the Liberated Areas

Liu Tanru

Abstract: In the liberated areas of the 1930s and 1940s, speeches were an important medium for the Party and border area governments to carry out revolutionary propaganda and political mobilization, and were also fully demonstrated as a classic pattern in the emerging woodcut prints. The woodcut prints in the liberated areas focus on the political effects at the sound level, allowing revolutionary masses to passively hear active complaints through speeches and narrative schemes, and promoting the mobilization of the Anti Japanese War and political construction to enter a new stage. The speech schema praises the speaker's personal charm, forming the so-called "Calisma" personality complex. The narrative schema emphasizes the redistribution of sound perception power, giving rural people who have been deprived of their voice rights the right to speak. As a spatial medium, woodcut prints use multiple rhetorical devices to represent the intangible sound as a temporal medium, providing an example for constructing a truly holistic artistic narrative.

Keywords: Liberated Areas; Woodcut Prints; Speech; Telling; Andersstreben

新媒体艺术的游戏性

——兼论一种平滑平庸的美学①

钟舒

摘要:新媒体艺术与电子游戏同为媒介时代下炙手可热的研究对象。两者高度重叠却又各自独立。本文立足于媒介批判,一方面,从元游戏的游戏思维、模式入手,用游戏作为单元操作的理论阐释新媒体艺术的游戏性与电子游戏的相似性。另一方面,以互动为观察切口,借互动行为下的两种身体样态为纽带,重审新媒体艺术互动的必然性与平庸性。经由对新媒体艺术与电子游戏中的身体进行严肃比较,建构一个从媒介到游戏、互动到身体、媒介批判到平滑美学的研究路线。新媒体艺术的游戏性被视为艺术被媒介征用的必然结果,尽管提供了人机交互的趣味价值,但却存在走向平滑与平庸的美学之忧。

关键词:新媒体艺术;元游戏;人机交互;平滑的美学

---

① 本文系四川省2021—2023年高等教育人才培养质量和教学改革项目一般项目"新媒体艺术与媒介技术跨学科交叉课程建设"成果之一(项目编号:JG2021-1184)。

凡是看出风暴即将来袭的人，都应该提醒别人。而我，正看到了风暴
来临。

——爱德华·卡斯特罗诺瓦：《向虚拟世界的大迁徙》

媒介理论家维利里奥在讲演《艺术与恐惧》（*Art and Fear*）的开篇就明确
提出了这个基本问题："当代艺术（contemporary art），当然，但与什么'同时代
（contemporary）'呢？"①进而他对当代艺术的当代性提出质疑，并给出了答案：
这正是一个充满恐惧的时代。② 这个恐惧充斥在他的速度逻辑之中，而速度的
背后是媒介的更替迭代。作为技术艺术批评家③的维利里奥认为每一群人或
每一个"大众化"的个体都作为"技术文化"的一个组成部分而存在。借用弗
里德里希·基特勒（Friedrich Kittler）的话，"媒介决定了我们的境况"④，即媒
介是经验标准与理解世界的基本结构和语境。由此回看，当代艺术与什么同
时代的提问就尤为重要，与谁同行意味着交叉与互文视野的必要性。

数字媒体艺术理论家克里斯蒂安·保罗（Christiane Paul）出版了《数字艺
术的伴侣》（*A Companion to Digital Art*），书里涵盖了数字艺术史、数字美学、网
络文化与数字艺术政治、艺术制度与机构多个领域，其中十多位理论专家、学
者对数字艺术进行了全方位解读，间接回应了维利里奥的提问。维氏提供的
媒介批判视野有助于重新审视艺术与技术、媒介之间的关系。带着这样的思

---

① Paul Virilio. *Art and Fear*. Trans. by Julie Rose. London and New York：Continuum，2003，p. 12，p. 15，p. 22.

② 维利里奥出个人参加过战争的特殊经验，对军事、战争、事故、媒介有着独特的文字见解和解析。但纵观其多篇著作，其恐惧的根源和范畴在于揭示出技术在后现代社会对艺术的结构性改变和技术本身的内在否定性。在《艺术与恐惧》演讲稿中，他用"无情的艺术"（the pitiless art）来批判当代艺术与技术的冷酷本色，尤其提到科技对身体的移植革命和媒介对身体的接管和替代对人主体摒弃的忧虑与批判。然而这一点在新媒体艺术和电子游戏中却较为常见。笔者认为，维利里奥恐惧的是一个媒介化时代的彻底渗透与裹挟，人类自主意识地全面溃败从身体知觉被替代开始，这一点将是本文展开的重点。

③ 维利里奥在论著《纯粹战争》（*Pure War*）中，定义自己为技术艺术评论家（媒介理论家）。这一点在上述演讲稿的结尾一句，其将批判归结为：Art and Media。

④ ［美］W. J. T. 米歇尔、［美］马克·B. N. 汉森：《媒介研究批评术语集》，肖腊梅、胡晓华译，南京大学出版社 2019 年，第 1 页。

考去审视,会发现数字艺术和高科技行业关系密切,即两者有着相似的乌托邦论调①和发展曲线。一方面,两者共享领先前卫的概念,其中数字艺术持续享有高科技领域开发的技术与实践,同时也参与和科技、商业、娱乐紧密相关的内容生产与传播机制。另一方面,两者还共享人类的身体,都将身体作为践行的主体和客体。② 随着科技热的兴起,艺术与科技的关系研究正逐渐发展成为一种显学。以此类推,随着游戏研究的盛行,同属于媒介化时代的新数字艺术与电子游戏的关系又存在何种交集与关系呢?

数字艺术与电子游戏二者的交集远不如艺术与科技的关系源远流长。从当代艺术市场的案例看2012年底,据 *Gallerist NY* 报道,美国纽约当代艺术中心(MOMA)宣布将吃豆人(Pac-Man,1980)、俄罗斯方块(Tetris,1984)等14件经典电子游戏纳入其建筑与设计部的永久收藏,次年又收藏了7件同类作品,并计划继续扩展此类收藏的规模。这意味着电子游戏成为新媒体艺术新的收藏领域,由此宣告了电子游戏的艺术合法性地位。数字艺术与电子游戏是数字技术和互联网下最为活跃的文化产物,围绕两者的话题常常涉及全球连通性、社交性及利用计算和互联网的传播等问题。当我们评价两者的时候均会使用到如"赛博空间""身体""媒介""互动""娱乐性""视觉冲击""化身""参与""编程""网络""玩家""社群""体验""跨学科"等术语。此外,两者的创作都离不开技术的部署,进而在知识生产、感知和互动的模式中深深嵌入新媒介的痕迹,因此具备相同的认识论和本体论转换问题。但本文并非讨论数字美学与电子游戏的关系,而是立足媒介化时代语境,将数字艺术的讨论范畴扩大到新媒体艺术,并基于媒介批判角度去反思二者的相似性与密切性。

---

① 新媒体艺术(特指网络艺术)开始爆发,在1995—2000年这个阶段与当时的高科技产业有着相似的发展曲线,艺术评论组织 Critical Art Ensemble 针对当时存在的科技泡沫现象发表了一篇名为《乌托邦梦与网络现实主义》(*Utopian Dreams-Net Realities*,1995)的文章,对技术触发导致的科技意识膨胀进行猛烈抨击。

② Richard Rinehart. "One of Us! On the Coupling of New Media Art and Art Institutions". *A Companion to Digital Art* (*Blackwell Companions to Art History*). UK:Wiley-Blackwell,2016,p. 485.

一、元游戏与作为"单元、操作"的交互艺术

《游戏研究》(*Game Study*)杂志在创刊号卷首文章中指出:"很多人认为显见的游戏研究往往寓于媒体研究之中,鉴于大众媒体和视觉艺术的强烈关注,游戏的独特面反而容易消失。"①这样的忧虑同样存在于新媒体艺术研究中。该艺术门类既脱离了传统的艺术范式和审美,又兼具跨学科的艺术实践和创新。作为新兴的艺术,新媒体艺术日益呈现出的媒介性和游戏性特征常被艺术长久以来的"神韵"气质遮蔽。中西方围绕"游戏"的研究不胜枚举,诸如18世纪康德提出的游戏"嬉戏说",他认为游戏是审美的,将游戏回归到人的主体之中。在赫伊津哈那里,游戏的愉悦(fun)抵制着所有的分析和逻辑解剖,②他指出了游戏的三种特征:第一,它是自主的(free),实际上也是自由的(freedom);第二,游戏不是"平常的"或"真实的"生活;第三,它的隔离性、有限性,即游戏在特定的时空中"演出"。③ 这三种存在于游戏中的特征与参与新媒体艺术的体验几乎一致,尤其是第三点,特殊的时间和空间不仅为游戏也为新媒体艺术的现场提供了特殊的场域,即成为交互和沉浸发生的重要前提。

考察游戏参与电子游戏和新媒体艺术,可以看到新媒体艺术家的介入表现在游戏观念的建造、艺术效果的编程、软件的改造设计等过程之中。这是一种需要多方协作的动态建构过程。新媒体艺术与游戏之间具有惊人相似性,这一现象下隐藏着某种根深蒂固的心理根源即"玩"(play)。当"世界变得越来越游戏化"④时,游戏研究学家指出"不可避免:很快,人人都会变成游戏玩家"⑤。这种游戏化(gamification)⑥论调并非空穴来风,游戏被视为改变未来

---

① 何威、刘梦霏:《游戏研究读本》,华东师范大学出版社2020年版,第3页。

② [荷]约翰·赫伊津哈:《游戏的人》,多人译,中国美术学院出版社1996年版,第3,9—11页。

③ [荷]约翰·赫伊津哈:《游戏的人》,多人译,中国美术学院出版社1996年版,第3,9—11页。

④ [美]盖布·兹彻曼、[美]乔斯琳·林德:《游戏化革命》,应皓译,中国人民大学出版社2021年,第31页。

⑤ [美]简·麦格尼格尔:《游戏改变世界》,闾佳译,北京联合出版公司2016年,第12,21页。

⑥ 游戏化gamification线上系统最早可以追溯到1980年,由在线游戏先驱理查德·巴特尔提出,原意是"把不是游戏的东西或工作变成游戏"。第一次明确使用游戏化概念是在2003年,随着游戏研究的严肃深入,在2010年游戏化被广泛使用。详情见凯文·韦巴赫《游戏化思维》,第12—13页。

商业的新力量,游戏化意味着利用游戏机制创造更大商业价值的范例将得到大肆推广。游戏化的核心理念是利用与游戏相关的符号体系,对"非游戏"的真实世界进行修辞性表达,将游戏思维、元素、规则、系统、反馈体系和激励机制融入"非游戏"。① 如此,游戏化可被看作一种认知模式,一种重塑结构的方法抑或是一种更为有效的双向机制。在普遍意义上,游戏具有四个决定性特征:目标、规则、反馈系统和自愿参与。② 按照这样的理解,新媒体艺术是否在特征上可以从游戏化的语境进行考量?

　　讨论游戏化,其核心是游戏思维,这势必追溯到元游戏(meta-game)。这个术语在西方常被用来表示与游戏相关的各种各样的活动,但这个词并没有出现在任何词典中。考察元游戏的词源"meta",通常表示"一种有意识的复杂、自我参照、经常自我模仿的风格,通过这种风格,某事物反映或代表它所暗示或描绘的特征"(牛津英语词典 2014a)③。"meta"常提出关于原始学科性质的问题,例如元经济学、元哲学、元媒介基于古希腊介词"μετα",意思是"with""after""between"或"beyond"。④ 从词源上理解,元游戏囊括了游戏之前、之后、之间和期间发生的一切,以及位于游戏中、游戏上、游戏周围和游戏之外的一切的能指,元游戏在时间和空间上锚定了游戏。由此,元游戏成为一个广泛使用的、特别有用的标签,用于描述一种多样化的游戏形式、一种游戏设计范式和一种生活方式,不仅围绕着当下的视频游戏,而且围绕着所有形式的数字技术。元游戏不仅仅是关于游戏的游戏。视频游戏不仅嵌入和内置了游戏、娱乐和休闲的概念本身,而且在意识形态上将游戏的创造性、批判性和工艺性与消费行为混为一体。元游戏表现为游戏的现象体验与数字游戏的机制之间的不连续性的物质痕迹。元化功能是一种广泛的话语,一种玩法、思考和制作

---

① [美]凯文·韦巴赫、[美]丹·亨特:《游戏化思维》,周逵、王晓丹译,浙江人民出版社 2014 年,第 172 页。

② [美]简·麦格尼格尔:《游戏改变世界》,闾佳译,北京联合出版公司 2016 年,第 12、21 页。

③ Stephanie Boluk and Patrick Lemieux. *Metagaming-Playing*, *Competing*, *Spectating*, *Cheating*, *Trading*, *Making*, *and Breaking Videogames*. London:Minneapolis-University of Minnesota Press, 2017, pp. 10-14.

④ Stephanie Boluk and Patrick Lemieux. *Metagaming-Playing*, *Competing*, *Spectating*, *Cheating*, *Trading*, *Making*, *and Breaking Videogames*. London:Minneapolis-University of Minnesota Press, 2017, pp. 10-14.

的方式。① 承接前文,当艺术家拥有元游戏的思维会进行何种创作呢? 目前围绕艺术与游戏的文章更多的是将艺术作为游戏的修辞来阐述游戏美学,鲜有从元游戏模型下去考察艺术家或艺术家参与的数字艺术创作的理论文章。电子游戏的普及和流行,使得游戏语言现在被大众熟悉。在不少由艺术家介入创作和制定规则的电子游戏中,艺术家都在尝试改变或破坏游戏本身的熟悉感。艺术世界和游戏世界都承认"游戏艺术"(game art,介于两者之间的游戏形式称谓)。换句话说,同一款电子游戏可以在游戏领域或数字艺术范畴内同时被定义和考察。在商业游戏世界中,"游戏艺术"强调进入商业游戏中的图像表达。在艺术世界中,"游戏艺术"是指参照或使用游戏作为概念艺术目的的创造性作品类型。艺术的介入使得游戏变成一种严肃玩耍(critical play)。② 换句话说,艺术家将游戏作为表达媒介时,在满足游戏的基本特征之外,新的创作方式令游戏呈现出一种不熟悉的风格、规则或观念诉求等。游戏学家玛丽・弗拉纳根(Mary Flanagan)认为艺术家与游戏合作可以培养出批判性游戏③模式,主要表现为:第一类,旨在培育特殊的环境促使玩家去反思主流文化价值观,并以新的视角看待日常假设;第二类,侧重改变玩家对游戏的体验或认知;第三类,强调游戏的批判性立场。在一些涉及战争、军事主题的游戏中较为常见。超现实游戏创始人安德烈・布雷顿(André Breton)指出:"必须改变的是游戏本身,而不是棋子。"④

在对新媒体艺术的游戏性特征下定义之前,不妨从游戏的操作本身进行描述和界定。引用博格斯特的原话:"任何媒介包括诗歌、文学、电影、计算等

---

① Stephanie Boluk and Patrick Lemieux. *Metagaming-Playing, Competing, Spectating, Cheating, Trading, Making, and Breaking Videogames*. London：Minneapolis-University of Minnesota Press, 2017, pp. 10-14.

② Mary Flanagan. "Critical Play：The Productive Paradox." *A Companion to Digital Art* (*Blackwell Companions to Art History*). UK：Wiley-Blackwell, 2016, pp. 485, 456.

③ 弗拉纳根于 2009 年出版《严肃游戏》一书,其中采样了《无人驾驶》(2012)、《疼痛加油站》(2012)、《每日新闻》(2009)、《WUCO 复活》(2004)、《完美城市》(2009)、《绘画》(2001)、《罗伊叔叔》(2003)、《欢乐棒》(2006)等数十款电子游戏后得出了游戏的批判性体现在它可作为社会变革和创新性、概念思维的工具,以及帮助审视社会问题的工具,尤其是艺术家加入游戏创作和机制设定模式的电子游戏。

④ Mary Flanagan. "Critical Play：The Productive Paradox". *A Companion to Digital Art* (*Blackwell Companions to Art History*). UK：Wiley-Blackwell, 2016, p. 456, p. 485.

都应被理解为一种配置系统，一种离散的、环环相扣的意义单元的排列。统称为程序性的表达式单元操作（unit-operations）。"①如果拆开来看，单元（unit）提出一种构成性、自主性、可搭建的系统，这种单元可独立，也可为其他系统服务。类似哈曼（Graham Harman）提出的物（object）概念实则是一种面向对象的哲学。② 这种系统化的思维方式为研究人文学科提供了全新的视角。博格斯特再次指出："单位不仅定义了人、网络、基因、电器，还定义了情感、文化符号、业务流程以及主观体验。"③换句话说，当我们将创作内容、操作体验与背后看不见的软件、代码、程序或技术媒介材料等整合在一起的时候，再次回到了文初的提问："当代艺术与什么同时代呢？"这再次回应了媒介批判的重要性。博格斯特用单元操作解读游戏，将电子游戏视为一个完全的主体，纳入哲学的讨论。我们所意指的抽象更突出其"隐"的特征，由此与"显"的界面和引擎形成鲜明对照。隐是显的本体论前提，只有代码不断退却、隐藏自身，才能让玩家更为沉浸于"显"的游戏世界之中。④ 按此分析，新媒体艺术的艺术现场亦可以分为场所、交互、软件三个基本环节，三者的关系也可概括为显与隐的本体论关系，交互的沉浸感必须以代码和硬件之隐为根本前提。通常意义下，在展览空间里呈现一个交互式的作品包括了从计算机软件程序、人工智能音乐设计、大型投影设备、光源，到提供其他技术支持的诸多设备。目前，在新媒体艺术的保存上大致可以分为几个部分：第一，关于技术的搜集，具体表现为一个新媒体艺术系统所需要的全部技术，一般博物馆或美术馆将购买运行这些艺术品所需的设备，以防止设备在未来某一天不可用；第二，数据的迁徙，由于媒体的物理故障和软硬件系统的急剧变化，在这一点上保留数字媒体是一个永恒的迁移。⑤ 由此可以看出新媒体艺术与游戏从单元/系统上如出一辙，此对

---

① Ian Bogost. *Unit Operations-An Approach to Videogame Criticism*. Cambridge：Massachusetts-The MIT Press，2006，pp. 8，4，5，7，180.

② Ian Bogost. *Unit Operations-An Approach to Videogame Criticism*. Cambridge：Massachusetts-The MIT Press，2006，pp. 8，4，5，7，180.

③ Ian Bogost. *Unit Operations-An Approach to Videogame Criticism*. Cambridge：Massachusetts-The MIT Press，2006，pp. 8，4，5，7，180.

④ 姜宇辉：《数字仙境或冷峻境头：重思电子游戏的时间性》，《文艺研究》2021 年第 8 期。

⑤ 参见钟舒《"非物质的神话"："后媒介状况"下新媒体艺术的保存与收藏危机》，《艺术评论》2019 年第 2 期。

比为新媒体艺术批评提供了一个游戏研究中"物"的理论视角。

博格斯特使用操作(operations)这个单词时指出,操作是一个基本过程,它接受一个或多个输入并对其执行转换。操作是某物执行某种有目的的动作和手段。操作可以是机械的,也可以是战术性的。在海德格尔的语言中,单元操作是创造性的,而系统操作是静态的。在软件工程语言中,单元操作是过程性的,而系统操作是结构化的。① 单元操作的创造性和过程性几乎满足了当下新媒介的诸多特征。英国新媒体艺术家罗伊·阿斯科特认为新媒体艺术具有五个明显特征:连结(connectivity)、沉浸(immersion)、交互性(interaction)、转码(transformation)和发生(emergence)。② 阿斯科特甚至主张以"连结"取代"艺术"③,这一点与博格斯特对游戏的解读几乎一致。游戏作为一种操作,它的本质正是"连结",连结人与机器、机器与机器、人与人,甚至人与物。④ 如此看来,新媒体艺术的游戏性可以从"单元"和"操作"两个部分来理解。单元是一个相对独立的系统:一方面,满足艺术作品的独立性和独特性;另一方面,单元恰似媒介蜂巢系统里的一格,必要之时可以嵌入任意的媒介系统。而操作可以解读为交互性,特指在游戏和数字艺术中,因对象而进行的反馈行为,操作满足两点。第一是艺术家的作品,需要观看者来参与和互动以建构作品的完整性。倘若参看博格斯特之概括,"一切电子游戏的体验都需要身体行为(physical action)"⑤,不难看出,两者何其相似。第二是操作实现连接,在电子游戏这里,是万物与人的连接;在数字艺术这里,是艺术家、艺术作品、体验者

---

① Ian Bogost. *Unit Operations-An Approach to Videogame Criticism*. Cambridge: Massachusetts-The MIT Press, 2006, pp. 4-8.

② Roy Ascott and Edward A. Shanken. *Telematic Embrace*: *Visionary Theories of Art*, *Technology*, *and Consciousnes*. Berkeley: University of California Press, 2003, p. 245, p. 311.

③ 阿斯科特在《网络意识》中阐述道:新的艺术似乎从互联网频繁积极的互动中破茧为蝶,不断"涌现"和建构意味可望生成一种全新的艺术方式,有别于传统的"艺术"的个性化语言的独立和描绘,交互性被作为新的艺术形式首当其冲地与传统艺术方式进行决裂;他强调用"连接性"取代"观看"一词。连接性是新媒介的核心概念,涉足这一领域的艺术家都应称为"连接主义者"。在互联网的空间里,艺术不再主要是呈现,而是"涌现",从互动的多重性发展艺术。

④ Ian Bogost. *Unit Operations-An Approach to Videogame Criticism*. Cambridge: Massachusetts-The MIT Press, 2006, pp. 4-8.

⑤ Ian Bogost. *How to Do Things with Videogames*. Minneapolis: University of Minnesota Press, 2011, p. 110.

三者之间的连接,抑或是互联网艺术、赛博剧场、赛博表演等连接。

二、灵感的源泉抑或平庸的互动①:交互还是游戏?

新媒体艺术家罗伊·阿斯科特指出新媒体艺术是典型的"互动型艺术"(interactive art),其具备了五个基本特征:跨领域的连结、感官的沉浸、人机互动、主客体转变、超越时空的发生。② 由此看来,新媒体艺术似乎与此前的艺术完全不同,在技术乌托邦与商业资本裹挟下,极少有人提问:艺术真需要互动吗? 或者说不互动,就不是新媒体艺术了吗? 当我们行动、思考和体验时,身体首当其冲。具身性(embodied)③使得人可以主动去体验世界,身体满足了从现实到虚拟、物质到非物质、人与世界不断地涌动的连接关系。人感知世界时本身就是一种主动的互动行为,那么在"单元"范畴内通过技术的互动是艺术的交互还是游戏的延伸呢? 由此,互动在新媒体艺术中的有效性和必要性值得商榷。

首先来看看为"互动"行为辩护的观点。后人类学者凯瑟琳·海勒斯(Hayles, N. Katherine)将"文化构建"的身体与"融入文化"的身体进行了区分,强调我们的身体体验是情境性的和整体文本性的,即链接了地点、时间、生理和文化的所有细节。④ 她的区分与马克·汉森(Mark B. N. Hansen)有些相似,他遵循梅洛-庞蒂(Merleau-Ponty)的早期现象学理论,区分了"身体形象"(body-image)和"身体架构"(body-schema)。"身体形象"是指身体本身和身份,主要存在于视觉艺术中或符号学中的身体;而身体架构强调一种随机生成(preobjective process of constitution),即被建构和生成(becoming)出来的身

---

① Nathaniel Stern. "Interactive Art: Interventions in/to Process." *A Companion to Digital Art* (*Blackwell Companions to Art History*). UK: Wiley-Blackwell, 2016, pp. 310−313.

② Roy Ascott and Edward A. Shanken. *Telematic Embrace: Visionary Theories of Art, Technology, and Consciousnes.* Berkeley: University of California Press, 2003, p. 245, p. 311.

③ 具身性 embody 和离身性 disembody 被用作现象学下身体的两种状态,具身强调身体的物质性和体验,离身性强调身体的虚拟性。

④ Hayles, N. Katherine. "*Flesh and Metal: Reconfiguring the Mindbody in Virtual Environments.*" *Configurations*, 2002, 10(2):297.

体。① 前者长期存在于人文社科的研究之中,而后者在数字媒介的语境中尤为活跃。互动被认为是现象学下加强人类感知和经验的重要行为。艺术家兼哲学家艾琳·曼宁(Erin Manning)断言,我们必须认识到,在虚拟技术和环境之中,人类身体爆发出的潜力或将收获远超过现有世界的体验和感知。② 在理论支持者这里,互动艺术整合了身体视为文化建构或文本经验和动态关系生成的两种策略。在技术提供的互动装置中,展开(unfold out)身体的文本、意义和物质性,以及折叠(enfold in)对世界的感觉、概念和非物质性认知。从目前来看,新媒体不断挑战身体和身份的构建,并且对具身性身体关系的流变与生成产生干预。互动艺术的本体性认知介入艺术创作和体验过程,有利于破除对身体的局限认知,并进一步唤醒此在的身体体感(becoming-with bodies)。③

　　关于技术乐观主义支持媒介或技术给予身体更多潜力的论调,媒介理论学家表示,这是对人道主义及对身体缺乏尊重,其背后的根本症结正在于"虚拟身体对真实身体的恐怖压制(terriorization)"④,关于这一点,维利里奥毫不留情地将矛头指向了新媒体艺术家斯蒂拉克(stelarc)、奥兰(oran)等典型制造赛博格(cyborg)身体的艺术家,谴责当代艺术是"无情的艺术"(pitiless art),是虚拟身体对真实身体的恐吓。⑤ 其在《消失的美学》(*The Aesthetics of Disappearance*)一书中提出了"失神癫"(picnolepsie)一说,"科技的偶然性重建了失神癫发作时的去同步性情境,(失神的)空隙(blanc)如此的长,以至于真实的效果被彻底修改了"⑥。通过对失神癫的描述,隐喻媒介对人意识和行为的影响远远超过了自认的控制范畴。"所有技术假体都试图消除人类的自然感官,并遵

---

① Hansen, Mark B. N. *Bodies in Code*: *Interfaces with Digital Media*. New York: Routledge, 2006, p. 82.

② Nathaniel Stern. "Interactive Art: Interventions in/to Process." *A Companion to Digital Art* (*Blackwell Companions to Art History*). UK: Wiley-Blackwell, 2016, pp. 310−313.

③ 原文中使用 becoming-with bodies,在笔者看来是一种唤醒行为,旨在提醒对象是什么诱发了当下的身体知觉,这种体验显然是以媒介或者技术作为前置语境进行探讨的,以此加强互动对于艺术重要性的辩护。

④ Paul Virilio. *Art and Fear*. Translated by Julie Rose. London and New York: Continuum, 2003, p. 15, p. 12, p. 22.

⑤ Paul Virilio. *Art and Fear*. Translated by Julie Rose. London and New York: Continuum, 2003, p. 15, p. 12, p. 22.

⑥ [法]保罗·维利里奥:《消失的美学》,杨凯麟译,河南大学出版社 2018 年,第 89、71、28—29 页。

循技术假体的自身逻辑。"①

　　由此,消失了什么? 人类在技术面前失去了什么? 答案或是一种警觉,来源于不完美身体自然的条件反射。为何消失? 维氏给出了答案:"(媒介/技术)补充的危险不只是它远离自然状态和逻格斯,更危险的是它会僭越(usurper)纯洁/原本/本位的话语或实体存在。僭越,是一种范畴或层次的篡位,即占有不属于或不应该属于它的地位。"②当维氏将此观点用于表达对赛博格艺术家的不满和谴责时,旨在声讨由技术和媒介(及其所渗透和操控的当代艺术)是对"真实身体"的接管或替代(substitution)。进而他诊断到"每一个技术对象的发明也都是一个特殊事故的创新。在技术科学的总和中确实出现了,而且将出现一个'普遍的意外事件(1997)',这将是现代主义的终结"③。维氏的观点几乎站在了技术乌托邦的对面,忧心忡忡地迎接媒介化时代的来临。

　　基于上文,可以看到交互中呈现的两种明显的身体样貌:其一,表现为积极的身体,是对现有身体的潜力挖掘与知觉升级,亦是符合新媒介语境下的超级身体;其二,表现为消极的身体,是技术/媒介协助下,移植革命下的身体,是被技术或媒介僭越或替代的原身体。当然,单纯用二元对立论去审视当代的身体似乎都有极端之嫌,那么何种身体是介于其间的呢? 回到讨论交互行为时,电子游戏和新媒体艺术首当其冲。在晚近以来的游戏实践与理论之中,"身体"与"用"无疑是两个要点。④ 比如,利亚姆·米切尔所提出的"反玩(counterplay)"就是倡导在玩的过程之中发挥自主的掌控力和自由的创造力,以更为"介入和自省(engaged and reflective)"⑤的方式来对抗游戏世界对主体

---

　　① ［英］约翰·阿米蒂奇:《维利里奥论媒介》,刘子旭译,北京广播学院出版社 2019 年,第 30—33 页。

　　② Paul Virilio. *From Modernism to Hypermodernism and Beyond*. London:Sage Publications Ltd,2000,p. 144.

　　③ ［法］保罗·维利里奥:《消失的美学》,杨凯麟译,河南大学出版社 2018 年,第 89、71、28—29 页。

　　④ 姜宇辉:《"玩是谦恭,不是解放"——作为控制、反制与自制的电子游戏》,《探索与争鸣》2019 年第 4 期。

　　⑤ Liam Mitchell Ludopolitics. *Video Games Against Control*. Winchester&Washington:Zero Books,2018,p. 142,p. 172.

的控制和规训："玩也可以对控制构成一种有效的挑战。"①游戏中身体享有一种高度自制的权利，参与游戏意味着目标、策略、结果与评价机制。那么新媒体艺术中的身体也如此吗？除去作为电子游戏的新媒体艺术，其余的交互性是否等同于游戏性呢？

首先，新媒体艺术中的身体参与交互的机制，并不以任务为目的，看上去更是一种纯粹的体验，这种体验是为参与建构媒体艺术而生的，从某种意义上，难以获得凝神深思、严肃批判的体验。当下的新媒体艺术现场，用声光电打造的媒介景观造成一种奇异的互动和震撼的视听触觉，但这种震惊或诧异往往随着交互的完成而瞬间熄灭。由此，我们参与新媒体艺术的体验总是有种刺激（娱乐）以后别无他物的遗憾。我们的身体在媒介/技术/艺术三位合体的场所中迅速完成交互，这些快速地体验或机械、或纯粹、或新奇、或刺激、或好玩等等。收获所谓"新"知觉体验或生成"新"的身体，是否都是媒介技术制造出的一种身体知觉呢？这样的身体获得类似于游戏中的身体，但又深陷娱乐至死的风险，所有的体验稍纵即逝。尽管我们在艺术现场可以反复进入数次享有交互的快乐，却难以获得意义或思考。新媒体艺术中的游戏性，更像是一场肤浅表面的游戏体验。借游戏研究学家安妮·卡普勒（Anne Kapler）定义，"平庸的、公式化的游戏"②，将前者理解为"平庸的交互"，而非充满灵感的游戏。有研究学者提出了相应的建议，即"对艺术的技术和策略毋需思考过甚，艺术有权利是'无用的'"。倘若将艺术的游戏性视为一种严肃的表达，那么新媒体艺术或将回到游戏场域、游戏机、叙事结构、暴力美学、目标任务、反馈系统等系统之中。

其次，游戏引人入胜的重要原因在于叙事性和分析性。一款设计精美的电子游戏有视觉艺术的设计，当然更以一种独特的动态方式唤起奇迹，可从三方面进行理解：第一，电子游戏必须移动，它不能提供我们在绘画中重视的构图平衡；另外，因为它可以移动，它是一种体验建筑（空间）的方式，在空间中探

---

① Liam Mitchell Ludopolitics. *Video Games Against Control*. Winchester&Washington: Zero Books, 2018, p. 142, p. 172.

② Anne kaoler. *The Real Problem with Videogames*. http://twist.lib.uiowa.edu/webclass/student/kapler _anne/tracingimage/index.html.

索和经历便构成了叙事性的一部分。如果说照片或绘画是冻结的音乐,那么电子游戏就是液体建筑。第二,电子游戏与其他艺术表达不同,根植于屏幕空间,而生成的视觉或文本一方面依赖于游戏设计师或创建图形的艺术家,另一方面离不开玩家在这些图像中做出反应时的活动。第三,电子游戏,就像电影一样是一个动态的过程,暂停时游戏中止,玩家必须在移动图像的过程中,通过观察屏幕上出现或消失的东西引入特定的关系。由此构成构建一个连贯而有意义的宇宙。① 基于此,新媒体艺术的交互似乎还未进入一种深层次的关系,交互和链接还停留在一个表面的动态关系之上。电子游戏被视为流行文化可以理解,新媒体艺术具备一定的游戏性也不可置否。而新媒体艺术广受推崇的根本原因在于游戏性和新奇性也就顺理成章。

结语:速度逻辑抑或平滑美学——被游戏化的新媒体艺术

本文的立足之思在于从媒介批判的角度反思新媒体艺术的游戏性,再次回到文章开头的提问,“当代艺术与什么同时代呢”。艺术与媒介从未分离,只不过在晚近 60 余年有了相当密切的关系。围绕新媒体艺术的主体之争在于一方面认为新媒介从思维、创作到呈现都主导了艺术;而另一方面,“艺术将媒介技术只视作技术手段”仍然是主要的论调。笔者认为,讨论新媒体艺术游戏性的前提是承认新媒体艺术已然媒介化,“媒介化观看与媒介化传播分别回应了新媒体艺术受新媒介主导的核心”②。媒介化并不是导致新媒体艺术走向游戏的唯一条件,两者都来自数字技术与媒介,包含相似的基因,进而产生相似的行为。游戏性只是媒介化后的表征,这个表征在商业资本与消费主义浪潮裹挟下显得无处可逃。正如社会学家的批判,“随着文化成为后工业社会的动力,艺术必然渗透到商业实践中”。当文化被视为一个经济引擎时,艺术生产就从奢华的装饰器皿柜中走出来,进入创意产业领域。艺术的创造力本身是社会组织机器和自我建构的新动力,但它却被运用到经济理性和雇佣劳动的

---

① P. Lacasa. *Learning in Real and Virtual Worlds*: *Commercial Video Games as Educational Tools* (*Digital Education and Learning*). London: Palgrave Macmillan, 2013, p. 157.

② 钟舒:《“媒介化”:新媒体艺术批评的媒介学介入》,《当代文坛》2021 年第 6 期。

实用主义中。在新的创作世界中,理性优化与审美创新的耦合、合理化与节约的社会关系产生了审美刺激与社会影响的分离。许多已确立的合理性是基于交换的逻辑,由此,当经济重心向非物质化价值转移,审美化体验的艺术创新不得已转变为标准模式。社会"创新"的膨胀一方面推动了审美市场,另一方面,快速炮制与生产迫使艺术放弃对智能的主张。这一现实打破了长期以来艺术的肯定性使用价值主要是由美学化的无用来定义的情况。在政治文化实践中,仍然将艺术置于某个想象的领域,或者梦想还会有一种从未有过的艺术,或只是一场"最终幻想",人们理应意识到任何行为都是政治性的。①

新媒体艺术凸显出游戏性特征,并非偶然。数字技术与媒介语境是孕育的环境,而游戏世界却是大势所趋。据前文综述,新媒体艺术的游戏性可以被理解为交互性、娱乐性、批判性与参与性。参与性是以广泛的互动艺术为前提的。审视近年来欧美大陆流行的"参与式艺术""公共艺术""关系美学"等,便不难发现新媒体艺术的踪影,这些参与方式多多少少带着元游戏的思维和架构。可以参考当下关于公共互动(Public Interactive)的定义,"公共互动是一种技术服务系统,常常包含三个文化纬度:第一,作为一种艺术形式,通过规模、流动性、建筑空间和公共空间模式的实验唤起新的体验和感知;第二,作为一种公共传播模式,旨在通过使用数字媒体进行对话,来实现信息交换、教育、娱乐和文化复制;第三,作为计算机算法的表现形式"②。按照此框架来阐释新媒体艺术几乎可行,再次回应了"游戏化"世界的来临,人文艺术对媒介、文化的主动靠近与接纳。

本文提出新媒体艺术的游戏性或许正处于从媒介化进入游戏化世界的过渡阶段,因而新媒体艺术的艺术基因逐渐消弭在技术狂欢之中,进而通过游戏的表征进行粉饰。要解决这个疑难问题,需要再度强调维利里奥"速度"思想的启示。可从剖析速度的两个关键词"灭绝"与"替代"来理解。"速度暴力在于灭绝(extermination),同时也是经验世界的清除(liquidation)。清除,不只是

---

① Konrad Becker. "Critical Intelligence in Art and Digital Media." *A Companion to Digital Art* (*Blackwell Companions to Art History*). UK:Wiley-Blackwell,2016,pp. 385-394.

② Anne Balsamo. "The Cultural Work of Public Interactives." *A Companion to Digital Art* (*Blackwell Companions to Art History*). UK:Wiley-Blackwell,2016,p. 336.

两点之间时间与空间的清除,也是经验接触的消除。"①将今日交互的快感与观看视觉艺术带来的沉思行为一对比,我们会发现后者经久不衰的原因在于观看缔造的"时间减速",这种柏格森式的时间绵延对观看者产生思考的重要性。而光怪陆离的交互艺术,也并非完全消除实时体验,消除的是长久以来根植于人们心中艺术理应的崇高价值或发人深省的对话经验。艺术"美"所具有的令人敬畏的和永恒的特征都消失了,人们对美学的认知出现了断裂。"速度的暴力连思考和反省能力都消除了"②,固然"加速是一切社会现象的加速,历史、文化、社会、生活节奏,乃至于时间本身都在加速"③。维利里奥指出,在"阈下舒适的技术假体"(technical prostheses of subliminal comfort)的前提下,当代的个体并不构成特别明智理性的群体,人们甚而追求"一种大众的感官效果",即具有明显模拟性的人格思想和欲望的个体。④ 这或是新媒体艺术凸显出游戏式的娱乐性背后的深层原因。

用媒介批判的理论继续审视当下,在"消失的美学"之后,哲学家韩炳哲奏响了"美的挽歌"。"美如今正处于一种矛盾的处境。一方面,它如通货膨胀般蔓延四溢,到处都感受到人们对美的狂热崇拜。另一方面,美失去了一切超越性,屈服于消费的内在性。美以及崇高或震撼所带来的消极性体验,完全被纯粹的快乐即点赞取代。"⑤"平滑是当今时代的标签。平滑反映出一种普遍的社会要求"⑥,成为当下数字社会的写照。"执着于强调艺术意义性的黑格尔将艺术的感性规定于理论上的视觉和听觉。嗅觉和听觉则在品味艺术时被摒弃。正如罗兰·巴特认为,触觉,与视觉不同,是最能消除神秘感的感官。视觉保持了距离感,而触觉却将至消除。"⑦这或将给予当下新媒体艺术批评最

---

① [法]保罗·维利里奥:《消失的美学》,杨凯麟译,河南大学出版社 2018 年,第 89 页,第 71 页,第 28 页,第 29 页。

② [法]保罗·维利里奥:《消失的美学》,杨凯麟译,河南大学出版社 2018 年,第 89 页,第 71 页,第 28 页,第 29 页。

③ Rosa. *Social Acceleration*:*A New Theory Of Modernity*. New York:Columbia University Press,2013,p. 11.

④ [英]约翰·阿米蒂奇:《维利里奥论媒介》,刘子旭译,北京广播学院出版社 2019 年,第 30—33 页。

⑤ [德]韩炳哲:《美的救赎》,关玉红译,中信出版集团 2019 年,第 1、2、6 页。

⑥ [德]韩炳哲:《美的救赎》,关玉红译,中信出版集团 2019 年,第 1、2、6 页。

⑦ [德]韩炳哲:《美的救赎》,关玉红译,中信出版集团 2019 年,第 1、2、6 页。

为致命的一击。当技术乐观者对新媒体艺术突破视觉艺术成为触觉艺术扬扬得意之时,殊不知这或许是艺术之美最后的挽歌。"娱乐的绝对化导致世界变成享乐的世界"①,言外之意,除开娱乐、游戏的正面价值和意义,当娱乐化、游戏化与艺术绑定在一起的时候,艺术的主体性问题,艺术的意义何在才是真正令人担忧的事。当下,拥有技术红利的新媒体艺术家在媒介与技术的双重加持下,不断生成和创造出令人惊异的、具有科技感的、怪诞的、赛博格身体风格的、后人类或者展现纯粹技术手段的、裸露着技术思想的作品。在这个艺术不得已让渡技术的阶段,艺术一方面要慎重面对泛游戏化的裹挟,另一方面要警惕娱乐范式的泛化。如果说元游戏和游戏世界尚能提供一定的批判性和创新性艺术表达,那么娱乐化则可能使得艺术彻底滑向虚无。新媒体艺术的游戏性凸显出媒介对艺术的深度介入,"游戏性"根植于"游戏化"的时代语境,无处不游戏。媒介对人的改造涉及媒介对身体到意识的替代、接管渗透进生活、社会活动的方方面面,尤为严重的是在艺术的创作层面,加剧了本雅明对机械复制时代前瞻性判断中的忧虑,新媒体艺术的游戏性可视为艺术被媒介征用的必然结果。这无疑是一个警示,也是艺术或将走向没落的一种哀嚎。

(钟舒,四川音乐学院实验艺术学院副教授,美术学博士,硕士生导师)

---

① [德]韩炳哲:《娱乐何为》,关玉红译,中信出版集团 2019 年,第 4 页。

The Playfulness of New Media Art
——And on an Aesthetics of Smooth Mediocrity

Zhong Shu

Abstract: New media art and electronic games are both hot research objects in the media era. The two are highly overlapping but separate. Based on media criticism, this paper, on the one hand, starts from the game thinking and mode of meta-game, and usesgame as unit operation to explain the similarity between the playability of new media art and video games. On the other hand, with interaction as the observation point, the necessity and mediocrity of interaction of new media art are reexamined through the link between the two forms of body under interaction. This paper makes a serious comparison between new media art and the body in video games, and constructs a research route from media to games, interaction to body, media criticism to smooth aesthetics. The playfulness of new media art is perceived as an inevitable consequence of art's expropriation by the medium, and despite providing the fun value of human-machine interaction, there is an aesthetic concern towards smoothness and mediocrity.

Keywords: New Media Art; Meta-game; Human-machine Interaction; Smooth Aesthetics

"三重自我"：
健身自拍照中的身体形象建构研究

郭若栩　宋雪

摘要：健身热潮的兴起和移动互联网的发展，以 Keep 为代表的健身 APP 开创了健身式社交的典范，超过 3 亿用户的 Keep 社区形成了以身体呈现为特征的视觉景观，作为健身者"自画像"的健身自拍照折射着其自我呈现和身体形象建构过程。本研究采用虚拟民族志的研究方法，以 Keep 社区作为田野，研究了健身人群的三重自我的建构过程：个体自我的建构，体现在原图输出记录现实自我、自我审视建构应该自我、人设打造塑造理想自我；关系自我的建构，体现在弱关系的拓展并向强关系转化、借助自我和他者凝视完善自我；集体自我的建构，体现在健身惯习下明确共同身份和圈子化健身下的群体认同。

关键词：三重自我；健身自拍照；自我呈现；自我建构

一、引言

身体作为社会建构的产物,具有高度可塑性。学者彭秀祝借鉴徐伟和伊万斯对健身的定义,提出健身是一种"身体雕刻术",是健身者通过无氧或有氧训练实现减脂、增肌、塑形等目的的运动,从而达到理想生活状态的一种方式。[①] 在个体化社会中,生活节奏快、压力大、肥胖、亚健康等问题日益突出,大众健康意识的觉醒,减肥、塑形等健身需求与日俱增。随着我国中产阶层的崛起,居民消费观念升级,健身保养方面的消费逐渐成为中产阶层、精英群体的生活方式和身份标识。加之近年来我国陆续出台了诸如《"十四五"国民健康规划》等政策,健身运动逐渐成为民众日常生活的一部分,2021 年我国健身人群数量 3.03 亿,渗透率达 21.5%。[②]

移动互联网的快速发展也助推了当下的健身热潮,健身软件的崛起使传统的健身房地位不再,特别是新冠疫情期间,居家健身成为健身人群的新选择,健身软件在满足用户需求的同时也获得空前的发展,Keep 正是其中较为成功的代表。Keep 上线于 2015 年,致力于提供健身教学、跑步、骑行、交友、健身饮食指导、装备购买等一站式运动解决方案,是中国最大的线上健身平台。自成立以来,Keep 发展速度非常迅猛,至今已有 3 亿用户注册。[③] 除了健身功能,Keep 社区还为健身者提供了健身交流平台,动态中层出不穷的健身自拍照形成独特的视觉景观,折射着健身人群的自我呈现和自我建构过程。

二、文献综述

(一)自拍、健身和健身自拍照研究

在移动互联网时代,"自拍"主要指通过智能手机、网络摄像头等拍摄自我

① 彭秀祝:《"雕刻身体":青年健身群体的身体实践与情感体验》,《中国青年研究》2020 年第 3 期,第 48、78—84 页。

② 《中国健身房行业发展现状研究与未来投资预测报告(2023—2030 年)》,研观报告网,2023 年 3 月 15 日,https://www.chinabaogao.com/baogao/202303/628625.html。

③ Keep 官网,2023 年 5 月 13 日,http://www.gotokeep.com。

形象并上传到社交网站的行为。① 无处不在的健身人群,将自拍渗透到了体育
健身领域,自拍成为健身者的"自画像",即"健身自拍照"。本研究认为,健身
自拍照特指健身前、健身中或健身后健身者自己拍摄的照片。自拍的意义除
了"拍",更重要的在于"传播"。② 健身者通过健身进行身体塑造,并以自拍照
的形式将身体和健身行为视觉化,以"晒健身""晒运动"这种符号化的方式昭
示了其在现实空间中的身体"在场",以此作为塑造自我形象的手段和工具。

目前学术界对健身自拍照的专门研究较少,更多关注自拍和健身的研究。
关于自拍研究的视角主要有印象管理、媒介技术、自我技术。一方面自拍改变
了个体和他人观看自己的方式,自拍照的传播过程也是各种权力话语交互的
过程,最终目的是完成自我形象的建构与认同;③另一方面,自拍也可能形成新
的规训力量,使自我审察、自我调整成为常态,④甚至造成自我的误认、分裂与
异化。⑤ 关于健身的研究主要集中在传播学、社会学、体育学等领域,用福柯的
规训理论来解释,健身活动属于主流话语。在该视域下,健身及与健身相关的
可穿戴设备、健身房等被视为权力规训的场域,研究者认为对健身者的规训存
在内、外两种,两者形成积极、主动的规训力量作用于健身者个体。⑥ 也有研究
结合布尔迪厄身体与资本的理念、消费文化理论,认为健身是人们建构身体形
象的最终目的,其本质是身体规训与享乐的矛盾融合。⑦

对健身自拍照的研究延续了自拍和健身研究的路径。研究者认为,健身
自拍照存在着权力规训机制,"晒运动"遵循着"表演—规训—表演"路径,本
质上是网络规训式表演,但表演突出的是运动的主体性,并非福柯意义上的

---

① 彭兰:《自拍:一种纠结的"自我技术"》,《新闻大学》2018 年第 5 期,第 45—55、76、148 页。

② 祁林:《从画像到自拍——技术背景下自我形象的建构与认同》,《文艺争鸣》2015 年第 12 期,第 116—122 页。

③ 刘涛、李昕昕:《如何观看自我? ——作为自我技术实践的自画像及其观念的起源与流变》,《现代传播(中国传媒大学学报)》2022 年第 5 期,第 10—21 页。

④ 彭兰:《自拍:一种纠结的"自我技术"》,《新闻大学》2018 年第 5 期,第 45—55、76、148 页。

⑤ 李有光、吴永飞:《镜像与凝视中的自我身份认同:当代"自拍"文化解析》,《福建论坛(人文社会科学版)》2019 年第 11 期,第 133—138 页。

⑥ 高昕:《权力规训视域下的健身实践——以健身房为例》,《中国青年研究》2019 年第 12 期,第 29—36 页。

⑦ 赵永峰、赵歌:《消费时代体育健身对身体形象构建的哲学研究》,《中国体育科技》2021 年第 10 期,第 107—113 页。

"身体规训"①。在权力规训下,健身人群也进行着身体形象的建构。叶丹研究发现,健身人群身体形象的建构是社会建构和自我建构的共同结果。② 邵娟基于"镜像态"身体观的视角指出健身者通过"晒运动",在社交传播中完成社会身份的建构。③

健身自拍照作为一种"自我技术",是健身人群的身体形象建构方式。既有研究指出了健身人群的自我建构存在自我和社会两股力量,却未指出自我建构和社会建构的深层机理。虽然承认健身人群自我建构过程中的积极性,但批判性的研究视角容易放大规训的强制性,而将自我建构指向消极和被动的方向,从而忽略了健身者的主体精神。以上不足为本文研究健身人群主动的"三重自我"建构提供了余地。

(二)三重自我建构理论

"自我建构"(self-construal)的概念最早由 Markus 和 Kitayama 于 1991 年提出,指的是个体在认识自我时,将自我放在某种参照体系中进行认知的倾向。"自我"本质上从属于一定的社会关系网络,只有将"自我"放到所属的社会关系中才能建立或更新对"自我"的认知。④ Brewer 等人认为每个人的自我都包含个体自我、关系自我和集体自我这三个部分。个体自我(individual self)强调从个体独特性定义自我,关系自我(relational self)强调从自我与亲密他人的关系来定义自我,集体自我(collective self)强调从自我与所从属团体的关系来定义自我。⑤ 后来这一思想被 Sedikides 等人命名为三重自我建构理论(the tripartite model of self-construal),这三种自我表征共存于每个个体当中,个体差异主要体现在相对强度和重要程度上,并且会受到文化和社会环境的影响。⑥

---

① 王坤焱、颜军、张磊、徐磊:《社交、规训与表演:网络场景下"晒运动"景观的扎根分析》,《体育与科学》2022 年 06 期,第 96—106 页。

② 叶丹:《基于福柯"话语—权力"理论的健身人群身体形象建构研究》,暨南大学硕士学位论文,2016 年。

③ 邵娟:《"晒运动"社交传播中的社会身份建构——基于"镜像态"身体观的实证研究》,《新闻与写作》2019 年第 12 期,第 86—90 页。

④ 刘艳:《自我建构研究的现状与展望》,《心理科学进展》2021 年第 3 期,第 427—439 页。

⑤ 刘艳:《自我建构研究的现状与展望》,《心理科学进展》2021 年第 3 期,第 427—439 页。

⑥ 李强、苏慧丽:《自我建构与社会适应的关系——三重自我视角》,《西南民族大学学报(人文社会科学版)》2015 年第 3 期,第 87—93 页。

　　三重自我建构理论多用于心理学方面的研究，如社会适应、个人自主水平、主观幸福感等。近年来，该理论也被应用到传播学研究中。学者彭兰开创了将三重自我建构理论应用到自拍与自我建构研究的先河，认为自拍、美图及晒自拍照的行为是三重自我相互观照、相互博弈的过程，①印证了三重自我共存于同一个体的观点。人们先通过自拍来塑造"个体自我"，再通过晒自拍照来建构"关系自我"或"集体自我"；同样，美图以"个体自我"为出发点，调和进了"关系自我"与"集体自我"的色彩，表明在美图中"个体自我"强于"关系自我"和"集体自我"。② 王苏晓和姜晗晗在其研究中沿用彭兰的路径梳理了"美图式社交"中的自我呈现与认同，王苏晓认为自我呈现的过程也是自我建构的过程，③姜晗晗认为美图式社交是三重自我相互博弈的过程。④ 两者对三重自我建构的分析基本一致，后者引入博弈论进一步研究美图式社交下三重自我建构的动态性。

　　无论是自拍、美图还是晒照行为，其行为主体均指向普遍意义上的网民，特别是大学生和年轻女性。而健身人群在相对意义上更加注重身体形象的维护和建构，对健身自拍照及晒照行为对自我的建构却缺乏关注。基于现有研究的成就和不足，本研究提出以下问题：同样是自拍照，与普通自拍照相比，健身自拍照有何不同？拍摄和后期处理过程是怎样的？拍摄和发布健身自拍照的动机是什么？发布后收到什么样的反馈？这些反馈对他们的身体形象建构产生什么影响？健身自拍照中的三重自我建构过程又是如何？

三、研究方法和研究过程

　　本研究采用虚拟民族志的方法，将虚拟田野选在 Keep 社区。虚拟民族志是以网络虚拟环境作为主要的研究背景和环境，利用互联网的表达平台和互

---

① 彭兰：《自拍：一种纠结的"自我技术"》，《新闻大学》2018 年第 5 期，第 45—55、76、148 页。
② 彭兰：《美图中的幻像与自我》，《现代传播（中国传媒大学学报）》2018 年第 12 期，第 14—18 页。
③ 王苏晓：《幻想与幻像："美图"中的自我呈现与认同》，辽宁大学硕士学位论文，2019 年。
④ 姜晗晗：《基于三重自我建构理论的大学生自我认同研究》，暨南大学硕士学位论文，2020 年。

动工具来收集资料,以探究和阐释互联网及相关的社会文化现象的一种方法。[①] 以 Keep 社区作为虚拟田野,主要基于两方面的考虑:其一,Keep 是中国健身类最大的垂直平台,聚集了超过 3 亿的用户;其二,Keep 社区是健身者交流的平台,形成具有共同特征的虚拟社群,健身人群通过健身自拍照所进行的身体呈现典型地反映了该群体身体形象的建构过程。

参与式观察是田野作业的核心方法。[②] 本文研究者对 Keep 的持续使用时长超过 3 年,能以"参与者"和"观察者"的双重身份介入对 Keep 社区的研究,在参与观察中重点关注图像、文案及动态下的互动,并参与到与健身者的互动中。此外,在线访谈也是虚拟民族志获取第一手资料的重要方式,本研究采用了半结构访谈的方法。基于研究目的和文献资料撰写了访谈提纲,主要包括健身情况和健身自拍照两部分。健身自拍照部分是访谈的重点,主要关注:健身自拍照的拍摄过程、后期处理情况、发布动机,以及发布后的互动情况。

在研究对象的选取上,充分利用"社区"中的"精选"功能,广泛浏览健身者发布的健身动态,筛选潜在的访谈对象。为了确保访谈对象的多元性,还通过"圈子"功能拓宽浏览范围,共加入了 26 个"圈子"。在访谈对象的选择上,本研究采用标准抽样,根据消费行为模式的标准,持续进行 6 个月某一种体育消费行为才能被视为形成某种体育消费习惯。[③] 基于此确立筛选访谈对象的一般标准:APP 注册时长超过一年、坚持运动时长超过 200 天、健身自拍照发布数量超 50 张、年龄在 18—60 岁。

通过私信或评论的方式获得健身者的访谈许可,因访谈对象分布于全国各地,故通过线上方式完成访谈。本研究于 2023 年 4 月 7 日至 4 月 27 日进行访谈,共访谈了 23 名 Keep 使用者,根据回答质量筛选出 20 名受访者作为研究对象(表 1),男女各 10 人,男性按 M01-M10 进行编号,女性按 F01-F10 进行编号,每人的访谈时间在 30—40 分钟。为了保证研究的科学性,本文借助质性分析软件 NVivo12 进行数据分析。

---

① 卜玉梅:《虚拟民族志:田野、方法与伦理》,《社会学研究》2012 年第 6 期,第 217—236、246 页。
② 卜玉梅:《虚拟民族志:田野、方法与伦理》,《社会学研究》2012 年第 6 期,第 217—236、246 页。
③ 许明俊:《南京市事业单位职业女性健身消费行为改变的跨理论研究》,南京师范大学硕士学位论文,2013 年。

表1　受访者信息表

编号	性别	年龄	职业	运动时长(天)	编号	性别	年龄	职业	运动时长(天)
M01	男	26	博士在读	871	M07	男	31	博士在读	1198
M02	男	28	互联网从业者	907	F05	女	26	老师	1146
F01	女	23	本科在读	443	F06	女	30	新媒体运营	312
F02	女	29	企业职员	690	F07	女	39	健身教练	913
M03	男	24	消防员	885	F08	女	22	本科在读	289
M04	男	27	自由职业者	1637	F09	女	30	自由职业者	1252
M05	男	27	博士在读	1230	M08	男	35	自由职业者	333
F03	女	28	金融从业者	780	F10	女	34	老师	1757
M06	男	21	本科在读	582	M09	男	30	公务员	286
F04	女	23	本科在读	1017	M10	男	28	创业者	207

四、健身自拍照与三重自我建构

(一)自我书写下个体自我的建构

Higgins曾提出自我差异(self-discrepancy)理论,将个体自我定义为现实自我(actual self)、理想自我(ideal self)与应该自我(ought self)三个方面。理想自我和应该自我称为自我导向(self guide),现实自我则是客观存在的。[①] 个体自我建构的关键在于体现自身的独特性,Keep社区是健身者自我书写的"个人笔记本",也是自我建构的场域,其中既存在客观的现实自我的建构,也存在具有主观能动性的应该自我和理想自我的建构。

1.原图输出以记录现实自我

现实自我指的是个体(或他人)认为个体自我在现实环境中实际具备的属

---

① Higgins E. T. . "Self-discrepancy:A Theory Relating Self and Affect." *Psychological Review*,1987,94(3):319-340.

性表征,是只注重当下的"自我"①。福柯认为,书写就是"展现自己",把自己投射到目光中,使自己的脸出现在别人面前,从而建立起一种面对面的会见,②在 Keep 社区中的健身动态就是一种自我书写,是现实自我的展演,使健身者的身体以图像符号的形式实现了在虚拟社区中的"在场"。

健身者在动态中写下健身计划、成果、经验等,配上健身自拍照,记录健身场景下的现实自我。20 名受访者均表示,所发布的健身自拍照多是原图,"运动完后对着镜子正面、侧面、腹部特写,就发出来了"(F03),或者只进行轻微调整,如裁剪、调光线或加滤镜"凸显肌肉线条"(M01),"不想花时间修图"(F05)是健身者对自拍照后期的一致态度。在社交媒体上发布精致的照片成为用户心照不宣的社交习惯,恰恰相反,Keep 用户通过原图式的真实展演将自我建构为"自己的检察者"③。这与 Keep 的调性息息相关,作为健身垂直社区,聚集的都是喜欢健身的用户,关注的是真实的自己,认为"修图会加大健身的成本,也会加深健身的压力"(M06),"都用汗水去练了,接受真实的状态"(F04)。

2.自我审视以建构应该自我

应该自我指个体(或他人)认为个体自己应该具备的属性表征,如责任和义务。④ 对于部分受访者来说,Keep 是"无社交压力的自由空间"(F08),但虚拟空间也与现实空间一样,健身者需要遵循各种规范,并据此评价自己的言行举止,这是健身者对应该自我的建构。人类的身体是典型的社会性产物,在身体解放潮流之下,身体不再缺席于公共领域,变成一种公共性的可见之物。

健身自拍照对身体的暴露程度远高于普通自拍照,身体高度可见。从观察的结果来看,男性健身者多裸露上身自拍,女性健身者则穿着瑜伽裤和运动

---

① Higgins E. T. . "Self-discrepancy: A Theory Relating Self and Affect." *Psychological Review*, 1987, 94(3):319-340.

② [法]米歇尔·福柯:《自我技术:福柯文选Ⅲ》,刘北成、杨远婴译,北京大学出版社 2016 年,第 238 页。

③ [法]米歇尔·福柯:《自我技术:福柯文选Ⅲ》,刘北成、杨远婴译,北京大学出版社 2016 年,第 243 页。

④ Higgins E. T. . "Self-discrepancy: A Theory Relating Self and Affect." *Psychological Review*, 1987, 94(3):319-340.

背心自拍,在 Keep 社区形成展现身体美的视觉景观。发布前,健身者个体需要在"想象的他者"的目光下完成对动态的审察,从文案到图片都要符合社区规范或他者对自我责任的期待。对于动态的发布,健身者形成一套自己的标准。在文案上,"知识类动态会在百度和夸克多方求证,想法类动态避免消极情绪的流露"(F06),避免"不懂装懂误导人"(M08);在照片上更加谨慎,隐私保护是重要向度,"如果穿得暴露就会加贴纸"(F08),"会在敏感部位打码"(M07),"没穿衣服的半身照就会把脸挡上"(M05)。

3.人设打造以形塑理想自我

正如欧文·戈夫曼所言,印象管理(impression management)是人们通过一定的方式影响别人形成的对自己的印象的过程,①Keep 社区如同一面镜子,健身者在这面镜子前表演什么、回避什么,其实都是刻意为之。健身者以身体作为媒介,通过"表演"重新建构了一个理想自我,这意味着个体(或他人)对于未来"自我"的希冀,是一种理想形象的设计。②

从健身自拍照来看,多是对镜自拍,不管是完整的、局部的,还是正面的、背面的、侧面的,健身者希望"扬长避短"(M03),"展现最好的状态"(M06)。而镜子作为"投射"自我的中介工具,健身者通过对镜中"自我"的观看,不仅完成了自我主体认同过程,而且获得一种寻求理想自我的意识和欲求,即打造积极、阳光、健康、自律的自我形象。在 20 名受访者中,有两名是 Keep 健身达人,一名是健身教练,这三名受访者对人设打造的愿望更加强烈,F07 和 M06 希望"打造运动/健身达人的人设",F10 集课程种草、课程经验达人于一身,希望"通过健身照让品牌方知道自己适合为品牌代言,想塑造金刚芭比的形象",而该受访者在形塑理想自我的过程中也多次获得运动品牌"李宁"的青睐。

(二)健身社交中关系自我的建构

健身者在赛博空间中的关系自我建构过程,并非自言自语,而是在自我与他人的互动中完成的。"无社交不运动",Keep 除了是健身平台,还是健身者互动交流的社交平台。格兰诺维特的社会关系理论指出,强关系连接(strong

① [美]欧文·戈夫曼:《日常生活中的自我呈现》,黄爱华、冯刚译,浙江人民出版社 1989 年。
② Higgins E. T. ."Self-discrepancy:A Theory Relating Self and Affect." *Psychological Review*,1987,94(3):319-340.

ties)是一种稳固的关系网络,个体间同质性较强,有着基于情感的频繁互动;弱关系连接(weak ties)则是异质性较强的社会网络,彼此间互动不紧密,缺乏情感基础。[①] Keep无疑是基于弱关系连接形成的健身社交平台,健身者展示自己的健身状态,在点赞、评论、私信等互动中完成关系自我的建构。

1.弱关系的拓展并向强关系转化

Keep标榜"超过2亿运动爱好者的选择",为健身爱好者提供了互动交往的网络平台,以熟人关系为主导的关系图谱在Keep被边缘化,以兴趣为中心的弱关系图谱成为主流。在Keep社区,社交不再成为负担,健身者更愿意在陌生人面前标榜个性、展示自我,"即便有认识的人也并不会有心理压力"(F03)。健身者以"晒"健身自拍照的方式进行媒介化呈现,基于点赞和评论形成私人社交圈,"暂时性的偶像感"[②]满足了健身者"想炫耀、显摆一下"(M06)的心理,更重要的是,作为"亲社会行为"的健身自拍照传播彰显了自我的存在感,维系了粉丝活跃度,进而拓展健身社交圈。

受访者M09提到,"坚持一个月每天200个俯卧撑打卡后,短时间内涨了2000多个粉丝",并有不少粉丝咨询健身经验。M01"将健身作为一种放松、交友的方式,希望以健身照展示一个健康、匀称的身材,在收获别人认可的同时给我坚持健身的信心和动力"。在20名受访者中有14名表示自己的健身照给他人以鼓舞,成为他人的健身榜样,例如,M10经常与互关粉丝交流健身经验并发展为好友关系,M01曾跟"一个200斤的网友互相鼓励,使他花一年时间减到了140斤"。健身者由健身获得身体赋权,健身自拍照的媒介化呈现使其掌握了健身话语,动态下频繁的社交互动使原本基于陌生人的弱关系连接逐步向强关系连接转变,促使健身者完成关系自我的建构。

2.借助自我和他者凝视完善自我

当健身自拍照被上传至社区、进入一个视觉场域后,场域内的观看者与被观看者之间形成看与被看的视线关系,每个健身者既是凝视的主体,也是被凝

---

　①　Mark S. Granovetter."The Strength of Weak Ties." *American Journal of Sociology*,1973(78):1360–1380.

　②　祁林:《从画像到自拍——技术背景下自我形象的建构与认同》,《文艺争鸣》2015年第12期,第116—122页。

视的客体。在此过程中,Keep 社区作为镜面对自我进行"镜中我"的呈现和"自反性监视",进而以社区所呈现的"客我"建构起对"主我"身体的认知与管理,这便是关系自我的建构和完善过程。①

凝视自我是将目光向内,以欣赏或审视的态度观看"自画像"。凝视他者则目光向外,其中不可避免地存在"健身攀比"的倾向,即与他人比较健身成就,"健身后觉得身材标准,并开始与其他人对比"(F07),"看到别人的好身材会去对比自己哪里有欠缺,会照着那种状态让自己更好看一点"(F04)。除了自我的目光,还有他者的目光,即他者凝视。他者凝视,常常带有批判、否定的意味,当个体发现自己偏离了大众审美时,就会产生自我怀疑、自我批判的倾向,这可能会导致对自我身份认同产生动摇。"有人指出动作有问题,我会反思是不是有问题,有人说身材太壮,自己也会想是不是真的太壮了。"(F04)凝视意味着规训,自我意识的觉醒使健身者能更理性地判断来自四面八方的规训,"我现在一点也不介意别人对我身材的看法,也不会为此而改变,无论胖瘦与否,自信都是一种美丽"(F01)。

(三)健身社群中集体自我的建构

布尔迪厄主张,社会阶级会发展出可明确识别的与其身体之间的关系,从而生产出各具特色的身体形式。② 这说明身体作为一种资本,是阶层区分和品位的象征。"雕刻身体"需要长期的时间、金钱的投入,相比健身房,作为"移动健身教练"的 Keep 将健身所需要的成本大为降低。健身者对集体自我的建构,体现在两种区分逻辑上:一方面,时间投入与自律、毅力等品质是健身的硬性条件,这在健身者与非健身者之间形成了区隔;另一方面,健身者之间基于自身目标和兴趣形成的不同圈子,也在健身群体内部制造着差异,形成圈层化的群体区分与认同。

1.健身惯习下明确共同身份

"和全世界的人一起练,拍照记录每一天的变化,分享好友相互勉励,在

---

① 付若岚:《健身 App 用户的具身性媒介实践与身体问题的自我建构》,《社会科学研究》2021 年第 5 期,第 206—212 页。

② [英]克里斯·希林:《身体与社会理论》(第 2 版),李康译,北京大学出版社 2010 年,第 124 页。

Keep 健身不再是孤独的坚持。"健身自拍照为健身者提供了"虚拟在场"的可能性,其背后暗含着某种可以炫耀的能力或资本,"好身材让我更加阳光自信,体现出与别人的不同,让我通过管理身材更加自律"(F04)。正如鲍德里亚所言,特权阶层对"仿古家具"的兴趣出于一种文化区分的否定逻辑,是为了区分那些在下层群体中流行的人工制品。[①]

与仿古家具的精雕细刻和精心呵护类似,作为"身体雕刻术"的健身成为与非健身者的区分,M02 和 M04 表示,"健身后生活更加充实,也超过同龄人(发福)的状态"。健身只有始点而没有终点,"每当达到当初的目标之后,会有更高的目标,想要更好的身材"(M06),"雕刻自己成为极致的乐趣"(F06)。有研究者认为,当自拍分享至社交平台后,个体不仅在自拍那里"看见"自我,而且在点赞、评论等数据体系中重新"识别"和"发现"自我。[②] 在 Keep 社区中收获的正反馈,虽然"不会带来经济上的收益"(M03),但在一定意义上缓解了吉登斯所言的"存在性焦虑",让健身者个体有了一定的集体归属感和社会融入感。[③] 由此,健身者在健美与臃肿、自律与放纵、庸碌与充实相区分的符码秩序中确认自我在健身群体中的位置,完成了在健身群体中的集体自我建构。[④]

2.圈子化健身下的群体认同

健身者先通过自律、自然等价值符码与非健身群体区分开来,再通过圈子化在健身群体内部制造差异。在 Keep 社区划分了关注、精选和圈子三个板块,其中,圈子是基于不同健身群体形成的。在社会学中,圈子指的是以情感、利益、兴趣等维系的具有特定关系模式的人群聚合,[⑤]每个圈子都有其特定的趣味,并能给成员带来的归属感甚至阶层感。圈子化健身的存在进一步强化了健身者的"群体认同",其中包含了个体所有的关系属性和群体属性的认知、

① ［法］让·鲍德里亚:《消费社会》,刘成富、全志钢译,南京大学出版社 2009 年,第 31—33 页。

② 刘涛、李昕昕:《如何观看自我?——作为自我技术实践的自画像及其观念的起源与流变》,《现代传播(中国传媒大学学报)》2022 年第 5 期,第 10—21 页。

③ 王健:《自我、权力与规训:可穿戴设备的社会学解析——以青年跑者为例》,《中国青年研究》2019 年第 12 期,第 5—12 页。

④ 唐军、谢子龙:《移动互联时代的规训与区分——对健身实践的社会学考察》,《社会学研究》2019 年第 1 期,第 29—56、242—243 页。

⑤ 彭兰:《网络的圈子化:关系、文化、技术维度下的类聚与群分》,《编辑之友》2009 年第 11 期,第 5—12 页。

情感和行为倾向。① 更确切地说，健身群体内部的"群体认同"是健身圈子内的集体自我建构过程。

Keep 圈子由健身达人担任圈主，圈子内有明确的简介、圈规，圈内成员需要经常打卡才有机会获得精选，精选意味着传播范围的扩大。热门圈子有"我们都是帕梅拉女孩""雕刻肌肉""跑步爱好者"等，健身者可以加入多个圈子，受访者中最多的加入了 21 个圈子。其中，M02 和 M04 都是资深跑者，每一条动态都带有"跑步爱好者"的圈子标记，而且动态都有统一的格式：怼脸自拍照、跑步数据截图和跑步经验分享，认为"看着满头大汗的样子觉得很酷"（M02），"每次自拍完觉得又自信了一点"（M04）。F10 则是健身博主"帕梅拉"的拥趸，其动态大部分带有"我们都是帕梅拉女孩"的圈子标记，在审美上向"帕梅拉"看齐，其健身自拍照多呈现肌肉线条，她认为"女性的健身照对我影响不大，帕梅拉除外"。

五、结语

身体是社会建构的产物，具有高度可塑性。作为"身体雕刻术"的健身满足了健身人群在个体化社会下对健康、塑形、美丽的需求。健身人群在相对意义上更加注重身材管理和身体形象建构，健身自拍照作为健身者的"自画像"，具有自我呈现、印象管理和自我建构的作用。自拍的意义不仅在于拍，更重要的是传播，"晒健身""晒运动"成为健身者的"社交货币"，在个体与他者互动的过程中完成三重自我的建构。

本研究通过虚拟民族志的方法对健身自拍照进行研究，选取了中国最大的线上健身平台——Keep 开展研究。以 Keep 社区作为虚拟田野地点，通过参与式观察和半结构访谈获取第一手资料，结合三重自我建构理论分析健身人群身体形象的建构过程。研究发现，健身人群个体自我的建构既存在客观的现实自我的建构，也存在具有主观能动性的应该自我和理想自我的建构，具体

---

① 柴民权、管健：《从个体认同到国家认同：一个社会心理路径》，《南京社会科学》2018 年 11 月，第 76—81 页、87 页。

体现在:原图输出记录现实自我,自我审视建构应该自我,人设打造塑造理想自我。"无社交不运动",Keep 社区的健身式社交赋能健身人群在赛博空间中关系自我的建构过程,具体体现在:弱关系的拓展并向强关系转化,借助自我和他者凝视完善自我。健身具有阶层区分和品位的象征作用,健身人群对集体自我的建构,体现在两种区分逻辑上:一是健身惯习下明确共同身份,即划分与非健身者的界限;二是圈子化健身下的群体认同,即在健身群体内部制造差异。

诚然,本研究仍有诸多不足之处。首先,样本容量仍然较小,20 人的访谈相较健身群体的自我建构来说,其概括意义值得商榷。其次,囿于篇幅原因,本文并未区分健身人群"三重自我"的相对强度和重要性,后续可结合实证的方法深化研究。

(郭若栩,辽宁大学新闻与传播学院硕士研究生;宋雪,文学博士,辽宁大学新闻与传播学院讲师)

"Tripartite Self": Research on Body Image Construction in Fitness Selfie

Guo Rwoxu   Song Xue

Abstract: The rise of the fitness boom and the development of the mobile Internet have provided broad prospects for the development of the mobile fitness APP. Keep has created a model of fitness social networking, and the Keep community with more than 300 million users has formed a visual landscape characterized by physical presentation. As a "self-portrait" of fitness people, fitness selfie reflects the process of self-presentation and body image construction. This study investigates the construction process of the tripartite self in fitness populations using virtual ethnography, with the Keep community as the field. The construction of individual self is reflected in the original image to record the actual self, self-review to construct the ought self, character setting to shape the ideal self; the construction of the relational self is reflected in the expansion of weak relations and the transformation to strong relations, and improves the self with the gaze of self and others; the construction of collective self is reflected in the establishment of a clear common identity under fitness habits and group identity under the circle of fitness.

Keywords: Tripartite Self; Fitness Selfie; Self-presentation; Self-construal

刘瑞森作品选登

　　刘瑞森，1985 年生于江西吉安。民盟盟员、三级美术师、中国美术家协会会员、中国油画学会会员、广西美术家协会会员、广西美术家协会油画艺委会委员、中国少数民族美术促进会会员、广西北回归线油画研究院成员。2014 年毕业于广西艺术学院，获硕士学位。2017 年结业于中央民族大学"国家艺术基金"西部少数民族地区中青年高级美术创作人才研修班。2019 年结业于中国美术家协会"第八届西部少数民族青年美术家高级研修班"。作品多次入选国家级重要展览，并在 2021 年第四届"江南如画——中国油画作品展"中荣获颜文樑艺术奖、在 2020 年第十届"民族百花奖"——中国各民族美术作品展中荣获优秀奖等重要奖项。多件作品被中国美术馆、苏州美术馆、广西美术馆、桂林美术馆、山东佳润美术馆等收藏。

人间烟火系列之夏日　50×50cm　布面丙烯油彩　2023 年

人间烟火系列之热带鱼　190×190cm　布面丙烯油彩　2023 年

人间烟火系列之收获　190×190cm　布面丙烯油彩　2023 年

人间烟火系列之铁棕榈　190×190cm　布面丙烯油彩　2020 年

人间烟火系列之小蔬摊　　190×190cm　　布面丙烯油彩　　2022 年

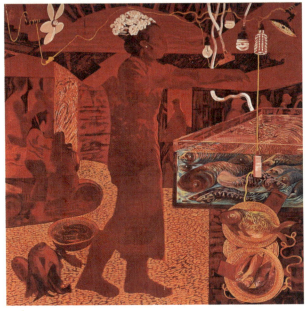

人间烟火系列之鱼摊　　190×190cm　　布面丙烯油彩　　2022 年

朱泳思作品选登

　　朱泳思,女,1982 年生。2005 年毕业于清华大学美术学院绘画系,获学士学位。2008 年毕业于清华大学美术学院绘画系,获硕士学位。2013 年起于湖北美术学院绘画学院油画系任教至今。作品涵盖绘画、摄影、装置等多种媒介形式,曾获批"2022 年度湖北省美术创作重点项目扶持工程",参加在国家级重点美术馆湖北美术馆举办的"喜迎二十大　壮美新画卷——乡村振兴·美丽乡村主题美术作品展""壮丽航程——庆祝中国共产党成立 100 周年湖北优秀美术作品展"。油画作品入选"第十三届湖北省美术作品展览""首届湖北省青年美术作品展""中国人民解放军建军 95 周年——湖北省美术作品邀请展""湖北·贵州·现在时——两地美术交流展"等省级展览。

物变 NO.2　45.8×32.8cm

综合材料绘画　2022 年

物变 NO.9　40.8×28.9cm

综合材料绘画　2023 年

物变 NO.11　35.6×25cm

综合材料绘画　2023 年

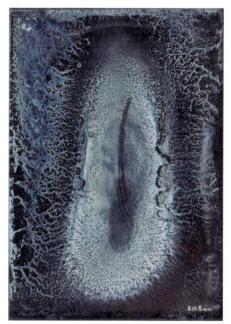

物变 NO.13　35.6×25cm

综合材料绘画　2023 年

编后记

　　随着抖音、快手这类互联网平台的快速崛起并嵌入人们的日常生活之中，"数字平台"这个大他者或明或暗地形塑着我们的人际交往、物质消费、文化表达等方方面面，许多人深陷其中，难以抗拒。因此，把握数字平台，以及它营造的各类"数字社区"是这一辑的核心主题。曾一果、陈爽《从"可见"到"可参与"：普惠数字社区的"生活故事"》一文强调了数字平台"可见""可参与"两种机制，指出今天的平台回应个人和群体诉求，尽力平衡着商业性与公共性之间的冲突，由此建立了一个个普惠数字社区，这一论述无疑是令人兴奋和喜悦的；但马中红、吴映秋的文章让我们看到了平台上的"流量鸿沟"，以及鸿沟背后的数字不公平，在"新农人"短视频创作过程中，理想化的平台诉求是"去中心化"，而资本则必然要求"中心化"，每一个平台背后都是资本占据着主导地位，理想与资本之间的力量对比不言而喻，类似于"新农人"这样的群体在平台的可见与不可见成为一个个黑箱，数据、算法、企业的价值观才是数字社区背后的操纵者。王晓虹、刘勇《早熟的童年？小红书儿童博主的 UGC 行为研究》一文则通过对小红书上儿童博主的研究，让我们清楚地意识到童年是如何在数字平台上进一步消逝的。儿童博主借助小红书这一数字平台，给儿童提供了海量的"成熟角色模板"，让孩子们沉迷于角色扮演，进而诱发了儿童的心智早熟，导致小学生博主提前遭遇身份确认和角色混乱，这种情形令人担忧。

尽管大家对数字社区的看法有喜有忧,其未来也模糊不定,但无论如何,大量的数字社区正在而且会不断改变着我们身处其中的媒介生态。自上世纪尼尔·波兹曼首次使用"媒介生态学"这一术语以来,媒介生态教育就成为重拾启蒙理性优秀遗产的最大希望。美国学者兰斯·斯特拉特的《麦克卢汉与媒介生态学的生成》一文梳理了媒介促进教育发展的历史过程,并借此再次重申了这一希望;张先广《间性论作为未来文明的元程序——兼及媒介生态学》一文则将媒介生态纳入相互关联、相互作用的六重生态之中,扩展了媒介生态学的视野和格局,彰显了其中的人文意涵;李勇的《虚拟现实与神经叙事》则指出虚拟现实(元宇宙)的生成使用了神经的新媒介环境,产生了新的文化与社会效果。本期围绕媒介生态学的这组文章从人类文明转型、人类教育的前景及人类新型文化的变迁等让我们从更广阔、深远的角度反思了数字社区、数字中国乃至数字世界的未来。

本期"新媒介学理"栏目刊载了三篇颇有意思的文章。一是谢清果、王婷的《普罗米修斯盗火与大禹治水:中西元素型媒介观的文明互鉴研究》,指出"火"与"水"是导致中西文明差异的"元素型媒介",西方文明强调的火型元素媒介代表了对自然的征服技术,而中华文明强调的水型元素媒介代表了人与自然和谐相处的生态技术,随着21世纪生态文明的兴起,传统中国水型媒介观显现出新的时代价值,这一发现多少为中国文化自信提供了新的依据;林玮的《能指破碎、算法异化与分身越位:"王阳明"的当代传播及其问题》指出,中国历史文化哲人"王阳明"依然活跃在电视剧、纪录片、动画片、电子游戏等媒介形态中,但遭遇了能指破碎、算法异化、分身越位三重媒介暴力,提醒我们需要保持对媒介符号、媒介系统和时代语境的警惕,才能更好地理解王阳明;周海晏、张昱辰的《论软人工生命开启的后人类沟通新样态——ChatGPT语境下智能游戏NPC媒介关系分析》认为,计算机程序创造的软人工生命(虚拟人),当下被ChatGPT激活,带来了多元主体、偶发交互、逆向组织等后人类沟通的新样态,形成了不亚于自然生命的生命系统,并通过游戏互动不断强化了与自然生命的连接关系,从而连接游戏系统内外,建构出了新的后人类文明。这些文章的观点或许还有待将来更多的经验事实去验证、去挑战,但它们同样彰显了数字传播、数字文化带给我们的种种喜与悲。

　　本期的其他看点仍然有许多,小编不在这里一一罗列,愿读者各取所需,在增长智识的同时,享受阅读的快乐。

　　2023 年似乎发生了很多事,或惊心动魄,或悄无声息。数字世界热闹喧哗,一波未平一波又起;但又似乎什么都没发生,因为现实世界仍然是日出日落、花开花谢,穿梭其中的人该何去何从,这或许才是真正的问题所在。